Michael von Albrecht · Ovid

Michael von Albrecht

Ovid

Eine Einführung

Philipp Reclam jun. Stuttgart

Universal-Bibliothek Nr. 17641

Gesamtherstellung: Reclam, Ditzingen. Printed in Germany 2003

ISBN 3-15-017641-7

www.reclam.de

Inhalt

Vorwort

Auch dieser Dichter ist ein Stern mit eigenem Lichte, das nie verbleichen wird, wenn die Wissenschaft ihre Schuldigkeit nicht versäumt.

Ulrich von Wilamowitz-Moellendorff, *Hellenistische Dichtung* (1924)

Im Mittelpunkt dieser Einführung steht das Werk, nicht das Leben des Dichters. Die Biographie eines antiken Autors zu schreiben ist kaum möglich. In der Tat sind wir für unsere Kenntnis von Ovids Leben fast nur auf sein Werk angewiesen. Nun ist es keine neue Einsicht der Literaturwissenschaft, sondern eine Binsenwahrheit, daß Poesie nicht am Maßstab historischer Faktentreue gemessen werden darf. Doch ist es ebenso wahr, daß Literatur nicht im luftleeren Raum entsteht, sondern in einem kulturellen und geschichtlichen Zusammenhang von Menschen für Menschen geschrieben wird. Einfache Lösungen (wie blinder Buchstabenglaube oder radikale Skepsis) werden der Doppelnatur poetischer Selbstdarstellung – jener unvergleichlichen Mischung von Dichtung und Wahrheit – nicht gerecht. Entpuppen sich doch einerseits historisierende Rekonstruktionen einer »wirklichen« Lebens- oder Liebesgeschichte aus Elegien selbst als Roman und damit als Fiktion, während andererseits die – dem nur allzu bequemen Wunsch nach einer chemisch reinen Literaturwissenschaft entgegenkommende – Leugnung jedes Realitätsbezuges einer Bankrotterklärung historischer Forschung gleichkommt.

Auf dem wissenschaftlich allein haltbaren Mittelweg, der einer Gratwanderung ähnelt, sind unterschiedliche Stufen der Zuversicht möglich: Der eine wird sich im Zweifelsfalle lieber gegen, der andere für Ovids Zeugnis entscheiden. Es ist gewiß heilsam, literarische Topoi zu berücksichtigen, bevor man voreilig historische Schlüsse zieht; doch läßt sich nie ganz ausschließen, daß auch eine topische Aussage (wie z. B. »ich liebe dich«) im Einzelfall ernst gemeint und wirklichkeitsbezogen sein kann. Je nach der Rolle, in die der Autor schlüpft, kann das »Ich« von Text zu Text ein anderes sein. Daß es nicht unbedingt mit dem Privatmann Ovid gleichgesetzt werden darf, ist eine Selbstverständlichkeit. Die Bezeichnungen »Ovid« oder »der Dichter« sind im Folgenden trotzdem (wo irgend möglich) beibehalten, um den Leser nicht in jedem Satz über Umschreibungen wie »das elegische Ich«, »die (meta-)poetische Persona«, »der auktoriale Erzähler« stolpern zu lassen. Dennoch ist der sachlich notwendige poetologische Diskurs nicht vermieden. Nach einer Reihe verdienstvoller, »exemplarisch« vorgehender Studien versucht die vorliegende, dem Leser das (letztlich unteilbare) Ganze des Werkes zu vergegenwärtigen. Nachdem man ideologischer und sonstiger Verallgemeinerungen müde geworden ist, mag als Motto das Wort von Barbara W. Boyd (2002, S. 115) dienen: »Ovid is in the details«. Neben Ovids Dialog mit früheren Texten und dem der Nachwelt mit ihm soll vor allem der Dialog zwischen seinen verschiedenen Werken gewürdigt werden.

Vor vielen Jahren hat mein unvergeßlicher Heidelberger Kollege Egon Römisch das vorliegende Büchlein angeregt. Seinem Andenken, allen Lehrern des Lateins und allen Freunden Ovids ist es gewidmet.

Abkürzungen

Abkürzungen für die Werke Ovids:

F	*Festkalender* (*Fasti*)
H	*Frauenbriefe* (*Heroides*)
Ib	*Ibis*
K	*Klagelieder* (*Tristia*)
L	*Liebeselegien* (*Amores*)
Lk	*Liebeskunst* (*Ars amatoria*)
M	*Metamorphosen* (*Metamorphoses*)
P	*Pontusbriefe* (*Epistulae ex Ponto*)

OWW	W. Schubert (Hrsg.), *Ovid. Werk und Wirkung*, Frankfurt a. M. 1999

Der Dichter in seiner Zeit

Landschaft

Ovid ist in Sulmo (heute Sulmona) geboren, neunzig Meilen östlich von Rom im Paelignerlande. Das Städtchen liegt in einem fruchtbaren Tal, am Fuße hoch aufragender grauer Felswände. Auf den Höhen, die sich hier bis über 2700 Meter erheben, ist vom Herbst bis zum Frühjahr Schnee zu sehen, dessen strahlendes Weiß mit dem üppigen Grün im Tal wetteifert. Wenn Ovid davon spricht, der Schöpfer habe den steinigen Bergen geboten, sich emporzurecken, mag ihm unbewußt die Szenerie seiner Kindheit vorgeschwebt haben (M 1,44). In den *Liebeselegien* rühmt er das Klima seiner Heimat: Angenehm kühl ist die Luft selbst im Hochsommer (L 2,16,3–6 und 36); der Überfluß an frischem Wasser gemahnt bald an das Paradies (L 2,16,1–10), bald an die Sintflut (ebd. 34f.). Kein Wunder, daß Ovids Vater hier ein biblisches Alter erreicht und die Mutter ihn noch überlebt (K 4,10,77–80) hat. Die gesunden Lebensbedingungen seiner Kindheit haben gewiß zur harmonischen Entwicklung des Dichters beigetragen, dem es trotz seines schmächtigen Wuchses (vgl. L 2,10,23f.) nicht an Schwung und Energie fehlt; sein sprudelndes poetisches Naturell braucht den Vergleich mit den reichen Wasseradern seiner Heimat nicht zu scheuen. Seine Freude an schönen Gärten (P 1,8,45f.; 59f.) und eine selbstverständliche Vertrautheit mit dem Leben der Pflanzen wird der Dichter nie verlieren.[1] Der großstädtische Schliff seiner Verse sollte nicht darüber hinwegtäuschen, wie viel Ovid seinen ländlichen Wurzeln verdankt.

Vaterstadt und Elternhaus

Daß sich Ovid in einer nicht gerade mit politischer Freiheit gesegneten Zeit unabhängig und selbstbewußt entfalten konnte, verdankt er auch seinem Elternhaus und der lebendigen Erinnerung an Sulmos Geschichte. Er ist stolz darauf, daß seine Stadt im Bundesgenossenkrieg das Zentrum des Widerstandes gegen Rom war (L 3,15,9f.). Diese Ereignisse waren damals in der Erinnerung der Großväter noch frisch und lebendig.

Ovids Familie gehört dem alten Landadel an; der Dichter hält zwar nicht viel von Adelstiteln, macht aber doch kein Hehl daraus, daß er nicht zu jenen neureichen Rittern zählt, die ihre soziale Stellung nur ihrer militärischen Karriere verdanken (L 3,15,5f.). Kamen doch im 1. Jh. v. Chr. durch die Wirren der Bürgerkriege auch Männer niedrigen Standes zu Geld und Ansehen. Besonders Caesar sagte man nach, er sei nicht zimperlich in der Wahl seiner Anhänger, aber auch unter Brutus konnte der Sohn eines Freigelassenen zum General aufsteigen (es war übrigens der junge Horaz). Allein schon durch seine Herkunft ist Ovids Verhältnis zu dem mächtigen Mann in Rom und dessen Anhängern eher kühl: Traditionelle Vorbehalte der Italiker gegenüber der Zentralgewalt gehen mit dem Mißtrauen der alten Familien gegenüber Neureichen Hand in Hand. Im Falle Ovids fördern diese Umstände seine Entwicklung zu geistiger Selbständigkeit.

Die geschichtliche Stunde

Ovid ist am 20. März 43 v. Chr. geboren. Er kennzeichnet dieses Jahr durch die schmerzliche Tatsache, daß damals beide Konsuln starben (K 4,10,6). Dieses Ereignis symbolisiert das Ende einer Epoche. Im selben Jahr verstummt die Stimme der Republik auf immer: Cicero wird unter

Octavians Duldung von den Schergen des Antonius ermordet; Haupt und Hände stellt man öffentlich auf dem Forum aus. Als die Schlacht bei Actium (31 v. Chr.) den inneren Zwistigkeiten ein Ende setzt, steht Ovid im zwölften Lebensjahr; er hat also Republik und Bürgerkriege nicht als Erwachsener erlebt. Der von Augustus geschaffene Friede ist für die jüngere Generation eine Selbstverständlichkeit; man darf also von unserem Dichter keine Dankesbezeugungen im Stil der älteren Augusteer – Vergil oder Horaz – erwarten.

Lehrjahre in Rom

Wie Horaz hat auch Ovid das Glück, daß ein fürsorglicher Vater ihm die denkbar beste Schulbildung in Rom ermöglicht. Zusammen mit seinem genau ein Jahr älteren Bruder (K 4,10,9–12) besucht er die Vorlesungen der berühmtesten Lehrer der Rhetorik (ebd. 15f.). Seneca der Ältere (um 55 v. – 40 n. Chr.), ein profunder Kenner der augusteischen Rhetorenschulen, überliefert uns eine Übungsrede des jungen Dichters und die Namen seiner Lehrer: Dem aus Asien stammenden Arellius Fuscus, der häufiger griechisch als lateinisch vorträgt, schließt sich Ovid als Schüler an. Von dem Spanier Porcius Latro, den er sehr bewundert, obwohl dieser einer anderen Stilrichtung folgt, wird er sogar einige Sentenzen in seine Dichtungen übernehmen (Seneca, *Controversiae* 2,2,8). Zweifellos fördert die rhetorische Ausbildung die später in Ovids Werken allgegenwärtige Freude am geschliffenen, pointierten Ausdruck. Ähnliches gilt von der bildhaften Anschaulichkeit, die geradezu ein Signum von Ovids Dichtung ist. In der Rhetorenschule wurde die Vorstellungskraft in dieser Richtung geschult. Von den dort gepflegten Übungsformen hat die sogenannte *controversia* – in Gestalt des Rededuells zwischen Aiax und Ulixes – in die *Metamorphosen* Eingang gefunden (M 13,1–398). Eine zweite Übungsart schätzte Ovid noch mehr, die sogenannte *suasoria*, vor allem, wenn sie Gelegenheit zur Charakterzeichnung bot: Beliebt war zum Beispiel die Aufgabe, einem Politiker – etwa Sulla – zu einem gedachten Zeitpunkt seines Lebens den Rat zu erteilen, in den Ruhestand zu treten. Solche Übungen dienten als Nährboden für Ovids spätere Meisterschaft im Ausloten verborgener Seelenregungen. Belege sind die *Frauenbriefe* und viele Monologe der *Metamorphosen*. Zweifellos genügen die genannten Schulübungen nicht, um Ovids dichterische Texte zu erklären; sieht doch schon Seneca jener Schulrede des jungen Ovid an, daß der Dichter allem pedantischen Argumentieren abgeneigt ist und ohne feste rhetorische Disposition von einer ›Fundstätte der Erfindung‹ zur nächsten schweift (*Controversiae* 2,2,9). Nicht zuletzt durch die Erschließung solcher ›Fundstätten‹ bereichert freilich die rhetorische Ausbildung die Erfindungsgabe des Dichters. Sie beflügelt seinen Genius, der sich jedoch letztlich nicht von Schulregeln einengen läßt.

Bildungsreisen

Den Horizont des Dichters erweitert ein Studienaufenthalt in Athen (K 1,2,77). Kleinasien und Sizilien bereist er mit seinem Freund Pompeius Macer, der väterlicherseits aus Mitylene stammt (P 2,10,21–44); unter anderem besucht er Ilion (F 6,423); mehrere Monate weilt er in Syrakus. Damit wird die griechische Welt für Ovid aus einem Traumland der Literatur zu einem Stück Wirklichkeit. So folgenreich diese Reisen auch sein mögen, sollte man doch die gestalthafte Anschaulichkeit von Ovids Dichten nicht ausschließlich aus ihnen herleiten. Gewiß aber muß damals dem jungen Dichter die Bedeutung Siziliens als kultureller Brücke zwischen Griechenland und Rom vor Augen getreten sein – diese Insel, verbunden mit der Stiftung des Ackerbaus und der Mysterien, der Kunst der Musen, dem Kult der Venus und der Wanderung der Quellgöttin Arethusa aus griechischem in römisches Gebiet beherrscht das wichtige fünfte Buch der *Metamorphosen*.

Berufung zum Dichter

Ovids Bruder, der ein glänzender Redner zu werden verspricht, stirbt früh. Begreiflicherweise setzt der ehrgeizige Vater nun seine ganze Hoffnung auf den jüngeren Sohn, für den er das Recht erwirkt, die Senatslaufbahn zu ergreifen. Man kann sich die Enttäuschung der Eltern vorstellen, als der Sohn diese Ehre ausschlägt und sich mit bescheideneren Ämtern begnügt. Immerhin gehört er einem Dreimännerkollegium an (K 4,10,34), wahrscheinlich den Münzmeistern (*tresviri monetales*), wohl nicht den *tresviri capitales*, die mit der Auspeitschung von Strafgefangenen betraut waren. Er fungiert auch als Mitglied des Centumviralgerichts und als Einzelrichter in Zivilsachen (K 2,93–97). So zählt Ovid – ähnlich wie Goethe und Heine – zu den rechtskundigen Poeten; an so mancher Stelle seiner Werke zeigt sich sein Witz im spielerischen Umgang mit juristischen Kategorien.

Ovids Entschluß, allein seiner Dichtung zu leben, ist dennoch für seine Eltern wohl keine Überraschung. Hier muß eine berühmte Stelle seiner Autobiographie von einem verbreiteten Mißverständnis befreit werden. Sie lautet (K 4,10,21–26): »Oft sagte mein Vater: ›Was versuchst du dich an brotlosen Künsten? Sogar Homer hat keine Reichtümer hinterlassen.‹ Ich war von seinen Worten erschüttert, gab den Helicon völlig auf und versuchte, Worte ohne Versmaß zu schreiben. Doch da fand das Gedicht von selbst zu den passenden Rhythmen, und was ich zu sagen versuchte, war ein Vers.« Oberflächliche Leser haben hierin die Prahlerei eines Schnellschreibers gesehen; in Wahrheit manifestiert sich hier wie durch ein Wunder die Berufung zum Dichter, und dies im Gegensatz zu den andersartigen Ansprüchen der Umwelt und sogar zu den eigenen »guten Vorsätzen« des Schreibenden, der sich pflichtschuldigst an nützlicher Prosa versucht hat.[2]

Dichterkreise

Schon als Halbwüchsiger macht der Poet von sich reden; vor seiner ersten öffentlichen Lesung (K 4,10,57f.) hat er sich gerade zum ersten oder zweiten Mal rasiert. Ein Förderer der Literatur, Marcus Valerius Messala (Messalla) Corvinus (64 v. – 8 n. Chr.), wird schon frühzeitig auf ihn aufmerksam;[3] offensichtlich verkehrte schon Ovids Vater mit Messalas Familie. Messala besitzt senatorisches Standesbewußtsein und steht dem Princeps ferner als Maecenas. Während der letztere bereits bewährte Autoren um sich schart (Vergil widmet ihm erst sein zweites Werk, Properz sein zweites Buch), fördert Messala nicht nur den berühmten Tibull, sondern auch noch unbekannte Talente wie die Dichterin Sulpicia und den jungen Ovid. Dieser bedauert, daß Tibulls früher Tod eine Freundschaft mit diesem Dichter verhindert habe (K 4,10,51); doch hat er ihm in einem meisterhaften Nachruf (L 3,9) ein Denkmal gesetzt. Ovid steht mit dem zweiten augusteischen Elegiker, Properz, in regem geistigen Austausch (K 4,10,45f.), obwohl dieser dem Maecenaskreis angehört (man darf sich jene Dichterkreise freilich nicht als geschlossene Zirkel vorstellen). Vergil kennt er nur vom Sehen (ebd. 51); Horaz hat er Oden vortragen hören (ebd. 49f.). In einer Epoche, die Herrscher zu Göttern zu erheben begann, mußte folgendes Bekenntnis Ovids einen kritischen Klang annehmen und als Korrektiv verstanden werden: »Innig verehrte ich die Dichter jener Zeit und in ihrer Gegenwart glaubte ich, es seien ebensoviel Götter anwesend wie Dichter« (ebd. 41f.). Es ist dies ein eindeutiges Bekenntnis zum Geistesadel im Gegensatz zu der zeitüblichen Anbetung von Macht und Geld. Zu Ovids Umkreis zählen auch Aemilius Macer (ebd. 42f.), der bejahrte Verfasser eines Gedichtes über Vogelverwandlungen (von hier mag eine Anregung zur Abfassung der *Metamorphosen* ausgegangen sein), sowie der uns auch aus Properz bekannte Epiker Ponticus und der Iambendichter Bassus (ebd. 47). Weitere Autoren, mit denen er befreundet war, nennt Ovid im Schlußgedicht der *Pontusbriefe* (4,16). Erwähnt seien hier der große Epigrammatiker Domitius Marsus, von dem wir geistvolle Verse auf den Tod Vergils und Tibulls besitzen, und die Epiker Albinovanus Pedo und Cornelius Severus, von deren beachtlichen poetischen und rhetorischen Gaben wir uns aus erhaltenen längeren Fragmenten ein Bild machen können. Vielleicht ist es kein Zufall, daß bei Marsus und Severus eine kritische Haltung gegenüber der augusteischen Gegenwart spürbar wird, und daß Albinovanus (wie der späte Ovid) dem Germanicus huldigt, jenem glänzend begabten Vertreter des Herrscherhauses, der sich unter Tiberius mit seinen Erfolgen sein eigenes Grab schaufelte.

Erste Schaffensperiode

Soweit wir urteilen können,[4] beginnt Ovids dichterische Laufbahn, wie dies im Umkreis Messalas naheliegt, mit *Liebeselegien*; erklärt doch der Dichter, die Frau, die er Corinna nennt,[5] habe sein Talent erweckt (K 4,10,59f.; L 3,12,16). Das Werk erscheint zunächst in fünf Büchern, die wohl sukzessiv veröffentlicht werden.[6] Es ist nicht gerade wahrscheinlich, daß wir die »Jugendgedichte«, die Ovid bei seiner ersten Lesung (um 25 v. Chr.?) vortrug, mit dem ersten Buch der ersten Auflage[7] der *Liebeselegien* gleichsetzen dürfen. Man sollte den Beginn dieser Auflage nicht zu früh datieren. Uns erhalten ist nur die zweite Auflage in drei Büchern. Sie entstand etwa um die Zeitenwende. Mit Sicherheit hat Ovid Elegien, die ihn nicht mehr befriedigten, damals gestrichen (vgl. das auf uns gekommene Epigramm zur zweiten Auflage). Zweifellos waren dabei seine Kriterien nicht moralisch, sondern ästhetisch. Andererseits sind Zusätze keineswegs ausgeschlossen. Zu diesen zählt höchstwahrscheinlich die Elegie 2,18, in der Ovid auf seine Tragödie (*Medea*), die *Frauenbriefe* und doch wohl auch auf die *Liebeskunst*[8] zu sprechen kommt.

Man wird die Werke seiner ersten Periode etwa folgendermaßen anordnen: erste Auflage der *Liebeselegien* (vor 15 v. Chr.),[9] *Medea* (um 15–8 v. Chr.),[10] danach die Einzelbriefe der *Heroiden*. Etwas genauer läßt sich die *Liebeskunst* datieren. Bezugnahmen auf den bevorstehenden Aufbruch des Prinzen Gaius Caesar nach Parthien gestatten es, die *Liebeskunst* und die *Heilmittel gegen die Liebe* zwischen 1 v. Chr. und 2 n. Chr. anzusetzen. Da diese zeitgeschichtlichen Anspielungen sich jedoch verhältnismäßig leicht aus ihrem Kontext herauslösen lassen, könnten die ersten beiden Bücher der *Liebeskunst* nach Vermutung von Ronald Syme früher begonnen worden sein. Auch von diesem Werk hätten wir demnach eine zweite Auflage vor uns. Dann ließe sich der Protest gegen den Vorwurf »untätiger Jahre« (L 1,15,1) auf die Tatsache beziehen, daß von Ovid längere Zeit nichts erschienen war. Dies setzt freilich voraus, daß L 1,15 der zweiten Auflage angehört; dafür spricht, daß der »nagende Neid« auch in den *Heilmitteln gegen die Liebe* (389) angeredet wird, doch ist dies kein zwingender Beweis. Falls, wie Ronald Syme annimmt,[11] die ersten beiden Bücher der *Liebeskunst* schon etwa acht Jahre (vgl. *quondam* ›einst‹: Lk 3,811) vor der endgültigen dreibändigen Ausgabe in Umlauf waren, so hätte dies Folgen für unsere Vorstellung von Ovids Schaffensrhythmus, und der zeitliche Abstand vom Erscheinen der *Liebeskunst* bis zur Verbannung würde sich verdoppeln, was auch nicht ohne Einfluß auf die Überlegungen zu den Ursachen von Ovids Verbannung bliebe. Andererseits gibt es auch recht überzeugende Argumente für eine einheitliche Konzeption aller drei Bücher der *Liebeskunst*, die zusammen mit den *Heilmitteln gegen die Liebe* ein vierteiliges Gegenstück zu Vergils vier Büchern *Über Landwirtschaft* bilden.[12]

Nach Ronald Syme hätte Ovid die ersten beiden Bücher der *Liebeskunst* im Jahre 1 v. Chr. revidiert und darauf die zweite Auflage der *Liebeselegien* folgen lassen, die ihrerseits im dritten Buch der *Liebeskunst* (3,343) vorausgesetzt wird. Auch die endgültige Ausgabe der *Frauenbriefe* (einschließlich der Doppelbriefe 16 bis 21) setzt Syme[13] vor dem dritten Buch der *Liebeskunst* an. Die *Heilmittel gegen die Liebe* bilden den Abschluß der ersten Schaffensperiode. Für seine frühe Datierung der Doppelbriefe gibt Syme, soweit ich sehe, keine Gründe an. Die Mehrheit der Forscher datiert sie (überzeugend) um 4 n. Chr. oder zwischen 4 und 8 n. Chr.[14]

Ovid scheint in den Jahren um Christi Geburt mit seiner ersten Schaffensperiode abgerechnet, gewissermaßen reinen Tisch gemacht zu haben, bevor er sich den *Metamorphosen* und dem *Festkalender* zuwandte. Dennoch spricht einiges dafür, daß den *Frauenbriefen* eine Brückenfunktion zwischen beiden Perioden zukommt. Innerlich stehen sie den Monologen der *Metamorphosen* und des *Festkalenders* nahe; so bereiten sie die ernste und schicksalhafte Liebesauffassung der zweiten Schaffensperiode vor; auch hinsichtlich der programmatischen Verschmelzung unterschiedlicher poetischer Gattungen (Epos, Tragödie, Elegie usw.) bestehen tiefgehende Parallelen zu den *Metamorphosen*. Eine klare Abgrenzung zwischen erster und zweiter Periode ist ohnehin nicht möglich. Die größere psychologische Tiefe der *Frauenbriefe* im Vergleich mit der *Liebeskunst* und ihrer betont technischen Sicht ist keine Frage emotionaler Reife, sondern bewußter Wahl. Die jeweilige Liebesauffassung ist also für eine bestimmte Literaturgattung – das Lehrgedicht bzw. die elegische Epistel – bezeichnender als für etwaige »Entwicklungsphasen« des Autors. Die ernsten Aspekte der Liebe kommen vor (und nach) der *Liebeskunst* in den *Frauenbriefen* zur Geltung. Sie sind nicht erst eine Entdeckung der zweiten Lebensphase des Dichters.

Zweite Schaffensperiode

In den ersten acht Jahren unserer Zeitrechnung hat Ovid als Dichter Anerkennung gefunden, er ist – in dritter Ehe – glücklich verheiratet und steht auf der Höhe seines Ruhmes. Sein erfülltes Leben im Kreise seiner Freunde schildert er im Rückblick: Der Verbannte erinnert sich lebhaft an ernste und heitere Stunden im geselligen Kreise, an Theaterbesuche und gemeinsames Flanieren durch die Stadt; besonders mit seinem Freund Atticus redet er oft bis spät in die Nacht, liest ihm seine Gedichte vor und läßt sich nicht nur Lob, sondern auch Korrekturen und Streichungsvorschläge gefallen (P 2,4 passim). In dieser schöpferischen Phase wendet er sich größeren literarischen Formen zu: Er wagt sich an ein hexametrisches Gedicht über Verwandlungssagen in fünfzehn Büchern (die *Metamorphosen*) und an eine poetische Bearbeitung des römischen *Festkalenders* (*Fasti*): Von zwölf geplanten Büchern sind nur die ersten sechs (über die Monate Januar bis Juni) vollendet. Vermutlich gehören auch die Briefpaare der *Heroiden* der zweiten Schaffensperiode an (s. oben S. 21 mit Anm. 13).

Die Verbannung und ihre Ursachen

Die *Metamorphosen* sind so gut wie vollendet, der *Festkalender* etwa zur Hälfte abgeschlossen, als den Dichter wie ein Blitz aus heiterem Himmel das Verbannungsurteil des Augustus trifft. Juristisch handelt es sich um eine Relegation[15] durch kaiserliches Edikt. Ovid darf zwar seine bürgerlichen Rechte (K 4,9,11) und sein Vermögen behalten (ebd. 4,4,46), muß aber innerhalb einer knapp bemessenen Frist Rom verlassen. Der ihm vorgeschriebene Verbannungsort, Tomi am Schwarzen Meer, liegt für damalige Begriffe am Ende der zivilisierten Welt.

Über die Ursachen der Verbannung ist viel gerätselt worden.[16] Es kann nicht unsere Absicht sein, die Zahl der Vermutungen zu vermehren. Ovid selbst spricht von zwei Gründen: einer Dichtung (*carmen*) und einem Versehen (*error*, z. B. K 2,207). Aus seiner poetischen Verteidigungsrede an Augustus (K 2) und zahlreichen weiteren Belegen in den Verbannungsgedichten geht hervor, daß unter *carmen* in erster Linie die *Liebeskunst* zu verstehen ist (z. B. K 1,1,111–116; 3,7,29f.; 5,12,67f.). Dieses Werk wurde aus Roms öffentlichen Bibliotheken entfernt (K 2,8).[17] Versuche, die *Metamorphosen* zum Beweggrund für Ovids Verbannung zu machen, überzeugen nicht, da sich Ovid zu seiner Rechtfertigung gegenüber Augustus gerade auf dieses Werk beruft, das ja auch bald nach dem Verbannungsurteil ungehindert erscheinen konnte. Trotzdem ist die Nennung der *Liebeskunst* als Verbannungsgrund alles andere als zwingend, da dieses Werk (was Ovid auch gegenüber Augustus betont) bereits viele Jahre unbeanstandet im Umlauf gewesen ist.

Über die zweite (und wohl ausschlaggebende) Ursache – einen »Irrtum«, ein »Versehen« (*error*) – schweigt sich der Dichter beharrlich aus. Man wirft ihm nach seinen eigenen Worten keinen Mordanschlag und auch keine unbedachte Äußerung vor, vielmehr muß er dafür büßen, daß er unwissentlich etwas Verbotenes mitangesehen hat (K 3,5,45–50; 3,6,25–36). In diesem Zusammenhang ist sein Plädoyer für Actaeon aufschlußreich, der Diana im Bade beobachtet hat. Während die mythologische Vulgata dem Heros Neugier zuschreibt, verficht Ovid mit Nachdruck die Zufälligkeit des Zusammentreffens und die Unschuld Actaeons; der Wortlaut erinnert dabei an seine Selbstverteidigung in den Verbannungsgedichten: »Doch bei genauerem Zusehen wird man an ihm keine Sünde finden, sondern Fortuna die Schuld geben müssen. Denn was für ein Verbrechen lag in seinem Irrtum?« (M 3,141 f.) In seiner Apologie fragt Ovid: »Warum habe ich etwas gesehen? Warum meine Augen schuldig gemacht? Warum ist mir unbeabsichtigt eine Schuld bekannt geworden? Unwissentlich hat Actaeon Diana ohne Kleid gesehen und mußte dennoch seinen eigenen Hunden zur Beute werden. Wenn es um Götter geht, muß man offenbar auch für bloßes Mißgeschick büßen, und wenn eine Gottheit beleidigt ist, findet ein Zufall keine Entschuldigung« (K 2,103–108). Er bezeichnet sein Verhalten als »unklug« und »ängstlich« (P 2,2,17; K 4,4,39) und spricht von seiner »Naivität« (*simplicitas*, K 1,5,42; *stultitia*, ebd. 3,6,35), gelegentlich sogar von »Wahnsinn« (*furor*, P 2,3,46). In seiner Autobiographie (K 4,10,90) schwört Ovid bei den Totengeistern seiner Eltern, sein Vergehen sei ein Versehen, kein Verbrechen gewesen. Schon im zweiten Gedicht der *Klagelieder* beteuert er während eines Seesturms im Angesicht der Götter des Himmels und des Meeres, er habe sich ihnen gegenüber nichts zuschulden kommen lassen (K 1,2,69).

Die beiden wahrscheinlichsten Vermutungen hinsichtlich der Verbannungsursache sind Ovids Mitwisserschaft bei einer sittlichen Verfehlung einer Dame des Kaiserhauses[18] oder bei dem Versuch der jüngeren Iulia, Agrippa Postumus (den einzigen noch lebenden männlichen Nachkommen des Augustus) zum Thronfolger zu machen. Die letztere Annahme gewinnt dadurch an Glaubwürdigkeit, daß moralische Vorwürfe gewöhnlich erst dann in der Öffentlichkeit erhoben werden, wenn ein triftiger politischer Grund dafür vorliegt. Daß die Kaiserin Livia, die mit allen Mitteln ihrem eigenen Sohn Tiberius die Thronfolge sichern wollte, die Unterstützung eines anderen Prätendenten niemals verzeihen konnte, liegt auf der Hand. So erklärt es sich ganz einfach, daß auch unter dem Nachfolger des Augustus – Tiberius – an eine Rückberufung Ovids nicht zu denken war, zumal der Dichter bei seinen Sympathiebekundungen für den brillanten Germanicus und der Umwidmung des *Festkalenders* an diesen politisch nochmals auf das falsche Pferd setzte.

Dritte Schaffensperiode

In den Jahren der Verbannung entstehen fünf Bücher *Klagelieder* (*Tristia*) und vier Bücher *Pontusbriefe* (*Epistulae ex Ponto*). Außerdem beginnt Ovid mit der Überarbeitung des *Festkalenders*. In seiner Echtheit umstritten ist das Schmähgedicht *Ibis*; ein Lehrgedicht über Fische (*Halieutica*) ist trotz der frühen Bezeugung wohl unecht.

Das erste Buch der *Klagelieder* ist auf dem Weg nach Tomi[19] geschrieben oder entworfen – in einem den Autor selbst überraschenden Schaffensrausch, der seiner Bedeutung nach mit dem ersten Berufungserlebnis des Dichters auf gleiche Stufe zu stellen ist. Ovid überquert die Adria trotz der Ungunst der Jahreszeit im Dezember 8 n. Chr. (K 1,11,3 f.). Er verläßt das Schiff in Korinth, reist auf dem Landweg über den Isthmus und segelt von Cenchreae aus weiter (K 1,10,9). Nach der Einfahrt in den Hellespont läßt er aus uns unbekannten Gründen das Schiff umkehren und zuerst Imbros, dann Samothrake ansteuern. Hier entsteht das vorletzte Gedicht des Buches (K 1,10). Von dort sendet er das Schiff mit dem Gepäck nach

Tomi; er selbst setzt nach Tempyra über. Auf der Überfahrt dahin spielt die letzte Elegie des ersten Buches (K 1,11). Er scheint auf dem Landwege – im wesentlichen an der Küste entlang – nach Tomi weitergefahren zu sein.[20] Die Reise sollte man sich nicht allzu behaglich vorstellen; Ovid klagt über die Unzuverlässigkeit seiner Begleiter und Diener (K 1,5,64; 4,10,101) und deutet an, daß sein Leben in Gefahr war (z. B. ebd. 5,2,30). Aus solchen Situationen, über die sich Ovid begreiflicherweise nicht näher auslassen durfte – so mancher Gegner wurde öffentlich begnadigt und heimlich ermordet –, erklären sich wohl auch die überraschenden Umdispositionen während der Reise.

Ovids Verbannungsort Tomi (oder Tomis, heute Constanța) war eine Kolonie von Milet. Außer griechischen Händlern lebten hier Geten, mit denen sich Ovid selbst nach dem dritten Winter nur durch Zeichensprache verständigen kann (K 5,10,35–42). Später behauptet er, Getisch und Sarmatisch gelernt (K 5,12,58) und eine Apotheose des Augustus mit einem Lob des Tiberius und seiner Familie in der getischen Landessprache geschrieben zu haben. Man sollte diese Nachricht nicht bezweifeln; Ovid hat so viele Tabus der antiken Gesellschaft gebrochen – warum nicht auch das der hochmütigen Verachtung der Barbarensprachen? Falls die Geten mit den Goten verwandt sein sollten,[21] würde es nicht der Pikanterie entbehren, daß der früheste altgermanische Dichter, von dem wir wissen, ein überkultivierter Römer war. Wenig glaubhaft ist die Vermutung, Ovid habe sein Lob des Augustus in dem barbarisierten Pidgin-Greek der dortigen Kaufleute verfaßt. Es wäre in der Antike ganz ungewöhnlich, ein Stück Literatur nicht in der hierfür geschaffenen Literatursprache, sondern in einer korrupten mündlichen Abart derselben zu schreiben. Ovids Hochachtung vor der griechischen Sprache und Literatur hätte eine solche literarische Entgleisung nie zugelassen. Dagegen muß es ihn gereizt haben, das bisher unbekannte Getische für die Literatur zu entdecken.

Man weiß, daß Ovid die Unwirtlichkeit seines Verbannungsorts übertreibt und daß seine Beschreibungen von rhetorischen und poetischen[22] Klischees überwuchert sind: Im Land des ewigen Schnees (P 1,3,50) folgt ein Winter auf den anderen (P 1,2,24). Die Donau und das Meer frieren zu, der im Frost erstarrte Wein bleibt ohne Gefäß stehen und wird nicht schlückchenweise getrunken, sondern stückchenweise verzehrt. Die Menschen gehen so vermummt einher, daß man nur das Gesicht sieht, und in ihrem Haar klingeln Eiszapfen. Aus Furcht vor Barbarenangriffen läßt man das Land unbebaut (K 3,10; P 1,3,55–58); hier wächst keine Rebe, ja nicht einmal ein Baum (K 3,12,14–16; P 1,3,51 f.). Es ist nicht weit nach Tauris, dem Land der Menschenopfer (K 4,4,61–64). Kurz: Ovid wohnt zu Füßen der Großen Bärin an der Nordgrenze der bewohnbaren Welt (K 3, 4,47–52; P 4,10,38– 42). Er muß ja seine Landsleute in Rom davon überzeugen, daß man es in Tomi nicht aushalten kann. Daher liegt ihm weniger an einer realistischen Beschreibung seiner Umwelt als an einer effektvollen Ausbeutung der vorgefaßten Meinungen, die er bei seinen römischen Lesern voraussetzen kann. Daß er die Kritikfähigkeit seines Publikums dennoch unterschätzt hat, sieht man daran, daß er sich in späten Briefen gegen den Vorwurf zur Wehr setzen muß, Unglaubhaftes zu berichten (P 4,9,81–86; 4,10,35). So ist Ovids Zeugenwert für das historische Tomi geringer, als man hätte hoffen können; doch sollte man andererseits auch nicht in das andere Extrem verfallen, die Faktizität von Ovids Verbannung überhaupt zu bestreiten;[23] denn für eine solche kafkaeske Fiktion war in der Antike kein Raum: Der Realitätssinn war zu stark ausgebildet. Zudem waren Verbannungen von Autoren und Bücherverbrennungen unter Augustus keine Seltenheit. Vielmehr handelte es sich um eine besonders ernste und schmerzliche Zeiterscheinung, mit der ein rein literarisches Spiel zu treiben wohl niemandem in den Sinn gekommen wäre.

Anfangs hofft der Dichter auf Begnadigung, sehr lange auf ein milderes Exil. Seine ausführliche Apologie an Augustus (das zweite Buch der *Klagelieder*) verhallt jedoch ungehört. Die vorübergehende Entfernung der *Liebeskunst* aus den öffentlichen Bibliotheken ist zwar eine persönliche Kränkung, kann aber der Verbreitung seiner Bücher nicht schaden; der Briefwechsel mit den Verlegern erleidet keine Unterbrechung. Ein beredter Anwalt, der sich aus freundschaftlicher Teilnahme der Sache Ovids angenommen hat, kann freilich seinen nur allzu begründeten Pessimismus hinsichtlich einer Begnadigung nicht verhehlen (K 3,5) und legt schließlich, da er es dem Dichter nicht recht machen kann, sein Mandat nieder (K 5,6). Ovid versucht, einflußreiche Männer wie Messalinus, Fabius Maximus (z. B. P 1,2) und Sextus Pompeius zur Fürsprache zu bewegen, und wendet sich auch nochmals an Augustus selbst (K 5,2b). Nach dem Tode des Kaisers ist er begreiflicherweise völlig ratlos und wendet sich Germanicus zu, dem er den *Festkalender* in überarbeiteter Form zueignen möchte. Germanicus erhält ein *imperium maius* über alle Provinzen des Ostens im Jahr 17 n. Chr. (Tacitus, *Annales* 2,43). Ovid spielt auf die Einweihung des renovierten Janus-Tempels am Marcellus-Theater vom Oktober 17 an (F 1,223–226); bei der relativen Langsamkeit der Nachrichtenübermittlung in der Antike dürfte er also Ende des Jahres 17 noch am Leben gewesen sein (trotz Hieronymus, *Chronik*, zum Jahr Abrahams 2033 = 17 n. Chr.); da jedoch die (im Hinblick auf den bevorstehenden Besuch der Pontus-Provinzen des Germanicus erfolgte) Überarbeitung des *Festkalenders* nicht über das erste Buch hinausgelangt ist, dürfte Ovid Anfang 18 n. Chr. gestorben sein. Rom hat er nicht wiedergesehen.

Persönliche Verhältnisse und Charakterbild

Ovid war dreimal verheiratet. Eine früh geschlossene Ehe mit einer »weder würdigen noch nützlichen« Frau (K 4,10,69 f.) wurde bald geschieden. Seiner zweiten Gattin hat er nichts vorzuwerfen (ebd. 71); doch war auch diese Verbindung nicht von Dauer. Mit seiner dritten Gemahlin (die wohl aus dem Geschlecht der Fabii stammte: P 1,2,136) war der Dichter glücklich. Sie begleitete ihn freilich nicht ins Exil, wohl in der (vergeblichen) Hoffnung, sich (dank ihrer Verbindungen zu den vornehmsten Familien) in Rom für ihn einsetzen zu können. Er hat (vermutlich aus zweiter Ehe) eine Tochter (F 6,219–230; K 1,3,19 f.; 4,10,75 f.), die ihm aus zwei Ehen zwei Enkelkinder schenkt. Die von ihm entdeckte junge Dichterin Perilla, an die er einen Brief als poetisches Testament richtet (K 3,7), ist höchstwahrscheinlich seine Stieftochter.[24]

Ovids dichterische Autobiographie (K 4,10), in dieser Form ein Novum, liefert uns ein geistiges Selbstporträt des Autors. In den *Pontusbriefen* schildert er sich als einen ruhigen, unauffälligen Zeitgenossen. Er sagt, sein Freund Graecinus kenne ja sein stilles Wesen und seine scheue Art, die ihm ins Gesicht geschrieben sei (P 4,9,91 f.). Man darf den Hinweis auf *pudor* aus den *Liebeselegien* (1,3,14) hinzunehmen (der Brief an Graecinus zeigt, daß hier etwas für die Person des Dichters Bezeichnendes angedeutet wird; das spricht übrigens gegen eine vordergründig ironische Interpretation der Liebeselegie 1,3). Dieses allgemeine Bild wird ergänzt durch die Beschreibung seiner äußeren Erscheinung im Schlußgedicht des ersten Buches der *Pontusbriefe* (1,10; vgl. auch K 4,6,39–50). Daß Ovid mager war, wissen wir schon aus den *Liebeselegien* (2,10,23). Das Selbstbildnis des Verbannten ist dazu bestimmt, Mitleid zu erregen:[25] Der von Natur schlanke Körper ist durch Schlaflosigkeit und Appetitlosigkeit geschwächt (P 1,10,7–24).

Was seinen Seelenzustand betrifft, so spiegeln ihm Träume entweder Barbarenangriffe vor oder aber die Nähe seiner Freunde und seiner Frau, und die Erinnerung an vergangenes Glück macht sein Unglück vollkommen (P 1,2,43–52). Sein bleiches Aussehen kommt nicht von Wein oder Ausschweifungen, sondern von der ständigen seelischen Belastung (P 1,10,25–28). Vor Kummer verzehrt er sich Tag für Tag wie schmelzendes Wachs (P 1,2,55 f.; vgl. 1,4,7 f.; 1,10,35 f.); solches Sich-Abhärmen – mag man es nun »treu« oder »unmännlich« nennen (P 1,3,31) – entspringt dem allen Lebewesen angeborenen Heimweh (P 1,3,29–46) und ist so gut wie unheilbar (P 1,3,25). Nebenbei erfahren wir, daß Ovid fast nur Wasser trinkt und daß ihn (im Unterschied zu der prahlerischen Selbstdarstellung in der Liebeselegie 2,10) Venus in der Verbannung nicht heimsucht (P 1,10,29–34). Sein Haar ist ergraut, und seine Kräfte schwinden (P 1,4,1–4), der Zahl seiner Leiden nach müßte er schon älter sein als Nestor (P 1,4,9 f.). Zudem beschert ihm die Winterkälte brennende Schmerzen (K 5,13,3–6).

Obwohl auch dieses Selbstbildnis einem bestimmten Überredungszweck dient und daher überzeichnet sein mag, fehlt es ihm nicht an innerer Glaubwürdigkeit. Die *Klagelieder* (3,8,27) erwähnen außerdem schwere Träume, die den Leidenden heimsuchen, und beschreiben die psychische Krankheit genauer: Sein eigenes Schicksal steht dem Dichter wie ein leibhaftiges Gespenst vor Augen (K 3,8,35 f.);[26] all das Fremde, das er vor sich sieht, und das Vertraute, das er nicht sieht – beides quält ihn gleichermaßen (K 4,6,48); wenn er vergleicht, was er ist und was er war, packt ihn der brennende Wunsch nach gewaltsamem Tod (K 3,8,38 f.). Nach zwei bis drei Jahren, so hören wir, hat sich seine körperliche Verfassung gefestigt, während seine Seele nach wie vor unheilbar dahinsiecht (K 5,2,3–10) und allem philosophischen Zuspruch unzugänglich bleibt (P 1,3). Er stellt sich vor, wie er als alter Mann seiner Frau begegnet, die aus Sorge um ihn gealtert ist: eine Umarmung und ein Gespräch, die nie stattfinden werden (P 1,4,47–58). In Tomi behagt ihm weder die Landschaft noch das Haus (K 3,3,7–9; 3,8,37f.), es fehlt ihm der heimische Garten (Pflanzen und ihre Pflege sind seine Liebhaberei: P 1,8,45f.; 59f.) und das vertraute Ruhebett (K 1,11,37f.). In der Erinnerung des Verbannten spiegelt sich das frühere Leben des Autors in Rom so anschaulich, daß der Leser vermeint, dem Dichter beim Schreiben über die Schulter sehen zu können. Im vierten Buch der *Klagelieder* entwirft Ovid ein Bild des erträumten – nie erlebten – Ruhestandes in der Heimat: Oft würde er sein väterliches Gut in Sulmo besuchen, abwechselnd in der Einsamkeit seiner Gärten oder im geselligen Trubel der Stadt weilen und so zusammen mit seiner Gattin und den Freunden seinen Lebensabend genießen (K 4,8,5–12; 4,8,27f.). Dieses Wunschbild entlarvt im Kontrast die Schwere eines Lebensschicksals, das fünfzig Jahre lang vom Glück begünstigt war, um dann ins Gegenteil umzuschlagen.

Die einzige Stütze des Verbannten ist sein Talent; ohne altrömische Heldenpose und auch ohne den Trost der Philosophie vermag er allein dank der Muse nicht nur persönlich dem Unglück zu trotzen, sondern auch für spätere Geschlechter neue – immer wieder erschreckend moderne – Inhalte in selbstgeschaffene literarische Formen zu gießen. Er siegt mit den nur dem Dichter eigenen Kräften. Sein Exil hat Ovid zwar nicht erfunden (wieviel hätte er darum gegeben, es wäre nur Fiktion gewesen!); dafür aber viel Größeres: eine neuartige Exildichtung, ein neues Rombild, ein neues dichterisches Selbstbewußtsein.

Der Dichter der Liebe

Liebeselegien

Venus' clerk Ovyde
Geoffrey Chaucer,
The House of Fame (1486–1489)

Aufbau der *Amores*: Parallelen und Symmetrien hinter bunter Fassade

Das *erste* Buch besteht aus 15 Gedichten. Den Rahmen (1 und 15) und das Zentrum (8) bilden Programmgedichte. Die Elegien 2–7 und 9–14 sind thematisch parallel angeordnet. Die zweite Elegie handelt vom militärischen Triumph Amors, die neunte entsprechend vom Kriegsdienst des Liebenden. In der dritten Elegie wirbt der Dichter um Liebe und verheißt der Geliebten die Gabe der Unsterblichkeit, in der zehnten geht es um Geschenke, insbesondere um das der Unsterblichkeit. Die Gedichte 4 und 11 enthalten didaktische Elemente; komplementär entsprechen sich Liebeserfüllung (5) und Absage (12), nächtliche Klage vor verschlossener Tür (6) und Tagelied beim Abschied am Morgen (13), die Zerstörung der Frisur des Mädchens durch den Liebhaber (7) und durch das Mädchen selbst mit Hilfe von schädlichen Färbemitteln (14).

Im *zweiten* Buch gruppieren sich um das zentrale zehnte Gedicht zweimal zwei Elegienpaare: 7 und 8; 9a und 9b; 11 und 12; 13 und 14. Den Rahmen bilden die voneinander getrennten Anredegedichte 6 und 15 (auf den Papagei bzw. an den Ring). Die zentrale Elegie handelt sinnigerweise von einer Doppelliebe. Sie ist zugleich das Herzstück der ganzen Sammlung. Adressat ist Graecinus, der

Freund, dem auch das Mittelstück der ersten drei Bücher der *Briefe vom Schwarzen Meer* (2,6) gewidmet ist. Die Gedichtpaare sind entweder parallel (2 und 3: an den Wächter; 13 und 14: Abtreibung) oder kontrastierend aufeinander bezogen: In 7 weist Ovid empört Corinnas Vorwurf zurück, er liebe ihre Sklavin; in 8 bittet er dieselbe Sklavin, ihn für diesen Meineid zu belohnen. Ein Kontrast besteht auch zwischen dem Abschied in 11 und dem Jubel über die Liebeserfüllung in 12. Das Thema »Bewachung« erscheint am Anfang und am Ende des Buches in unterschiedlicher Beleuchtung: Dort wird der Wächter um Milde gebeten (2 und 3), hier der Rivale um strengere Bewachung des Mädchens (19). Im Ganzen ist das Buch axialsymmetrisch aufgebaut, doch mit der feinen Variation, daß nicht das (mit 1 korrespondierende) ›literarische‹ Gedicht (18), sondern der übermütige Kehraus (19) am Ende steht.

Das *dritte* Buch besteht – ohne die unechte Elegie (5) – aus 14 Gedichten. Anders als im ersten Buch sind diese nicht parallel, sondern gegenläufig angeordnet. Das Zentrum des dritten Buches bilden zwei Elegien mit literarischer Thematik: Leben des Dichters (8) und Tod des Dichters (9). Sie sind umschlossen von zwei Gedichten (7 und 10) über das Ausbleiben des Liebesglücks. Das nächste Elegienpaar kündet von fehlgeschlagenen Versuchen, zu der Geliebten zu gelangen (6) bzw. von der Liebe loszukommen (11). Die Gedichte 4 und 12 sind an Personen gerichtet, mit denen Ovid Corinna teilen muß: den ›Gemahl‹ (4) und das Publikum (12). In 2 und 13 besucht der Dichter jeweils in Begleitung einer Dame eine festliche Veranstaltung. Die Elegien 3 und 14 behandeln das Thema ›Untreue und Diskretion‹. Die Anordnung im dritten Buch ist somit spiegelbildlich, doch ohne Zentralstück. Das Schlußgedicht (15) steht für sich und korrespondiert mit 1,1; 1,15 und 2,1.

Zur Gattung der römischen Liebeselegie

Die Herkunft des Wortes »Elegie« ist unklar. Vielleicht liegt eine Verwandtschaft mit armenisch *elêgn* ›Rohr, Flöte‹ vor. Die Griechen leiteten die Bezeichnung volksetymologisch von dem Klagelaut ἒ ἔ = αἳ αἵ her; freilich entspricht der Inhalt der meisten griechischen Elegien dieser Erklärung nicht. Die Verbindung des Namens mit der Klage hat dennoch sekundär an Bedeutung und Einfluß gewonnen. In seinem Trauergedicht auf Tibull (L 3,9) spielt Ovid auf den »tränenreichen« (*flebilis*) Charakter der Elegie an; dieselbe Gedankenverbindung liegt dem Titel von Ovids in der Verbannung geschriebenen *Klageliedern* (*Tristia*) zugrunde.

Das elegische *Versmaß* besteht aus einem längeren daktylischen Vers (Hexameter), auf den der etwas kürzere Pentameter folgt.[1] Treffend beschreibt Schiller den Charakter des Versmaßes:

> Im Hexameter steigt des Springquells silberne Säule;
> im Pentameter drauf fällt sie melodisch herab.[2]

Der Wechsel von Steigen und Fallen fordert zu antithetischer Formulierung heraus; diese Neigung verstärkt ferner der parallele Bau der beiden Vershälften im Pentameter. Daher ist das Distichon auch das bevorzugte Versmaß für Epigramme, eine Gattung, mit der die Elegie in enger Beziehung steht.

Aus der griechischen Literatur sind uns keine Liebeselegien bekannt, die den römischen genau entsprächen. Frühgriechische Elegien zeichneten sich durch didaktische Züge aus; wenn, wie bei Mimnermos (7. Jh. v. Chr.), die Liebe empfohlen wurde, so nicht auf Grund subjektiver Leidenschaft, sondern weil Lebensgenuß das Vernünftigste sei. Noch öfter war die Belehrung jedoch gesellschaftlich oder politisch orientiert (so bei Solon). Auf diese frühe Funktion der Elegie als Zweckpublizistik spielt die römische Liebeselegie vielfach an, wenn sie sich als Mittel der Liebeswerbung darstellt. In den Verbannungsgedichten, die um ein milderes Exil bitten, wird Ovid diesen Charakterzug der Gattung grundsätzlich erneuern. Aus hellenistischer Zeit hören wir von mythischen Liebeserzählungen in elegischer Form und von »aitiologischen« Elegien wie den Aitia (›Ursprungssagen‹) des Kallimachos.

In der *römischen Liebeselegie* ist das Erotische stärker subjektiv gefärbt: Im Einklang mit hellenistischen Auffassungen bejahen römische Elegiker die Liebe nicht etwa als das »Vernünftigste«, sondern obwohl, ja sogar weil sie etwas Unvernünftiges, Schädliches ist. Vor allem aber spricht jetzt das elegische Ich (wie es behauptet) von »eigenen Erfahrungen« – hierin wohl entscheidend bestärkt von der griechischen Epigrammdichtung. Dieser »subjektiv-erotische« Charakter – und damit die Gattung »Liebeselegie« – hat sich in der uns aus Tibull, Properz und Ovid bekannten Form vermutlich erst in Rom entwickelt.

Einige wichtige Wesenszüge der Gattung seien genannt; wie Wilfried Stroh[3] gezeigt hat, sind sie insgesamt schon bei dem Stifter des Genres in Rom, Cornelius Gallus, vorgebildet: Ein erster Punkt ist die Verwendung des elegischen Versmaßes; sie ist weniger selbstverständlich als es uns im Rückblick erscheint. Ferner tritt das Ich des Dichters meist handelnd oder reagierend, fast nie als Erzähler auf. Die Geliebte ist grundsätzlich als eine römische Libertine vorgestellt; vor diesem Hintergrund erscheint das *servitium amoris*, die bedingungslose Ergebenheit des vornehmen Liebhabers, erst in ihrer vollen – skandalösen – Tragweite; sie ist ein *furor*, die Bejahung von etwas Unvernünftigem. Ferner ist das Verhältnis als dauerhaft vorgestellt – wenn auch dieses Ziel in der Praxis nicht erreicht wird; daraus entsteht die Idee, Liebe sei eine Lebensform. Dieser »erotischen Daseinsform« (βίος ἐρωτικός) wird alles, auch die Poesie, untergeordnet.[4]

Die römische Liebeselegie hat einige typische Figuren mit der Neuen Komödie gemeinsam: z. B. den jugendlichen Liebhaber, die Hetäre, die Kupplerin, den Rivalen (der oft als prahlerischer Soldat vorgestellt wird), Sklavinnen und Sklaven. Die einzelnen Gedichttypen sind zum Teil mit festen Situationen verbunden: Klage vor verschlossener Tür (Paraklausithyron), Abschied der Liebenden am Morgen (aus der Literatur des Mittelalters als »Tagelied« bekannt), Geleit vor der Abreise (Propemptikon), Liebeslehren (erteilt von der Kupplerin oder vom elegischen Ich), Liebesbriefe, Begleitschreiben zu Geschenken, Glückwünsche zum Geburtstag, Totenklage um Menschen oder Tiere usw. Viele der hier erwähnten Gedichttypen kommen auch in der Epigrammatik vor (und sind von dieser entsprechend beeinflußt). Je weiter sich die Gattung entwickelt, desto mehr achten die Zuhörer darauf, wie der einzelne Autor die Topoi des jeweiligen Gedichttypus individuell abwandelt und dabei mit den Erwartungen seiner Leser spielt. Sogar der »subjektiv-erotische« Ansatz, die ostentative Betonung des »Sitzes im Leben« – wird zum Topos im Rahmen eines literarischen Spiels. Vergleicht man die Liebeselegien mit einem »Liebesroman« oder spricht man bei den drei Büchern von »drei Akten eines Dramas«, so sollte man sich des metaphorischen Charakters der eigenen Redeweise bewußt sein.

Römische Vorgänger

Gallus. Stifter der lateinischen Liebeselegie ist der römische Ritter Cornelius Gallus. Sein politisches Wirken ist uns inschriftlich bezeugt; von seinen Dichtungen finden sich Spuren bei Vergil und den Elegikern. Erhalten sind ein kurzer Papyrustext und ein sekundär überlieferter Einzelvers. Wesentliche Züge der lateinischen Liebeselegie sind bei Gallus schon vorgebildet,[5] so daß er (in höherem

Maße als Catull) als Vater der lateinischen Liebeselegie zu gelten hat. Im Jahre 26 v. Chr. wird Gallus, der Präfekt von Ägypten ist, von Augustus zum Selbstmord gezwungen. Seine Werke sind wohl deshalb untergegangen. Ovid ist der einzige, der auch nach dem Tod des Gallus nicht müde wird, ihn zu rühmen und sein Gedächtnis für die Nachwelt zu bewahren.

Tibull. Erhalten sind uns die Elegien der sogenannten »Triumvirn der Liebe« (*tresviri amoris*): Tibull, Properz und Ovid. Albius Tibullus stammt aus einer vornehmen Familie in Latium. Er gehört dem Dichterkreis um Messala an, dem später auch Ovid verbunden ist. Nur die beiden ersten der unter seinem Namen überlieferten Bücher sind mit Sicherheit echt. Das dritte Buch stammt vermutlich von verschiedenen Autoren des Messalakreises, darunter dem biederen Lygdamus (vielleicht einem Altersgenossen Ovids), der begabten Dichterin Sulpicia und dem unbekannten Verfasser der anmutigen Elegien über Sulpicia und Cerinthus. Tibulls erstes Buch kreist um seine Geliebte Delia und den Knaben Marathus; träumerisch verklärt Tibull das Landleben und die Friedensidee (die er gerade wegen seiner militärischen Erfahrung sehr zu schätzen weiß); aber auch Krankheit und Tod sind nicht ausgeklammert. Wohl nach dem Vorbild von Vergils Eklogenbuch bilden die zehn Elegien des ersten Buches eine spannungsreiche Einheit; die Sammlung als solche wird zum Kunstwerk. Im zweiten Buch – das einen beabsichtigten Kontrast zum ersten bildet – führt die Verfallenheit an die fordernde und rücksichtslose Nemesis zu einer Entzauberung der Bauernromantik und zur Entlarvung der Liebe als Sklaverei. Tibulls Stil zeichnet sich in besonderem Maße durch strengen Geschmack, bewußte Beschränkung in der Wortwahl und elegante Behandlung des Versmaßes aus. In jeder einzelnen Elegie schlingt dieser Dichter jeweils mehrere Themen kunstvoll ineinander, während Ovid sich meist auf die klare Entwicklung eines einzigen Themas konzentriert. Bei Tibull spielt die Mythologie eine spürbar geringere Rolle als bei Properz und Ovid. Trotz erheblicher Unterschiede (z. B. fühlt sich Ovid nicht zur gleichgeschlechtlichen Liebe geboren) verdankt er Tibull künstlerisch weit mehr als nur die geschliffene Metrik und die überlegte Anordnung der Gedichte. Nicht ohne Grund hat er Tibull einen meisterhaften Nachruf gewidmet und dieser Elegie eine zentrale Stelle im dritten Buch zugewiesen (L 3,9).

Properz. Der zweite römische Elegiker, dessen Werke auf uns gekommen sind, stammt aus Assisi (wo man das Haus eines augusteischen Dichters – sein Haus? – ausgegraben hat). Der Dichter öffnet sich den Erwartungen des neuen Regimes nur zögernd – hat er doch bei dem Blutbad, das der spätere Augustus in Perusia (Perugia) anrichtete, einen nahen Verwandten verloren: Erst im vierten Buch (seinem Spätwerk) läßt er erotische Elegien mit solchen aus der römischen Sagenwelt abwechseln, und in der sein Schaffen krönenden »Königin der Elegien« (4,11) gibt er einer vornehmen römischen Matrone das letzte Wort. Properzens erstes Buch, die sogenannte *Monobiblos* (das »Einzelbuch«), handelt von seiner Liebe zu Cynthia (der auch die weiteren Bücher huldigen) und stellt mit ungewöhnlicher Radikalität die Liebe als eine Lebensform im Zeichen der bedingungslosen Unterwerfung unter die Geliebte dar. Nach dem glänzenden Erfolg dieses Erstlingswerkes nimmt Maecenas den Dichter in seinen Kreis auf. Ovid, der jedoch selbst nicht dem Maecenaskreis angehört, ist mit Properz befreundet und steht mit ihm in regem Gedankenaustausch (K 4,10,45 f.). Ovid verdankt diesem Dichter viel, mag auch nicht unbedingt immer der Ältere der Gebende sein. Properz fühlt sich als römischer Kallimachos; er ist zweifellos der gelehrteste, schwierigste und sprödeste der drei Elegiker, fesselt aber seine Leser durch herbe Kraft und männliches Feuer. Seine außerordentlich vielfältigen Elegien weisen unter anderem auch epigrammatische Züge auf. Diese sind für Ovid sehr wichtig geworden, ebenso wie Properzens Versuche, der Frau das Wort zu erteilen, und seine Experimente mit narrativen aitiologischen Elegien. Rhetorische Einflüsse nehmen bei Properz und noch mehr bei Ovid zu.

Ovids literarische Kunst

Ovid stellt sich bewußt in die einheimische Tradition der Elegie: Nach Gallus, Tibull und Properz ordnet er sich selbst chronologisch an vierter Stelle ein (K 4,10,54). Daneben ist auch Einwirkung griechischer Epigrammatik und bildender Kunst sowie der Komödie nicht auszuschließen. Im Unterschied zu Tibull hat bei ihm jede Elegie nicht mehrere Themen, sondern höchstens zwei, meist aber nur ein einziges; die Entwicklung des Gedankens strebt nicht nach assoziativer Reihung, sondern nach logischer Stringenz, dialektischer Entfaltung und schlagender Zuspitzung. Der Aufbau der einzelnen Liebeselegien ist rhetorisch gestrafft. Man denke an die Ausarbeitung von Themen wie »Liebe ist Kriegsdienst« (*militat omnis amans* 1,9) oder »Haßliebe« (3,11,33–52, vgl. Catulls *odi et amo*)!

Gattungsspezifische Elemente kann man als Kristallisation von Lesererwartungen definieren. Damit treibt Ovid sein Spiel. Traditionelle Topoi denkt er konsequent zu Ende: Dadurch, daß der Dichter seiner Geliebten Berühmtheit schenkt, werden andere auf sie aufmerksam, und er verliert sie (L 3,12,8). An anderer Stelle (2,19) kehrt Ovid das Thema »Bewachung des Mädchens« spielerisch um, indem er wider Erwarten vom Rivalen verschärfte Wachsamkeit fordert, um die Liebe spannender zu gestalten. Ovid vervollständigt den Themenkatalog der Liebeselegie bis hin zu naturalistischen, im poetischen Kontext eher unerwarteten Stoffen wie Impotenz (3,7) und Abtreibung (2,13 und 14). Die geradezu enzyklopädische Vollständigkeit der Aspekte läßt ein Streben nach Universalität erkennen, das Ovids weitere Entwicklung zu didaktischen und narrativen Dichtungen vorbereitet. Seine feine Psychologie und Erzählkunst sind bereits in den *Liebeselegien* voll ausgebildet: Man denke an die köstliche Szene im Zirkus (3,2; vgl. Lk 1,135–170), mehrere mythische Erzählungen (z. B. L 3,6; 3,10) und besonders die Liebesbegegnung (L 1,5).

Das Transzendieren der Gattung

Als Erstlingswerk, das nach vielen Richtungen Wege eröffnet, verdienen es die *Liebeselegien*, wenigstens kurz mit Ovids späterem Schaffen verglichen zu werden.

Beziehungen zur Liebeskunst. Schon in den *Liebeselegien* finden sich Gedichte belehrenden Inhalts; so macht der elegische Liebhaber in 1,4 seiner Geliebten detaillierte Vorschriften für ihr Verhalten beim Gastmahl (vgl. später Lk 1,565–608). Bereits die elegischen Vorgänger hatten Liebeslehren vermittelt (z. B. Tibull 1,4; 1,8). Innerhalb der *Liebeselegien* wird die didaktische Problematik thematisiert: Der elegische Liebhaber macht die Erfahrung, daß seine Lehren auf ihn selbst zurückfallen (2,18, 20).

Ferner verwendet die *Liebeskunst* Motive aus den *Liebeselegien* und setzt sie ins Didaktische um: man denke an die anmutige Szene beim Wagenrennen (L 3,2; Lk 1,135–170) oder das Motiv »Mir gefallen alle« (L 2,4; Lk 2,641–680). Seefahrt und Wagenfahrt liegen als bedeutungsvolle Symbole mehreren Liebeselegien zugrunde; in der *Liebeskunst* und den *Heilmitteln gegen die Liebe* werden sie systematisch weiter entfaltet und erhalten strukturbildende Funktion.[6] Ähnliches gilt von der Vorstellung, Liebe sei Kriegsdienst (L 1,9; Lk 2,233–238).

Eine ausdrückliche Erwähnung der *Liebeskunst* kann man in *Liebeselegien* 2,18,19 annehmen; doch ist es für die Ambivalenz der *Liebeselegien* bezeichnend, daß sich die Stelle zur Not auch auf Elegien didaktischen Inhalts wie 1,4 beziehen läßt. Der »Lehrer« der Liebe wird mit seinen eigenen Waffen geschlagen: In *Liebeselegien* 2,5 kehrt die Geliebte die Vorschriften von 1,4 gegen den Sprecher. Unabhängig davon, ob Ovid zur Zeit der Abfassung dieser Elegie (L 2,18) schon an der *Liebeskunst* gearbeitet hat, läßt die Stelle erkennen, daß Ovids Erstlingswerk vielfach über sich hinausweist und auf seine späteren Werke vorausdeutet.

Beziehungen zu den *Frauenbriefen*. Ovid ist stolz darauf, die Gattung des Heroidenbriefes neu geschaffen zu haben. Elegien mit Briefcharakter finden sich in den *Liebeselegien*, z. B. 1,11 und 1,12. Ovids Elegie 2,15 ist als Begleitschreiben zu einem Geschenk eingekleidet. Auch andere Elegien tragen Züge, die an Briefe erinnern; viele von ihnen sind an einen Adressaten gerichtet, dem sie eine Bitte vortragen. Die *Liebeselegien* behalten im Prinzip den Standpunkt des Mannes bei; insofern ist die Heroidendichtung eine neue Stufe in Ovids Entwicklung. Wichtige Vorläufer sind Elegien, die gegenseitiges Verstehen der Geschlechter thematisieren (wie z. B. der stumme Vorwurf der Geliebten in 1,7), nicht zu vergessen Catulls Ariadne in seinem 64. Gedicht, besonders aber Properz, der seiner verlassenen Cynthia das Wort leiht (1,3) und Arethusa einen Brief an Lycotas schreiben läßt (4,3), obwohl bei der letzteren Elegie auch Priorität Ovids denkbar ist.

Nähe zum Epigramm. Das Epigramm hat die römische Elegie stark beeinflußt, wie man besonders an einigen Gedichten des Properz sehen kann. Ovid hat von allen Elegikern die größte Freude am pointierten Ausdruck; an ihm ist ein Epigrammatiker verlorengegangen. Obwohl er das Epigramm als Gattung nicht pflegt, schickt er der zweiten Auflage seiner *Liebeselegien* ein Epigramm voraus; zuweilen flicht er in seine Dichtungen Grabsprüche ein, so für Corinnas Papagei (L 2,6,61 f.), für Phaethon (M 2,327 f.) und für sich selbst (K 3,3,73–76).

Spannungsverhältnis zur Tragödie. In L 3,1 sieht sich der Dichter am Scheidewege zwischen Elegie und Tragödie. Ähnlich wie in der Allegorie des Prodikos (Xenophon, *Erinnerungen an Sokrates* 2,21–34), in der sich Herakles zwischen Tugend und Laster entscheiden muß, hört sich Ovid der Reihe nach die Werbereden von Tragödie und Elegie an. Anders als der griechische Heros, der eine eindeutige Entscheidung für die Tugend und gegen das Laster fällt, beschließt Ovid, vorerst noch der Elegie treu zu bleiben, sich danach aber der Tragödie zuzuwenden. Somit bereitet schon L 3,1 die Absage an die Liebeselegie vor. Im Schlußgedicht (3,15) erfolgt dann die endgültige Abkehr. Der Weg von der Elegie zur Tragödie wird durch die Arbeit an den Heroidenstoffen geebnet, die Ovid – in gleichzeitiger Auseinandersetzung mit Homer, Kallimachos und seinen eigenen elegischen Werken – zu einer Mischform zwischen Liebeselegie, tragischem Monolog und rhetorischer Suasoria verarbeitet. Das Ernstnehmen von Frauenschicksalen ist ein wichtiger gemeinsamer Nenner der *Frauenbriefe* und der Tragödie.

Vorbereitung des *Festkalenders*. L 3,13 zeigt das elegische Ich in Gesellschaft seiner Ehefrau beim Besuch des faliskischen Iunofestes. Die eingehende Beschreibung des Rituals beweist, daß es sich um ein römisches Kult-Aition handelt. Ovid stellt sich damit bewußt in die Nachfolge des Properz, der sich vom Anfang seines zweiten Buches an als römischer Kallimachos eingeführt hat. Im letzten Buch zeigt sich Properz von zwei Seiten: Einerseits ist er Liebesdichter, andererseits römischer Aitiendichter. Beide Themen sind kunstvoll ineinander verschlungen.

Am Ende erhält bei Properz die römische Matrone Cornelia das Wort.[7] Kurz vor dem Schluß seiner *Liebeselegien*-Sammlung deutet Ovid an, daß auch er sich zum römischen Aitiendichter berufen fühlt, und führt – eine kühne Neuerung – die Gestalt der eigenen Ehefrau in die Liebeselegie ein. Möglicherweise hat Ovid seinen *Festkalender* begonnen, um die von Properz übernommene Aufgabe einer römisch-kallimacheischen Aitiendichtung systematisch zu Ende zu führen. Aus Ovids Selbstdarstellung (K 4,10) geht hervor, daß er die römische Elegie als einen Bau betrachtete, der von mehreren Generationen mit- und nacheinander errichtet wurde. So ist es denkbar, daß er nach dem schüchternen Anfang in L 1,13 zunächst noch abwartete, ob von Properz noch weitere Beiträge zur römischen Aitiologie zu erwarten seien, und sich dem *Festkalender* erst dann zuwandte, als Sicherheit darüber bestand, daß Properz dieses Projekt nicht weiter verfolgen wollte oder konnte. Es ist daher wohl nicht ganz abwegig, den *Festkalender* als postume Hommage an Properz zu betrachten – Poesie und Freundschaft boten für Ovid mit Sicherheit einen stärkeren Anreiz zum Dichten als Politik und Staatsreligion.

Episches: ein geborener Erzähler. Im Unterschied zu anderen Elegikern, die eine Beschäftigung mit dem Epos ablehnen und sich auf den bescheidenen Maßstab ihres »kallimacheischen« Talents berufen, spürt Ovid in sich die Kraft, auch sublimeren Gattungen gerecht zu werden (L 2,1,12); in 1,1,2 wird klar, daß Stoff und Form einander entsprechen. Zwar weiß Ovid um die Macht des Gesanges (2,1,22), doch nimmt er in 2,1 ausdrücklich Abschied von der Heldendichtung. In 2,18 wendet sich Ovid an Macer, der Antehomerica schreibt. Während Elegiker sich sonst vom Epos distanzieren bzw. es auf ihre Art zu überbieten suchen (z. B. spricht Properz in 2,1,14 von den »Iliaden« seines Liebeslebens mit Cynthia), lehnt es Ovid nicht grundsätzlich ab, sich auch in anderen Gattungen zu versuchen, und seien sie noch so erhaben. In L 3,12 erwähnt Ovid zahlreiche Mythen, die später in den *Metamorphosen* erscheinen. Wir besprechen diese Elegie genauer im

Zusammenhang mit Ovids dichterischer Selbstauffassung (s. S. 48ff.).

In einigen Stücken der *Liebeselegien* zeigt sich Ovid bereits als Erzähler: sei es in subjektiv-erotischem Zusammenhang (1,5)[8] oder in mythologischem (3,6; 3,10) mit den ausführlichen Beispielerzählungen, in denen die Anfälligkeit von Göttern für Liebe dokumentiert wird. Diese Thematik leitet fast bruchlos zu den *Metamorphosen* über, in deren ersten beiden Büchern die Verliebtheit von Göttern eines der Hauptthemen bildet.

Ovids Abwendung von der Elegie kommt nicht überraschend. Schon von der ersten der Liebeselegien an zeigt er, daß er die Gattung transzendiert. Die Berufung auf sein Ingenium erweist ihn zwar als typischen Elegiker (vgl. auch Properz 3,2,25f.), aber im Unterschied zu anderen Dichtern ist Ovid sich von Anfang an bewußt, daß sein Ingenium über die Gattung der Liebeselegie hinausreicht. Sein Erstlingswerk ist nicht nur der Abschluß der lateinischen Liebeselegie, sondern auch ihre Überwindung.

Sprache und Stil: Glaubwürdigkeit durch scheinbare Einfachheit

Im Unterschied zu Properz meidet Ovid dunkle und schwierige Ausdrücke. Sein klarer Satz- und Versbau will tibullische Anmut mit properzischer Energie verbinden. In gewissem Sinne kann man den »schlichten Stil« seiner Elegie als Erfüllung des Programms verstehen, das er für die Abfassung von Liebesbriefen aufstellt. *Sit tibi credibilis sermo consuetaque verba* (Lk 1,467) – »Deine Rede sei glaubwürdig, wähle vertraute Worte«. Und: »Wer außer einem Wahnsinnigen würde vor der zärtlichen Freundin deklamieren?« (Lk 1,465; vgl. auch 2,507) »Deklamieren« ist hier die technische Bezeichnung für das »Abspulen« einer schulgerechten rhetorischen Übungsrede. Bei richtiger

Verwendung soll sich das Rhetorische nicht verselbständigen, sondern im Verborgenen wirken (*ars adeo latet arte sua*, M 10,252). Dann verleiht es dem poetischen Text »Spannkraft« (*nervos*); der »Glanz« hingegen (*nitor*) erscheint als spezifische Gabe der Poesie (P 2,5,70).

Die Nähe zum *sermo*, zur gesprochenen Sprache, suggerieren zahlreiche Mittel: Wortwahl, Syntax im kleinen (d. h. im Einzelsatz) und im großen (Textsyntax). Schon in den Anfangszeilen seiner Gedichte unterstreicht Ovid den Gesprächscharakter durch Anreden,[9] Interjektionen,[10] Imperative[11] oder Fragen.[12] Besonders lebendig wirken Textanfänge mit beiordnenden, adversativen oder folgernden Partikeln. Sie suggerieren einen (nicht explizit angegebenen) Kontext und ziehen durch solche rückwirkende »Unvollständigkeit« den Leser vom ersten Wort an mitten ins Geschehen: *Et quisquam ingenuas etiam nunc suspicit artes?* (»Und da gibt es noch einen, der die freien Künste achtet!« L 3,8,1.) *At non formosa est, at non bene culta puella?* (Etwa: »Dabei ist mein Mädchen doch alles andere als häßlich und ungepflegt!« L 3,7,1.) *Ergo ego sufficiam reus in nova crimina semper?* (Etwa: »Soll ich also ständig als Sündenbock für neue Vorwürfe herhalten?« L 2,7,1.)

Zum Dialogcharakter tritt Doppelbödigkeit hinzu. Ein Mittel, die Doppelzüngigkeit eines Sprechers fühlbar zu machen, ist die Parenthese, ein ursprünglich der Umgangssprache abgelauschtes Mittel, das der Dichter virtuos zur Charakterisierung einsetzt. Der ausgesperrte Liebhaber bittet den Türhüter scheinheilig, sich persönlich davon zu überzeugen, daß die Tür von seinen Tränen feucht ist. In Klammern verrät er uns seinen Hintergedanken: »Damit du es sehen kannst, mach die Tür auf« (L 1,6,17). Im Haupttext der Klage schmeichelt der junge Mann dem Wächter, den er jedoch in einer gemurmelten Einschaltung zum Henker wünscht (L 1,6,41). Ähnlich verfährt die Kupplerin. Sie verbreitet sich darüber, daß sie die junge Schöne reich und glücklich machen will. Ihr beiseite gesprochener Kommentar dazu lautet jedoch: »Wenn du reich wirst, bleibe auch ich nicht arm« (L 1,8,28). Diese quasi polyphone (oder gar polytonale) Technik – hier schiene mir die modische Bezeichnung »two voices« einmal adäquat – wird Ovid später in Mythenerzählungen und Monologen fortentwickeln.[13]

Ovid stellt solche Mittel, die ihm die gesprochene Sprache in reicher Fülle bietet, in den Dienst der anschaulichen Darstellung (die Rhetorik spricht hier von ἐνάργεια oder *evidentia*). Sinnenhafte Vergegenwärtigung ist eines seiner Hauptanliegen. Er appelliert nicht nur an Auge und Ohr, sondern auch an den Tastsinn. Er tut dies vermittels steigernder Reihung: *vidi tetigique* – »ich sah und berührte« (L 1,5,19), oder durch Attribute, die körperlichen Kontakt voraussetzen: etwa *habiles* – »handlich« (L 1,4,7) – oder *apta premi* – »dem Druck sich darbietend« (L 1,5,20) – für die Spitzen der Brust.

Reiche Ernte verspricht auch die Mehrdeutigkeit der Worte, das *ambiguum*, obwohl vom Interpreten hier viel Takt verlangt wird – nur ein Schritt zu weit, und wir verlassen das Feld des Künstlerischen. Einer exakten Beschreibung entzieht sich Ovids subtile Verwendung von Witz, Humor und Ironie. Ovid ist nie grob oder vulgär. Wie hier jeder Strich sitzt, wird der nachdenkliche Leser mit Vergnügen selbst beobachten und dabei das stets Ungezwungene[14] und Sprachgemäße von Ovids Ausdrucksweise bewundern.

Elegische und nichtelegische Poetik

Als Elegiker setzt Ovid die von Gallus begründete Tradition der werbenden Elegie[15] fort, die das Herz der Geliebten »erweichen« möchte. Zwar fühlt er sich – wie die früheren Elegiker – von Amor verwundet, und seine Inspirationsquellen sind nach wie vor die Liebesgötter und das

Mädchen; doch ist sogleich in der ersten Elegie der Rahmen betont literarisch: Der Dichter führt sich zunächst nicht als Liebender, sondern als Schreibender ein. In dem Augenblick, da er in epischen Versen ein erhabenes heroisches Thema besingen will, stiehlt ihm Amor in jeder zweiten Zeile einen Versfuß, so daß elegische Distichen entstehen. Unversehens wird der Autor zum Liebeselegiker, noch bevor er überhaupt ein Mädchen gefunden hat (am Ende des Gedichtes muß Amor schleunigst den vergessenen Pfeilschuß nachholen). Der ›subjektiv-erotische‹ Grundcharakter der römischen Liebeselegie als Gattung setzt nun freilich (zumindest als Fiktion) die Personalunion von Dichter und elegischem Liebhaber voraus, ein Axiom, das in der Forschung zuweilen nicht genügend beachtet wird. Zwischen der (innerhalb der poetischen Fiktion) betonten[16] »Realität« der Liebeserfahrungen und dem unbestreitbaren äußeren Faktum, daß Corinna durch Ovid in Buchform unter die Leute gebracht worden ist, herrscht ein dialektisches Wechselspiel. Gegen Ende der Sammlung verbalisiert Ovid diese paradoxe Situation in einer poetologisch besonders aufschlußreichen Elegie (L 3,12). Die Einkleidung ist höchst originell; in gewissem Sinne bezeichnet diese Elegie einen Endpunkt der *Liebeselegien* als Dichtung. Ovid beklagt sich darüber, daß er Corinna an sein Publikum verloren habe. Sie ist durch seine Gedichte bekannt geworden; so hat er sie der Öffentlichkeit preisgegeben. Andere sind auf ihren Wert aufmerksam geworden und haben sie ihm entfremdet. Ovids literarisches Schaffen (so will er es hier) wirkt unerwartet auf seine in den Elegien vorausgesetzte »reale« Lebenssituation zurück.

Verschiedene Realitätsebenen und Poetiken spielen hier ineinander: Die römische Liebeselegie geht von der »Realität« der persönlichen Liebeserfahrung aus; in gewissem Sinne haben Ovids Leser (wie er sie beschreibt) also recht, wenn sie Corinna für eine wirkliche Person halten und dementsprechend handeln (sich selbst in sie verlieben und sie ihm abspenstig machen). Um diese ungewollte Konsequenz zurückzuweisen, greift Ovid hinter die vordergründige Ebene einer spezifisch elegischen Poetik auf eine tiefere Schicht zurück: Dichtung als Mythenschöpfung (Mythopoiie) und ausdrückliche Fiktion. Solches kennt man sonst aus der Poetik des Epos und des Dramas. Die Argumentation des Gedichtes verfolgt das Beweisziel, Dichter hätten keinen Anspruch, als historische Zeugen ernst genommen zu werden, vielmehr gestehe man ihnen allgemein zu, ihrer Phantasie freien Lauf zu lassen (L 3,12,19 und 41f.). Als Belege erscheinen hier zahlreiche Mythen, deren Unglaubwürdigkeit ganz offensichtlich ist. Daraus folgert der Dichter, die Leser hätten auch seinem Lob Corinnas keinen Glauben schenken dürfen (L 3,12,43f.). Dann hätte der (in der Weise der Liebeselegie mit dem Liebhaber gleichgesetzte) Dichter die Geliebte (in jenem der Gattung gemäß fingierten »wirklichen« Leben) nicht verloren. Vordergründig ist das Ganze ein Plädoyer für die Unglaubwürdigkeit der Dichter: Die Corinna-Thematik und die Corinna-Bücher (*Liebeselegien*) haben sich selbst ad absurdum geführt. Es ist eindeutig von »Lüge« als typischer Eigenschaft von Dichtung die Rede. Wirklichkeitsfremde Stoffe gelten hier als typisch poetisch. So will Ovid den Eindruck erwecken, als sei auch die Liebesdichtung in dieser Beziehung nur ein Sonderfall der Poesie im allgemeinen.

Die Heranziehung einer (der Elegie eigentlich fremden) »mythopoietischen« Dichtungstheorie macht dabei indirekt sichtbar, daß die Elegie anderen Maßstäben folgt und (innerhalb ihrer eigenen Fiktion) eine »buchstäbliche« Interpretation fordert. (Daß die dargestellte »Realität« natürlich übertragbar sein muß, also idealtypisch ist, steht auf einem anderen Blatt: Der Leser soll ja bei der Lektüre, wie L 2,1 ausführt, persönlich betroffen sein.) Zugleich aber läßt Ovid L 3,12 unmißverständlich durchblicken, daß es auch andere Poetiken als diejenige der römischen Liebeselegie gibt. Er verweist damit auf eine jenseits der erotischen Thematik liegende Grundsituation als Voraussetzung literarischen Wirkens, die er schon am Anfang des ersten und des zweiten Buches beschworen hatte. Trotz der Auslöserrolle Corinnas (von der übrigens diese Anfangsgedichte schweigen – anders als unsere gegen Ende der Sammlung placierte Elegie 3,12) ist sein Ingenium prinzipiell nicht auf einen bestimmten Stoff oder eine bestimmte Gattung beschränkt. Die universale, mythenschaffende Kraft des Dichters wird sich in späteren Werken (z. B. den *Metamorphosen*) bewähren. Dabei ist bemerkenswert, daß das bedrohliche Zurückschlagen der Poesie auf die Existenz des Dichters (wie es später bei seiner Verbannung zu beobachten sein wird) schon hier in den *Liebeselegien* zu einem Grundthema erhoben ist. In mehrfacher Beziehung zeigt somit die Behandlung des »Corinna«-Themas, daß das Bewußtsein des Dichters die Enge der Gattung transzendiert.

Dieselbe Präsenz einer Metaebene des poetischen Selbstverständnisses ist auch sonst für die *Liebeselegien* charakteristisch. So wird z. B. die kallimacheische Topik der »höflichen Weigerung« (*recusatio*)[17] ganz eigenwillig behandelt: Es geht nicht darum, die Behandlung sublimer Themen unter Berufung auf das eigene »bescheidene« Talent abzulehnen, wie wir dies aus dem Prolog von Kallimachos' *Ursprungslegenden* (*Aitia*) oder Vergils sechster Ekloge kennen. Nein, Ovid stellt sein Licht nicht unter den Scheffel: Der Größe seines Talents und seiner prinzipiellen Fähigkeit, auch erhabene Stoffe und Literaturgattungen zu meistern, ist er sich voll bewußt, und er sagt dies seinen Lesern sogar ausdrücklich: *et satis oris erat* (L 2,1,12): Seine Stimme ist also dieser Aufgabe gewachsen, und er hat durchaus den erforderlichen großen Atem. Dem Dichter stehen von Anfang an alle Wege offen. Daß er Elegien schreibt, ist beinahe ein Zufall: Amor hat ihm diesen Streich gespielt. Die prinzipielle Offenheit des Autors für andere Literaturgattungen wird im dritten Buch thematisiert.

Zu Beginn des dritten Buches steht der Dichter – wie einst Hercules zwischen Tugend und Laster – am Scheidewege zwischen Elegie und Tragödie; noch ein letztes Mal hält Ovid der Elegie die Treue, bevor er sich dem erhabeneren Genos zuwendet. Auch der Abschied von der Gattung ist also betont literarisch motiviert. Ein weiterer Schritt zum Aufbruch aus der Gattung »Liebeselegie« ist in 3,12 getan. Mag auch die Berufung auf die mythenschaffende Kraft der Dichter in 3,12 innerhalb der römischen Liebeselegie eine »andersartige« Poetik einführen (der »selbsterlebten« Welt der Elegie die überpersönliche, aber phantastisch ausgestaltete des Mythos gegenüberstellen), so ist doch eine solche Poetik innerhalb von Ovids *Liebeselegien* nichts Neues: Am Anfang des zweiten Buches hält der Autor sogar Iuppiter und dessen Blitz in der Hand (2,1,15–18). Er läßt keinen Zweifel daran aufkommen, daß er seinem Thema nicht mit Haut und Haaren verfallen ist; die Distanzierung ist also von Anbeginn eingeplant. Der Dichter, der Corinna publiziert und verloren hat, ist auf sein eigenes Ingenium zurückgeworfen und denkt über dessen Möglichkeiten nach. Das anaphorische *nos* (3,12,21–23) und die wiederholten Formen der ersten Person Plural (3,12,23–31) bilden gewissermaßen einen Hymnus auf die Macht der Poesie, eine neue Realität sui iuris zu konstituieren. Vordergründig will die Elegie 3,12 die Glaubwürdigkeit von Dichtung herabsetzen, hintergründig zeigt sie, daß die von Dichtern geschaffene Realität eigenen Gesetzen folgt. Daß Ovid diese letzteren für tragfähig hält, wird er durch seine Entscheidung, die *Metamorphosen* zu schreiben, beweisen. Durch den Kontrast zwischen Oberflächen- und Tiefenstruktur entsteht eine Art Schwebezustand. Darauf beruht zum Teil der Eindruck der »Leichtigkeit«, den Ovids Dichtung beim Leser erweckt.

Sogar die spätere Unabhängigkeitserklärung des Dichters und die Berufung auf das eigene Ingenium im Gegensatz zur politischen Zentralgewalt (wie sie uns in den Verbannungsgedichten entgegentritt)[18] ist in den *Liebeselegien* bereits vorbereitet: »Und dabei gab es doch Theben, Troia und Caesars Taten. Nein! Corinna war die einzige, die mein Talent entzündete« (L 3,12,15f.). Seit der *Odyssee* (1,346f.) beweisen Poeten ihre Selbständigkeit allein schon durch die freie Wahl ihres Stoffes. Die Autonomie des Dichters, wie sie Ovid in der Verbannung unter äußerem Zwang erlebt und formuliert, bereitet sich als Erfahrung schon in den *Liebeselegien* vor.[19] Noch in den *Briefen vom Schwarzen Meer* (4,8,55: *di quoque carminibus, si fas est dicere, fiunt* – »auch Götter entstehen durch Dichtung, sofern man dies aussprechen darf«) wird Ovid – nicht weniger stolz und frei als Horaz in dem zu Unrecht als »Hofpoesie« verachteten vierten Odenbuch – auf die »theogonische« Kraft seiner Dichtung verweisen. Während Properz im Schlußgedicht seines zweiten Buches (2,34) offen von der Macht seiner Dichtung spricht, geht Ovid einen Schritt weiter: Er verfremdet und verschlüsselt diesen Gedanken.[20] Die in den *Liebeselegien* vorausgesetzte Idee eines Dichters, der Iuppiter, Wolken und Blitz in der Hand hält, ist nicht weit entfernt von dem Bild, das später Macrobius (*Saturnalia* 5,1,18–2,2) von Vergil entwerfen wird: Der Poet gleicht der schaffenden Natur, ja der Gottheit. Und wiederum lesen wir bereits in den *Liebeselegien* (3,9,18): *Sunt etiam qui nos numen habere putent* – »Manche glauben auch, eine Gottheit wohne in uns«.

Wertvorstellungen

In Ovids Verhältnis zur römischen Gesellschaft und zu ihren Werten zeigt sich eine (seiner Poetologie vergleichbare) Doppelheit von radikaler Identifikation und innerer

Distanzierung. Anders als die älteren Augusteer hat Ovid die Bürgerkriege nicht mehr bewußt miterlebt, und der Frieden ist für ihn bereits eine Selbstverständlichkeit. Er verschmäht die ihm offenstehende Senatskarriere – seine Generation durchschaut die Entwertung der republikanischen Ämter und Institutionen. Er sieht herab auf die Neureichen und Glücksritter, die nun den Ton angeben – erkennt er doch, daß der Glanz der neuen Zeit auf der Macht des Geldes beruht. Hier gibt er der traditionellen Zurückhaltung der Elegiker gegenüber der Absolutsetzung des Reichtums eine neue, aktuelle Spitze: »Heute sind wahrhaft goldene Zeiten: Für Gold lassen sich die meisten Ehrenämter kaufen« (Lk 2,277f.). Seine Kritik macht auch nicht vor der Vergötzung der modernen Machthaber halt: Die traditionelle Klage über die Maßlosigkeit des Menschen, der die frevelhafte und gefährliche Seefahrt erfand, überbietet der Dichter: »So weit es dir möglich ist, [o Mensch,] tastest du auch noch den Himmel an: Tempel haben Quirinus, Bacchus, Hercules und neuerdings auch Caesar« (L 3,8,51f.).[21]

Die Mischung von restloser Bejahung des Zeitgeistes und kritischer Distanz zu ihm bedarf der Präzisierung. Als Elegiker verabscheut Ovid die Verbindung von Liebesgunst und Geldgeschenken. Eine Frau, die Geschenke fordert, verhält sich wie eine Prostituierte. Der reiche Rivale, der dem armen Poeten vorgezogen wird, ist als Soldat vorgestellt, der seine Reichtümer im Krieg erworben hat. Gleich einer Prostituierten hat der Krieger nur aus seinem Körper Kapital geschlagen. Daß geistige Werte nicht hoch im Kurs stehen, weiß Ovid, doch versucht er für sie eine Lanze zu brechen. Um in menschenwürdiger Weise, d. h. nicht mit Gewalt, sondern durch Überredung ans Ziel ihrer Wünsche zu gelangen, sollten Männer Rhetorik studiert haben, vor allem freilich die Kapitel, die sich auf Vermeidung unnatürlichen Schwulstes und auf schlichte Glaubwürdigkeit beziehen; Frauen sollten sich außer auf Kosmetik besonders auf Dichtung und Musik verlegen, um ihrem Charme und somit auch der Liebe Dauer zu verleihen. Ovids Lektürekanon für Mädchen würde jedem Philologischen Seminar Ehre machen; er umfaßt auch ausgesprochen schwierige griechische Autoren wie Kallimachos.

Freiwilligkeit ist einer der Werte, die Ovid uneingeschränkt bejaht. Die zynischen Lehren der Kupplerin lehnt er nicht deswegen ab, weil sie die traditionelle Frauenmoral untergraben (fordert doch auch er im Prolog zum dritten Buch der *Liebeskunst* die Frauen offen zum Lebensgenuß auf), sondern weil sie die Liebe zur käuflichen Ware erniedrigen. Noch in den *Metamorphosen* wird er die Propoetiden, die mythischen Erfinderinnen der Prostitution, brandmarken, weil sie die Gottheit der Venus leugneten. Liebe ist etwas Göttliches, ihre Kommerzialisierung ein Sakrileg. Die häufige Erwähnung der Liebesgötter in den *Liebeselegien* entspricht zwar poetischer Konvention, sie ist aber weit mehr als dies. Amor und Venus sind göttliche Mächte, von denen sich der Liebende schlechthin abhängig fühlt und auf deren Gnade er gerade deswegen angewiesen ist, weil er so oft ihre Grausamkeit erfährt.

Neben der göttlichen Würde der Liebe gilt es vor allem, die Menschenwürde des Partners zu wahren. So freizügig es in den *Liebeselegien* zugeht, so entdeckt man doch immer wieder an kleinen Einzelzügen, daß neben dem bereits erwähnten Prinzip der Freiwilligkeit ein weiteres ungeschriebenes Gesetz waltet: die Achtung vor der Partnerin oder dem Partner. In der von Philologenunverstand geschmähten Elegie 1,5 kommt Corinna freiwillig zu ihrem Geliebten. Anders als Properz, der helles Tageslicht vorzieht, ist der ovidische Liebhaber rücksichtsvoll genug, der *puella verecunda* ein schonendes Halbdunkel zu gönnen, obwohl ihre Schönheit das Licht keineswegs zu scheuen braucht. Sie hinwiederum möchte sich zwar erobern lassen, leistet aber ein wenig Widerstand, doch gerade nur so viel, wie der Geliebte benötigt, um sich als Eroberer zu fühlen. Nicht weniger subtil ist die gegenseitige Rücksicht in der ebenfalls zu Unrecht getadelten Elegie 3,7. Der Sprecher hat als Mann versagt. Beide Partner bewältigen die heikle Situation mit Esprit und Takt. Wider Erwarten versucht der Mann nicht, die Schuld auf die Frau abzuwälzen. Im Gegenteil: Er rühmt ihre Schönheit und läßt ihre Meisterschaft in Liebesdingen im hellsten Licht erstrahlen. Die Geliebte zeigt sich ihrerseits dem Versager gegenüber als vollendete Dame: Nicht einmal ihre allernächste Umgebung erfährt von seinem Scheitern (das doch den Stubenmädchen wahrlich willkommenen Anlaß zum Kichern hätte bieten können).

Diskretion ist ein Leitmotiv der *Liebeselegien.* In der beharrlichen Durchführung dieses ihm wichtigen Gedankens geht Ovid bis zum Widersinn: Mag seine Angebetete ihm untreu sein, soviel sie will, doch bittet der elegische Liebhaber sie, dies ihm gegenüber niemals einzugestehen. Sogar mit dem traditionellen »Gegner«, dem Rivalen, wird eine gewisse Solidarität sichtbar: Beide sind Figuren in ein und demselben Spiel. Folglich soll der *vir* unbedingt seiner traditionellen Rolle treu bleiben und den eifersüchtigen Eheherrn spielen; denn nur Verbotenes macht dem Liebhaber Freude: »Legst du Wert darauf, mich zum Rivalen zu haben, so verbiete mir's!« So können Situationen entstehen, in denen Ovid sogar mit den strengen Vorstellungen eines Augustus konform geht, wenn auch unter ganz unterschiedlichen Prämissen: Ein »Gemahl als Kuppler« ist in den Augen Ovids nicht weniger verabscheuungswürdig als in denen des Augustus – nur aus dem entgegengesetzten Grund. So vergnüglich sich all dies liest, ist es doch mehr als nur ein witziges Feuerwerk. Strenge Konventionen erweisen sich für den Erotiker als willkommenes Mittel, die Liebe spannender zu gestalten. Andererseits wird auch der Wandel der Konventionen scharf beleuchtet: Während früher sexuelle Fehltritte als Schande galten, muß zu Ovids Zeit eine moderne Frau die Schande verheimlichen, daß der Fehltritt nicht zustande gekommen ist (L 3,7,84).

Das Bild der römischen Gesellschaft ist in den *Liebeselegien* mit kecken Strichen gezeichnet. An Ovid ist ein Satiriker verlorengegangen. Seine Gesellschaftskritik ist bissiger als die des Horaz, obwohl oder gerade weil Ovid die neuen Zeiten voll bejaht, ja in ihnen aufzugehen scheint. Er macht es mit der zeitgenössischen Gesellschaft wie mit Amor: Er versucht zu überleben, indem er sich ihrer Macht restlos ausliefert. Anders als Tibull verklärt Ovid nicht die altrömische Vergangenheit. »Das Altertum möge andere erfreuen; ich aber wünsche mir Glück, daß ich erst jetzt geboren bin. Dieses Zeitalter paßt zu meinem Charakter« (Lk 3,121f.). In dieser Beziehung muß man ihn – was oft vergessen wird – den überzeugtesten Augusteer nennen. Seine Identität als Augusteer ist freilich primär keine politische, sondern eine kulturelle. Er bejaht die moderne Zivilisation. Mit Scharfblick beobachtet er den Verfall der alten Werte. Den Wandel im Verhältnis der Geschlechter nimmt er zur Kenntnis und ist bereit, Frauen wie Männern gleiche Freiheit in sexueller Hinsicht zuzugestehen. Wenn Ovid ein Moralist ist, so gewiß ein Moralist ohne erhobenen Zeigefinger,[22] dafür mit einem ungewöhnlichen Maß von Witz, Humor und Ironie, ein vorurteilsloser Menschenbeobachter, vergleichbar französischen Moralisten der frühen Neuzeit.

Ovids *Liebeselegien* als Wurzel seines Gesamtwerkes

Der Dichter selbst hat seine *Liebeselegien* in zweiter Auflage herausgegeben und sich noch im Alter mit diesem Werk besonders verbunden gefühlt. Er nannte sich nicht den »Dichter der *Metamorphosen*«, auch nicht den »Autor der *Frauenbriefe*«, sondern den »Spielmann der zarten *Liebesgedichte*« (*tenerorum lusor Amorum*). Dieses Werk macht ihn zu einem der drei Klassiker der römischen Liebeselegie. Es ist aber insofern ein Sonderfall, als sich Ovid von Anfang an nicht ausschließlich einer Literaturgattung verschrieben hat. Sein Erstlingswerk öffnete ihm vielmehr, wie wir gesehen haben, Wege nach den verschiedensten Richtungen. Mochte sich auch sein literarischer und geistiger Horizont weiten und sein Bild der Liebe und der Frauenseele an Farbigkeit, Reife und Tiefe gewinnen, er verleugnete doch nie, daß er als Erotiker und Elegiker angetreten war. Die Liebeselegie konnte sein Talent auf die Dauer nicht fesseln, aber sie war der Stützpunkt, von dem aus es sich frei entfalten konnte und der es dem Dichter ermöglicht hat, in einer allem Individuellen zunehmend mißtrauenden Zeit neue Literaturgattungen zu schaffen (wie die *Heroidenbriefe* und *Klagelieder*) und sogar in konventionellen Genera wie Epos und Lehrdichtung ein ungewöhnliches Maß geistiger Unabhängigkeit zu bewahren.

Liebeskunst, *Heilmittel gegen die Liebe*, *Schönheitspflege*
Bändigung eines unbändigen Gottes

Quod nemo nescit, amare docent.
Ovid über die Bücher der *Liebeskunst* (K 1,1,112)

Inhalt und Aufbau der *Liebeskunst*

Erstes Buch. Die ersten beiden Bücher der *Ars amatoria* enthalten Anweisungen für Männer. In der Einleitung kündigt der Autor an, den wilden Amor durch Kunst bändigen zu wollen. Kein Phoebus, keine Muse, sondern praktische Erfahrung ist seine Inspirationsquelle. Sittsame Römerinnen von Stande werden ausdrücklich vor der Lektüre gewarnt. Ovid gliedert den Stoff in drei Phasen: Es gilt zuerst, ein Mädchen zu finden, dann sie durch Bitten zu erweichen, und schließlich, der Liebe Dauer zu verleihen (Lk 1,1–40). Diese Gliederung umfaßt nur die ersten beiden Bücher. Daher hat man das dritte Buch vielfach für einen späteren Zusatz gehalten (s. jedoch S. 65 f.).

In spielerischer Anlehnung an die Gliederung der Schulrhetorik beginnt Ovid mit der Lehre von der Auffindung (*inventio*), genauer: der Lehre von den Fundstätten. Zu finden sind Mädchen an verschiedenen Treffpunkten: Dazu zählen Theater, Zirkus und Arena, inszenierte Seeschlachten und Triumphzüge, Bankette, Kurorte und Ausflugsziele wie der Tempel der keuschen Diana im Walde vor der Stadt (Lk 1,41–262).

Es folgt die Lehre von den Annäherungsversuchen und den Mitteln der Überredung (die Parallele zur Rhetorik setzt sich also fort): Habe Selbstvertrauen, versichere dich des Beistands der Dienerin und wähle den rechten Zeitpunkt. Lerne die Kunst des Schenkens und besonders auch des Briefeschreibens (deine Rede sei natürlich; man darf ihr die Kunst nicht anmerken). Übertreibe als Mann nicht die Schönheitspflege! Festgelage bieten gute Gelegenheiten; sei ein Meister im Überreden und Versprechen. Zu den Überzeugungsmitteln zählen auch Küsse, zuweilen sogar Gewalt (sofern sie willkommen ist), aber auch gespielte Zurückhaltung und bemitleidenswertes Aussehen. Nimm dich vor deinen Freunden in acht! Sei ein Verwandlungskünstler, um allen Erwartungen gerecht zu werden.

Drei mythologische Einlagen gliedern diesen didaktischen Teil: Die Sage von Pasiphaës Liebe zum Stier (Lk 1,289–326) illustriert (neben kleineren mythologischen Beispielen) die Leidenschaft der Frau und krönt daher den Abschnitt, der die männliche Schüchternheit bekämpft. Der Mythos von Bacchus und Ariadne (Lk 1,525–564) steht passend vor dem Festgelage, bei dem der Wein der Liebeswerbung zu Hilfe kommt. Die dritte Erzählung (Lk 1,681–704) belegt am Beispiel von Achilles und Deïdamia, daß auch Gewalt willkommen sein kann und zu einer dauerhaften Liebe zu führen vermag; der letztere Aspekt deutet bereits auf das Thema des zweiten Buches voraus.

Zweites Buch. Nach der Eroberung gilt es, der Liebe Dauer zu verleihen. Die mythologische Erzählung von Daedalus setzt einen gewichtigen Anfangsakzent. Ovid will dem geflügelten Amor Fesseln anlegen, wie einst König Minos den kunstfertigen Daedalus auf Kreta zurückzuhalten versuchte. Der Autor selbst deutet hier an, daß sein Versuch so gut wie aussichtslos ist; konnte doch Daedalus, obwohl er nur ein Mensch war, dem Minos entrinnen, Amor aber ist ein Gott (Lk 2,97–98)! Man kann diese Verse aber auch anders lesen: Was Minos mit all seiner irdischen Macht nicht fertigbrachte, will ich mit meiner Kunst erreichen! Formal ist diese mythologische Erzählung ein Gegenstück zu dem Cephalus-Mythos, der das dritte Buch abschließt.

Das zweite Buch beginnt also mit einem Triumph des Geistes über die Macht. Gleich das erste Lehrstück setzt dieses Thema würdig fort und offenbart somit den tieferen Sinn der im ersten Buch gezogenen Parallelen zur Rhetorik: Der Charme der Bildung ist stärker als alle Magie. Der beste Beleg ist der vielgeliebte Odysseus: Er war zwar nicht schön, aber beredt (Lk 2,99–144).

Sei nachgiebig (Lk 2,145–222), fasse deine Liebe als Kriegsdienst auf (223–250), schenke sinnig – aber ohne dich zu ruinieren (251–286). Spare nicht mit Lob (287–314)! Steh dem Mädchen bei, wenn sie krank ist – doch die bittere Arznei soll ihr dein Rivale reichen (315–336). Bedenke Nutzen und Gefahren der Trennung (337–372); wahre bei Seitensprüngen Diskretion (373–414). Statt schädlicher Anregungsmittel (415–424) mag Eifersucht als Salz der Liebe dienen (425–466); die beste Medizin ist freilich die Liebe selbst (467–492). Erkenne dich: Wirf deine Vorzüge in die Waagschale (493–510). Der wahre Kavalier erträgt alle Leiden (511–534), bezähmt seine Eifersucht (535–600) und ist verschwiegen (601–640). Die rhetorische Umdeutung von Fehlern der Geliebten in Vorzüge (641–662) mündet in das Lob der reifen Frau (663–702). Auf kurze Anweisungen für das Liebesspiel (703–732) folgt ein Schlußwort (733–744) mit einer knappen Überleitung zum dritten Buch (745 f.).

Auch im zweiten Buch erscheinen als Einlagen bekannte Sagen in ungewohnter Beleuchtung. Ein längeres mythologisches Exempel illustriert die Gefahren der Trennung; Menelaus war selbst an Helenas Untreue schuld: Warum ließ er sie mit dem schönen Paris allein (Lk 2,359–372)! Die Gefahren der Indiskretion belegt die Torheit Agamemnons: Erst dadurch, daß er vor aller Augen in Begleitung Cassandras heimkehrte, provozierte er Clytaemnestras Untreue und seine eigene Ermordung (Lk

2,399–408). Die Schädlichkeit der Eifersucht beweist Vulcan, der durch die Bloßstellung von Mars und Venus nur erreicht, daß die beiden ihn von nun an in aller Öffentlichkeit brüskieren (Lk 2,559–598).

Drittes Buch. Die ausführliche Einleitung zum dritten Buch rechtfertigt die Tatsache, daß Ovid nun auch den Frauen Belehrungen zukommen läßt. Gegen den denkbaren Einwand der Männer, er leihe den Schlangen Gift und liefere den Schafstall den Wölfinnen aus, führt Ovid aufopfernde Frauen wie Penelope und Alcestis an und betont, die Tugend selbst sei weiblichen Geschlechts. Ferner bringe die Liebe Frauen größere Gefahr als Männern. Die berühmten Heroiden des Mythos wären nicht gestorben, hätten sie Ovids *Liebeskunst* gelesen. Venus selbst ermahnt ihn, es sich nicht mit den Mädchen zu verderben, auf deren Gunst er angewiesen sei, solange er lebe. Die Vorrede mündet in eine nachdrückliche Ermahnung an die Frauen (denen es ihr Stand erlaubt), das Leben zu genießen (Lk 3,1–100).

Wie das zweite Buch mit dem Lob der Bildung beginnt, so das dritte mit einem Hymnus auf die Zivilisation – mit besonderer Berücksichtigung der Schönheitspflege (Lk 3,101–128). Nach einer grundsätzlichen Warnung vor protzigem Schmuck (129–132) bespricht Ovid Frisuren (133–168), Kleidung (169–192) und Körperpflege (193–208). Bei der Schönheitspflege kommt es vor allem auf Diskretion an (209–234). Der Geliebte soll nur das fertige Kunstwerk sehen; beim Frisieren aber darf er anwesend sein, sofern das Mädchen ihre Sklavin nicht dabei mißhandelt – ein humaner Zug – oder Perückenträgerin ist (235–250). Körperliche Mängel lassen sich ausgleichen (251–280). Anmut ist erlernbar (281–310), wie auch Musik, Literatur, Tanz (311–352) und Gesellschaftsspiele (353–380).

Besucht ihr die Treffpunkte (381–432), so hütet euch vor schönen Männern und sonstigen Schwindlern (433–

466). Seid diplomatisch bei Liebesbriefen (467–498), zügelt euer Mienenspiel und zeigt euch stets heiter (499–524). Behandelt eure Liebhaber ihrem Charakter, Lebensalter und Temperament entsprechend (525–576). Macht euch rar (577–598), erhöht den Reiz der Liebe durch Rivalität (599–610), überlistet die Bewacher (611–658) und hütet euch vor euren Freundinnen (659–666). Spielt die Rolle der Verliebten (667–682); seid nicht allzu leichtgläubig, wenn ihr von Untreue hört (683–746). Achtet auf gute Tischmanieren (747–768). Erkennt euch selbst und wählt Liebesstellungen, die eure Vorzüge zur Geltung bringen (769–808). Der kurze Epilog bildet ein Gegenstück zu dem des zweiten Buches (809–812).

Die ausführlichste Mythenerzählung im dritten Buch ist die Geschichte von Cephalus und Procris; sie soll vor übereilter Eifersucht warnen (683–746).

Inhalt der *Heilmittel gegen die Liebe*

Die *Remedia amoris* sind kein Widerruf; sie sollen nur Unglück, insbesondere Selbstmord verhindern: Diese Vorrede ist als Dialog mit Amor eingekleidet (1–40). Ovid wendet sich hier nur an die Männer; doch betont er, daß die gleichen Lehren mit den nötigen Abwandlungen auch für Frauen gelten. Die Parallele zum dritten Buch der *Liebeskunst* unterstreicht der Hinweis darauf, daß die Heroiden nicht hätten sterben müssen, wenn sie Ovid gelesen hätten. Die hier besonders passende Anrufung des Phoebus[23] als Stifter der Dichtkunst wie der Heilkunde rundet das Prooemium ab (41–78).

Bekämpfe die Leidenschaft im Anfangsstadium (79–106) oder nachdem sie den Höhepunkt überschritten hat (107–134). Meide den Müßiggang (135–150), arbeite als Anwalt, Politiker, Soldat, Landmann, Jäger (151–212). Halte Abstand (213–248). Magie hilft nichts – sonst hätte

Odysseus Circe nicht verlassen können (249–290). Halte dir in angestrengter Meditation die Kränkungen vor Augen, die dein Mädchen dir angetan hat (291–310). (Hier – wie auch in den folgenden Punkten – stellt sich mühelos eine Parallele zur Rhetorik ein.) Bedenke ihre körperlichen Mängel und ihre Habgier (311–322). Deute ihre Vorzüge als Fehler um (323–330). (Die gleiche rhetorische Technik war in Lk 2,641–662 empfohlen worden, um das entgegengesetzte Ziel zu erreichen.) Laß die Geliebte sich von ihren unvorteilhaften Seiten zeigen (331–356). Das gilt auch vom Liebesakt (357–360). Auf einen Ausfall gegen moralisierende Kritiker der *Liebeskunst* (361–396) folgen weitere Ratschläge: Stumpfe die Leidenschaft durch physischen Ekel (397–440) oder durch eine andere Geliebte ab – die Helden der Vorzeit, besonders Agamemnon, seien hierin deine Vorbilder, und meine *Liebeskunst* diene dir als Lehrbuch (441–488). Zeige dich gefühllos, spiele den Gesunden, bis du es wirklich bist. (Dies ist die Umkehrung der rhetorischen Einübung in die Liebe, die der gesamten *Liebeskunst* zugrunde liegt.) Entzündet deine Gleichgültigkeit ihre Leidenschaft aufs neue, so gib ihr nach, aber bis zum Überdruß (489–542). Meide die Eifersucht (543–548). Lenke dich von der Liebe durch die zahlreichen Sorgen des Alltags ab (549–578). Hüte dich vor der Einsamkeit, die für die arme Phyllis verderblich war (579–608). Halte dich von der Geliebten fern, glaube nicht, daß sie dich liebt; laß dich auf keine Diskussionen ein. Lies ihre Briefe nie wieder; meide die Orte, an denen du mit ihr zusammen warst (609–740). Oft verführt Reichtum zur Liebe, und Armut beendet sie (741–750). Geh nicht ins Theater; lies keine Liebesgedichte – nicht einmal meine (751–766). Du bist geheilt, wenn du deinen Rivalen küssen kannst (767–794). Halte Diät! Verzichte auf Wein oder trinke bis zur Besinnungslosigkeit. Alles, was dazwischen liegt, ist gefährlich (795–814).

Exkurs: *Schönheitspflege*

Die *Medicamina faciei femineae* sind unabhängig von den übrigen erotischen Dichtungen Ovids überliefert, leider unvollständig und lückenhaft. Erwähnt werden sie in Lk 3,205–208, sind also vor dieser entstanden. Von den erhaltenen hundert Versen bilden fünfzig das Prooemium; auf eine (wohl nicht umfangreiche) Lücke folgen nochmals fünfzig, die fünf[24] Rezepte enthalten. Eine weitere kleine Lücke wird von manchen vor dem korrupten Vers 27 vermutet. Durch seinen auf weite Strecken technischen Charakter unterscheidet sich das Werkchen spürbar von Ovids sonstiger Liebesdidaktik und tritt in die Nachfolge des hellenistischen Dichters Nikander,[25] der in seinen *Theriaka* und *Alexipharmaka* Medizinisches behandelte. Dem Stoff entsprechend häufen sich Gräzismen (zur Bezeichnung der zu verwendenden Substanzen) und Verben der Fachsprache im Imperativ (*contere*, *cerne*, *adice*); für den Dichter mußte ein besonderer Reiz darin liegen, exakte Stoff- und Mengenangaben elegant in Verse zu bringen. Hier konnte sich römische Faktenfreude mit hellenistischer Formkunst paaren. Das lesenswerte Prooemium mit dem Lobpreis des *cultus*, der modernen Zivilisation, steht weitgehend im Einklang mit dem in der *Liebeskunst* ausgesprochenen Behagen an der Kultur der Gegenwart.

Sämtliche didaktischen Werke Ovids stimmen darin überein, daß der Zauber einer gepflegten Erscheinung stärker sei als alle Magie. Doch gibt es auch thematisch bedingte Unterschiede: So wären geschmackliche Vorbehalte gegen übertriebene Schönheitspflege, wie Ovid sie sonst vorbringt, in dem vorliegenden Kontext unpassend. Im Gegenteil: Die Fortschritte der männlichen Schönheitspflege in jüngster Zeit zwingen die Frauen geradezu, nicht hinter dem starken Geschlecht zurückzubleiben. Wie in den erotischen Lehrgedichten, so haben auch in der *Schönheitspflege* für Ovid seelische und geistige Vorzüge –

schon wegen ihrer Dauerhaftigkeit[26] – den Vorrang vor körperlichen, doch während die *Liebeskunst* eher auf den Abbau der Hemmungen zielen muß, kann das kosmetische Lehrbuch glaubwürdiger auf den *mores* und der *probitas* bestehen. Die Warnung vor falschen Schlüssen aus der gepflegten Erscheinung einer Frau auf ihren Lebenswandel wird Ovid im *Festkalender* in der Legende von Claudia Quinta ausgestalten.[27]

Liebeskunst: Einheitliche Konzeption?

Was die Entstehungsweise der *Liebeskunst* betrifft, so liegt es nahe, die ersten beiden Bücher als in sich geschlossene Einheit zu betrachten und das dritte als späteren Zusatz. In der Tat ist die Gliederung, die im ersten Prooemium angegeben wird, am Ende des zweiten Buches erschöpft; dort (Lk 2,733) erklärt Ovid das Werk für abgeschlossen; die beiden letzten Verse des Buches wirken wie ein überraschender Zusatz, und das dritte Buch gibt sich stellenweise als eine Art »Wiedergutmachung« für die in den ersten beiden Büchern stiefmütterlich behandelten Frauen.

Andererseits gibt es Argumente für eine einheitliche Planung der drei Bücher. Das Ende des zweiten Buches wäre dann gewissermaßen die »Wendemarke«, ein Bild aus dem Wagenrennen, das im ganzen Werk metaphorisch verwendet wird. Bestimmte Themen greift das dritte Buch in veränderter Reihenfolge auf (wodurch die Buchgrenze im Rückblick als »Wendepunkt« erscheint); andere behandelt es komplementär: Für den Mann, dem die Rolle des Werbenden zugedacht ist, sind rhetorische Anweisungen notwendig; für die Frau, die nicht selbst werben, aber den die Werbung auslösenden Reiz ausstrahlen muß, hat die Kosmetik die entsprechende Bedeutung.[28] In der Sphäre der Bildung setzt die Frau der Rhetorik des Mannes ihre Kenntnisse in Musik und Poesie entgegen.[29] Ob es überhaupt technisch möglich war, solch subtile Entsprechungen und Ergänzungen nachträglich auf zwei schon fertige Bücher aufzupfropfen, ist die Frage. Andererseits möchte man wissen, warum die ersten beiden Bücher keinen Hinweis auf ein vorgesehenes drittes enthalten. Möglicherweise steckt dahinter die Absicht, sich das Vertrauen der männlichen Schüler nicht von vornherein durch den Hinweis zu verscherzen, daß der Lehrer es auch mit der Gegenpartei halte. Der Eindruck, es handle sich beim dritten Buch um einen Nachtrag, wäre also absichtlich erweckt, gewissermaßen »studierte Nachlässigkeit«, wie Ovid sie auch sonst empfiehlt und selbst übt.

Möglicherweise kann man noch einen Schritt weiter gehen und *Liebeskunst* und *Heilmittel gegen die Liebe* zusammen als ein vierteiliges Werk betrachten. Die durchgehend beibehaltene Metaphorik spricht ebenso dafür wie die konsequent angewandte doppelte Spiegelungstechnik: Während das dritte Buch im Vergleich mit den ersten beiden einen Rollentausch, also eine Inversion der Perspektive voraussetzt, kehren die *Heilmittel gegen die Liebe* die gesamte Zielrichtung der Unterweisung um. Die Themen der Liebeselegie sind auf diese Weise von allen denkbaren Seiten beleuchtet, ähnlich wie in einer kunstvollen Fuge das Thema auch in spiegelbildlicher Form (vertikale »Umkehrung«) und rückläufig (im »Krebsgang«) durchgeführt wird. Es kommt hinzu, daß Ovid mit diesen vier Büchern in Konkurrenz zu Vergils vier Büchern *Vom Landbau* (*Georgica*) tritt.

Vorbilder und Gattungen

Prosaschriften. Stellt man Ovid vor den Hintergrund früherer Liebeslehren, so zeigt sich seine Originalität. Ein großer Didaktiker und zugleich ein Erotiker im höchsten Sinne ist Sokrates. Sein Schüler Xenophon führt uns den

Philosophen im Gespräch mit einer Dirne vor (Xenophon, *Erinnerungen an Sokrates* 3,11). Es geht um die Kunst, Männer zu fangen und an sich zu fesseln. Die Doppelheit »Gewinnen und Festhalten« bestimmt auch den Aufbau von Ovids *Liebeskunst*. Eine weitere Parallele (ebenfalls mehr durch den Gegenstand als durch literarische Traditionen bedingt) ist die Jagdmetaphorik. Platon läßt die Teilnehmer seines *Gastmahls* (*Symposion*) Reden auf den Eros halten. In der Rede des Sokrates bleibt es einer Frau, der weisen Diotima, vorbehalten, die tiefsten Gedanken über das Wesen der Liebe zu äußern. Der *Phaidros* (257a) weiß ausdrücklich von einer »Kunst der Liebe« (ἐρωτικὴ τέχνη), die Sokrates von Eros persönlich empfangen hat. Freilich denkt Platon gerade bei den höheren Formen der Liebe meist an Beziehungen zwischen Männern, wobei er das Sexuelle zurücktreten läßt. Dagegen berücksichtigt Xenophon die Liebe zwischen Mann und Frau, und der Platoniker Plutarch wird in einer besonderen Abhandlung die Ehe philosophisch deuten.

Stoische Schriften über die Liebe[30] sind uns nur dem Titel nach bekannt; ihr philosophischer Höhenflug wird den platonischen wohl nicht erreicht haben, aber für Ovid immer noch zu abstrakt gewesen sein. Das andere Extrem wären pornographische Schriften,[31] die auch illustriert sein konnten. Als Verfasser derartiger Produkte werden meist Frauen genannt. Der Einfluß solcher Werke auf Ovid ist gering. Seine Liebeslehre meidet aufs Ganze gesehen sowohl die extremen Höhen philosophischer Spekulation als auch die Niederungen der Pornographie. Er bewegt sich auf dem mittleren Niveau des Allgemein-Menschlichen. Das Körperliche wird dabei nicht umgangen, aber auch nicht künstlich isoliert. Es steht in seinem natürlichen psychologischen Zusammenhang.

Komödie. Daß eine erfahrene Alte einer jungen Hetäre in einer Art Lehrvortrag die romantische Liebe zu einem mittellosen jungen Mann auszureden versucht und sie auf reiche Liebhaber hinweist, kennt man aus der Neuen Komödie. Die engen motivischen Berührungen zwischen Komödie und Elegie hat man wegen der Gattungsschranken nicht immer genügend beachtet: Man denke an Figuren wie die Kupplerin oder den reichen Nebenbuhler und Situationen wie die des ausgesperrten Liebhabers! Wichtig für Ovid ist die Komödie auch wegen seines nach Ausgleich strebenden Naturells und wegen seiner untragischen Behandlung der Liebe in der *Liebeskunst*.

Lehrdichtung. Vor allem aber fließen in dem von Ovid geschaffenen elegischen Lehrgedicht die Traditionen der Elegie und der didaktischen Poesie zusammen. Lehrhafte Elemente muß es schon bei dem Stifter der römischen Liebeselegie, Cornelius Gallus, gegeben haben. Tibull zählt auch als Liebesdidaktiker zu Ovids Vorläufern: Die Lehren des Priap über Knabenliebe (Tibull 1,4) befolgt Ovid nicht in der Sache, doch übernimmt er formale Elemente; Tibulls Aufforderung an ein Mädchen, den Bitten des Marathus nachzugeben (1,8), ist ein Ausgangspunkt für den erotischen Protrepticus an die Frauen zu Beginn des dritten Buches der *Liebeskunst*. Auch Properz kennt gelegentlich Liebesdidaktik (z. B. 4,5). In Ovids eigenen *Liebeselegien* findet sich Didaktisches (1,4; 2,5; 2,19); die Lehren der Kupplerin (1,8) haben ihre Entsprechungen bei den Vorgängern (Tibull 1,5,59; Properz 4,5). Entscheidend ist freilich, daß bei allen Elegikern das Didaktische in einen bestimmten Kontext eingebettet, also nicht in der Weise verselbständigt ist, wie es in der *Liebeskunst* erscheint. Im Prinzip überläßt sich der Elegiker freiwillig der Leidenschaft und will sie nicht etwa rational beherrschen. Dennoch wurzelt die *Liebeskunst* vielfach in der römischen Liebeselegie, natürlich auch in Ovids eigenen Gedichten: Man denke an die Situation des Gastmahls[32] oder an die Annäherungsversuche im Zirkus.[33]

»Lehrdichtung« war in der Antike kein Schimpfwort. Hesiod hatte in Versform vom Ursprung der Götter und vom arbeitsreichen Leben des griechischen Bauern geschrieben, Parmenides und Empedokles vom Wesen der Natur. Die epische Form drückte den Anspruch aus, den Lesern etwas Bedeutendes über die Welt mitzuteilen; die Konkurrenz mit Homer war Teil des Programms. In hellenistischer Zeit entstand die lehrhafte Dichtung aufs neue: Arat schrieb ein astronomisches Gedicht, das in Rom Cicero und Germanicus nachgestalten sollten; auch von Ovid kannte man *Phaenomena*.[34] Daneben kleideten zahlreiche hellenistische Dichter allerlei Fachwissen in Verse – bis hin zu Nikanders *Gegengiften*, Ennius' *Feinschmeckereien* und Ovids Büchlein über *Schönheitspflege* (*Medicamina faciei*). Man sieht: Das Spektrum reicht von der engagierten Mitteilung eines vom Verfasser für wichtig gehaltenen Stoffes, der durch poetische Form dem Leser mundgerecht gemacht werden soll, bis hin zur bloßen Demonstration technischer Virtuosität an gleichgültigen oder gar abstrusen Gegenständen.

Nachdem Lukrez den hohen Anspruch des didaktischen Dichters in Rom erneuert hatte, setzte Vergil in dem Gedicht *Vom Landbau* (*Georgica*) – nach Drydens Urteil dem »besten Gedicht des besten Dichters« – Maßstäbe, denen sich kein Späterer entziehen konnte: Hier war der Landbau in seinen verschiedenen Spielarten zum realen Symbol für die kulturelle Aufgabe und Leistung des Menschen geworden. Buchaufbau, Bilderwelt, Exkurse waren aufs feinste aufeinander abgestimmt und in harmonische Beziehung zueinander gesetzt. Der Dichter fühlte sich nicht mehr als Arzt, der dem Kranken die bittere Arznei der Philosophie in einem am Rande mit Honig bestrichenen Becher reichte (Lukrez), sondern als Priester, inspiriert von den Musen und von Augustus. Auf der Suche nach den Wurzeln der Kultur erschienen die bäuerlichen Anfänge in verklärtem Licht.

Ovid übernimmt manche Elemente aus Vergils Gedicht *Vom Landbau*, z. B. Bilder und Vergleiche aus der landwirtschaftlichen Arbeit, doch ist seine Kulturphilosophie der vergilischen entgegengesetzt. Er verherrlicht nicht die altrömische Vergangenheit, sondern die moderne Zivilisation, in der er lebt (Lk 3,121 f.; vgl. auch die Einleitung der *Schönheitspflege*).

Wenn Ovid eine *Kunst der Liebe* schreibt, so bietet dieses Thema durchaus die Möglichkeit, mit den römischen Vorbildern im Lehrgedicht zu konkurrieren. Hat nicht Lukrez sein Werk *Über die Natur* mit einem Venushymnus begonnen? Ist nicht die Liebe als zivilisatorischer Faktor durchaus der von Vergil besungenen Landwirtschaft ebenbürtig, wenn nicht gar überlegen?[35]

Rhetorik. Auch sonstige Fachschriftstellerei dürfte Ovid beeinflußt haben. Man mag die zahlreichen Bilder aus Jagd und Fischfang als witzige Anspielungen auf entsprechende hellenistische Lehrdichtungen deuten oder nicht – die Parallelen zwischen Liebeskunst und Redekunst sind mit Sicherheit von Ovid beabsichtigt: Als Kunst des Überredens hat die Rhetorik ihren festen Platz in der Liebeswerbung.[36] Zu den Gottheiten, die bei griechischen Hochzeiten anwesend gedacht wurden, gehört Peitho, die Göttin der Überredung. Besonders betont Ovid den rhetorischen Aspekt bei der Abfassung von Liebesbriefen. Eine weitere zentrale Funktion kommt der Rhetorik als der Kunst verbaler Selbstbeeinflussung zu: Indem der Schüler der Liebe sich wie ein Liebender verhält, wächst er in seine Rolle hinein und entwickelt den Affekt der Liebe. Ein schlagendes Beispiel ist die Vertauschung nahe verwandter Adjektive zur Beschreibung der Geliebten: Man nenne die Kleine »zierlich«, die Magere »schlank«, die Dicke »voll«, die Lange »stattlich«! Das umgekehrte rhetorische Exerzitium dient in den *Heilmitteln gegen die Liebe* dazu, den Affekt der Liebe abzubauen. Ovid spielt hier mit den Methoden verbaler Selbstbeeinflussung, die auch in der philosophischen Unterweisung verbreitet waren.

Literarische Kunst

Die Aufgabe, ein ganzes Buch als fortlaufenden Text zu gestalten, löst Ovid erstmals in der *Liebeskunst*. Dabei bilden mythologische Exempla und konsequent angewandte Metaphern einheitschaffende und gliedernde Elemente.[37] Schon hier greift der konstruktive Ansatz über das Einzelbuch hinaus. In noch größeren Einheiten wird Ovid in den *Metamorphosen* denken.

Es gehört zur Tradition des Lehrgedichts, daß der Autor in der ersten Person als Lehrmeister spricht, ferner daß ein oder mehrere Schüler angeredet werden, schließlich daß der Gegenstand mit einer gewissen Systematik behandelt wird. Es entbehrt nicht der Pikanterie, wenn der Liebeslehrer Ovid die »römische Jugend« (*Romana iuventus*) im feierlichen Stil des Altmeisters Ennius anredet (Lk 1,459). Für die Gattung bezeichnend ist die große Zahl der Imperative und sonstiger Formen der Aufforderung. Fließende Übergänge verschleiern die Systematik der Darstellung (Lk 3,765–766).

Bilder, Vergleiche und Exkurse sollen nicht nur das Lernen angenehm gestalten; sie enthalten auch Hinweise auf die allgemeine kulturelle Bedeutung des Themas und seinen tieferen Sinn. Anspielungen auf den Ackerbau haben eine besondere kulturphilosophische Resonanz und schlagen literarisch eine Brücke zu Vergils Gedicht *Vom Landbau*. Als Leitmotive dienen Seefahrt und Wagenrennen. Die beiden Vorstellungen erscheinen häufig zusammen: Sie beziehen sich einmal auf den Lehrer der Liebe als Steuermann und Wagenlenker Amors (Lk 1,3–8), zum andern auf das Lehrgedicht als Prozeß (z. B. Lk 3,99f.; 3,748; 3,809), weiter auf die Situation des Schülers der Liebe (Lk 2,9f.; vgl. auch 2,5–8), schließlich auf den Liebesakt (Lk 2,725–727; 731f.). Diese Bilder haben den Vorzug, einen bewegten Prozeß als gegliedertes Ganzes darzustellen: Die Wendemarke beim Wagenrennen bezeichnet den Höhepunkt; die Seefahrt kann (noch oder wieder) in der Nähe des Hafens spielen oder auf hoher See. So wird einerseits eine Zusammenschau verschiedener Bereiche möglich, andererseits eine Orientierung über das augenblickliche Stadium des didaktischen Prozesses.

Die Wiederkehr bestimmter Namen kann die Struktur des Werkes verdeutlichen: So erscheint der Liebeslehrer am Anfang des ersten und am Ende des zweiten Buches als »Automedon« (Lk 1,5; 2,798), und das Bild des Amazonenkampfes schlägt die Brücke zum dritten (Lk 2,743; 3,1 f.). Auf keinem Gebiet mangelt es Ovid an mythischen Exempeln: Köstlich, was er alles über Statur, Frisur, Kleidung, Liebesworte und Liebesstellungen der mythischen Heroinen weiß, als hätte er sie persönlich gekannt. So manches sprechende Detail, das in Literatur oder Kunst nicht bezeugt war, galt es hier zu erfinden.

Beispiele aus Mythos und Geschichte können sich zu anschaulichen Erzählungen ausweiten. So bestätigt das traurige Schicksal der Procris den Rat, nicht allzu schnell an eine Untreue des Partners zu glauben. Die Geschichte von Daedalus zeigt, daß es schwer ist, ein geflügeltes Wesen (wie Amor) zu fesseln; die Anekdote von Mars und Venus, daß ertappte Ehebrecher noch frecher werden. Als »Stiftungslegende« (Aition) für den Brauch, im Theater Liebesbeziehungen anzuknüpfen, dient der von Romulus angeordnete Raub der Sabinerinnen. Die Tatsache, daß die Erzählungen oft über den eigentlichen Anlaß hinaus fortgesponnen werden, läßt den künftigen Dichter der *Metamorphosen* erahnen. Parallele Erzählungen in *Liebeskunst* und *Metamorphosen* legen einerseits nahe, Gattungsdifferenzen (zwischen »epischer« und »elegischer« Erzählung)[38] herauszuarbeiten, andererseits Ovids Versuch zu würdigen, die Gattungen sich wechselseitig bereichern zu lassen. Außer der Gattungsdifferenz muß man freilich auch die Funktion im Kontext beachten: In den *Metamor-*

phosen dominiert vielfach das aitiologische Interesse, in der *Liebeskunst* die Beispielfunktion. Der Fragehorizont der *Liebeskunst* verharrt vielfach im psychologischen Bereich, in den *Metamorphosen* werden schicksalhafte Zusammenhänge betont.[39]

Sprache und Stil

Ovids Wortschatz ist scheinbar alltäglich, die Oberfläche seiner Sprache wirkt glatt. Wie viel Erfindungskraft hinter solch kunstvoller Natürlichkeit steckt, bemerkt man erst bei genauerer Nachprüfung. Zahlreich sind seine Neologismen, z. B. Substantive auf *-men*, Adjektive auf *-fer* und *-ger*. Die Behandlung des Hexameters und des elegischen Distichons ist gleichermaßen virtuos. Hervorzuheben sind der Reichtum an Daktylen und der tänzerische Rhythmus, der durch Sperrungen, Antithesen und den häufigen Zusammenfall von Satz- und Versende in seiner Wirkung gesteigert wird. Zwei- oder dreisilbige Wörter am Hexameterschluß, zweisilbige am Pentameterende sind die Regel. Die seltenen Ausnahmen sind durch Tradition oder Inhalt gerechtfertigt: so die gewichtige Anrede an die Nachwelt (*posteritas*, in K 4,10,2). Syntaktisch fällt die Vorliebe für Parenthesen[40] auf, ein Mittel, das den normalen Fluß des Satzes zerreißt und auf diese Weise Möglichkeiten zu »polyphonem« Sprechen eröffnet: Subjektive Aussagen können objektiv bestätigt oder nebenbei in Frage gestellt werden: »Bewirkt – und das ist leicht –, daß wir glauben, wir würden geliebt« (*efficite – et facile est –, ut nos credamus amari*, Lk 3,673). In solchen Fällen verständigt sich der Autor augenzwinkernd mit dem aufgeklärten Leser. Der Wechsel vom Subjektiven zum Objektiven wirkt besonders belebend.

Schon in der *Liebeskunst* zeigt sich Ovid als einer der glänzendsten Erzähler der Weltliteratur. Die sprachlichen

Mittel verwendet er dabei mit überlegener Ökonomie. Oft beginnt er – etwa in der Cephalus-Erzählung der *Liebeskunst* – seine Schilderung aus der Vogelschau. Die Landschaft wird im ganzen überblickt, das Auge konzentriert sich dann auf einen einzelnen Punkt. Man sieht eine Gestalt bei gewohnheitsmäßiger Tätigkeit. Dann wird ein bestimmter Augenblick herausgegriffen, die Reihe der Handlungen setzt sich fort, bis ein entscheidendes Ereignis eintritt. Die Reliefwirkung entsteht durch den gestaffelten Einsatz verschiedener Erzähltempora,[41] die unterschiedlichen Einstellungen einer Kamera vergleichbar sind. Gleichnisse oder Monologe erhöhen als retardierende Momente die Spannung vor der Katastrophe. Der Überraschungseffekt kann dadurch gesteigert werden, daß die aufregende Wendung des Geschehens in einem Nebensatz berichtet wird: »als plötzlich ...« (sogenanntes *cum inversum*) oder gar »wenn nicht ...« (*nisi*). Überhaupt beschleunigt sich nach dem Hauptereignis das Erzähltempo, entsprechend dem Spannungsabfall im Bewußtsein des Lesers. Durch überlegtes Aufsparen bestimmter sprachlicher Mittel wird ebenfalls eine starke Reliefwirkung erzielt. In dieser Beziehung ist Ovids Kunst mit der des Livius vergleichbar.

Die *Liebeskunst* zeichnet sich durch eine besondere stilistische Wendigkeit aus, mit der sich der Standpunkt oft von Halbvers zu Halbvers verschiebt; einprägsam sind zudem die nachlässige Anmut der Parenthesen (die den Übersetzer an seiner Aufgabe verzweifeln lassen); die Frische der Beobachtung, der Charme der funkelnden Aperçus; der ironische Pomp, mit dem oft die leichtfertigsten Dinge als tiefsinnige Offenbarungen vorgetragen werden; die todernste Gelehrsamkeit, der doch stets der Schalk im Nacken sitzt; die raffinierte Verbindung feinster Stilisierung und scheinbar umgangssprachlicher Mühelosigkeit. Es ist der Großstädter in Ovid, der urbane Causeur, der hier der Kunstsprache der Elegie mit einer später vielleicht nur noch von Puschkin erreichten Leichtigkeit den Schein des Natürlichen und die Ungezwungenheit geistvollen Geplauders verleiht.

Literarische Reflexion

Im Zusammenhang der *Liebeselegien* haben wir gesehen, wie Ovid die Traditionen der werbenden (»herzerweichenden«) Elegie fortsetzt und ad absurdum führt. Hier sei die Selbstdarstellung des Didaktikers in der *Liebeskunst* betrachtet: Im Prooemium distanziert sich Ovid von dem traditionellen Inspirationsanspruch: Er will sich nicht wie Hesiod auf die Musen berufen (Lk 1,27f.), aber auch nicht auf Phoebus (nach Art hellenistischer Dichter) oder auf Vogelstimmen. In deutlichem Anklang an Tibull (1,8,3–6) betont er die eigene schmerzliche Erfahrung (Lk 1,23f.) als Quelle seines Dichtens. Wie sein elegischer Vorgänger nennt er in diesem Zusammenhang die Göttin Venus.[42] Weiß Tibull sich von der Liebesgöttin magisch gefesselt und unter Schmerzen belehrt, so spricht Ovid nur davon, daß Venus ihn zum Lehrer für Amor bestellt habe (Lk 1,7), und ruft sie zu Beginn um ihren Beistand an (Lk 1,30; vgl. 3,43–58; 769f.): Wie man es im Lehrgedicht erwartet, ist sie die für das Sachgebiet zuständige Gottheit. Die Berufung auf eigene Erfahrung (*usus*, Lk 1,29) als Triebkraft des Dichtens gehört zur römischen Liebeselegie; jetzt bringt Ovid das Motiv geschickt in die didaktische Tradition ein.

Es ist im Lehrgedicht übrigens nicht selbstverständlich, daß der Autor eigene Sachkompetenz besitzt. In älterer Zeit beruft man sich auf Gottheiten (Hesiod); später behält man diese Form bei, wie etwa Lukrez und Vergil, die übernommenes Wissen für ihr Publikum dichterisch umsetzen. Ovid hingegen ist Sprachkünstler und Sachkenner in Personalunion. Aus dem Bereich der Prosa könnte man als ähnlichen Idealfall Ciceros Werk *Über den Redner* (*De oratore*) anführen. Selbständigkeit schließt freilich die Beschäftigung mit einschlägiger Fachliteratur nicht aus – eigene Erfahrung weitet sich so zur kollektiven (der Elegie, der Komödie usw.). Ja, die Berufung auf eigenes Erleben ist, wie wir sahen, selbst ein elegischer Topos. Es geht dem Didaktiker um Glaubwürdigkeit; daher werden die spezifisch poetischen Gottheiten – Apollo und die Musen – eingangs ausdrücklich beiseite gelassen (Lk 1,25–28), und am Ende stellt Ovids Erfahrungswissen gar das delphische Orakel in den Schatten (Lk 3,798f.). Freilich behält der poetische Lehrer die zu Anfang eingenommene Position im folgenden nur mit Einschränkungen bei. Wie Amor im ersten Buch, wo es darum geht, ihn zu fangen, »wild«, im zweiten Buch, wo es darum geht, ihn zu halten, »geflügelt« ist, sich also jeweils dem Thema entsprechend von verschiedenen Seiten zeigt, so tritt auch der Dichter je nach dem Zusammenhang mit unterschiedlichem Anspruch auf.

Nicht erst das dritte Buch erneuert die eingangs verdeckte Inspirationsvorstellung (Venus-Offenbarung, Lk 3,43–56; 769), sondern schon das zweite (Lk 2,493–510). Hier erscheint der anfangs verschmähte Apollo dem Poeten und fordert die Schüler zur Selbsterkenntnis auf. Auch am Ende des zweiten Buches klingen religiöse Töne an: Ovid vergleicht sich mit dem Seher Calchas (Lk 2,737) und mit dem göttlichen Waffenschmied Vulcan (Lk 2,741). In dieser Beziehung ist also eine kontinuierliche Steigerung des poetischen Anspruchs festzustellen; der Gipfel ist im dritten Buch (Lk 3,43–56) erreicht, wo Ovid den Frauen als inspirierter Dichter gegenübertritt. Es würde nun wohl zu weit gehen, die verschiedenen, einander widersprechenden Stellen gegeneinander auszuspielen. Man muß vielmehr jede dieser Äußerungen in ihrem jeweiligen Zusammenhang sehen. Am Anfang kommt es vor allem darauf an, das Vertrauen der Schüler zu gewinnen. Hierfür ist einerseits Bescheidenheit die wichtigste Voraussetzung (ein Grunderfordernis der Prooemientopik), andererseits die Berufung auf eigene Erfahrung als beste sachliche Legitimation des Lehrers. Die Aufforderung zur Selbsterkenntnis im zweiten Buch bildet den Auftakt zu der eigentlichen erotischen Geheimlehre. Schon wegen des bekannten Spruchs »Erkenne dich selbst« liegt es hier nahe, Apollo als Autorität heranzuziehen. Vollends im letzten Buch bedarf der Dichter in dem Augenblick, wo er genötigt ist, unter Überschreitung der normalen Kompetenzen eines Weltmannes Frauen detaillierte Anweisungen für ihr Sexualverhalten zu geben, einer amtlichen Berechtigung, die Schwelle zum Schlafzimmer zu überschreiten. Hier beruft er sich – durchaus passend – auf Venus (Lk 3,769f.). So werden göttliche Autoritäten dann zitiert, wenn der Dichter gezwungen ist, die Grenzen seines Bewußtseins zu erweitern oder über seine Zuständigkeit als Privatmann hinauszugehen. Ähnlich rief schon Homer die Musen vor dem Schiffskatalog an, einer gewaltigen Aufzählung, die dem Gedächtnis eines Einzelmenschen kaum zuzumuten wäre; entsprechend verfährt Vergil bei der Frage nach den Ursachen von Junos Zorn, die es in der fernsten Vergangenheit der Menschheit aufzusuchen gilt.

Eigene Erfahrung und göttliche Eingebung ergänzen sich bei Ovid insofern, als er beide Vorstellungen dem Prinzip des Angemessenen unterordnet. Der Inspirationsgedanke tritt am Anfang zurück, weil er dort unbescheiden wirken würde, und an beiden späteren Stellen erlaubt umgekehrt gerade dieses Motiv dem Dichter, auch heikle Fragen bescheiden und diskret zu behandeln. Wenn es darum geht, die Zöglinge Selbsterkenntnis zu lehren, erscheint der hierfür zuständige delphische Gott (Lk 2,493–510). Und bei dem Wunsche, von Mädchen gelesen zu werden, ruft Ovid neben Apollo noch Bacchus und die Musen an (Lk 3,347f.): zu Recht, denn hier geht es um Literatur qua Literatur. Daß den Dichtern eine Gottheit innewohnt, ist gewiß ein Grund dafür, daß Mädchen ihnen gewogen sein sollen (Lk 3,547–550). Doch bekräftigt Ovid seinen Glauben an die Göttlichkeit des dichterischen Talents – nicht nur seines eigenen – auch in ernsterem Zusammenhang.[43] Wie wir sehen werden, entwickelt sich die Dichteridee in den späteren Werken konsequent weiter. Wie Livius vermittelt Ovid dem Leser zuweilen das Gefühl, dem Autor beim Schreiben zuzusehen. Doch kann er auch Distanz schaffen. Ovid ist der Dichter des *ingenium*; häufiger als seine antiken Kollegen spricht er von der poetischen Inspiration.

Gesellschaftliche Bezüge

Für wen ist die *Liebeskunst* bestimmt? Nicht weniger komplex ist das Problem der Adressaten. In der ersten Zeile wird jeder Römer zum Lesen aufgefordert, der die Kunst oder Technik des Liebens noch nicht kenne. Die Formulierung als Bedingungssatz legt den Gedanken nahe, daß dies zu Ovids Zeit die wenigsten gewesen sein dürften. Wie wir aus einer späteren Äußerung wissen, war Ovid sich dieser Tatsache bewußt: »Diese Bücher lehren, was jeder ohnehin schon kann: das Lieben« (K 1,1,112). So ist schon der erste Satz doppelbödig, eine didaktische Absicht zwar nicht bestritten, aber in ihrem Nutzeffekt doch ein wenig in Frage gestellt. In bezug auf die männlichen Leser seiner ersten beiden Bücher braucht Ovid keine sozialen Einschränkungen zu machen. Anders steht es mit den Leserinnen. Schon im ersten Buch findet sich eine frühzeitige Warnung an Frauen von Stande; sie wird nachdrücklich an den Stellen wiederholt, die als Aufforderung zur Unzucht (s. die ersten hundert Verse des dritten Buches) und zum Ehebruch verstanden werden könnten (Lk 3,611–658).

Ovid schreibt (so will er uns glauben machen) vor allem für Libertinen (Lk 3,615), d. h. jene Schicht von Frauen, die wegen besonderer Verdienste von ihren Herren freigelassen worden sind. Sie bildeten einen mittleren Stand (im 19. Jahrhundert hätte man gesagt: eine Halbwelt) zwischen der niedrigsten Stufe, den Sklavinnen und Prostituierten, die unter der Herrschaft von Zuhältern standen, einerseits und den vornehmen Matronen und Bürgerstöchtern andererseits, deren Schändung durch strenge Gesetze verboten war. Horaz gibt uns in der zweiten seiner *Satiren* (*Sermones*) eine Vorstellung davon, daß viele Römer die freie Liebe zu Freigelassenen als den goldenen Mittelweg empfanden. Die Sittenreinheit so mancher Matrone war freilich zu Ovids Zeit durch nichts so sehr in Frage gestellt wie durch deren eigenes Verhalten. Ließ sich doch die eine oder andere sogar, um dem Arm des Gesetzes zu entgehen, amtlich als Prostituierte eintragen. Auf solche Leserinnen wird Ovid nur ungern verzichtet haben, da sie die nötige Bildung mitbrachten, um die Feinheiten seiner Dichtung zu verstehen. Ohnehin vermochte er ja nicht zu verhindern, daß neugierige Jungfrauen und Matronen trotz – oder gerade wegen – seines ausdrücklichen Verbotes weiterlasen. Es konnte also nicht darum gehen, einen bestimmten Kreis von Leserinnen auszuschließen, sondern nur darum, ihnen juristisch den Schwarzen Peter zuzuschieben. Daß Ovid andererseits auch nicht für ganz gewöhnliche Prostituierte schreibt, ergibt sich aus den hohen kulturellen und intellektuellen Anforderungen, die er – etwa in seiner Lektüreliste (vgl. S. 61, 65) – an die Mädchen stellt. Wie schon der männliche, so ist auch der weibliche Kreis der Leser mit aller Ironie zugleich ganz eng und ganz weit gezogen.

Liebeskunst ohne Liebe? Ovid beobachtet das Verhalten der Liebenden fast wie ein Naturwissenschaftler. Der Dichter sieht weitgehend von sentimentalen, moralischen und existentiellen Implikationen ab. Daß er diese Aspekte kennt, zeigt sich freilich in seinen anderen Werken; in der *Liebeskunst* ergibt sich die Begrenzung der Perspektive logisch aus dem Ansatz, eine »Kunst« oder »Technik« der Liebe zu schreiben. Andererseits weiß er, daß sich aus dem entsprechenden Verhalten durch Einübung eine Haltung entwickeln kann; die »echte« Liebe ist also nicht ausgeschlossen.

Metaphern aus Theater und Rhetorik darf man nicht als Anstiftung zur Lüge mißverstehen: »Du mußt den Liebenden spielen.« Gewiß, aber nicht wie ein schlechter Komödiant; denn nur, wer selbst von einer Empfindung durchdrungen ist, kann sie im andern wecken. »Um geliebt zu werden, sei liebenswürdig.« So wird Liebe insgeheim zu einer anmutigen Schule der Selbsterziehung zu Solidarität und Toleranz. Die Frau, die sich schön macht, ist zugleich Künstlerin und Kunstwerk. Will sie ihre Attraktivität auch in späteren Jahren bewahren, so sei sie auf Geistesbildung bedacht. Die Daseinsform des Liebenden mit ihren Opfern und Entbehrungen ist dem Kriegsdienst ebenbürtig (vgl. L 1,9). Die Liebe, beim Tier durch Mechanismen des Triebes geregelt, ist beim Menschen durch das Bewußtsein mitbestimmt, ist also zugleich ein Stück Natur und Kultur. Liebeskunst wird zum Paradigma für Zivilisation. Nicht zuletzt durch die Fähigkeit zu spielen erhebt sich der Mensch über die Natur. Vor allem aber ist er das Wesen, das sich selbst erkennen soll. Mit Panaitios empfiehlt Ovid hier die Erkenntnis der eigenen besonderen Fähigkeiten und ihrer angemessenen Entfaltung in der Wechselwirkung mit dem Partner.

Das Angemessene. Bei dem angeblich unphilosophischen Ovid fällt der Begriff des »Angemessenen« (*aptum*) auf – eine gesellschaftsorientierte Norm, die in der *Liebeskunst* insgesamt herrscht und auch die spezifische Form der von Ovid gelehrten Selbsterkenntnis bestimmt: Anders als im frühen Griechentum soll sich der Mensch nicht seiner Nichtigkeit angesichts des Göttlichen bewußt werden, sondern positiv seine spezifischen Fähigkeiten erkennen und entwickeln. Diese Art der Selbsterkenntnis hat nichts mit dem delphischen Apollon zu tun, auf den sich der Dichter mit komischem Ernst beruft, sondern mit der Lehre der Mittleren Stoa. So betrachtet, ist Ovids *Liebeskunst* eine Lehre vom angemessenen Verhalten in der Liebe und damit ein heiteres Gegenstück zu Ciceros Traktat *Über die Pflichten*.

»Patriarchalische« Gesellschaft? Das Vorurteil,[44] die römische Gesellschaft sei rein patriarchalisch gewesen, trifft in solcher Eindeutigkeit weder auf die Römer im allgemeinen noch im besonderen auf Ovid zu. Neben Euripides und Plutarch ist Ovid wohl derjenige antike Schriftsteller, der für die Seele der Frau das größte Verständnis aufgebracht hat. Zwar sieht man fast jeder Zeile der *Liebeskunst* an, daß sie von einem Mann geschrieben ist, und nicht selten – vor allem in den auf Abbau der Hemmungen zielenden Teilen des ersten Buches – herrscht männlicher Egoismus, oft allerdings so unverhohlen, daß die Selbstironie unverkennbar ist. Andererseits finden wir bei Ovid gerade nicht den von manchen für typisch patriarchalisch und römisch gehaltenen Sadismus gegenüber Frauen. Der Dichter warnt ausdrücklich vor sadistischen Handlungen gegenüber Sklavinnen (Lk 3,239–242), er rät von jedem Verhalten ab, das den Partner kränken oder erniedrigen könnte. Gibt es eine schönere Huldigung an das angeblich schwache Geschlecht als die Bitte, uns Männern die Illusion zu lassen, wir seien Helden und überaus begehrenswert? Ein streng patriarchalischer Standpunkt würde im wesentlichen zwei Typen von Frauen gelten lassen: Hausfrau und Kurtisane. Die eine dient dem Fortbestand der Familie, die andere dem Lustgewinn des Mannes. Gewiß ist so manche Zeile der *Liebeskunst* dem zweiten Typus zuzuordnen. Daneben aber deutet sich ein dritter Aspekt an: die Frau als Partnerin. Wiederholt fordert Ovid, daß der Genuß ein wechselseitiger sei, und äußert seinen Abscheu gegenüber erkaufter oder pflichtmäßig abgeleisteter oder einseitiger Liebe. So bleibt bei ihm bis in den intimsten Bereich die Freiheit und Menschenwürde der Frau als Partnerin des Mannes gewahrt.

Ovid ist freilich kein »Ritter Frauenlob«. In seiner lesenswerten »Anleitung zu Ovids *Metamorphosen*« nennt ihn Karl Kerenyi einen »unverbesserlichen Erotiker«.[45] In der Tat geht es dem Dichter nicht um eine (partielle und dadurch notgedrungen schiefe) Betrachtung des Eros *in der* Kultur, sondern um Eros *als* Kultur. Insofern ist es konsequent, daß die Erfüllung der geschlechtlichen Liebe den Zielpunkt des Lehrgangs für Männer (Buch 2) wie Frauen (Buch 3) bildet.

Die Abfassung einer »Kunstlehre« setzt eine bestimmte Auffassung vom Wesen der Kunst voraus. Da die Natur dem Menschen Vernunft verliehen hat, ist Kunst kein Gegensatz zur Natur, sondern deren Vollendung. Mag man auch einen solch überwiegend rationalen Zugang auf den ersten Blick für oberflächlich halten, wird man doch nicht verkennen, daß in dem durchgehenden Appell an Bewußtsein und Vernunft ein starkes soziales Moment liegt, ein Gefühl für Solidarität und ein Anreiz zur Konzessionsbereitschaft. Hier bewegt sich die *Liebeskunst* im Umkreis der Menandrischen Komödie und ihrer reifen Menschlichkeit.

Gesellschaftskritik. Vielleicht zu wenig kennt man den Gesellschaftskritiker Ovid. Mit scharfem, unbestechlichem Blick beobachtet er in der *Liebeskunst* die Schwächen der Frauen und Männer seiner Zeit (und aller Zeiten): Sprechende Einzelzüge sind mit spitzer Feder festgehalten, zuweilen grotesk karikiert. Humorvoller als Iuvenal, der größte und kleinste Sünden mit gleichem Pathos geißelt, und doch zupackender als Horaz mit seinem unergründlich diplomatischen Lächeln, entlarvt Ovid die Torheiten der Gesellschaft, in der er lebt. Vieles, was er zur Anweisung erhebt, prangert er dadurch indirekt an; doch findet die Kritik ihre Grenzen im Behagen des Dichters an der Zivilisation, seiner Liebe zur Weltstadt. Liest man die *Lie-*

beskunst als Äußerung eines geistreichen Mannes in einer Epoche sozialer, politischer und moralischer Umschichtungen, so erkennt man, daß auch er sich von Normen leiten läßt; freilich sind diese mehr sozialer und ästhetischer als moralischer Natur. Auch heute, wo die gesellschaftlichen Bedingungen und mit ihnen auch das Bild des Eros vielfach im Wandel begriffen scheinen, bleibt Ovid mit seiner vorurteilslosen Toleranz, seiner psychologischen Erfahrung und seinem Humor eine Stimme, die gehört zu werden verdient.

Ein Erotiker großen Stils

Ovids Universalitätsanspruch trägt typisch römische Züge: Man denke an die Vielseitigkeit der Pioniere der altlateinischen Poesie! Die hellenistische Vorstellung vom universalen Wissen des Dichters und die enzyklopädische Leistung Varros machen es möglich, daß nun in Rom »gelehrte Dichter« (*poetae docti*) wie Vergil und Ovid auftreten. Der typisch römische Wille, sich ganze Stoffgebiete zu unterwerfen, wie wir ihn auch in den *Metamorphosen*, dem *Festkalender* und den Verbannungsgedichten beobachten, verbindet sich bei Ovid mit einem weiteren Prinzip, das ihm in besonderem Maße eigentümlich ist und seinem Lebenswerk Einheit und Tiefgang verleiht: dem Eros. Wie die Dichteridee, so begleitet ihn die Liebesthematik von Werk zu Werk in unterschiedlicher Beleuchtung.[46] Die *Liebeselegien* spiegeln alle erdenklichen Situationen des Liebeslebens in subjektiver Sicht, *Liebeskunst* und *Heilmittel gegen die Liebe* in didaktischer Systematisierung. Mit den *Frauenbriefen* (*Heroides*) schafft Ovid eine Enzyklopädie der Frauenseele. Auch in seinen späteren Dichtungen bleibt er ein unverbesserlicher Erotiker und tritt vielfach direkt und indirekt in einen Dialog mit seiner *Liebeskunst* ein: So zeigt er in den *Metamorphosen* und in den Doppelbriefen (H 16–21) gleiche Mythen und verwandte Situationen in neuem Licht und auf neuer Reflexionsstufe, und noch die lautstarke Verdammung in den Verbannungsgedichten läßt die innere Verbundenheit des Autors mit der *Liebeskunst* spürbar durchklingen: »Liebe keines dieser Bücher, und möge es dich noch so sehr das Lieben lehren« (K 1,1,115 f.).

Frauenbriefe

Ignotum hoc aliis ille novavit opus.
Ovid, *Liebeskunst* 3,346

Inhalt und Aufbau

1 Penelope an Odysseus (Ulixes). Penelope erwähnt ihre Sorgen während des Krieges (H 1,3–22), die Rückkehr der anderen Helden und deren Erzählungen (23–46), das Ausbleiben des Odysseus und ihre wachsende Ungewißheit (47–80), die unhaltbaren Zustände in seinem Hause, besonders nach dem Mordanschlag der Freier auf seinen Sohn Telemach (81–100), die düstere Zukunft und die Bitte, Odysseus möge heimkehren (101–116, vgl. 1 f.). Die Ereignisse erscheinen somit in chronologischer Reihenfolge. Parallel mit dem zeitlichen Fortschritt verstärkt sich der Affekt: von nagender Besorgnis über gesteigerte Ungewißheit und Zweifel bis hin zum eindringlichen Appell an das Mitleid.

Das Geschehen um Odysseus ersteht für uns neu, da eine daran wesentlich beteiligte Person aus unterschiedlichen Nachrichten-Splittern das Schicksal des Odysseus erschließen muß. Da wir *Odyssee* und *Ilias* besitzen, können wir hier (wie z. B. auch in H 3) die von Ovid hergestellte Intertextualität nachvollziehen. Ovids Penelope hat »ihren Homer eingehend studiert« und alle Argumente vom weiblichen Standpunkt aus entwickelt. Gründliche Dekonstruktion der Vorlage und subjektive Wiederherstellungsversuche verbinden sich zu lebendiger Wirkung. Die feine, geistreiche Verarbeitung der Information aus den homerischen Epen zum Selbstporträt einer Frau läßt ahnen, was uns in denjenigen *Frauenbriefen* entgeht, deren Vorlagen nicht erhalten sind.

Wie in der *Odyssee* ist Penelope die kluge und liebende Gattin, besorgt um Leben und Vermögen ihres Mannes. Entgegen den Ratschlägen des Vaters, der sie wieder verheiraten will, bleibt sie Odysseus treu. Dennoch streut der Dichter kleine unhomerische Züge ein, die dem Bild Farbigkeit verleihen: Im Gegensatz zu der Alterslosigkeit der homerischen Heroinen fürchtet Penelope wie eine Dame aus Ovids oder unserer Zeit, sie werde dem Heimkehrenden nach so vielen Jahren »alt« erscheinen[47] (wohl der Keim für die erschütternde imaginäre Begegnung des verbannten Ovid mit seiner Gattin – der neuen Penelope, s. P 1,4,51 f.). Eine Kategorie der Großstadtkultur wie *urbanitas* ist vorausgesetzt, wenn Penelope sich bei dem Gedanken ertappt, Odysseus könne eine andere lieben und dieser erzählen, wie »bäurisch« (*rustica*, H 1,77) seine Ehefrau sei, die sich nur auf Wollarbeiten verstehe. Nicht zufällig steht am Anfang der Sammlung ein homerischer Stoff. Die Abfolge der literarischen Vorbilder der *Frauenbriefe* ist gründlich durchdacht.

2 Phyllis an Demophoon. Lange hat Phyllis gewartet und versucht, Demophoons Ausbleiben zu entschuldigen (H 2,1–22). Sie bereut zwar nicht, daß sie ihm geholfen, aber daß sie seinen Liebesschwüren Glauben geschenkt hat (23–62). Demophoon eifert seinem Vater Theseus nicht in der Tapferkeit, nur in der Untreue nach (63–80). Die ersten drei Hauptabschnitte stoßen somit immer tiefer in die Vergangenheit vor. Nun aber wendet sich die Briefschreiberin ihrer jetzigen Lage zu: Schutzlos ist sie dem Hohn ihrer Landsleute ausgesetzt (81–90). Hierauf vergegenwärtigt sie nochmals ein wichtiges Stück Vergangenheit: die Abschiedsszene. Diese gibt das Stichwort »Erwartung«, das für den Rest des Briefes bestimmend bleibt (91–102). Doch ehe Phyllis sich endgültig der Zukunft zuwendet, stellt sie sich Demophoons gegenwärtige Lage vor, verbunden mit einem (dritten) Rückblick: der auffallend düster eingefärbten Erinnerung an den Liebesbund (103–120). Auf die beklemmende Atmosphäre dieses Passus wirft der Schluß seine Schatten voraus, der von der Erwartung des Geliebten zur Erwartung des Todes führt (121–148).

Anders als in Penelopes Brief ist hier die Bewegung anti-chronologisch. Das dreimalige Zurückschreiten aus der Gegenwart in die Vergangenheit verstärkt Kontraste und Wechselwirkungen zwischen den zeitlichen Ebenen.

Gegensätzlich sind auch die Temperamente. In Penelopes Brief herrscht trotz der ernsten Lage Gefaßtheit, ein ruhiger Affekt (Ethos), hier starke Emotionen (Pathos). Phyllis hofft nicht mehr; der Ton ihres Briefes ist leidenschaftlich und vorwurfsvoll bis zur Verzweiflung. Unterschiedlich ist nicht zuletzt die geistige Heimat der beiden Stoffe: dort die homerische, hier die hellenistische Welt. Kennen wir doch Demophoon aus Kallimachos' *Aitia* (556 Pfeiffer) als »Bräutigam« und »ungerechten Gastfreund«. Es ist bezeichnend für Ovids Poetik, Stilkontraste und -kreuzungen bewußt zu genießen; so läßt er hier auf ein »homerisches« ein kallimacheisches Stück folgen.[48]

3 Briseïs an Achilles. König Agamemnon hat Achill dessen Gefangene – die Tochter des Briseus (Briseïs) – genommen; sie beklagt sich über sein tatenloses Zusehen. In einem ersten Teil (H 3,1–56), der zuerst in die nähere (1–42), dann in die entferntere Vergangenheit (43–56) zurückschaut, nimmt Briseïs einen Standpunkt ein, der eher zur Gattung der lateinischen Liebeselegie als zum Ehrenkodex der heroischen Dichtung paßt. So hat sie keine Mühe nachzuweisen, daß Achilles ein schlechter Liebhaber ist (ließ er doch ohne Widerspruch die Geliebte ziehen und weigerte sich sogar, sie zurückzunehmen). Dadurch erscheinen die von der Schreibenden minutiös ausgewerteten Ereignisse der *Ilias* in ungewohntem Lichte (der Ausländerin Briseïs geht die Kritik an der griechischen Männerwelt leichter von den Lippen als der Königin Penelope). Es kommt hinzu, daß Achilles im Sinne des römischen Rechts ein schlechter *dominus* (»Eigentümer«) ist: Er unterläßt es, die ihm geraubte »Sache« (hier: die Sklavin) zurückzufordern.

Der zweite, auf die Zukunft ausgerichtete Hauptteil (57–154) zeigt uns eine andere – gefährlichere – Briseïs: Angesichts der Nachricht von Achills bevorstehender Abreise fleht sie zwar zunächst noch darum, ihn wenigstens als Sklavin begleiten zu dürfen (57–82). Dann aber ändert sie ihre Taktik: Sie übernimmt nun die heroischen Denkkategorien und erinnert Achill an seine patriotischen Pflichten – natürlich wiederum im Dienste ihrer privaten Wünsche, aber mit besserer Aussicht auf Erfolg. Ihre Kritik an Achill ist jetzt systemimmanent. Der streikende »Held« vergnügt sich mit Musik und einer anderen Frau und läßt das bedrängte Griechenheer im Stich. Für den römischen Leser liegt ein Reiz darin, daß sich seine Vorstellung von Vaterlandsliebe erheblich von dem Einzelheldentum des homerischen Achill unterscheidet. Der doppelte Ansatz der Kritik – aus der Sicht der (römischen) Elegie und des (römischen) Epos – zeigt sich von Anfang an darin, daß die im ersten Vers verwendeten Wörter *dominus* und *vir* jeweils eine doppelte Bedeutung haben: *dominus* ist für die Sklavin der Eigentümer, für die Frau der Geliebte, *vir* im elegischen Kontext der Lebensgefährte, im epischen der Held.

Briseïs ist Sklavin und Königstochter; sie ist äußerlich von ihrem Eigentümer abhängig, nicht aber von dessen

Wertvorstellungen, die sie höchstens als Mittel zum Zweck benutzt. Die Sklavin als »Herrin« (wenn sie sich auch diesen Namen verbittet): Eine subtile Charakterstudie und ein brillantes Plädoyer mit unkonventioneller Intertextualität: Homerlektüre zweimal gegen den Strich – erst im Zeichen der Liebeselegie, dann der römischen Vaterlandsliebe. Ein kühner Ansatz! Ist doch Ovid einer der wenigen antiken Dichter, die offen an Homer Kritik zu üben wagen.

Damit ist die erste Trias der Briefe abgeschlossen: Ovid hat hier in lebendiger Auseinandersetzung mit Homer und Kallimachos Grundaspekte seiner Poetologie in den *Frauenbriefen* veranschaulicht. In dieser Beziehung ist es ein wichtiges Signal, daß am Ende der Sammlung mit den drei Briefpaaren von Paris und Helena (16–17) bis zu Acontius und Cydippe[49] (20–21) Homer und Kallimachos wieder betont im Vordergrund stehen werden. Am Anfang flankieren zwei homerische eine kallimacheische Epistel, während am Ende auf ein homerisches Briefpaar zwei hellenistische folgen. Die kallimacheische Cydippe, eine der wenigen »glücklichen« Ehefrauen in den *Frauenbriefen*, bildet als Schlußstein ein Pendant zur homerischen Penelope, welche die Sammlung eröffnet. Die Poetik der Stilkreuzung wird dem Leser somit durch die Besetzung der wichtigen Anfangs- und Endpositionen bewußt gemacht.

4 Phaedra an Hippolytus. Phaedras Liebesbrief an ihren Stiefsohn Hippolytus ist rhetorisch klar gegliedert. Im Prooemium (H 4,1–16) betont sie gebührend ihr Zögern und die Übermacht des göttlichen Befehls, der ihren kühnen Schritt erzwingt. Bei der Beschreibung ihres gegenwärtigen Zustandes (17–52) verweilt Phaedra zunächst auf ihrer Würde und der des Adressaten (17–26), dann auf ihrer selbstvergessenen Liebe (27–52). Der Rückblick auf

Vergangenes (53–74) streift die Familiengeschichte (53–66) und das Erwachen der Leidenschaft beim Anblick des Geliebten (67–74). Die Beschreibung seiner herben Schönheit (75–84) schlägt die Brücke zur Zukunft: Hippolytus soll seine Sprödigkeit aufgeben (85–108). Fromme Scheu vor Vater (109–128) und Stiefmutter (129–146) läßt Phaedra nicht als Gegenargumente gelten. Eine leidenschaftliche *peroratio* bildet den Schluß (147–176).

Als Königin und (Stief-)Mutter ist Phaedra dem Adressaten gesellschaftlich überlegen. Sie schreibt als reife Frau an einen unerfahrenen Jüngling. Ihr Verhalten ist – gerade, wo es sich »jugendlich« und »spontan« gibt – kalkuliert. Sie ist die erste von Ovids Heroiden, die schwere Schuld auf sich lädt (wenn auch Phaedras Verleumdung und Hippolytus' Tod notgedrungen außerhalb des Briefes bleiben). Verständnis für solche Frauengestalten wußte die griechische Tragödie zu wecken. Als Vorlage kommt der erste *Hippolytos* des Euripides in Frage. In jener verlorenen Fassung nahm Euripides auf Vorstellungen von königlicher Würde und weiblicher Ehre weniger Rücksicht als in der uns erhaltenen zweiten. Sowohl die unkonventionelle Liebeserklärung der Frau an den Jüngling (die Ovid hier umsetzen konnte) als auch die anschließende infame Verleumdung vollzogen sich dort vor den Augen des Zuschauers. Poetologisch unterstreicht die zentrale Stellung der Phaedra-Epistel innerhalb der ersten sieben Briefe der Sammlung die Bedeutung der Gattung »Drama« für die Entstehung des Genos »Heroidenbrief«. Phaedras Brief ist verschriftlichte Rede – er sagt, was mündlich schwer auszusprechen wäre: ein Spiegel der Frauenseele. Der Schauplatz verlagert sich von außen nach innen. Phaedra erscheint als erste tragische Heldin in Ovids Sammlung, weil sie der Prototyp der Heroine ist, die es gewagt hat, offen von ihrer Liebe zu sprechen – eine für die römische Liebesdichtung revolutionäre Grundidee der *Frauenbriefe* Ovids.

5 Oenone an Paris. Paris' erste Geliebte, die Nymphe Oenone, beschwört ihn, Helena aufzugeben und zu ihr zurückzukehren. Prooemium: Oenone fühlt sich unverdient bestraft (H 5,1–8). Es folgt die Narratio von vergangenem Liebesglück (9–32), dem Urteil des Paris und seiner und Helenas Ankunft in Troia (33–74). Den Wunsch, Helena möge ihrerseits verlassen werden (75–76), untermauert eine vergleichende Gegenüberstellung (Synkrisis): Oenone ist frei von Habgier (77–88) und bringt keinen ungerechten Krieg ins Land (89–98); Helena aber ist notorisch untreu, was ein Exkurs über die Flatterhaftigkeit des Paris und die Prophetie der Cassandra bestätigt (99–132). Oenone dagegen ist Paris treu, Werbungen von Satyrn hat sie zurückgewiesen und von Apollon nichts als die Gabe der Heilkunst angenommen (133–152). Peroratio: Nur Paris kann Oenone helfen (153–158).

Anders als etwa Penelope oder Phyllis ist Oenone – Göttin und Heilkundige – eine selbständige Frau. Doch gerade das Fehlen äußererer Abhängigkeit unterstreicht das Verfallensein der Liebenden. Oenones selbstlose Liebe ist eine Übertragung der Dienstfertigkeit des elegischen Liebhabers ins Weibliche, ein moderner Zug, der zum Kern der Erfindung des Heroidenbriefes als Gattung gehört. An die Elegie gemahnt auch die unbestechliche Verurteilung von Krieg und Geldgier. Ähnliches gilt von dem Einritzen von Liebesschwüren in Bäume, das jedoch zugleich – passend zum Hirtenberuf des Paris – ein Element der Schäferdichtung ist. Poetologisch signalisiert die vorliegende Epistel somit die Nähe des heroischen Briefes zur römischen Elegie und Bukolik – wesentlichen Komponenten im intertextuellen Dialog der *Frauenbriefe*.

Bei stofflicher Nähe steht der Brief somit Homer innerlich fern (vgl. H 1; 3; 16 und 17). Die elegischen, »sentimentalischen« Züge des Briefes ließen als Vorlage eine hellenistische Dichtung vermuten, die vielleicht aus den *Kyprien* schöpfte, einem Werk des epischen Kyklos über die Vorgeschichte des Troianischen Krieges. Doch um den Stoff elegisch auszugestalten, brauchte der geborene Elegiker Ovid kein zusätzliches Muster. Die programmatische Bedeutung dieser Epistel innerhalb der Sammlung spricht für eigenständige Gestaltung.

6 Hypsipyle an Iason. Iason hat Hypsipyle, die Königin des Frauenstaates auf Lemnos, verlassen. Sie ist inzwischen Mutter von Zwillingen, er aber hat sich mit der Zauberin Medea vermählt. Ohne Prooemium belegt eine erste Narratio, die in der nahen Vergangenheit spielt, zwei Vorwürfe: Iasons Säumigkeit und Untreue (H 6,1–44). Eine zweite Narratio blickt in die entferntere Vergangenheit zurück: Iasons Treueversprechen und Hypsipyles Gelübde für ihn (45–78). Ein Charakterbild Medeas soll dem Betörten die Augen öffnen (79–108). Die Peroratio verbindet flehentliche Bitten an Iason mit einer Gegenüberstellung (Synkrisis) Hypsipyles und Medeas und schließlich der Verfluchung Medeas und des Ungetreuen (109–164). Ähnlich wie im Phyllis-Brief (H 2) folgt auf die Besprechung von jüngst Vergangenem eine Rückblende in die entferntere Vergangenheit. Der ausgearbeitete Vergleich (Synkrisis) erinnert an den Brief Oenones (H 5).

Die Königin Hypsipyle ist von »heiligem Zorn« erfüllt. Stolz und tugendhaft wie sie ist, hat sie sich nichts vorzuwerfen. So darf sie Iason und ihre Nebenbuhlerin Medea mit berechtigten Vorwürfen überschütten und beide verdientermaßen verfluchen.

Die wichtigste Quelle sind die *Argonautika* des Apollonios Rhodios. Aus der kühlen und vernünftigen Heroine des griechischen Dichters hat Ovid eine leidenschaftliche Frau gemacht. Wieder liest er – ähnlich wie im Falle der Briseïs – seine Vorlage gegen den Strich. Wie an zweiter, so steht auch an zweitletzter Stelle innerhalb der ersten Heptade ein Stoff aus der hellenistischen Tradition.

7 Dido an Aeneas. Aeneas will die Karthagerkönigin Dido verlassen. Prooemium (Gegenwart): Dido hat keine

Hoffnung, versucht ihn aber zum Bleiben zu überreden (H 7,1–8). Zukunft: Karthago ist ihm sicher, Italien ungewiß (9–22). Wo wird er eine Frau finden, dic den Herzlosen liebt wie Dido? (23–40). Er sollte warten, bis die Winterstürme vorüber sind. Fährt er trotzdem, soll er überleben (das ist schlimmer als der Tod), und Didos Geist soll ihm vor Augen stehen (41–72). Seinen Sohn und Troias Götter darf er keinen Gefahren aussetzen (73–78). Narratio I (entferntere Vergangenheit): Aeneas' Geschichte ist erlogen; er hat die Mutter des Iulus grausam verlassen. Seine Irrfahrten stehen unter einem Fluch (79–88). Narratio II (nähere Vergangenheit): Dido hat Aeneas gerettet. Ihr toter Gemahl Sychaeus ruft nach ihr (89–110). Narratio III (entferntere Vergangenheit): Didos unglückliche Lebensgeschichte (111–124). Argumentatio (Zukunft): Durch Aeneas' Schuld wird vielleicht sein ungeborenes Kind sterben (125–138). Seine Berufung auf göttlichen Befehl ist unglaubwürdig; sieben Leidensjahre lohnen sich nicht, um einem unbekannten Ziel nachzujagen (139–148). Positives Argument: In Karthago darf Aeneas als König herrschen, Ascanius kann sich auch hier als Held bewähren (149–156). Peroratio (nähere Zukunft): Aeneas möge bleiben, sei es auch nur als Gast. Andernfalls tötet sich Dido mit seinem Schwert (157–196).

Der Brief ist als Rede konzipiert: Dido nennt ihre meist auf die Zukunft bezogenen Beweisgründe bald nach dem Anfang und entfaltet sie später in der Argumentatio. Das Zentrum beherrscht eine ausgearbeitete Narratio mit dem Rückblick auf Aeneas' und Didos Schicksal.

Einzige Vorlage ist Vergils *Aeneis*, die Ovids Dido genau studiert hat und advokatisch zerpflückt. Ein neues Element ist Didos (von ihr vermutete) Schwangerschaft (Vergil schließt eine solche Möglichkeit aus: Seine Dido bedauert, daß sie keinen »kleinen Aeneas« hat); so wird Aeneas bei Ovid möglicherweise mitschuldig am Tode seines ungeborenen Kindes. Das verschärft die Anklage: Der

Troianer verstößt gegen die *pietas*, die ihm von Vergil als Attribut zugeschrieben wird. Überhaupt erscheint seine Mission, das römische Imperium zu gründen, als Lüge. Ovid liest nicht nur Homer, sondern auch Vergil unter umgekehrtem Vorzeichen.

Zwischenbilanz. Die Auseinandersetzung mit der epischen Tradition findet hier einen ersten Abschluß: Sie reicht von Homer (H 1; 3) über Apollonios (6) bis hin zu Vergil (7). Als wichtiges poetologisches Korrektiv wird gleich nach Homer Kallimachos genannt (2), der neue Kunstprinzipien liefert und ein subjektives Prisma, durch das die epische Tradition in farbiger Brechung erscheint. Die erste Heptade ist mit der zweiten dadurch verklammert, daß der mittlere Brief der ersten Reihe (4) die Verbindung zur Tragödie, dem Hauptbezugspunkt der zweiten Heptade, herstellt.

Die nun folgende Heptade (H 8–14) stellt Tragödienstoffe in den Mittelpunkt. Wie in der ersten, so gibt es jedoch auch in dieser Gruppe einen Brief, der die Brücke zu dem (in der ersten Heptade dominierenden) Epos schlägt und zugleich Ovids Kallimacheertum deutlich dokumentiert: Es ist die Ariadne-Epistel (10), die mit Catulls 64. Gedicht, dem sogenannten Epyllion, konkurriert. So verhält sich die zweite Heptade komplementär zur ersten.

8 Hermione an Orestes. Achills Sohn Pyrrhus hält Helenas Tochter Hermione mit Gewalt fest. Einführung (Gegenwart): Orest ist als Verwandter und (künftiger) Gemahl doppelt verpflichtet, Hermione zu helfen (H 8,1–30). Nähere Vergangenheit: Er hat die älteren Rechte, denn der Großvater verlobte ihn mit Hermione, ehe der Vater sie an Pyrrhus versprach (31–40). Vergleich (Synkrisis): Orest ist (wie einst Menelaos) der rechtmäßige Ehemann und steht als Held nicht hinter Pyrrhus (dem neuen

Paris) zurück (41–56). Gegenwart: Pyrrhus macht Orest dessen Heldentat, die Tötung Aegisths, zum Vorwurf (55–64). Entferntere Vergangenheit: An Hermione wiederholt sich – ein Fluch der Tantaliden – das Schicksal ihrer Mutter, entführt zu werden (65–80). Wäre Achill am Leben, er würde die Tat seines Sohnes nicht billigen (81–86). Hermione ist wegen des Troianischen Krieges ohne Eltern aufgewachsen (87–100). Gegenwart: Orest ist ihr einziges Glück – sofern er um sie kämpft. Sie jedenfalls hält sich von Pyrrhus möglichst fern (101–116). Zukunft: Sie schwört bei dem Geschlecht des Tantalus und bei dem Stammvater Iuppiter, entweder zu sterben oder als Gemahlin Orests zu leben (117–122).

Der Aufbau der Epistel ist argumentierend; daher springt die Perspektive zwischen Gegenwart und Vergangenheit hin und her. Hermione stellt sich in erster Linie als Vertreterin ihrer Sippe dar; darin liegt in den Augen der Männergesellschaft, in der sie lebt, die Stärke ihrer Beweisführung. Sie teilt das Schicksal vieler Töchter, die ungefragt auf Grund dynastischer Erwägungen verheiratet wurden: Im Zusammenhang der *Frauenbriefe* ist dies ein archaischer Zug. Doch macht sich die innerlich selbständige Briefschreiberin gerade die gentilizische Argumentation (die in diesem Fall mit ihrer Herzensneigung übereinstimmt) zunutze, um sich dem ungeliebten Pyrrhus zu entziehen. Sie zeigt sich als frühzeitig gereifte, selbständige junge Frau, wenn sie, um Orest zu rühren, an ihre schwere Jugend erinnert – sie ist während der Kriegsjahre aufgewachsen, ohne ihre Eltern, die später willkürlich über sie bestimmen. Aus dem Brief geht hervor, daß Orest offenbar noch wenig getan hat, um seine Rechte als Ehemann zu verteidigen – ganz anders als eine Generation zuvor Menelaos, der um Helena kämpfte. Da Hermione aus demselben Geschlecht stammt wie der Geliebte, kann sie an seinen Familienstolz mit doppeltem Nachdruck appellieren. Der gentilizische Ansatz von Hermiones Argumentation ist insofern zweischneidig, als sie sich auch des Fluches bewußt ist, der auf ihrer Familie lastet.

Solche Züge gehören in den Bereich der Gattung Tragödie, der auch Ovids Vorlage (Sophokles' *Hermione*[50] oder die Nachdichtung des Pacuvius) angehört. Aus den antiken Zeugnissen zu Sophokles' *Hermione* (Frg. 210 Nauck) wissen wir, daß Orest, nachdem er seinen Mord gesühnt hatte, Hermione zurückbekam. Wie Penelope, welche die erste Heptade eröffnet, gehört Hermione, die am Anfang der zweiten Heptade zu Worte kommt, zu den wenigen Briefschreiberinnen, deren Wunsch in Erfüllung gehen wird. Daß Hermione unschuldig leidet, ist eine weitere Parallele zu Penelope.

9 Deianira an Hercules. Hercules' Gattin Deianira hat von seiner Liebe zu der gefangenen Iole gehört. Einführung (Gegenwart): Hercules' Verliebtheit in Iole steht in Gegensatz zu den Großtaten seiner Jugend; Venus hat ihm mehr geschadet als seine Feindin Iuno (H 9,1–26). Nähere Vergangenheit: Als Gattin eines berühmten, ständig abwesenden Mannes, der keine Gefahr scheut, verzehrt sich Deianira in Sorgen (27–45). Entferntere Vergangenheit: Hinzu kommen Hercules' ständige Liebschaften, z. B. seine Versklavung durch Omphale (46–118). Gegenwart: Im Unterschied zu der Heimlichkeit früherer Seitensprünge läßt Hercules Iole öffentlich in die Stadt einziehen (119–130). Zukunft: Vielleicht wird er sie gar heiraten (131–136). Ferne Vergangenheit: Um Deianira hat er zweimal gekämpft: mit Achelous und mit Nessus (137–142). Gegenwart und Zukunft: Soeben erfährt die Schreiberin, daß ihr Geschenk, das als Liebeszauber gedachte Nessusgewand, Hercules unter Qualen sterben läßt. Jetzt bleibt auch ihr nur der Tod (143–168).

In der dramatischen Vorlage – Sophokles' *Trachinierinnen* – kommt Deianira vielfach zu Wort. Wie Sophokles zeigt Ovid Verständnis für das Leid der Frau. Er kennt das Drama genau und versucht, dessen Hergang in einem

Brief zusammenzufassen. Wir erleben das Geschehen nicht objektiv auf der Bühne, sondern vom Anfang bis zum Ende aus der Sicht der Frau. Alles ist auf den Augenblick der Einsicht konzentriert, der zu einem radikalen Umschwung führt.

So geeignet die Briefform ist, die Innenseite des Geschehens sichtbar zu machen, stürzt sie den Autor doch in Schwierigkeiten: Nach Empfang der Nachricht vom Sterben ihres Mannes setzt Deianira den an ihn gerichteten Brief fort. Eine mögliche Erklärung ist, daß der Brief hier seine Funktion wandelt: Er wird zum Abschiedsbrief der Selbstmörderin. Darauf deutet auch die Anrede an den Sohn Hyllus am Ende des Briefes hin. Insofern fällt dieser kühne Wechsel in der Funktion des Schreibens nicht aus dem umfassenden Rahmen der Gattung »Brief«.

Nicht nur das Genos des Briefes wandelt sich, auch die Verfasserin. Alles ist auf starken Kontrasten aufgebaut: Bis zum Eintreffen der Nachricht glaubt Deianira an ihre eigene Unschuld, redet im Brustton der Überzeugung und kostet sogar die lächerlichen und unwürdigen Züge der Omphale-Episode aus (die strenggenommen nichts zur Sache tut). Tragische Ironie liegt in der Nennung des Nessus und in der Beteuerung, ihre Beziehung zu Hercules sei von keinem Vergehen belastet – unmittelbar vor dem Eintreffen der Unglücksbotschaft. Dann aber verdammt Deianira sich selbst – ebenso entschieden, wie sie bisher Hercules verurteilte. Der tödlich hämmernde Kehrvers – »Frevlerische Deianira, was zögerst du zu sterben?« (H 9,146, 158, 164) – versinnlicht den unausweichlichen Fluch, der auf Deianira und ihrem Geschlecht lastet.

Eine Besonderheit der Deianira-Epistel ist der plötzliche Zusammenbruch, das radikale Umkippen der Argumentation, bedingt durch die Katastrophe und das Erkennen der eigenen Schuld. Hier hat Ovid einen zentralen Erkenntnisprozeß, wie er für die Tragödie typisch ist, in seinem Text eingefangen – selbst um den Preis der Unwahrscheinlichkeit der epistolographischen Situation. Der völlige Umschwung in Deianiras Denken mußte Ovid als geistige Metamorphose besonders reizen (man denke etwa an Actaeon, der aus einem Jäger zum Gejagten wird, oder an den inneren Zwiespalt Ios, die zugleich vor sich flieht und sich verfolgt)[51]. Deianira handelte nicht wissentlich, wurde unschuldig schuldig. So kann sie im aristotelischen Sinne als tragische Gestalt gelten.

10 **Ariadne an Theseus.**[52] Ariadne, Tochter des Kreterkönigs Minos, half dem Athenerprinzen Theseus, den Minotaurus zu besiegen, und sollte ihn nach Athen begleiten. Eingang (Gegenwart): Theseus hat Ariadne auf der Insel Naxos zurückgelassen (H 10,1–6). Jüngste Vergangenheit: Noch halb im Schlaf vermißt sie ihn neben sich. Schrittweise erkennt sie ihre aussichtslose Lage (7–58). Zukunft: Wohin sich wenden? In ihr Vaterland kann sie nicht zurück (59–68). Entferntere Vergangenheit: Sie hat ihren Vater verraten; Theseus hatte ihr Treue geschworen. Hätte er sie doch – wie den Minotaurus – getötet! (59–78) Gegenwart: Hier ist Ariadne Bestien und Räubern ausgesetzt (79–98). Ferne Vergangenheit: Wäre Androgeos noch am Leben, dann wäre Theseus nicht nach Kreta gekommen (99–110). Jüngste Vergangenheit: Ebenso grausam wie der Schlaf, der Ariadne fesselte, waren die Winde, die Theseus' Schiff entführten (105–118). Zukunft: Ariadne wird auf dieser einsamen Insel sterben (119–124), Theseus aber siegreich heimkehren; dann soll er freilich das Unrecht nicht verschweigen, das er Ariadne angetan hat (125–132). Gegenwart: Selbstporträt und Bitte um Rettung (133–150).

Man darf nicht fragen, woher Ariadne Schreibutensilien hat und wer den Brief befördern wird, kommt es Ovid doch mehr auf eine psychologische Studie als auf äußerlichen Realismus an. Fein beobachtet ist das vergebliche Tasten nach dem Geliebten, das allmähliche Erwachen auf dem verlassenen Lager. Im Unterschied zu Deianira, die

»unschuldig schuldig« geworden ist, trifft Ariadne keinerlei Schuld; sie hat dem Geliebten sogar das Leben gerettet. Nicht einmal Dank erwartet sie für ihre Verdienste, doch kann sie nicht hinnehmen, daß der Tod der Lohn für ihre rettende Tat sein soll. Bewegend ist, wie sie sich zum Schluß an die Hoffnung klammert, Theseus könnte doch noch umkehren.

Neuartig ist das anschauliche Selbstbildnis, das sie entwirft, um den Ungetreuen zu rühren. Ovids Vorgänger Catull hatte Ariadne gleichsam als Zuschauer beschrieben. Ovid gibt die Position des Betrachters zugunsten der Perspektive der Heroine (Ich-Form!) auf und überwindet so das bei Catull zu beobachtende Schwanken zwischen Bildbeschreibung, Rede und psychologisierender Erzählung. Der Schritt zum geistigen Selbstporträt wird hier durch ein physisches Selbstbildnis der Verlassenen unterstützt. Die poetische Absicht, Personen ihre inneren Erfahrungen selbst schildern zu lassen, bildet ein einigendes Band zwischen *Frauenbriefen* und *Metamorphosen*.[53] Das physische Selbstporträt von Ovids Ariadne läßt viel von der literarischen Absicht der *Frauenbriefe* erkennen und bildet letztlich eine Vorstufe des Genos der Autobiographie.

Die Auseinandersetzung mit dem hellenistischen Vorbild – Catulls Peleus-Epos – hat auch einen programmatischen Aspekt. Ähnlich wie in die Reihe der epischen Heroinen (H 1–7) eine Tragödiengestalt eingeschaltet worden war (4), wird nun in die Sequenz der Protagonistinnen aus tragischer Dichtung (8–14) eine Heldin aus Catulls narrativem Gedicht eingeblendet.

11 Canace an Macareus. Canace und Macareus sind Geschwister. Der Vater Aeolus hat ihre unerlaubte Liebesbeziehung entdeckt und Canace zum Selbstmord verurteilt. Stand im vorhergehenden Brief das Selbstbildnis der Schreiberin am Ende, so bildet es nun den Anfang. Gegenwart: Sind auf dem Brief Flecken, handelt es sich um

Canaces Blut: Die Rechte hält das Schreibrohr, die Linke das gezückte Schwert, auf ihrem Schoß liegt lose das Papier. So soll sie der grausame Vater vorfinden (H 11,1–16)! Vergangenheit: Die edle Herkunft von Iuppiter hat Canace nicht vor dem Selbstmord bewahrt. Sie berichtet von den Anfängen der Beziehung, den vergeblichen Abtreibungsversuchen der Amme, dem treuen Beistand und dem Eheversprechen des Macareus, der Entdeckung des Kindes, seiner Aussetzung durch den Großvater und dem Befehl zum Selbstmord (21–96). Zukunft: Macareus soll das Kind zusammen mit Canace bestatten.

Ähnlich wie bei Deianira (im Schlußteil) und bei Dido handelt es sich um den Abschiedsbrief einer Selbstmörderin. Anders als die meisten Heroiden erspart Canace dem Geliebten Vorwürfe, sie lobt ihn sogar für sein rücksichtsvolles Verhalten. Macareus macht im Kreise der oft wenig sympathischen Liebhaber der Heroiden eine verhältnismäßig gute Figur. Canace erwartet von ihm nicht, daß er sein Heiratsversprechen erfüllt.[54] Das harte Urteil des Vaters steht unwiderruflich fest. Die ungewöhnliche Milde des Tons in diesem Brief hängt nicht zuletzt damit zusammen, daß beide gleichermaßen schuldig geworden sind. Daher ist die Betonung der Strenge des Vaters der einzige Weg, um beim Leser Verständnis für Canaces Lage aufkommen zu lassen. Wenn Canace ihrem Vater Grausamkeit vorwirft, weil er das Kind ausgesetzt hat, so vergißt sie freilich, daß sie selbst versucht hat, es abzutreiben.

Der Stoff stammt aus einer verlorenen Tragödie, Euripides' *Aiolos.* Die Kunst, für außergewöhnliche, ja im landläufigen Sinne verbrecherische Frauengestalten Verständnis zu wecken, war eine Leistung der griechischen Tragiker, besonders des Euripides. Durch das Beharren auf der Strenge des Aiolos hat Ovid – römischen Vorstellungen entsprechend – dem Drama einiges von der Sprengkraft genommen, die man hinter den Fragmenten des Euripides ahnt.

12 Medea an Iason. Medeas Gemahl Iason ist im Begriff, Creons Tochter, Creusa, zu heiraten. Eingang: Ohne Medea hätte Iason die ihm auferlegten Proben nicht überlebt, und ihr wäre viel Unheil erspart geblieben (H 12,1–20). Vergangenheit: Medea erwähnt Iasons demütige Bitten, sein Eheversprechen, die Prüfungen, die er mit ihrer Hilfe bestand, die Gewinnung des Goldenen Vlieses, Medeas Verzicht auf ihre Heimat, den Brudermord und die Ermordung des Pelias durch seine Töchter (21–134). Trotz alledem hat Iason Medea verstoßen (135–138). Erschütternd der dramatische Augenblick, da sie den Hochzeitsgesang hört und aus Kindermund erfährt, daß Iason der Bräutigam ist (139–160). Gegenwart: Medeas jetzige Ohnmacht und Iasons Unverschämtheit, der vielleicht Medea bei Creusa verleumdet (161–180). Zukunft: Medea zeigt sich zu allem fähig, mäßigt sich aber und bittet Iason, sie um der Kinder willen als Ehefrau zu behalten. Mit ihren Verdiensten um Iason läßt sich Creusas Mitgift nicht vergleichen (183–208). Der Brief endet mit einer finsteren Drohung, die durch plötzliches Abbrechen (Aposiopese) noch unheimlicher wird (209–214).

Wie im Penelope-Brief (H 1) werden die Fakten chronologisch abgerufen. Leidenschaftlicher als dort ist die subjektive Einfärbung: Erst irreale Wünsche, dann ein mit Anspielungen auf die Gegenwart und die Rivalin (H 12,25 f., 53 f., 103 f., 204–206) gespickter Bericht. Wie ein Anwalt kostet Medea dialektische Spannungen in scharfen Antithesen aus: hier ihre Verdienste, dort Iasons Undank, hier Creusas Mitgift, dort Medeas persönliche Opfer; einst war er der Bittende, jetzt fleht sie ihn an (185). Der Wendepunkt – das Erklingen des Hochzeitsliedes und der ominöse Ruf des Kindes, das im Bräutigam den Vater erkennt – ist hier literarisch besser in den Brief integriert als in der Deianira-Epistel. Wie im Falle Deianiras handelt es sich um ein Drama in nuce; aus einem Bühnenwerk wird ein Monodrama, ein von einer Frau durchlebter und auf einen zentralen Augenblick hin orientierter Text. Während bei Deianira der Augenblick der Erkenntnis (nach der Nachricht von Hercules' Untergang) einen Wechsel des Standpunkts, den Zusammenbruch des bisherigen Selbstverständnisses, ein Offenlegen der Schuld und gnadenlose Selbstzerstörung nach sich zieht, entfesselt die Peripetie bei Medea eine kriminelle Energie, die umgekehrt zum Verbergen der eigentlichen Absicht führt.

Ovids verlorene Tragödie *Medea* ist vermutlich die Hauptquelle des vorliegenden Briefes. Der Vergleich mit den gleichnamigen Dramen von Euripides und Seneca ist lehrreich. Da sich Ovid auch sonst (z. B. im Falle Deianiras) an den Verlauf seiner dramatischen Vorlagen anlehnte, dürften Übereinstimmungen zwischen Seneca und Ovids Frauenbrief auf Ovids Tragödie *Medea* zurückgehen. Ein erhaltener Vers zeigt, daß Ovid Medea als Rasende, wie von einem Gott Erfüllte, darstellte; ein zweiter läßt Iasons Undank und Medeas Dämonie in blitzender Antithese aufleuchten: »Ich konnte dich retten, und da fragst du noch, ob ich dich vernichten kann?« In dem vorliegenden Brief weiß Medea ihren Racheplan zu verbergen (»vernimm jetzt Worte, die geringer sind als meine Wut«, H 12,184); so entsteht ein fesselndes Frauenporträt, das die Abgründe des eigenen Wesens verschleiert, doch ein unheimliches zerstörerisches Potential ahnen läßt. Der Kontrast zu dem vorausgehenden Canace-Brief (H 11) könnte nicht größer sein. Medea besitzt einen anderen Bewußtheits- und Reifegrad und ist in höherem Maße schuldfähig. Auch erkennt sie die ethischen Normen nicht an, denen sich Canace letztlich gehorsam beugt. Medea ist wohl die dämonischste Verbrechergestalt unter den Ovidischen Heroiden.

13 Laodamia an Protesilaus. Gleich nach der Hochzeit mit Laodamia zog Protesilaus in den Troianischen Krieg. Eingang: Gegenwart: Laodamia hat gehört, ungünstiger Wind halte die Griechenflotte in Aulis zurück (H 13,1–3).

Nähere Vergangenheit: Erinnerung an den Abschied (4–30). Gegenwart: Laodamia verzichtet auf Schmuck, solange Protesilaos ferne ist (31–42). Zwischen Vergangenheit und Zukunft: Menelaos' Rachezug wird viele in Trauer stürzen (tragische Ironie). Protesilaus soll sich vor Paris und Hektor hüten; Liebe, nicht Krieg ist sein Auftrag (43–84). Beim Abschied stieß er mit dem Fuß an die Schwelle; Laodamia will das Omen nicht wahrhaben (85–92). Vor Troia soll er als letzter das Schiff verlassen; denn ein Orakelspruch verkündet dem den Tod, der als erster aussteigt (93–102). Gegenwart: Im Traum erscheint er ihr totenbleich (103–114). Zukunft (positiv): Freudige Erwartung der Heimkehr (115–122). Zukunft (negativ): Das Ausbleiben des Fahrtwindes ist ein böses Vorzeichen: Die Götter sind gegen das Unternehmen. Beneidenswert die Troianerinnen, die ihren Männern nahe sind;[55] die Griechinnen leben in ständiger Ungewißheit (123–150). Gegenwart: Laodamia umarmt das Wachsbild des Protesilaos (151–158). Zukunft: Sie schwört, ihm überallhin zu folgen, und bittet ihn, sich in acht zu nehmen (159–164). Durch das ungewisse Schweben zwischen Erinnerungen und Befürchtungen entsteht ein ständiges Pendeln zwischen Vergangenheit und Zukunft, das diesem Brief besonderen Reiz verleiht.

Laodamia ist gewiß die liebreichste und zärtlichste der Ovidischen Heroinen. In den Verbannungsgedichten wird sie – neben Penelope – zu einem Prototyp für Ovids Gattin, passend, da es sich um die Ehefrau eines ›Toten‹ handelt. Im Unterschied zu Catulls 68. Gedicht bleibt hier eine etwaige Schuld von Laodamia und Protesilaus (der wegen des unmittelbar bevorstehenden Kriegszugs nicht alle Hochzeitsopfer hatte vollziehen können) außer Betracht. Als Vorlage kommt Euripides' verlorene Tragödie *Protesilaos* in Frage. Dort kehrte der Verstorbene mit Zustimmung der Unterirdischen für kurze Zeit zu seiner Gattin zurück; sie aber konnte die zweite Trennung nicht ertragen und folgte ihm in den Tod (ein Schicksal, das gegen Ende der Epistel anklingt). Da der Brief noch im Augenblick der Ungewißheit geschrieben sein muß, blendet Ovid Elemente der Zukunft in seinen Text ein, so das Wachsbild, das sich Laodamia hier schon zu Lebzeiten des Gemahls anfertigen läßt – ein sichtbares Zeichen der Illusion, in der sie lebt. Zahlreiche Vorzeichen, Prophezeiungen und düstere Vorahnungen erzeugen tragische Ironie. In dieser Beziehung besteht ein komplementäres Verhältnis zur Medea-Epistel (H 12): Medea sagt weniger als sie weiß, Laodamia mehr als sie ahnt. Medea täuscht den Adressaten, Laodamia sich selbst.

14 Hypermestra an Lynceus. Danaos hat seinen fünfzig Töchtern befohlen, ihre fünfzig Ehemänner (die Söhne seines Bruders) in der Hochzeitsnacht zu ermorden. Gegenwart: Als einzige hat Hypermestra ihren Gemahl verschont; zur Strafe dafür wird sie gefangengehalten (H 14,1–8). Zukunft: Sie ist bereit zu sterben, doch ohne Reue (9–16). Nähere Vergangenheit: Dreimal hob Hypermestra das Schwert, dreimal ließ sie es sinken. Beinahe hätte sich Lynceus daran verletzt, als er sie im Schlaf umarmen wollte. Erwachen und Aufforderung zur Flucht. Am Morgen wird Hypermestra zum Lohn für ihre Liebe (*pietas*) eingekerkert (17–84). Entfernte Vergangenheit: Iunos Groll gegen Io[56] wirkt in deren Geschlecht fort (85–108). Nähere Vergangenheit: Opfer des Bruderkriegs der Väter sind nicht nur die ermordeten Brüder, sondern auch die zu Mörderinnen erzogenen Schwestern (109–118). Zukunft: Lynceus soll Hypermestra retten oder töten und bestatten (119–130). Gegenwart (Selbstbildnis): Gerne schriebe sie mehr, doch ist die Hand von der Last der Kette ermattet (131f.).

Die zweite Reihe der Einzelbriefe (H 8–14) endet mit einer Lichtgestalt, einer Märtyrerin der *pietas.* Ähnlich wie Canace ist Hypermestra ein Opfer ihres strengen Vaters. Aber bei ihr liegt keinerlei Schuld vor; sie hat edelmütig gehandelt und sich für ihren Mann geopfert. Daher verdient sie auch in besonderer Weise ein Grabepigramm, das hier in den Brief eingefügt ist. Übrigens unterstreicht das Auftreten der Epigramme die Heptadenstruktur der Sammlung der *Frauenbriefe* (auch der siebte Brief, der letzte der überwiegend »epischen« Reihe, weist eine Grabinschrift auf; Dido ist dort ebenfalls Vertreterin und Opfer der *pietas*). Beachtenswert ist auch das abschließende Selbstbildnis der Heroine, deren Hand des Schreibens müde ist: eine passende Schlußvignette für die zweite Heptade.[57]

Der ganze Brief ist – der vorausgesetzten politischen und moralischen Situation entsprechend – auf Paradoxien aufgebaut. Der strafende Vater erscheint – noch viel mehr als im Falle Canaces – als negative Figur. In der Welt der Väter herrscht Bruderkrieg. Mord wird belohnt, Menschlichkeit bestraft: ein bemerkenswerter Nachhall der Bürgerkriegsthematik, wie man ihn bei dem angeblich so leichtfertigen Ovid nicht unbedingt erwartet. Dem tritt die weibliche Perspektive gegenüber. Zwar verurteilt Hypermestra zunächst ihre mörderischen Schwestern und wünscht ihnen wie dem Vater Reue (H 14,15), später aber gewinnt sie einen höheren Standpunkt: Sie protestiert dagegen, daß Mädchen für ihren Vater Schuld auf sich laden und dadurch moralisch zu Invaliden und Kriegsopfern werden. Das ist ein neuer Ton.[58]

Mit dem Hypermestra-Brief wendet sich Ovid (nach Sophokles und Euripides) endlich dem ältesten und erhabensten Tragiker, Aischylos, zu. Im Mittelpunkt von dessen Danaiden-Drama stand das Gerichtsverfahren gegen Hypermestra, deren Verteidigung Aphrodite selbst führte. Aus der Rede der Göttin sind uns (bei Athenaios 13, p. 600a) Verse bewahrt, die man als ein antikes Hohes Lied der Liebe bezeichnen muß.[59] Im Vergleich mit der kosmischen Urkraft des Eros bei Aischylos fällt auf, daß bei Ovid im Hypermestra-Brief von sinnlicher Liebe kaum die Rede ist. Um so mehr spricht der Römer von *pietas* und Verurteilung der Bruderkriege. Ovid, dem man nachsagt, er erotisiere alles, was er anrühre, hat hier einmal umgekehrt den Eros zur *pietas* vergeistigt. Er wird nicht müde, uns durch kühne Wendungen seines intertextuellen Dialogs mit den großen Erscheinungen und Gattungen der Literatur zu überraschen. Wie er am Ende der ersten Heptade den für die Römer verehrungswürdigsten Epiker, Vergil, gegen den Strich las, so jetzt den ehrwürdigsten der drei großen Tragiker.

Seine Kritik ist aber in beiden Fällen nicht negativ, sondern positiv. Nach dem mörderischen Zeitalter der Bürgerkriege bricht er eine Lanze für die altrömische *pietas* – aus dem Munde tapferer Frauen, denen er zutraut, sich den verrohenden Einflüssen männlicher Politik zu entziehen. Die Modernität von Ovids Zugang unterstreicht die Tatsache, daß er die Geschichte von Io als hellenistisches Element – im Anschluß an Kallimachos oder Calvus und im Vorgriff auf seine eigenen *Metamorphosen* – einfügt. Die Verwandlung der Io dient als Beispiel für ungerechte Bestrafung. In ihrem Unglück erkennt sie sich nicht wieder, flüchtet vor sich selbst und kann sich selbst doch nicht entrinnen. Die letztendliche Erlösung, ja Apotheose Ios mag auch indirekt auf die Tatsache vorausdeuten, daß Hypermestra dank göttlicher Fürsprache ein Freispruch erwartet.

Ovids psychologisches Interesse gilt der Selbstentfremdung einer ungerecht bestraften Io. Zugleich läßt er Hypermestra aber auch die Wesensverwandlung ihrer Schwestern bedenken, die aus falschem Gehorsam ihr menschliches Wesen verleugneten. Anhand solch subtiler innerer Metamorphosen dokumentiert die mehrfache Intertextualität der Schlußepistel der zweiten Heptade, daß Ovids Poetologie Klassisches anverwandelt, um es mit moderner Sensibilität neu zu durchdringen.

Wichtig ist für die ganze Hypermestra-Epistel Horaz, *Oden* 3,11,24–52. Vielleicht ist es kein Zufall, daß Ovid hier einem römischen Lyriker (und einer im sapphischen Versmaß geschriebenen Ode!) huldigt, ehe er sich im folgenden Brief der griechischen Lyrikerin Sappho zuwendet.

15 Sappho an Phaon. Phaon hat Sappho verlassen. Eingang I: Situation des Empfängers – der vorhergehende Brief endete mit einem Bild der Schreiberin (H 15,1–4). Eingang II: Die Wahl des tränenreichen elegischen Versmaßes[60] entspricht der Stimmung der Dichterin (5–8). Gegenwart: Während Phaon am Aetna weilt, gleicht Sapphos innere Glut der des Aetna. Sie denkt nur an Phaon, nicht an Gedichte oder Mädchen (9–20). Gegenüberstellung (Synkrisis): Phaon ist schön wie Apollon oder Bacchus (21–26), Sappho klein und dunkelhäutig, aber eine Dichterin; mit Phaons Schönheit kann ohnehin kein Mädchen wetteifern (27–40). Jüngste Vergangenheit: Sappho gefiel Phaon, wenn sie sang, aber auch beim Liebesspiel (41–50). Gegenwart: Venus Erycina soll Phaon vor Siziliens Mädchen bewahren (51–58). Vergangenheit: Sappho verlor die Eltern, sorgte sich um den Bruder und das Töchterchen, vor allem aber um Phaon (59–72). Gegenwart: Sapphos Selbstporträt: Da Phaon abwesend ist, pflegt sie sich nicht[61] (71–78); ihr Herz ist leicht entflammbar, Phaons Schönheit bezaubert sie (79–94). Zukunft: Genug, wenn er kommt und sich ihre Liebe gefallen läßt (95f.). Gegenwart: Die Flecken auf dem Brief sind Spuren von Tränen (97f.). Vergangenheit: Phaon ist ohne Abschied gegangen (99–122). Gegenwart: Tag und Nacht denkt sie nur an ihn (135–156). Zukunft: Eine Nymphe gebot ihr, sich wie Deucalion bei Actium ins Meer zu stürzen, um Gegenliebe zu finden. Dort wird sie ihre Lyra Phoebus weihen (mit Epigramm). Sie bittet um Antwort, ihr Todesurteil (157–220).

Die dritte Heptade der *Frauenbriefe* beginnt mit einer Überraschung. Anstelle der bisherigen Sagenfiguren tritt eine Dichterin als Briefschreiberin auf. Da es in der vorliegenden Sammlung Ovids Grundsatz ist, Frauen über Liebe sprechen zu lassen, darf die Liebesdichterin schlechthin, Sappho, nicht fehlen. Durch ihre Liebe zu Phaon ist sie selbst zu einer legendären Gestalt geworden. Ovid wird nicht müde, Gegensätze nebeneinanderzustellen: Auf die pietätvolle Liebe Hypermestras läßt er die sinnliche Liebe Sapphos folgen.

Die bisher implizit – aber unüberhörbar – gegenwärtige Poetologie tritt zu Beginn der dritten Heptade an die Oberfläche. Zum ersten Mal spricht eine Dichterin. Sie reflektiert sogar über das (ihr ungewohnte) elegische Versmaß – darin geht sie weiter als Briseïs, die sich nur für ihr mangelhaftes Griechisch (in perfektem Latein) entschuldigt. Wichtiger ist, daß Sappho hier die Werbungs-Topik der römischen Liebeselegie aus dem Männlichen ins Weibliche übersetzt.[62] Die Liebende wird als »männlich«[63] vorgestellt, und Phaons Schönheit trägt mädchenhafte Züge. Ovid kann auf Sappho nicht verzichten, weil sie in geradezu idealer Weise dazu geeignet ist, seiner Umsetzung der römischen Liebeselegie ins Weibliche die höhere dichterische Weihe zu geben.

Der Brief ist elegant formuliert und reich an brillierenden Antithesen. Manche Stellen scheinen Ovids spätere Selbstdarstellung anzukündigen (hier H 15,79; K 4,10,65), andere antworten auf die *Liebeselegien* (hier H 15,80; L 2,54,10). Das ist weder ein Fehler noch bloßer Zufall. Hier spricht eine Dichterin in eigener Sache (wie später der Dichter in der Schlußelegie des vierten Buches der *Klagelieder*). Und wie im ersten Buch der *Liebeselegien* (L 1,15) soll hier nach zwei Siebenerreihen die schöpferische Persönlichkeit in einem sogenannten »Siegel«, der Sphragis, zu Worte kommen.[64] Zugleich mag das für diesen Brief charakteristische Hin- und Herpendeln zwischen der Schreiberin und dem Adressaten als Übergang zu den nun folgenden Doppelbriefen gelten.

Briefpaare. In den drei Briefpaaren, welche die Sammlung abschließen, ist jedem Frauenbrief ein Brief des Mannes vorausgeschickt. Bei Paris (H 16) und Acontius (20) handelt es sich um werbende Episteln, bei Leander (18) um einen Liebesbrief innerhalb einer bereits bestehenden Beziehung. Gewiß, hinter dem ersten Briefpaar steht homerische, hinter den beiden letzten hellenistische (kallimacheische) Tradition. So schließt sich der Ring: Die Sammlung kehrt zu den Hauptbezugstexten des Anfangs zurück. Wichtiger aber wird hier der Dialog zwischen Männer- und Frauenbrief. Hinzu kommt ferner, daß diese Episteln in starkem Maße auf frühere Werke Ovids Bezug nehmen (*Frauenbriefe*, *Liebeselegien*, *Liebeskunst*, auch *Metamorphosen*). Während die ersten beiden Heptaden der *Frauenbriefe* sich mit bedeutenden klassischen, hellenistischen und römischen Texten auseinandersetzen, tritt nun die Selbstreferenz als neue Komplikation der Intertextualität stärker in den Vordergrund. Dies erklärt auch die zahlreichen Selbstzitate in diesen Briefen; die Ursache für ihr vermehrtes Auftreten liegt also nicht etwa in einer Ermüdung von Ovids Talent – auch nicht in der Unselbständigkeit eines Nachahmers –, sondern in der poetologischen Zielsetzung dieses Werkteils. Ähnlich hatte Ovid im letzten Buch der *Liebeselegien* die Öffnung der Gattung zu seinen übrigen Werken hin angedeutet.

16 Paris an Helena. Eingang: Spiel mit der Grußformel,[65] Liebeserklärung und Bitte weiterzulesen: Paris kommt auf Venus' Befehl (H 16,1–42). Vergangenheit (chronologisch): Den Traum seiner Mutter, sie gebäre eine Fackel, deutet er auf seine Liebesglut. Er berichtet vom Paris-Urteil, seiner Anerkennung als Prinz, ersten Liebschaften und den Warnungen vor seiner Fahrt nach Sparta. Cassandras Feuervision bezieht er wieder auf seine Liebe. Bei Menelaus aufgenommen, hat Paris nur Augen für Helena, deren Schönheit ihren Ruhm noch übertrifft

(43–146). Selbstvorstellung (Gegenwart) in Gestalt dreier Vergleiche: Paris – Theseus (147–170). Troia – Sparta (171–202) und Paris – Menelaus (203–212). Jüngste Vergangenheit (Gastmahl): Eifersucht auf Menelaus, Staunen beim Anblick von Helenas Busen, vergebliche Annäherungsversuche über Mägde (213–260). Zukunft: Wäre Helena der Preis eines Wettkampfes, würde Paris um sie kämpfen; nun aber kann er nur um eine nächtliche Audienz bitten (261–282). Ihre Schönheit und das Vorbild ihrer Eltern verbieten ihr, treu zu sein – treu sein soll sie erst als Paris' Frau. Menelaus, töricht genug, die Liebenden allein zu lassen, kann Helenas Schönheit nicht würdigen. Paris übernimmt für alles die Verantwortung (283–328). Troia wird Helena mit königlichen Ehren empfangen. Einen Krieg wird es nicht geben. Doch selbst wenn dies geschähe, würden Paris und Hektor sie schützen. Kämpft die Welt um sie, erlangt sie ewigen Ruhm (329–376).

17 Helena an Paris. Eingang: Zu billig wäre der Triumph, Paris' Brief unbeantwortet zu lassen, der gegen Ehe und Gastrecht verstößt. Mag Paris Helena »bäurisch« nennen! Noch nie hat sie Ehebruch begangen. Wie kommt er dazu, sich Hoffnungen zu machen? Anders als seinerzeit Theseus würde sich Paris ja nicht mit ein paar Küßchen abspeisen lassen (H 17,1–34). Doch zürnt Helena nicht. Ist es ihm denn Ernst? Nur wenige Frauen sind treu, aber warum sollte sie nicht zu diesen zählen? Sie könnte sich nicht wie ihre Mutter Leda mit Iuppiters Namen und ihrer Unwissenheit entschuldigen (43–50). Helena ist von vornehmerer Abkunft als Paris; Troia mag reich sein, aber es ist barbarisch (51–64). Die versprochenen Geschenke könnten sogar Göttinnen verführen, aber die Person des Paris und die Mühen, die er auf sich genommen hat, geben den Geschenken erst ihren Wert – hier läßt Helena ihre Liebe durchblicken (65–74). Auch sein verliebtes Verhalten beim Gastmahl (75–92) und seine Schönheit könnten ein Frauenherz rühren. Doch muß man auch auf einen schönen Partner verzichten lernen. Paris ist nicht der einzige, der Helenas Schönheit bemerkt hat, und nicht klüger, nur dreister als andere (93–102). Wäre Paris vor Helenas Eheschließung gekommen, hätte sie ihn tausend anderen vorgezogen. Sie wäre ja gern Paris' Gemahlin in Troia, aber sie ist auch nicht ungern bei Menelaus. Weich ist ihr Herz (103–114). Kaum kann sie glauben, daß drei Göttinnen Paris zum Schiedsrichter wählten, und erst recht nicht, daß Helena wert war, als Preis ausgesetzt zu werden. Trotzdem freut sie dieses Lob (115–136). Sie ist nicht aus Eisen, aber im Betrügen unerfahren. Menelaus legte beim Abschied Helena das Wohl seines Gastes ans Herz (sie konnte sich kaum das Lachen verbeißen). Paris sollte sie vielleicht zu ihrem Glücke zwingen (137–188). Doch besser wäre es, die Liebe im Anfangsstadium zu bekämpfen (189–204). Zukunft: Griechen und Troianer werden Helena tadeln. Er selbst wird nicht an ihre Treue glauben und sie als Ehebrecherin beschimpfen, obwohl er der Verführer war. Vorzeichen wie der Traum seiner Mutter sowie der Haß der beim Paris-Urteil übergangenen Göttinnen lassen Unheil erwarten. Wie Helena ihre Brüder und Menelaus kennt, wird der Krieg kommen. Paris ist für die Liebe, nicht für den Krieg geboren. Was seine Bitte um eine Privataudienz betrifft, so weiß man ja, was er im Schilde führt. Das Nähere soll durch Helenas Dienerinnen vereinbart werden (205–268).

Der Paris-Brief ist so offensichtlich vom Spiel mit Ovids eigenen Werken geprägt, daß man darin eine poetologisch motivierte Absicht sehen muß. Ovid projiziert in die homerische Gesellschaft die Vorstellungs- und Wertewelt seiner *Liebeselegien* und *Liebeskunst* (gewiß auch der *Frauenbriefe*, vgl. besonders den Oenone-Brief, H 5). Sprache und Stil des Briefes sind natürlich und ungezwungen – bis zur Dreistigkeit: hier erfüllt Paris (wenn auch mit gewissen Übertreibungen) den Katalog der Anforderungen an Liebesbriefe aus der *Liebeskunst*. Auch inhaltlich tauchen Ratschläge und Topoi dieses Werkes der Reihe nach auf: so das Erschüttertsein von der Schönheit der Geliebten (im Falle Helenas sogar besonders glaubwürdig), Beteuerungen der Liebe und Treue, große Versprechungen, gar Details wie der verliebte Austausch von Blicken und Zeichen beim Gastmahl und zum Überfluß noch der besonders lockere Passus der *Liebeskunst* über Menelaus, der mit seiner Gefälligkeit selbst an Paris' Ehebruch schuld sei. Nicht zuletzt auch der Rat, im Ernstfall aufs Ganze zu gehen.

Von allgemeinen Kriterien sind vor allem *urbanitas* und *rusticitas* zu nennen. Schon der Penelope-Brief (H 1) bereitet Helenas Spiel mit diesen Kriterien vor. Zugleich Pendant und Gegenbeispiel zu Penelope (der ersten Heroine in der Eingangstrias), ist Helena die homerische Platzhalterin in der letzten Doppelbrief-Trias. Der Helena-Brief antwortet nicht nur auf die einzelnen Punkte des Paris-Briefes, sondern er spiegelt auch weitere Lehren der *Liebeskunst*: etwa diejenige, Frauen wollten manchmal zu ihrem Glück gezwungen werden.

Offensichtlich hat es Ovid in diesem funkensprühenden Briefpaar Vergnügen bereitet, von seiner ketzerisch-alexandrinischen Rezeption der epischen und dramatischen Frauengestalten zu einer nächsten, komplizierteren Stufe der Intertextualität fortzuschreiten: Er kreuzt nicht mehr nur homerische mit kallimacheischer Poetik, sondern fremdbezogene Intertextualität mit einem ungewöhnlich hohen Grad Corpus-immanenter Intertextualität. Nach der Sappho-Epistel (H 15), in der die schaffende Dichterin zu Worte kam, erscheint nun, rückprojiziert auf Gestalten der epischen Welt, eine Form poetologischer »Engführung« mit antichronologischer Inversion der Rezeptionsrichtung. Bisher ist deutlich geworden, daß Ovid seinen Homer studiert hat, und allenfalls auch – schon etwas kühner –, daß Briseïs die *Ilias* und Penelope die *Odyssee* für ihre Zwecke ausschlachten; jetzt aber tritt etwas Neues ein, das die Richtung der Chronologie und der Rezeption radikal umkehrt: Dieser Paris hat offensichtlich Ovids *Liebeskunst* gründlich studiert, und ähnliches gilt von Helena. Das ist poetologisch die Pointe dieser Texte. Die katastrophalen Folgen seiner Liebesleidenschaft ahnt Paris nicht (oder er will sie nicht wahrhaben), Helena freilich entfacht sehenden Auges den Weltkrieg. Wie die geistreich-spielerische Diktion der Sappho-Epistel das schwere Schicksal der besinnungslos Liebenden nicht verhüllt, sondern nur schärfer hervortreten läßt, so gilt dies auch von dem Geplänkel zwischen Paris und Helena. Das düstere Ende wirft seine Schatten voraus.

Das Besondere am Helena-Brief ist die Reife der Briefschreiberin (darin mag sie am ehesten noch mit Phaedra vergleichbar sein). Sie versteht es dennoch, der Liebe dadurch Frische zu verleihen, daß sie ihre mangelnde Erfahrung im Ehebruch hervorhebt. Weitere reizvolle Züge sind ihr Schwanken zwischen pflichtschuldigster Abwehr und halbem Nachgeben – besonders aufschlußreich die Bitte, sie doch zu ihrem Glück zu zwingen! Helena ist eine *puella urbana*, so steht ihr zu Beginn das Spiel mit der Maske der »Landpomeranze« (*rustica*) besonders gut zu Gesicht. Hübsch auch, wie sie zwischen den Zeilen ihre Liebe eingesteht, während sie noch vorgibt, der Ehrbarkeit das Wort zu reden. Bemerkenswert ferner, daß sie die Brüchigkeit der Argumente des Paris durchschaut – ihm also intellektuell überlegen ist –, aber dennoch der Leidenschaft für ihn – wenn auch mit »anständigem« Zögern – nachgibt.

18 Leander an Hero. Stürme hindern Leander, zu Hero über den Hellespont zu schwimmen. Eingang: Lieber hätte Leander den Gruß selbst überbracht (H 18,1–24). Nähere Vergangenheit: Schon sieben Nächte braust der Nordwind (25–52). Entferntere Vergangenheit: Erinnerung an Leanders ersten Besuch bei Hero im Mondenschein (53–24). Gegenwart: Wehe über das Getrenntsein!

(125–140) Zukunft: Leander beneidet Phrixus um den goldenen Widder (böses Omen: Helles Untergang), doch wünscht er sich kein Reittier, nur die Gelegenheit zu schwimmen. Heros Licht wird ihn leiten, Liebe ihn beflügeln, so daß er Meergötter wie Palaemon oder Glaucus übertrifft (Grenzerfahrung: Apotheose durch Liebe, Nähe zur Hybris) (125–166). Gegenwart: Jetzt ist Hero ihm nur in der Hoffnung nahe (167–182). Zukunft: Läßt der Sturm nicht nach, so stürzt sich Leander tollkühn in die Fluten. Wird seine Leiche an Land gespült, soll Hero sagen: »Ich war der Grund für seinen Tod« (böses Omen) – lieber freilich beten, daß der Sturm innehalte, solange Leander zu ihr schwimmt (183–214). Schluß: Hero möge ihr Licht nicht erlöschen lassen. Einstweilen soll der Brief bei ihr ruhen (215–218).

19 Hero an Leander. Eingang: Spiel mit dem Grußwort: Hero bittet ungeduldig um Taten anstelle der Worte. Synkrisis zwischen Mann und Frau: Beider Liebe ist gleich stark, aber Hero hat weniger Kraft. Leander vermag sich durch Jagd, Landwirtschaft, Politik, Sport oder Trinkgelage abzulenken; sie aber kann nichts als lieben (H 19,1–16). Gegenwart I: Sie redet mit ihrer Amme über Leander, schaut nach ihm aus, schreibt an ihn, küßt seine Kleider. Nachts stellt sie das Licht im Leuchtturm auf, vertreibt sich die Zeit mit Spinnen und Weben, denkt an ihn, träumt von ihm (17–66). Gegenwart II: Möge bald eine Begegnung möglich sein! Letzte Nacht war der Sturm weniger heftig; früher war Leander mutiger. Liebt er eine andere? Das wäre Heros Tod. Glücklich die Frauen, die Gewißheit haben, weil ihr Geliebter nicht ferne weilt![66] Freilich: Leander wird ihr nicht untreu; der Sturm hindert ihn am Kommen (tragische Ironie: Hero sagt mehr, als sie ahnt) (67–120). Gegenwart I (Hero in mythischer Spiegelung): Das Wasser, das Helle den Tod brachte, macht auch Hero unglücklich (tragische Ironie) (121–128). Gegenwart II (Leander in mythischer Spiegelung):

Neptun, der so oft verliebt war, sollte Leander nicht den Weg versperren (129–150). Zukunft: Das Licht hat geflakkert (Hero deutet dies gewaltsam als gutes Vorzeichen). Die Alte gießt Wein ins Feuer: »Morgen werden wir zahlreicher sein«. Leichtsinnig fordert Hero den ›Treulosen‹ auf, zu kommen: Zu Furcht bestehe kein Anlaß. Venus selbst werde ihm beistehen. Hero will ihm gar entgegenschwimmen und mitten im Meer begegnen (151–180). Schluß: Verspätet besinnt sich Hero auf ihre Pflicht, den Geliebten zu warnen. Wenn sie auf das Meer blickt, wird ihr kalt ums Herz. Im Traum sah sie einen Delphin herbeischwimmen und sterben. Nur bei ruhiger See soll Leander aufbrechen. Einstweilen mag ihr der Brief das Warten verkürzen (181–210).

Leanders Brief exponiert den Kontrast zwischen der romantischen Traumwelt der Liebenden (Erinnerung, Mondschein) und der wilden Gefährlichkeit des Sturmes. Der Tollkühne (*temerarius*) will sich der Todesgefahr aussetzen, um zur Geliebten zu gelangen. Ja, er wagt es, ihr schon jetzt an seinem Untergang die Schuld zu geben. Ein deutliches Zeichen, daß Leander sich selbst nicht mehr in der Gewalt hat. Sein Brief ist voll böser Vorzeichen und Ahnungen.

Man hofft, die Frau, der er sich so bedingungslos unterwirft, werde den Unbesonnenen gebührend warnen. Doch Hero bleibt lange in ihren eigenen Gefühlen befangen. Die Person des Geliebten und seine Sicherheit beschäftigen sie weniger als ihre eigene Ungeduld und grundlose Eifersucht. Die vordergründige Argumentation wird – ähnlich wie im Deianira-Brief (H 9) – auffallend lange aufrechterhalten. Doppeldeutige Äußerungen (tragische Ironie), Träume und Vorzeichen lassen auch hier das bevorstehende Unheil ahnen. Erst im Schlußteil bricht die Sorge um den Geliebten hervor. Hero ist an Leanders Tod mitschuldig geworden.

Im Unterschied zu Paris und Acontius, die rational vorgehen und Ovids *Liebeskunst* gelesen zu haben scheinen, sind Leander und Hero als unvernünftig Liebende geradezu ein Schulbeispiel für die von Ovid dort aufgestellte These, das unglückliche Schicksal der Heroiden wäre durch Lektüre seiner Lehrbücher abzuwenden gewesen. Doch erschöpft sich der Sinn dieses besonders poetischen Briefpaars natürlich nicht in dieser Beispielfunktion. Hier wird die Brücke zur Erzählkunst der *Metamorphosen* und ihrer schicksalhaften Sicht der Liebe geschlagen: einer neuen Verbindung von Elegie, Tragödie, Epos und Roman.

Reihenfolge und Wahl der poetischen Vorbilder geben Auskunft über Ovids poetologische Absicht. Wie Übereinstimmungen mit Musaios'[67] griechischem Epyllion über Hero und Leander zeigen,[68] hat Ovid wohl ein Gedicht benutzt, das auch Musaios als Vorlage diente. Die Tatsache, daß es sich um eine an einen bestimmten Ort (den Hellespont) gebundene Sage handelt, bürgt für den hellenistischen Ursprung jener Vorlage. Lokalsagen wurden damals gesammelt (vgl. Kallimachos' *Aitia*, in deren Fragmenten sich jedoch kein Hinweis auf Hero findet). Ähnlich wie am Anfang der Sammlung der *Frauenbriefe* setzt Ovid auch im Schlußteil homernahe und hellenistische Stoffe unmittelbar nebeneinander. Romanhaft-gefühlvoll ist seine Erzählweise öfter auch in den *Metamorphosen* (z. B. bei Ceyx und Alcyone, einem Mythos, auf den Leander selbst hinweist). Vorzeichen, Traum und tragische Ironie sind literarische Mittel aus Epos und Drama; sie dienen nun der Verklärung privaten Schicksals. Im Unterschied zum Paris-Stoff fehlt hier der welthistorische Hintergrund. Dort hatte Ovid seine erotischen Elegien und Lehren anklingen lassen, um dem Leser die Gestalten des Mythos so nahe wie möglich zu rücken; hier stützt er sich auf Kunstmittel der hohen Poesie, um einem unpolitischen Gegenstand innere Größe zu verleihen.[69]

Hinter solch absichtlicher Zusammenstellung heterogener Elemente steht ein poetologisches Prinzip, das auch die wechselseitige Durchdringung unterschiedlicher Gattungen und Stilebenen bestimmt. Es ist die Absicht, den kallimacheischen Ansatz (der sich überwiegend auf »Kunst«, »Technik«, *ars* beruft) mit der großen Dichtung der klassischen Zeit (die man hauptsächlich vom inspirierten Genie des Dichters, *ingenium*, her definierte)[70] in einer neuen Einheit von (beherrschter) Natur und (inspirierter) Kunst zusammenzuführen. Bezeichnend sind in dieser Beziehung Ovids Äußerungen über den hellenistischen Kunstdichter Kallimachos einerseits (»so schwach sein Talent, so stark ist sein Kunstverstand«, L 1,15,14) und über den altrömischen Epiker Ennius andererseits: »Ennius, ein Riese an Talent, aber roh als Künstler« (K 2,424). Die in den *Metamorphosen* kenntliche Absicht, große Dichtung und hellenistische Kleinform zu vermählen, liegt bereits der Erfindung der *Frauenbriefe* als poetologisches Programm zugrunde.

20 Acontius an Cydippe. Der verliebte Acontius hatte Cydippe im Tempel einen Apfel zugespielt, auf dem geschrieben stand: »Ich schwöre bei der Göttin, daß ich Acontius heirate«. Nach antikem Usus las Cydippe den Text laut und war so (in der Sicht des Acontius) durch einen Eid gebunden. Die Eltern wollten sie einem anderen vermählen, doch erkrankte Cydippe jedesmal vor dem Hochzeitstermin.

Eingang: Cydippe soll nicht befürchten, erneut schwören zu müssen; genug, daß sie Acontius *einmal* versprochen ist (H 20,1–4). Gegenwart I: Situation der Adressatin: Sie darf weiterlesen, weil Acontius lautere Absichten hegt, und sie muß es, damit die Göttin sie nicht länger mit Krankheit straft[71] (5–12). Gegenwart II: Situation des Schreibers: Seine Liebe ist noch größer geworden. Die Göttin hat (wie es ihm schien) bei dem Eid zustimmend genickt. Sonst sind Täuschungsmanöver nicht seine Sache; nur Amor hat ihn dazu getrieben (21–32). Gesinnung des Acontius: Er wirbt nun zum zweitenmal und wird nicht ablassen, bis Cydippe sein ist. Andere rauben ihre Bräute mit Waffengewalt (Paris tat gut daran, vgl. H 16f.). Notfalls ist Acontius bereit zu kämpfen (33–52). Die Schönheit der Adressatin (vgl. den Paris-Brief) zwang ihn zu seiner ungewöhnlichen Werbung (53–64). Dienstfertigkeit des Schreibers: Er ist bereit, die Schuld allein auf sich zu nehmen (wie Paris!) und Cydippes Zorn durch Flehen zu besänftigen (elegische Topik der *Liebeselegien* und der *Liebeskunst*: »Sklaverei der Liebe« *servitium amoris*). Sie soll ihn kommen lassen, darf ihm auch Haar und Gesicht zerkratzen (vgl. L 1,7). Sein Diensteifer möge Cydippe rühren (65–90). Argumentatio: Als abwesender Angeklagter kann er seine Sache nur schriftlich vertreten (91–94). Die Göttin, die den Eid gehört hat, darf man nicht betrügen. Ihre Grausamkeit ist bekannt (man denke an den Kalydonischen Eber, an Actaeon, an Niobe! Nach den *Liebeselegien* und dem Paris-Brief erinnert Ovid jetzt an die – gleichzeitig mit den Briefpaaren verfaßten – *Metamorphosen*!). Cydippes Erkrankungen (vor den Hochzeitsterminen mit dem Rivalen) sind Warnungen der Göttin (95–116). Sorge um die Geliebte verbindet sich mit dem Wunsch, die Strafe für Cydippes Meineid möge auf Acontius fallen (117–128). Oft erkundigt er sich nach ihrem Befinden (129–134). Vielleicht sitzt der Rivale[72] zärtlich besorgt an Cydippes Krankenbett. Synkrisis: Acontius hat Cydippes Eid, der andere nur eine nichteidliche Zusage ihres Vaters[73] (135–164). Acontius liebt Cydippe inniger, eine Absage wäre für ihn schlimmer als der Tod. Der Rivale ist schuld an ihrer Krankheit; sobald sie ihn fortschickt, ist sie gesund (165–178). Götter verlangen keine blutigen Opfer,[74] es genügt ihnen, wenn Cydippe ihren Schwur hält (vgl. Lk 1,637–642). Diana könnte sich an Cydippe rächen, wenn diese das Kind eines anderen gebiert: Acontius ist um ihr Leben besorgt (179–198). Zukunft: Cydippe soll offen mit ihrer Mutter sprechen und ihr von der ersten Begegnung der Liebenden erzählen (reizvoll, wie Acontius die Ereignisse aus Cydippes Perspektive schildert!). Die Mutter wird ihr zur Heirat mit Acontius raten (199–218). Auch soll sie der Mutter berichten, woher er stammt, was er besitzt und wie sehr er sie liebt; hier ist die Eigenwerbung durch die indirekte Form verfremdet – weniger geradlinig als bei Paris: Die Komplexität der Texte und Referenzen steigert sich immer noch (219–228). Epilog: Acontius empfing im Traum von Diana und im Wachzustand von Amor den Befehl, diesen Brief zu schreiben. Amors Pfeile haben Acontius verwundet, Cydippe soll sich vor denen Dianas hüten! Beider Schicksale sind aneinander geschmiedet. Acontius wird Diana einen goldenen Apfel mit Inschrift weihen (das Epigramm hat hier im letzten Briefpaar seinen Platz; in der Sammlung der *Frauenbriefe* kommt Epigrammen strukturierende Funktion zu). Mehr will er nicht schreiben, um Cydippes Gesundheit zu schonen; so erhält das stereotype *vale* hier sein volles Gewicht: Das Spiel mit dieser Schlußformel hat Ovid für das letzte Briefpaar[75] aufgespart (229–242).

21 Cydippe an Acontius. Eingang: Cydippe hat den Brief des Acontius still für sich gelesen, um nicht nochmals schwören zu müssen: *Einmal* ist genug. Sie las überhaupt nur, um die Göttin nicht noch mehr zu erzürnen (1–6). Zustand der Schreibenden: Die Göttin meint es gut mit Acontius, obwohl sie als Jungfrau zu Cydippe halten müßte. Selbstporträt:[76] Sie ist durch die Krankheit abgemagert, bleich und geschwächt. Damit der Briefwechsel geheim bleibt, hält die Amme Wache vor der Tür; das Schreiben strengt Cydippe an (vgl. auch den Schluß des Briefes) (7–28). Vorwurf: Cydippe ist freundlicher zu Acontius, als er es verdient. Er ist an ihrer Krankheit schuld. Wäre sie ihm doch häßlich erschienen! Ist ihre Krankheit Zufall? Ist der Rivale den Göttern nicht genehm? Hat Acontius sie vergiftet? Und das nennt er Liebe (29–64)! Vergangenheit: Erinnerung an die erste Begegnung und den Schwur (65–114). Argumentation: Warum einen Eid erschleichen, statt offen zu werben? Der Eid ist nichtig; ebenso gut könnte Acontius reiche Leute schwören lassen, ihm ihr Vermögen zu schenken (115–150). Gegenargumente: Dennoch fürchtet Cydippe Dianas Zorn. Dreimal mußte die Hochzeit mit dem Rivalen wegen ihrer Krankheit verschoben werden. Sie ist dem Tode nah. Ihre Schuld liegt ja nur im Lesen jenes tückischen Eides (151–182). Acontius soll Weihrauch für sie opfern (183–188). Auch darf er ja nicht glauben, der Rivale komme ihr zu nahe (189–202); so läßt sie Acontius erraten, was sie für ihn empfindet (203–212). Im übrigen hat die Krankheit sie so mitgenommen, daß Acontius sie möglicherweise gar nicht mehr haben will und sie das Gegenteil des früheren Eides schwören läßt (213–226). Sogar das Orakel von Delphi sagt, ein unerfülltes Versprechen sei die Ursache ihrer Krankheit (227–236). Darum gehorcht sie den Göttern und Acontius. Mit ihrer Mutter hat sie gesprochen. Das Übrige soll Acontius tun (237–244). Epilog: Das Schreiben hat sie angestrengt (ein sprechender Zug, der gut an den Schluß des Werkes paßt).[77] Sie will sich mit Acontius verbinden (245–248).

So schließt sich der Kreis der Vorlagen mit einem Stoff aus den *Ursprungslegenden* (*Aitia*) des Kallimachos. Die Verbindung homerischer, tragischer und hellenistischer Dichtung vollzieht sich innerhalb der Sammlung der *Frauenbriefe* als systematisch durchgeführter zyklischer Paradigmenwechsel mit programmatischer Deutlichkeit. Ähnliches wird in den *Metamorphosen* zu beobachten sein, besonders in dem zentralen achten Buch.

Hinzu kommt die Parallele und Antithese zu dem Briefwechsel zwischen Paris und Helena. Zu den Entsprechungen zählt die hartnäckige Werbung des Mannes, seine Berufung auf göttliche Mächte und seine Befolgung der Vorschriften der Ovidischen *Liebeskunst*. Bei beiden

Briefschreiberinnen findet sich eine anmutige Mischung aus Vorwürfen und versteckten Andeutungen der Zuneigung sowie die erklärte Bereitschaft, dem Mann die Initiative zu überlassen, um das auch von der Frau gewünschte Liebesglück zu verwirklichen. Beide Paare, das homerische wie das kallimacheische, zeigen sich im ganzen wie im einzelnen in Ovids *Liebeskunst* beschlagen.[78] Doch gibt es auch Unterschiede: Der erste Briefwechsel führt zu Ehebruch und einem Weltkrieg, der letzte mündet in eine glückliche Eheschließung. Acontius ist ein besserer Paris, Cydippe keine Helena, sondern ein hellenistisches Pendant zu der treuen Penelope, deren Brief die Sammlung eröffnet.

Während die Rezeption der *Liebeskunst* innerhalb von Ovids Werk eine retrospektive Intertextualität herstellt, gibt es auch Spuren der Vorbereitung seines späteren Schaffens. Nicht zufällig häufen sich im letzten Briefpaar Hinweise auf die *Metamorphosen*. Dabei stehen Mythen des zentralen achten Buches im Vordergrund. Auch in jenem Buch offenbaren Stoff und Behandlung geradezu programmatisch die Absicht, epische, tragische und kallimacheische Poetik zu verbinden. Ovids Schritt zur – elegisch beseelten und kallimacheisch verfeinerten – epischen Dichtung ist innerhalb der *Frauenbriefe* vorbereitet.

Gattungen und Form der Briefe

Der Liebesbrief (oder werbende Brief) ist in der traditionellen Form (als Schreiben des Mannes) in den Briefpaaren vertreten: Paris zeigt deutlich, daß er Ovids Ratschläge aus der *Liebeskunst* kennt; Acontius stützt sich seinerseits auf Paris. Im alten Rom galt die Werbung des Mannes auch zu Ovids Zeiten noch als der Normalfall (Lk 1,708), das unkonventionelle Werben der Frau um den Mann war eine noch ungewohnte Erscheinung in der römischen Gesellschaft (vgl. Lk 1,278); doch findet es sich im Phaedra-Brief, der programmatisch an einer verhältnismäßig frühen Stelle in der Sammlung steht (in der Mitte der ersten Heptade).

Zahlreich vertreten sind vorwurfsvolle Briefe von Frauen an ungetreue oder zaudernde Männer mit der Bitte um Hilfe und Rückkehr. Dieser Brieftypus kann sich kreuzen mit dem des Abschiedsbriefes vor dem Selbstmord. Bei Deianira findet ein abrupter Wechsel von einer Gattung zur anderen statt; in anderen Fällen durchdringen sich beide Brieftypen mehr oder weniger von Anbeginn (Phyllis, Dido).

Selbst feste Elemente der Briefform brauchen nicht im Konventionellen zu erstarren: Ein Spiel mit der Briefeingangsformel ist dann besonders angebracht, wenn der Schreiber vom Adressaten viel erwartet (so bei Liebesbriefen: Phaedra, Acontius): »Ich entbiete dir das Heil (*salutem*), das eigentlich nur du mir geben kannst.« Ein Spiel mit der Schlußformel *vale* (»sei gesund«) bietet sich an, wenn die Adressatin krank ist (Acontius an Cydippe).

Grundsätzlich legt die Briefform nahe, sich in die Lage des Adressaten zu versetzen: Die Verfasser von Liebesbriefen (Paris und Acontius) sind besorgt, die Bedenken ihrer Adressatinnen zu zerstreuen, das Geschriebene zu Ende zu lesen.

Die vermutete Untreue des Geliebten gehört fast zum Standard der *Frauenbriefe.* Nicht nur nachweislich hintergangene Frauen (wie Medea oder Deianira), sondern auch manche andere Heroinen sind recht schnell mit der Annahme bei der Hand, sie würden betrogen, Sappho wohl mit gutem Grund (dem schönen Phaon ist manches zuzutrauen). Auch den Verdacht der Briseïs, Achill sei ihr untreu, können wir aus Homer nur bestätigen; nicht weniger richtig schätzt Penelope ihren Odysseus ein (er könnte höchstens einwenden, das Detail, er verlache in den Armen einer anderen seine Ehefrau als »Bauerntrampel«, sei eine bei Homer unbelegte böswillige Erfindung). Wenn andererseits Hero dem ihr treu ergebenen Leander einen Seitensprung unterstellt, so tut sie ihm bitter unrecht und treibt ihn dadurch in den sicheren Tod.

Kühner Perspektivenwechsel kann festen Versatzstükken des Heroidenbriefes neues Leben einhauchen. Ein Beispiel sind die ganz unterschiedlichen, stets reizvollen Berichte von der ersten Begegnung (romantisch verklärt bei Leander, von Todesahnungen überschattet bei Phyllis). Besonders raffiniert ist die Ausgestaltung der Begegnung aus umgekehrter Perspektive. Der Acontius-Brief stellt in dieser Beziehung eine besonders komplexe doppelte Spiegelung dar, eine Überlagerung verschiedener Perspektiven, wie sie zum selbst-reflexiven Charakter der letzten Heptade vorzüglich paßt.

Vergangenes: chronologisch und antichronologisch

Was das Einblenden der Vergangenheit betrifft, so wird oft die chronologische Reihenfolge eingehalten (man denke an Penelope oder Medea). Der Brief schreitet zunächst das Vergangene ab, wendet sich dann der Gegenwart und schließlich der Zukunft zu. Daneben beobachtet man freilich immer wieder die Umkehrung der Chronologie. Auch dieses Vorgehen hat eine feste psychologische Grundlage: Die Briefschreiberin erinnert sich zunächst an das jüngst Vergangene und stößt auf der Suche nach den Ursachen immer tiefer in die Hintergründe des Geschehens vor.

Die Einbeziehung der Zukunft macht in einem Brief besondere Schwierigkeiten. Möglich sind folgende Formen: die ausdrückliche Ankündigung des bevorstehenden Unheils, so z. B. bei Phyllis und auch bei Deianira (nach dem Umschwung). Daneben gibt es bedeutungsvolles Verstummen und Verschweigen, das besonders unheimlich wirkt, so im Falle Medeas. Hoch entwickelt ist die Kunst der indirekten Darstellung durch Bilder und Metaphern: So hat in der Paris-Epistel die durchgehende Feuersymbolik zwei Seiten: Liebesleidenschaft und Zerstörung Troias. Prophetische Träume finden sich in den Briefen Heros und Laodamias. Und Ovid wäre nicht Ovid, nützte er nicht die Doppeldeutigkeit der Sprache aus, um durch ominöse Worte und tragische Ironie künftiges Unheil in die Gegenwart hereinzuholen.

Wechsel des Standpunktes, Gegenüberstellung von Personen (Synkrisis)

Ebenso fruchtbar wie die Unterscheidung von Zeitstufen innerhalb der Episteln ist die Gegenüberstellung von Abschnitten, die sich auf die Schreiberin bzw. auf den Adressaten beziehen: ihre und seine Vergangenheit, seine und ihre gegenwärtige Lage, ihre und seine Zukunft. Strukturbildend und fein ausgearbeitet ist das Pendeln des Briefes zwischen der Schreiberin und dem Adressaten im Sappho-Brief, der auch in dieser Beziehung die Brücke zwischen den Frauenbriefen und den Briefpaaren schlägt.

Vielfach findet sich der ausgearbeitete Vergleich (die Synkrisis) zwischen Rivalinnen (Oenone/Helena; Medea/Creusa; Hypsipyle/Medea), aber auch zwischen Rivalen (Paris/Menelaus; Orest/Pyrrhus; Acontius und seinem ungenannten Konkurrenten). Fesselnder ist die Konfrontation zwischen der Schreiberin und dem Adressaten: Briseïs spielt ihre Treue gegen Achills Untreue aus; implizit verfährt Penelope ähnlich, wenn sie ihr Verhalten dem des Odysseus gegenüberstellt; Hero wägt auf einer höheren Abstraktionsstufe die vielseitigen beruflichen und sportlichen Interessen des Mannes und dic Konzentration der Frau auf die Liebe gegeneinander ab.

Rhetorik und Poesie

Feiner Distinktion bedarf es bei der Würdigung rhetorischer Elemente in den *Frauenbriefen.* Viele dieser Texte haben ein Überredungsziel und bedienen sich selbstverständlich der in der Kunst der Rede hierfür bereitgestellten rationalen und psychologischen Überzeugungsmittel sowie der Strukturen[79] und Stilistica, wie wir sie aus Reden kennen. Trotzdem greift eine Charakterisierung der Episteln als ›versifizierte Suasorien‹ zu kurz. Vieles – darunter auch ›rhetorisch‹ Wirkendes – ist durch die Tragödie vermittelt, anderes durch Epos und Elegie. Vor allem aber ist eine Sprache wie das Lateinische mit seinem begrenzten Wortschatz in der Poesie in hohem Maße auf kunstvolle Wortverbindungen angewiesen. Rhetorisch wirkende Stilelemente sind notwendige Bestandteile der Dichtersprache. Man sollte also weniger von einer Rhetorisierung der Poesie sprechen als vielmehr von einer Poetisierung rhetorischer Stilmittel. Diese vollzieht sich in den *Frauenbriefen* in besonders eindrücklicher Weise. Rhetorische Inventio beflügelt die poetische Bildschöpfung – man denke an die suggestive Vergegenwärtigung der Situation der Schreiberin wie auch des Empfängers, das Einfangen romantischer Stimmungen und bildkräftiger Träume (etwa in Heros Brief) und die Schöpfung denkwürdiger Wortverbindungen von hoher poetischer Kraft, wie *ut pelagi, sic pectoris adiuvet aestum* (H 16,25), ein Zitat aus dem vielgelästerten Paris-Brief, das Grillparzer zu seiner ebenbürtigen Prägung »des Meeres und der Liebe Wellen« angeregt hat.

Konfrontation unterschiedlicher Wertvorstellungen

Bei der Auseinandersetzung der Heroinen mit ihren Liebhabern geraten unterschiedliche Zielvorstellungen miteinander in Konflikt: Griechisches Einzelheldentum und römischer Patriotismus, männliche und weibliche Perspektive, politische und private Sicht, materielle und geistige Werte, *urbanitas* und *rusticitas*, »epische« und »elegische«, klassische und hellenistische Poetologie. Oft üben die Heroinen Kritik an den Männern und ihrer Welt.

Personencharakteristik: Männer

Aeneas ist keineswegs *pius*, Achill weder als Mann noch als Patriot anerkennenswert. Wenn solches von dem größten griechischen und dem größten römischen Helden gilt, was kann man dann noch von den übrigen Männern erwarten? Hercules verkörpert zunächst den wohlbekannten Typus des ständig abwesenden prominenten (und ebenfalls treulosen) Gemahls; doch dann erregt er als Schmerzensmann unser Mitgefühl. Zu den sympathischeren Gestalten zählen Hippolytus, das unschuldige Opfer von Phaedras in Haß umgeschlagener Liebe, Protesilaus, der vielleicht durch Laodamias übertrieben ängstliche Fürsorge darauf verfällt, seinen Mut um jeden Preis zu beweisen, sowie der bis zum Wahnsinn verliebte, tollkühne Leander. Orest, Lynceus und Macareus bleiben schattenhaft. Phaon ist ein charakterloser Schönling wie Paris – man versteht nicht, wieso eine Sappho oder eine Oenone sich an sie wegwerfen. Theseus, Demophoon und Iason sind notorisch untreu, Iason außerdem habgierig und opportunistisch. Paris, der Verführer, macht sich über sein Heldentum Illusionen und ist töricht genug, nicht an den bevorstehenden Troianischen Krieg zu glauben. In dieser nicht gerade heldenhaften Schar ragt Acontius trotz seiner Prahlerei und Einschüchterungstaktik als beharrlicher Werber und geborener Ehemann hervor: Er trägt am Ende der Sammlung ein wenig zur Ehrenrettung der Männer bei.

Personencharakteristik: Frauen

Im ganzen wirken die Frauengestalten vielfältiger und facettenreicher, oft ihren Partnern geistig und moralisch überlegen. Ovid stellt dem Leser – und das ist eine seiner Hauptabsichten – eine ganze Reihe fesselnder, oft imponierender Frauengestalten vor Augen: Die Palette reicht von jugendlich unreifen Mädchen – Hero, Canace – über selbstlose Helferinnen, die treulos im Stich gelassen werden – Oenone, Ariadne, Dido –, zu der bedingungslos treuen Ehefrau, die sich in Sorgen um Familie und Haushalt verzehrt. Penelope gehört zusammen mit Cydippe (die als hellenistisches Pendant am Ende der Sammlung steht) und wohl auch Hermione zu den wenigen, denen ein gewisses Maß an Glück beschieden ist (von Ariadnes Rettung durch Bacchus kann begreiflicherweise in ihrem Brief noch nicht die Rede sein). Deianira verkörpert die reife, leidgeprüfte Ehefrau: Am Anfang erscheint sie selbstsicher, ja selbstgerecht; nach der Mitteilung vom Leiden und Sterben ihres Mannes bricht ihr Stolz völlig zusammen. Während Laodamia und Sappho sich durch Zärtlichkeit, ja Sinnlichkeit auszeichnen, steht für Hermione und Hypermestra die Solidarität zwischen Blutsverwandten (*pietas*) im Vordergrund (im letzteren Falle faßt überraschenderweise der sublime Aischylos die Liebe viel sinnlicher auf als der »unverbesserliche Erotiker« Ovid).

Am anderen Ende der Skala kann Medea die in ihr verborgene kriminelle Energie weniger verheimlichen als Phaedra. Während diese beiden durch ihr Hassen Katastrophen herbeiführen, kann dies zuweilen auch durch ein Übermaß an Liebe geschehen: Hero ist jung, egozentrisch, unrealistisch; ihre ungeduldige Leidenschaft fordert Leander zu tollkühnem Verhalten heraus und stürzt ihn ins Verderben. Klüger, aber nicht standhafter als der feurige, uneinsichtige Paris ist Helena: Eine Dame von Welt, die ihre wahren Motive hinter der Fassade der Ehrbarkeit und Uneigennützigkeit zu verstecken weiß, durchschaut sie das bevorstehende Unheil und löst dennoch sehenden Auges die Katastrophe aus.

Der Brief als geistiges Selbstbildnis

Bei der Schöpfung seiner neuen Gattung nimmt Ovid die Vorstellung ernst, der Brief sei gleichsam ein geistiges Selbstbildnis. Diese Idee konkretisiert sich (über das Psychologische hinaus) in so mancher Schilderung der Schreibsituation. Solche Selbstdarstellungen können wichtige Funktionen erfüllen, so die Einstimmung am Anfang (Ethos): Hero malt ein idyllisches Interieur; sie und die Amme vertreiben sich die Wartezeit mit Wollarbeiten. Die kranke Cydippe verrät uns, daß sie im Bett heimlich an den Geliebten schreibt, während die Alte draußen Wache hält. Am Ende der Briefe dienen Selbstporträts der Erregung von Mitleid (Pathos): Um Theseus zu rühren, stellt sich Ariadne ihm in ihrer unwirtlichen Umgebung lebhaft vor Augen; Cydippes Brief, der die ganze Sammlung abschließt, mündet passend in die Bemerkung, ihre Hand sei vom Schreiben müde. Ebenso überzeugend kann Hypermestra (nicht zufällig am Ende der zweiten Heptade!) kein Wort mehr zu Papier bringen, weil die schweren Fesseln sie belasten. Zu der innertextlichen (quasi rhetorischen) Funktion der Rührung kommt in den beiden letztgenannten Fällen eine Funktion auf der Metaebene der Verständigung zwischen Autor und Leser hinzu. Mit dem Hinweis auf die Erschöpfung der Schreibenden signalisiert der Autor indirekt, daß es sich um Schlußbriefe der jeweiligen Serie handelt, und stellt somit zwischen der »textimmanenten« Zeit und der Zeit der Rezeption, zwischen der »Schreiberin« und dem Leser spielerisch einen Zusammenhang her.

Der Selbstdarstellung und zugleich der Abrundung von Brief-Reihen dienen auch Schluß-Epigramme: Am Ende der ersten Heptade resümiert Dido ihr Schicksal und ihre ambivalente Beziehung zu Aeneas in einem Grabepigramm. In dem letzten Briefpaar der Sammlung faßt das Weihepigramm des Acontius die Geschichte seiner glücklichen Werbung zusammen. Die letzte Heptade beginnt mit dem Sappho-Brief, der ebenfalls in ein Epigramm mündet: Vor dem gefährlichen Sprung in die leukadische Flut verspricht Sappho, ihre Lyra dem Apollon zu weihen (H 15,183 f.). Auch hier dürfte ein poetologischer Unterton mitschwingen: Sappho bewegt sich als unglücklich Liebende von der Lyrik hinweg und auf die Elegie zu. So mündet in Ovids *Frauenbriefen* nicht nur das Epos und die Tragödie in die Elegie, sondern auch die Lyrik.

Dichterische Intention – Poetologie

Ovids erster Grundgedanke ist hier die Umkehrung der Rollen von Mann und Frau im Vergleich mit der römischen Liebeselegie. Während dort der Mann das Wort führt, sollen hier Frauen über Liebe sprechen. In der ersten Heptade kommt inmitten von Gestalten aus Epos und Epyll als einzige Tragödienheldin Phaedra zu Worte. Sie ist die klassische Heroine, die offen und entgegen aller Konvention ihre Liebe bekennt. Am Anfang der letzten Heptade steht Sappho, die Dichterin schlechthin. Ovid läßt sie in elegischen Versen über Liebe sprechen. In dieser Gestalt verkörpert er eine Grundidee seiner neugeschaffenen Gattung.

Der zweite Grundgedanke Ovids in dieser Sammlung ist die Absicht, Themen aus monumentaler Dichtung (Epos, Tragödie) mit quasi moderner Psychologie zu behandeln, wie sie in der hellenistischen Dichtung entwikkelt wurde. Umgekehrt wird auch privates Liebesschicksal ins Monumentale gesteigert. Das poetologische Programm der mehrfachen Intertextualität manifestiert sich in der Gruppierung der Briefe in drei Heptaden. Die erste Heptade mischt Stoffe aus dem Epos (von Homer bis Vergil) und hellenistischer Dichtung und blendet an einer Stelle (H 4) einen Tragödienstoff ein. Dagegen behandelt die zweite Heptade grundsätzlich Tragödienstoffe, in die einmal ein hellenistischer Epyllienstoff (H 10) eingeschaltet ist. In der dritten Heptade steht am Anfang (H 15) die Reflexion der Dichterin, die als Liebende ihre Lyra aufgibt und sich der Elegie zuwendet – ein Abbild dessen, was Ovid in der Heroidengattung leisten wollte. Hierauf folgen drei Briefpaare (teils homerisch, teils hellenistisch, vergleichbar den drei Einzelbriefen am Anfang). So zeigt Ovid schon durch die Anordnung der 21 Briefe, welche Überlegungen ihn bei der Erfindung des neuen Genos geleitet haben.

Ein dritter Grundgedanke liegt in der zunehmenden Komplexität der hier intendierten Intertextualität. Im Vordergrund steht in der ersten Heptade die Intertextualität mit Epos und Epyll; in der zweiten die Intertextualität mit der Tragödie (dabei erscheint als Klammer je ein Brief der anderen Gattung in jeder der beiden Gruppen). In der dritten Heptade bildet die Selbstaussage der Dichterin, die von der Lyrik zur Elegie überwechselt, den Auftakt zur Intertextualität mit Ovids eigenen Werken (*Liebeselegien*, *Liebeskunst*, *Metamorphosen*). Insgesamt erscheinen somit die *Frauenbriefe* als Brennspiegel von Ovids Rezeption der bisherigen klassischen und hellenistischen Dichtung, seines dichterischen Selbstverständnisses und seiner eigenen bisherigen Werke. Hinzu kommen als bewußte Vorausdeutung die Hinweise auf die *Metamorphosen* in den Briefpaaren. Die Beziehungen der *Frauenbriefe* zu den *Metamorphosen* weisen Parallelen und Unterschiede auf. Die stärkste Parallele liegt in der angedeuteten poetologischen Analogie (s. S. 88, 163f.), unterstrichen durch die

Anspielungen auf Buch 8 im Acontius-Brief. Leander (H 18) erinnert ausdrücklich an Ceyx (M 11). Vielleicht zufällig dominiert Hercules in der neunten Epistel und im neunten Buch der *Metamorphosen.* Bei gleichen oder ähnlichen Stoffen ist auf differenzierende Behandlung geachtet: Was Medea betrifft, so liegt in den *Metamorphosen* der Akzent auf dem Anfang der Liebe (Medeas Monolog), in den *Frauenbriefen* auf deren Ende. Hercules erhält in den *Metamorphosen* einen Monolog, in den *Frauenbriefen* herrscht die Perspektive Deianiras. Aeneas erscheint in den *Frauenbriefen* aus Didos Sicht, im *Festkalender* aus derjenigen Annas, in den *Metamorphosen* als Schützling der Venus; Karthago ist Schauplatz in den *Frauenbriefen*, Italien im *Festkalender*; in den *Metamorphosen* liegt das Schwergewicht auf den Irrfahrten und der Apotheose. Wie die *Liebeselegien* ein aitiologisches Stück enthalten, das den *Festkalender* vorbereitet (L 3,13), so findet sich in den *Metamorphosen* ein Nachklang der *Frauenbriefe*: der brillante Byblis-Brief. Als Liebesbrief konkurriert er mit der Phaedra-Epistel, das Thema der verbotenen Geschwisterliebe verbindet ihn mit der Canace-Epistel. Aber die Perspektive ist variiert. Byblis unterscheidet sich von Phaedra durch ihre Jugend und ihre mangelnde Erfahrung, von Canace durch ihre Sinnlichkeit und durch die Aussichtslosigkeit des Briefes. Byblis schreibt am Anfang einer erhofften Beziehung, Canace am Ende einer wirklichen. Dem Autor zunächst unbewußt, bereitet ferner die Poesie des Getrenntseins in den *Frauenbriefen* Ovids spätere Exildichtung vor, und die Selbstporträts der Heroiden leisten Vorarbeit für die poetische Autobiographie.

Der Dichter der Götter

Metamorphosen

Die Wahrheit wechselt auf Erden,
ewig wahr ist die Fabel allein auf den Lippen der Sänger.
Robert Hamerling, *Der König von Sion* (1869)

Inhalt und Aufbau

Die *Metamorphosen*, Ovids umfangreichstes Werk, erzählen in 15 Büchern etwa 250 Mythen, zumeist Verwandlungssagen. Das allgemeine Prinzip chronologischer Reihung (»vom allerersten Uranfang der Welt bis zu meiner Zeit« (M 1,3f.) kreuzt sich vielfach mit geographischer, genealogischer oder thematischer Gruppierung. Virtuose Übergangstechnik verstärkt den Eindruck der Kontinuität, obwohl die äußere Verknüpfung nicht immer das innere Band zwischen den Geschichten sichtbar macht.

Äußerlich kann man Urzeit (1,5–451), mythische Zeit (1,452–11,193) und historische Zeit unterscheiden (11,194–15,870), obwohl mythische Züge auch im ersten und dritten Teil nicht fehlen. Es kommt der Intention des Dichters wohl näher, die 15 Bücher in drei Fünfergruppen zu unterteilen (vgl. K 1,1,117; 3,14,19; »dreimal fünf Buchrollen«, *ter quinque volumina*). Hierfür sprechen formale und inhaltliche Merkmale: Nur in M 5, 10 und 15 erscheinen außergewöhnlich lange Textpartien, die einem besonders kompetenten Sprecher in den Mund gelegt sind: der Gesang der Muse (5,269–661), der des Orpheus (10,148–739) und die Rede des Pythagoras (15,75–478). Nur in diesen drei Büchern spielen die Musen eine Rolle, und jedes von ihnen hat einen Nachtrag, in dem vom Tod eines schöpferischen Menschen die Rede ist (6,1–145 Arachne; 11,1–66 Orpheus; 15,871–879 Ovid). Außer dem Thema künstlerischer und literarischer Kreativität besitzen die Bücher 5, 10 und 15 noch eine ganze Reihe weiterer gemeinsamer Motive.[1] Es ist wohl auch kein Zufall, daß in der ersten Pentade thebanische, in der zweiten attische und in der dritten troianisch-römische Stoffe im Vordergrund stehen. Zwischen der thebanischen und der römischen Kultur besteht unter anderem dadurch ein typologischer Zusammenhang, daß Mars und Venus die Schutzgötter beider Städte sind. So stellt Ovid für das augusteische Rom in welthistorischem Rahmen eine kulturelle Ahnenreihe auf. Die pentadische Struktur durchkreuzt sich mit anderen Gruppierungsmöglichkeiten. Es wäre lohnend, der zentralen Rolle des achten Buches im Werk genauer nachzugehen, zumal Ovid im ersten Buch der *Liebeselegien*, das fünfzehn Gedichte umfaßt, der achten Elegie programmatische Funktion zugewiesen hat.[2]

Merkwürdigerweise hat man einerseits der Übergangstechnik, andererseits der Gesamtstruktur des Werkes mehr Aufmerksamkeit geschenkt als dem Aufbau jedes einzelnen Buches, obwohl sich doch das Ganze erst verstehen läßt, wenn man die Teile gründlich untersucht hat. Es kommt hinzu, daß die Bucheinteilung den Vorzug hat, mit Sicherheit von Ovid zu stammen. Daher seien die Bücher im Folgenden etwas genauer betrachtet.

1. Buch. Dem persönlichen Prolog des Dichters (M 1,1–4) entspricht am Ende des Werkes ein Epilog (M 15,871–879). Weitere Gemeinsamkeiten zwischen dem ersten und dem letzten Buch sind das ausdrückliche Hervortreten der antiken Naturwissenschaft und ihrer Weltsicht (im Unterschied zu dem sonst in den *Metamorphosen* bevorzugten mythischen Weltbild) sowie die nachdrücklichen Hinweise auf Rom und Augustus. Ovid behandelt zunächst die Urgeschichte der Menschheit von der (als Science-fiction eingekleideten) Schöpfungsgeschichte über die (an hesiodische Tradition anknüpfenden) vier Weltalter und die Sintflut bis zur Neuentstehung der Menschen und der »Urzeugung« sonstiger Lebewesen. Die Erhabenheit naturwissenschaftlicher Lehre wetteifert – bei erheblichen Lehrunterschieden – im Ton mit Lukrez. Dieser erste »Großteil« (M 1,5–451) gipfelt in Apollons Sieg über den (bei Ovid ganz natürlich aus dem Schlamm der Sintflut entstandenen) Python, ein Geschehen, das zugleich wegen seines mythischen Charakters die Brücke zum Folgenden schlägt. Die in den ersten Großteil eingeflochtenen Hinweise auf Augustus (der implizit mit Iuppiter verglichen wird; M 1,200–205) werden am Ende der Daphne-Erzählung, die den zweiten Großteil eröffnet, weitergeführt: Daphne wandelt sich zum römischen Siegeslorbeer (M 1,560–565). So ist die Grenze zwischen »Urzeit« und »mythischer Zeit« in mehrfacher Beziehung absichtlich verwischt.

Literarisch knüpft das Prooemium (durch Anrufung der »zuständigen« Götter) an Traditionen des Lehrgedichts an, die auch in der Abfolge der Weltalter und anderwärts spürbar sind, spielt aber zugleich mit dem Anspruch homerischer Kontinuität und kallimacheischer Feinheit (trotz vordergründiger Antithese zu Kallimachos). Entsprechend erklingen in der Götterversammlung homerische, in den erotischen Mythen (z. B. Io) hellenistisch-römische Töne. Auch die Tragödie spielt als Hintergrund herein. Die Gattungsmischung erinnert somit an die *Frauenbriefe* – doch kommt dem Gehalt nach der universale didaktische Anspruch und der Gestalt nach die mit Homer wetteifernde Großform neu hinzu.

Die zweite Hälfte des ersten Buches umfaßt Liebesabenteuer von Göttern mit Nymphen oder sterblichen Frauen. Programmatisch erscheint Amors Pfeilschuß schon im Vorfeld der ersten Liebesgeschichte (»Mag dein Bogen, Phoebus, auch alles treffen, meiner aber trifft dich«; M 1,463f.). Damit sind die Machtverhältnisse für das Corpus der *Metamorphosen* in ganz ähnlichem Sinne geklärt wie dies am Anfang der *Liebeselegien* geschehen war: Den Liebesgöttern kommt auch in dem neuen Werk besondere Bedeutung zu. Noch in einer weiteren Beziehung legt die Daphne-Sage Grund für alles Folgende. Zusammen mit dem von Mercur vorgetragenen Mythos von Pan und Syrinx (einer Spiegelung des Themas in einem bescheideneren Genos) kündet sie von Musik und Dichtung – einem Kernthema der *Metamorphosen*, wie sich im weiteren Verlaufe des Werkes zeigen wird.

Im vorliegenden Teil des ersten Buches geht es passend um den Ursprung dieser Künste – aus dem Eros. Es kommt hinzu, daß die hier behandelten erotischen Sagenstoffe auf hellenistische Dichtung verweisen. Schließlich bildet das Thema »Apotheose« in Gestalt von Io/Isis die Krönung des ersten Buches; Isis wird im neunten Buch bei der Geschlechtsverwandlung von Iphis als Wundertäterin hervortreten, und die Apotheosenthematik wird sich im ganzen Werk fortsetzen, man denke an Ino und Melicertes (Buch 4), Philemon und Baucis (Buch 8), Hercules (Buch 9), Glaucus (Buch 13), Aeneas, Romulus und Hersilia (Buch 14), Hippolytus, Caesar, Augustus und Ovid selbst (Buch 15). Auch dieser thematische Schwerpunkt, der besonders in der Mitte und am Ende des Werkes hervortritt, kündigt sich also schon im ersten Buch an. Der Leser ist somit auf ein Werk vorbereitet, das Kosmos und Imperium, Tod und Unsterblichkeit, Musik und Dichtung im Zeichen des Eros und der Wandlung zusammenschaut.

2. Buch. Das Thema »Götterliebe« setzt sich im zweiten Buch fort, aber erst nach einer umfangreichen narrativen Einlage, der Phaethon-Sage (M 1,750–2,400). Ovid überspielt die Buchgrenze; nach Art eines Fortsetzungsromans beginnt die neue Erzählung kurz vor dem Ende des ersten Buches, um zum Weiterlesen anzuregen.[3] Hier kündigt sich das Thema »Göttersöhne« an (Epaphus, Phaethon, Arcas), das in späteren Teilen an Bedeutung gewinnt (Bacchus, Perseus, Hercules, Orpheus, Achilles, Aeneas). Auch das mit diesem eng verwandte Thema »Vergöttlichung« setzt sich fort: Callistos Sternverwandlung wird ausdrücklich als Apotheose bezeichnet (2,521); Ocyrhoes Aesculap-Prophetie (bei der es um Überwindung des Todes geht) schlägt die Brücke zum letzten Buch, wo Aesculap nicht nur feierlich in Rom einzieht, sondern auch Hippolytus vom Tode auferweckt. Wie im ersten Buch sind auch im zweiten Iuppiter (zu Beginn mit Callisto, am Ende mit Europa) und Apollon (mit Coronis) die Hauptakteure, Mercur (mit Herse) kommt hinzu. Ein weiteres Zentralthema, das Leid der Frauen, hatte Ovid schon im ersten Buch im stummen Entsetzen der Io mit kafkaesker Psychologie entwickelt. Hier stellt er es dem Leser in Gestalt der vom eigenen Sohn bedrohten Mutter Callisto szenisch vor Augen und macht es in den ergreifenden Worten der sterbenden Coronis hörbar. Einen Kontrapunkt zu solchem Pathos bildet der Humor in der respektlosen Schilderung der verliebten Götter (mit dem Großstadtjüngling Apollon aus Buch 1 wetteifern jetzt ein eitler Mercur und ein zahmer Stier namens Iuppiter, während Iuno hier wie dort als eifersüchtige Ehefrau glänzt). Stern- und Vogelverwandlungen verweisen stofflich auf die hellenistische Literatur. Die (schon homerische) Technik der Rahmenerzählung (im ersten Buch berichtete Iuppiter von Lycaon, und Mercur sang von Pan) wird im Gespräch zwischen Rabe und Krähe im Anschluß an Kallimachos spielerisch abgewandelt (auch der Name Battus verweist indirekt auf den »Battiaden«).

Die parallele Struktur der ersten beiden Bücher läßt erkennen, daß die Buchgrenzen nicht willkürlich gesetzt sind: Jeweils in der ersten Hälfte wird eine Weltkatastrophe beschrieben (im ersten Buch ist das Wasser, im zweiten das Feuer das zerstörerische Element), während die zweiten Buchhälften erotischen Stoffen gewidmet sind.

Auch später (so in den Büchern 5, 9, 12, 13 und 15) konzentriert Ovid gerne am Anfang längere Texteinheiten. Am Ende des zweiten Buches steht der Raub der Europa als Liebesabenteuer Iuppiters im Zeichen der bisherigen Thematik; wegen der genealogischen Verbindung mit Cadmus und Theben ist die Episode aber zugleich ein Auftakt zum Folgenden.

3. Buch. Die Gründertat des Cadmus eröffnet den thebanischen Sagenkreis (dritter »Großteil«: M 2,836 bzw. 3,1–4,606). Am Anfang des dritten Buches tötet Cadmus den heiligen Drachen des Mars, gegen Ende des vierten wird er – ein Akt freiwilliger Buße – selbst in eine Schlange verwandelt. In diesen Rahmen sind die Schicksale seiner Nachkommen und Landsleute eingebettet: An zweiter Stelle stehen Actaeon (ein Heros, der zusammen mit anderen Gestalten dieses Teils, die Verbotenes gesehen haben, für den verbannten Ovid zum Spiegel seines Schicksals werden wird) und Semele (die vom Blitz erschlagene Mutter des Dionysos, vgl. K 5,3,21 f.), an vorletzter Stelle Athamas und Ino. Den zentralen Platz hat Pentheus inne. Zwischen diese Pfeiler sind kontrastierende erotische Mythen eingeschoben: Narcissus (an dritter Stelle) und die Erzählungen der Minyastöchter (an drittletzter Stelle). Die Schlüsselfigur der zentralen Pentheus-Geschichte und des ganzen dritten Großteiles ist Bacchus, der ja ein Enkel des Cadmus ist. Aus den Verbannungsdichtungen (z. B. K 5,3) wissen wir um die persönliche Bedeutung des Bacchus und seiner Kultgemeinschaft (des Kreises der römischen Dichter) für Ovid. Die *Metamorphosen* vertiefen das Bild: Bacchus wird als Göttersohn geboren und endet als Gott. Damit eröffnet er (was in späteren Büchern der *Metamorphosen* wichtig wird) Menschen den Weg zur Apotheose. Schon hier wird Ino, Angehörige und Anhängerin des Dionysos, zusammen mit ihrem Sohn Melicertes vergöttlicht. Die in dem vorliegenden Teil besprochene thebanische Zivilisation steht unter dem Schutz von Mars und Venus; hierin präfiguriert sie die römische. König Pentheus vertritt einseitig ein martialisches, »männliches« Prinzip; das verdrängte weibliche holt ihn ein und vernichtet ihn. Der weise Kulturstifter Cadmus beschreitet demgegenüber einen produktiven Weg. Durch die Bereitschaft zur Verwandlung steht er für die Folgen seiner Tat ein. Hierin mag man eine Mahnung an eine sich verhärtende römische Zivilisation sehen. Die gemeinsame Verwandlung des Ehepaars Cadmus – Harmonia (in Buch 4) bereitet die (vor Ovid in dieser Form nicht bezeugte) Doppelapotheose des römischen Gründerheros Romulus und seiner Gattin Hersilia (in Buch 14) vor. Kultur erscheint hier als harmonischer Gegenentwurf zur einseitigen Verabsolutierung der Geschlechter (Pentheus' martialischer Staat, aber auch der kollektive Wahn Agaues und ihrer Frauen führen gleichermaßen zur Zerstörung). Religiös steht in dem vorliegenden »thebanischen« Teil Bacchus im Mittelpunkt. Literarisch sind Verbindungen zu der dionysischen Literaturgattung, der Tragödie, besonders wichtig, allen voran in dem zentralen Geschehen um Pentheus.

4. Buch. Auf den soeben im Zusammenhang beschriebenen dionysisch-thebanischen Sagenkreis (M 2,836–4,606) folgen als nächster Hauptteil die Taten des Argivers Perseus (4,607–5,249). An der Nahtstelle parallelisiert Ovid die beiden Göttersöhne Bacchus und Perseus (4,604–611) und stellt so die Hauptgestalt des kommenden Teils betont neben die des vergangenen. Der erste Teil der Perseus-Erzählung (der den Rest des vierten Buches füllt) beginnt nach der Tötung der Meduse: Perseus verwandelt Atlas und befreit Andromeda. Bei der Siegesfeier erzählt der Held rückblickend von seinem Sieg über die Meduse. So schließt sich der Ring. Später im Werk finden wir bei einem anderen Göttersohn, Hercules, ebenfalls eine antichronologische Gruppierung der Erzählungen: Die Geburt des Helden wird dort nach seinem Tode erzählt

(9,273–323). Zu derartigen kühnen Rückblenden mochten außer den Erzählungen des Odysseus Botenberichte aus Tragödien Anregungen bieten. Dies erklärt nur die literarischen Mittel; die absichtliche Durchbrechung der Chronologie bleibt ein von Ovid gesuchter Denkanstoß für den Leser (vgl. S. 141 f.).

5. Buch. Den ersten Teil (M 5,1–249) füllt ein ausführliches Nachspiel zum Vorhergehenden: die Saalschlacht zwischen Perseus und Phineus, dem früheren Bräutigam Andromedas. Die an »epischen« Stilelementen reiche Kampfbeschreibung (vgl. dazu Buch 12) gipfelt in dem Augenblick, als Perseus das Haupt der Meduse enthüllt, um seine Feinde zu versteinern. Die Verbindung zum Folgenden stellt die Göttin Minerva her, die bisher Perseus schützend begleitet hat (vgl. auch 5,461), sich aber jetzt den Musen zuwendet. Minerva, als Pallas Athene eine Symbolfigur der zweiten (»attischen«) Bücherpentade, wird somit frühzeitig eingeführt. Als Göttin geistigen Schaffens ist sie innerlich mit den Musen verwandt (5,269 f.) und zählt zu den besonderen Schutzgottheiten Ovids.[4] Der zweite – umfangreichere – Teil (M 5,250–678) ist ein in sich geschlossenes Textstück, das sich durch besonders verwickelte Einschachtelungstechnik auszeichnet. Den Rahmen bildet ein »kallimacheisches« Gespräch zwischen Pallas und den Musen. Eine Muse erzählt von der Bestrafung ihrer Verächter: des Pyreneus und der Pieriden (zweite Erzählebene). Eingelegt ist das Lied, das die Muse Urania beim Wettkampf mit den Pieriden singt; es handelt vom Raub der Proserpina (dritte Erzählebene). In diesen Gesang ist hinwiederum Arethusas Bericht über ihre Flucht vor Alpheus eingebettet (vierte Erzählebene).

Das Nebeneinander homerischer bis ultra-homerischer Epik und hellenistischer Poesie im fünften Buch spiegelt die Intention des Dichters. Der ungewöhnlich feingliedrige Komplex des »hellenistischen« Teils verbindet das Thema Dichtung mit dem der Kulturstiftung und der Aitiologie

Siziliens. So bereitet das fünfte Buch das dreizehnte und vierzehnte vor, wo Sizilien eine Station auf dem Wege von Griechenland nach Rom bildet. Nicht vergessen sei auch die beherrschende Rolle der Liebesgottheiten: Wie im ersten Buch Amor sogar den Bogenschützen Phoebus besiegt, so erobert er jetzt für seine Mutter Venus den dritten Teil des Kosmos: die Unterwelt. Amors zweimaliger Auftritt im ersten und fünften Buch trägt zur Geschlossenheit der ersten Pentade bei, ist aber auch für das Verständnis der *Metamorphosen* insgesamt wichtig. Die Nennung der Musen stellt Verbindungen zum zehnten Buch (Ende der zweiten Pentade) und zum fünfzehnten Buch her (Ende der dritten Pentade); die betont komplexe (hellenistische) Poetologie des fünften Buches findet insbesondere im achten Buch (der Mitte des Werkes) ihre Entsprechung.

6. Buch. Minerva und Athen spielen im zweiten Werkdrittel eine beherrschende Rolle. Die Gründungslegende der Stadt taucht in der ersten Erzählung des sechsten Buches auf, auch im weiteren Verlauf erscheinen immer wieder attische Sagen. Weibliche Gottheiten strafen Verächter aus verschiedenen sozialen Gruppen: Arachne ist Handwerkerin, Niobe Königin, die Lyker gehören dem Bauernstande an. Mit der Schindung des Marsyas durch Apollon kehrt das Thema »Bestrafung überheblicher Künstler« wieder, das im fünften Buch (Pieriden) und am Anfang des sechsten (Arachne) von Bedeutung war. In formaler Beziehung besteht freilich ein Gegensatz zum fünften Buch: Dort herrscht Einschachtelungstechnik, hier lose Verkettung. Die Verbindung von einer Sage zur anderen stellt das Publikum her: in der Rolle des Zuhörers, Beurteilers und sogar des namenlosen Erzählers. Die so unterschiedliche Verknüpfung empfiehlt nicht gerade, das Stück 5,250–6,420 als in sich geschlossenen »sechsten Großteil« zusammenzufassen; auch ist das Thema »Götterzorn« unspezifisch: Es ist nicht auf diesen Teil beschränkt und paßt auch nicht auf alle darin vorkommenden Erzählungen.

Der Mythos von der Bestrafung der Künstlerin Arachne steht auffällig am Anfang des sechsten Buches, also des zweiten Werkdrittels. Es kann kein Zufall sein, daß der Untergang eines Künstlers, Orpheus, auch das letzte Werkdrittel (M 11–15) eröffnet. Die Anfangsstücke des sechsten und elften Buches sind deutlich als Epiloge zum jeweils vorhergehenden Buch gestaltet und finden eine Parallele im Epilog zum fünfzehnten Buch, in dem der Dichter das Thema Tod und Unsterblichkeit auf sich selbst bezieht.

Während bisher vielfach die erste Hälfte der Bücher eine längere zusammenhängende Erzählung umfaßte,[5] ist im sechsten Buch das Umgekehrte der Fall: Hier bildet die umfangreiche Erzählung von Tereus, Procne und Philomela – romanhafte Umsetzung einer Tragödie – einen Schwerpunkt in der zweiten Buchhälfte. Darauf folgt als stürmischer Kehraus der Raub der Orithyia durch Boreas. Auch sonst (M 1,2 und 11) finden sich am Ende solch farbige Episoden. Als attische Sage paßt diese Geschichte vorzüglich zum Vorhergehenden; zugleich bereitet sie genealogisch das Folgende vor, werden doch die Söhne des Boreas an der Argonautenfahrt teilnehmen, mit der wir aus dem Bereich der Tragödie in den des hellenistischen Epos überwechseln.

7. Buch. Der erste Teil, der im Zeichen des Goldenen Vlieses beginnt, wird durch die Gestalt Medeas zusammengehalten, die den Dichter unter anderen stofflichen und literarischen Aspekten auch im 12. *Frauenbrief* und in der verlorenen Tragödie *Medea* gefesselt hatte. Medeas Heirat mit Aegeus und ihr Versuch, Theseus zu ermorden, gestatten es, zu attischen Sagen zurückzukehren, wie sie seit dem sechsten Buch den Grundstock des Mittelteils der *Metamorphosen* bilden. Durch die Figur des Theseus ergibt sich einerseits die Verbindung zu Kreta (Minos), andererseits zur calydonischen Jagd und den Erzählungen im Palast des Achelous. Die Hauptgestalten lösen einander symmetrisch ab: Theseus, Minos, Aeacus, Cephalus, wiederum Minos und nochmals Theseus. Cephalus und Procris sind ein herausragendes Beispiel dafür, daß Ovid jetzt zunehmend die Ehe als Schicksalsgemeinschaft einer episch-romanhaften Darstellung für wert erachtet (absichtlich konkurrierend mit der das Psychologische in den Vordergrund stellenden Parallelfassung im dritten Buch der *Liebeskunst*).

8. Buch. Die Grenze zum achten Buch liegt nach der Cephalus-Geschichte. Die Auseinandersetzung Athens mit Kreta (Minos) gestattet es, die Scylla-Tragödie einzufügen. Mit Daedalus, dem Erbauer des Labyrinths, steht eine Künstlergestalt im zentralen Buch des Werkes. Diese den Minos-Komplex abschließende Erzählung wetteifert mit der Version am Anfang des zweiten Buches der *Liebeskunst* und überhöht die Psychologie der älteren Fassung durch schicksalhafte Zusammenhänge: Nachträglich erfährt man die Vorgeschichte – die Ermordung des Perdix durch Daedalus; so fällt auf das Icarus-Geschehen ein ernstes Licht, das über bloße gefühlvolle Anteilnahme hinausweist. Das Herzstück des dreiteiligen Buches ist der »episch«[6] gestalteten calydonischen Eberjagd und der Meleager-Tragödie gewidmet. Erzählungen im Palast des Achelous schließen das Buch ab. Hier bilden kallimacheisch gestaltete Legenden vom Lohn der Frommen (Philemon und Baucis) und der Bestrafung eines Frevlers (Erysichthon) einen Schwerpunkt. Das Neben- und Ineinander von »epischer«, »tragischer« und »kallimacheischer« Poetik in diesem zentralen Buch erinnert an die von uns in den *Frauenbriefen* beobachteten poetologischen Anordnungs- und Darstellungsprinzipien: eine neue Verschmelzung von Epos, Tragödie und subtiler hellenistischer Psychologie.[7] Künstlerschicksal (Daedalus, der – wie später Ovid – seine Künste verflucht, M 8,234) und Doppelapotheose (Philemon und Baucis) stellen zwei Kernthemen dar, die weit über das einzelne Buch hinausweisen.

9. Buch. Der Kampf des Hercules mit Achelous vereint Hauptgestalten zweier aufeinander folgender Sinneinheiten (M 9,1–97): Achelous und das Thema »mehrfache Verwandlungen« gehören zum vorhergehenden Teil, Hercules bereits zum nächsten.[8] Auch im achten und elften Buch greift das bisherige Thema auf den Anfang des neuen Buches über. In einem früheren Fall stand eine vergleichbare Übergangspartie am Ende eines Buches: Europa (M 2,833–875) gehört als Geliebte eines Gottes zur Thematik des zweiten Buches, als Schwester des Cadmus aber schon zum dritten. Wie im siebten Buch zunächst Medea im Mittelpunkt steht, so Hercules in der ersten Hälfte des neunten (siebter »Großteil«; M 9,1–446). Auf den Kampf mit Achelous folgt, vom Autor in eigenem Namen angefügt, die Begegnung mit Nessus, die bereits die Voraussetzung für Hercules' Tod schafft. In kühner Umkehrung der Chronologie schließt sich an die Apotheose des Helden die Erzählung von seiner Geburt an (in der Erinnerung der Mutter). (Die antichronologische Reihenfolge der Episoden gemahnt an das Ende des vierten Buches, s. S. 137f.). Die darauf folgende Geschichte von Dryope betrifft Ioles Schwester, verweilt also im Umkreis des Hercules. Gleiches gilt von der Verjüngung des Iolaus. Mit dem Hinweis auf andere Verjüngungsgeschichten endet der kurze auf Hercules bezügliche Teil, in dem Ovid übrigens auch die Götterversammlung als typische Szene verwendet. Dieses Element der epischen Technik verbindet das neunte mit dem ersten, zweiten und letzten Buch. Ein Blick auf den *Festkalender* zeigt, daß Hercules als Stifter des Fabiergeschlechts für Ovid besondere Bedeutung hatte. Die wichtige Stellung des Hercules im Zentralteil (Buch 9) und im letzten Buch der *Metamorphosen* hat aber keine taktischen, sondern inhaltliche Gründe: Das Motiv »Apotheose« schlägt die Brücke zu den Büchern 1, 2, 4, 8, 14 und 15, schweißt also Anfang, Mitte und Ende des Werkes zusammen. Übrigens taucht Minos, der in den vorhergehenden Büchern als Bindeglied diente, auch im neunten noch einmal auf, wenn auch nur noch als altersschwacher Greis.

Der letzte Großabschnitt des neunten Buches bereitet thematisch das zehnte vor. Mit Byblis und Iphis stellt Ovid hier zwei kontrastierende Beispiele unnatürlicher Liebe nebeneinander, das eine mit unglücklichem, das andere mit glücklichem Ausgang. In dem letzteren Falle kommt das (auch für das Spätere wichtige) Motiv »Frömmigkeit« hinzu (vgl. Pygmalion in M 10). Das neunte Buch gipfelt in einer von der Mysteriengöttin Isis (vgl. Buch 1) herbeigeführten Geschlechtsverwandlung, ein Seitenstück zur erlösten Sexualität in den Sagen von Philemon und Baucis und Pygmalion.

10. Buch. Die Themen »Sonderformen der Liebe« und »Frömmigkeit« beherrschen auch den folgenden Orpheus-Teil (M 10,1–11,84): Hier finden sich Knabenliebe (Orpheus, Cyparissus, Ganymedes, Hyacinthus), Prostitution (Propoetiden), Liebe zu einer Statue (Pygmalion), Inzest mit dem Vater (Myrrha). Ebenso tritt das Thema »Frömmigkeit« hervor: Für den ehrfürchtigen Pygmalion tut Venus ein Wunder, wie Isis es für Iphis getan hat. Andererseits verscherzen Hippomenes und Atalanta durch mangelnde Dankbarkeit und Frömmigkeit ihr Glück. Tragik herrscht: Wie Adonis seiner Tapferkeit, so fällt Orpheus seiner Liebe zum Opfer. Orpheus' unglückliche Hochzeit kontrastiert mit der glücklichen von Iphis. Der das Buch abschließende Tod des Adonis bildet den Auftakt zu dem des Orpheus. In den langen musischen Gesang des Orpheus sind Erzählungen der Venus eingelegt; die mehrfache Rahmung erinnert absichtlich an das fünfte Buch. Das zehnte Buch lebt vom Dialog mit alexandrinischer Dichtung und ihren römischen Nachfolgern, nicht zuletzt Vergil in den *Georgica.*

11. Buch. Bezeichnend ist das Übergreifen der Thematik des zehnten Buches auf den Anfang des elften: Hier bildet der Bericht vom Untergang des Orpheus einen Epilog zum zehnten Buch (und zur zweiten Bücherpentade). Bacchus, der für Orpheus Rache übt, stellt die Verbindung zur anschließenden Midas-Geschichte her: Er ist es, der Midas die Liebe zum Gold austreibt. Seine Eselsohren bekommt Midas aber nicht mehr von Bacchus, sondern von Apollo. Mit dem Streit zwischen Phoebus und Pan setzt sich somit die musische Thematik des zehnten Buches fort, die an die Bücher 5 (Pieriden) und 6 (Marsyas)[9] erinnert. Im Rückblick erkennt man, daß die Midas-Geschichten ein Nachspiel zum Orpheus-Teil bilden, während die Erzählungen von Byblis und Iphis diesen ankündigten. Das Thema »Hochzeit und Liebe« wird vorbereitet, das Thema »Dichtung« schwingt nach. Trotz der auffallenden Geschlossenheit des Orpheus-Teils reicht also insgesamt ein größerer Zusammenhang von M 9,447 bis 11,193 (»achter Großteil«).

Der im strengen Sinne mythische Teil der *Metamorphosen* endet mit M 11,193. Hier ist auch der Epilog zur zweiten Pentade zu Ende. Der Schluß der zweiten Bücherpentade enthält somit wie derjenige der ersten eine umfangreiche mehrfache Rahmenerzählung (den Gesang der Muse im fünften und den des Orpheus im zehnten Buch); in beiden Fällen findet sich außerdem ein auf das nächste Buch übergreifender Epilog mit dem Ende eines Künstlerschicksals und einem verhängnisvollen Wettstreit.

Die letzte Pentade lenkt am Anfang in den Bereich des Epos zurück. Als neues wichtiges Stichwort tritt nun der Name Troia auf (M 11,199). Mit Laomedon, Hercules, Peleus und Thetis befinden wir uns eine Generation vor dem Troianischen Krieg. Ein in sich geschlossener Textabschnitt reicht von M 11,194 bis 11,795 (»neunter Großteil«). Die Themen und Zentralfiguren lösen sich regelmäßig ab: Troia – Peleus – Ceyx – Peleus – Ceyx – Troia. Das Schicksal führt Achills Vater Peleus zu Ceyx; die – inhaltlich romanhafte, aber episch überhöhte – Erzählung von dessen Untergang füllt die zweite Hälfte des elften Buches. Noch mehr als im zehnten Buch steht hier die Liebe zwischen Ehegatten im Vordergrund. Das Thema »Ehe« war zuvor bereits in den Erzählungen von Cephalus und Procris, Philemon und Baucis, Iphis und Ianthe, Orpheus und Eurydice behandelt worden. Am Ende des elften Buches bildet die Verwandlung des Priamussohnes Aesacus, eines Vertreters der nächsten Generation, den Auftakt zum zwölften Buch.

12. Buch. Der Troianische Krieg umspannt einen Textzusammenhang, der von M 12,1 bis 13,622 reicht (»zehnter Großteil«). Auf Achilles war schon in M 11,256 hingewiesen worden. Sein Tod am Ende des zwölften Buches halbiert den Troia-Teil. Zunächst sehen wir die Griechen in Aulis und erleben Achills Sieg über Cygnus mit. Als Erzählungen[10] des greisen Nestor werden dann Ereignisse aus einer früheren Generation eingeblendet: die Schlacht zwischen Centauren und Lapithen, umrahmt von den Schicksalen des Caeneus (dessen Geschlechtsumwandlung zu der von Iphis – Buch 9 – ein düsteres Gegenstück bildet), und die Verwandlung von Nestors Bruder Periclymenus. Hier schlägt der Name Hercules eine Brücke zum neunten Buch. Am Ende des zwölften Buches berichtet Ovid vom Tod Achills. Dieses Ereignis bildet den Hintergrund für weite Strecken des folgenden Buches, die dem »Nachleben« dieses Helden gewidmet sind (ähnlich wie das elfte die Vorbereitung seiner Geburt einschloß).

13. Buch. Das hochrhetorische Rededuell um Achills Waffen bildet im dreizehnten Buch einen umfangreichen, in sich geschlossenen ersten Teil (M 13,1–398); eine ähnliche Struktur war in den Büchern 1, 2, 4, 5, 7 und 9 zu beobachten. Die in der Tradition der Tragödie gestalteten Schicksale Hecubas (mit ihren letzten Kindern) und der Rückblick auf Memnon (M 13,576–622) verweilen ebenfalls noch im troianischen Bereich und stehen im Schatten Achills.

Dann aber erscheint als neue Leitfigur Aeneas (M 13,625). An seinen Fahrten wird sich die Handlung bis zu seiner Apotheose orientieren (bis 14,608). Es ist wohl sinnvoll, den Aeneas-Teil, der 13,623 beginnt, nicht nur bis 14,440 (Ludwigs »elfter Großteil«), sondern bis zur Vergöttlichung des Helden reichen zu lassen (14,608). Trotz oder gerade wegen des Dialogs mit Vergil wird deutlich, daß Ovid direkte Konkurrenz vermeidet und seinem besonderen – das Hellenistische, Psychologische und Erotische hervorhebenden – Zugang zum Stoff treu bleibt. Am Anfang des Aeneas-Teils steht als Rahmenerzählung eine weitere Erinnerung an die Zeit des Troianischen Krieges: die Verwandlung der Töchter des Anius in Tauben, die der Venus heilig sind, der Mutter des Aeneas. Als Beschreibung eines Kunstwerks schließt sich die Geschichte von Orions Töchtern an, die sich für die Gemeinschaft aufopfern. Die Ankunft des Aeneas auf Sizilien gibt Gelegenheit, Scyllas Schicksal zu erzählen, in dessen Darstellung Galateas Bericht vom Cyclopen eingeschoben ist – Ovid macht aus dieser sizilischen Sage, die Theokrit bukolisch gestaltet hat, einen Opernstoff. Die Geschichte von Glaucus und Scylla überbrückt die Fuge zwischen den Büchern 13 und 14 (eine Technik, die wir bereits mehrfach beobachten konnten). Die Apotheose des Glaucus wird (wie die des Hippolytus in Buch 15) von dem Betroffenen aus eigenem Erleben erzählt, bildet somit einen exquisiten Texttypus religiöser Autobiographie.

14. Buch. Am Ende des dreizehnten Buches wechselt der Schauplatz von Sizilien nach Italien. Hier spielt das vierzehnte Buch zum großen Teil. Eine Hauptgestalt ist Circe. Aeneas verläßt ihr Machtgebiet erst in M 14,446f. Mit der Verwandlung Scyllas wendet sich der Blick zunächst nochmals nach Sizilien zurück. Dann begleiten wir Aeneas auf der Fahrt nach Italien und sehen ihn bei der Sibylle. Im Gespräch zwischen Macareus und Achaemenides werden Sizilien, *Odyssee* und *Aeneis* erneut heraufbeschworen. Circe verwandelt die Gefährten des Odysseus und – als Vorläuferin romantischer Hexengestalten – den spröden Jäger Picus. Ein neuer Abschnitt reicht vom Krieg mit Turnus bis zur Apotheose des Aeneas. Doch nicht um Kampf geht es, sondern um Metamorphose und Verklärung: Die Gefährten des Diomedes, der apulische Hirt, die Schiffe des Aeneas werden verwandelt, und dieser wird zum Gott. Venus beweist überall ihre Macht (auch in dieser Beziehung bildet Vers 440 keine Zäsur): Sie bestraft die Gefährten des Diomedes und verleiht Aeneas Sieg und göttlichen Rang. Ovid versucht sogar, die Circe-Handlung auf Venus zu beziehen (14,27). Auch in die Cyclopen-Geschichte ist eine feierliche Anrede an Venus eingefügt (13,758f.). Der gesamte Aeneas-Abschnitt steht im Zeichen der Venus. Als Rächerin (14,27, 477f.) und machtbewußte Göttin (5,366–379) kennen wir sie bereits (vgl. auch 4,190–192; 10,681–685) ebenso wie ihren Sohn Amor (so schon 1,463–465). Durch die Orientierung auf diese Deutung der Venus hin fügt sich Ovids Aeneas-Erzählung organisch in das Ganze der *Metamorphosen* ein.

Mit M 14,609 beginnt die Reihe der Albanerkönige. An chronologisch geeigneter Stelle berichtet Ovid – in charmanter postumer Huldigung an seinen Freund, den Elegiker Properz – von Vertumnus und Pomona; eingelegt ist hier die cyprische Sage von Iphis und Anaxarete: ein (weiteres) Beispiel für Venus' Rache (14,693f.); Anaxaretes Statue steht im Tempel der Ausschau haltenden Venus (14,760f.). Venus ist es auch, die rettend in den Krieg zwischen Römern und Sabinern eingreift (14,783–787). Bei der Apotheose von Romulus und Hersilia am Ende des Buches stehen freilich Mars und Iuno Pate; die Göttin der Ehe tritt hier passend an die Stelle der Venus; die Verwandlung des Stifterpaares findet in der Erzählung von Cadmus und Harmonia (Buch 4) eine Entsprechung. Die von Ovid (unter Überbietung des zentralen achten Buches, siehe dort) neuartig gestaltete Doppelapotheose von

Mann und Frau krönt das vierzehnte Buch nicht nur formal, sondern auch inhaltlich.

15. Buch. Passend eröffnet der Friedensherrscher Numa das letzte Buch, das mit Augustus enden wird. Im Anschluß an eine (chronologisch unhaltbare) Legende läßt Ovid Numa nach Unteritalien kommen, um dort bei Pythagoras zu studieren. In Croton hört Numa die Sage vom Stadtgründer Myscelos, den Hercules durch ein Wunder vor einer Verurteilung rettet. Das Wirken dieses erlösenden Gottes bildet ein Gegenstück zum Eingreifen der Venus bei Caesars Apotheose am Ende des Buches. Die Gestalt des Hercules stellt auch eine Verbindung zum neunten Buch her, das weitgehend im Zeichen dieses Heros steht. Eine weitere Erlösergottheit im fünfzehnten Buch ist Aesculap, dessen heilbringendes Wirken im zweiten Buch angekündigt worden war. Numa lauscht dem Lehrvortrag des Pythagoras. Ausgehend vom Fleischverbot entwickelt der Philosoph die Seelenwanderungslehre und eine allgemeine Theorie der Metamorphose in der Natur, im einzelnen Menschenleben und in der Geschichte (hier erscheinen Theben, Athen und das ›troianische‹ Rom ausdrücklich als Stationen; M 15,429–431). Von der mythischen Sichtweise, die im Corpus der *Metamorphosen* herrscht, kehrt Ovid hier zu dem damaligen naturwissenschaftlichen Weltbild zurück, das er auch im ersten Teil des ersten Buches entwickelt hatte. Diese Rede füllt einen großen Teil des Buches; hierin ist sie dem Musengesang des fünften und dem Orpheuslied des zehnten vergleichbar. Neu ist der Schritt vom Mythos zum Logos. Die literarische Gestaltung des Logos ist freilich die denkbar erhabenste. Wie schon im ersten Buch greift Ovid hier auf die Sprache des Lukrez zurück.

Numa wird von seiner Gattin Egeria betrauert; Hippolytus versucht vergeblich, sie zu trösten, indem er ihr von seiner Auferweckung durch Aesculap und seiner Vergöttlichung durch Diana berichtet (vgl. die Ich-Erzählung des Glaucus im 13. Buch). Durch einen Vergleich lose angefügt, beschließt die Legende von dem selbstlosen Republikaner Cipus den vorletzten Abschnitt des Werkes (bis M 15,621).

Erst jetzt – zu Beginn des Schlußteils – ruft Ovid die Musen an. Am Anfang des Werkes appellierte er nur an die für Verwandlungen zuständigen Götter, ließ sich also, ähnlich wie in der *Liebeskunst* und ganz im Sinne der Poetik des Lehrgedichts, mehr vom Gegenstand als von Literaturgottheiten inspirieren. Im fünften Buch erschien eine Muse als Sprecherin; im zehnten wandte sich Orpheus an die Muse, deren Sohn er war. Pythagoras war göttlich inspiriert, als hyperboreischer Apollon offenbarte er »sein eigenes Delphi« (M 15,144). Ovid sagt, warum er jetzt die Musen um Beistand bittet. Sie stehen den Dichtern durch ihre Gegenwart hilfreich zur Seite (M 15,622). Das altrömische Wort *vates* schließt die Sehergabe ein: In diesem Schlußteil geht es um römischen Staatskult (und damit um den Bestand des Weltfriedens). Aesculap wird feierlich unter die Götter Roms aufgenommen, ebenso Caesar. Der eine kommt von auswärts, der andere ist Gott in seiner eigenen Stadt; seine Apotheose ist als Werk der Venus der würdige Abschluß einer Dichtung, in der die Macht dieser Göttin so vielfältig dokumentiert ist. Mit einer Parallelisierung von Iuppiter und Augustus, die ihrerseits auf das erste Buch zurückgreift, und einem persönlichen Epilog, der dem Prooemium des ersten Buches entspricht, endet das Werk. Das letzte Buch weist formale und inhaltliche Entsprechungen mit dem ersten auf. Auch im Hinblick auf das Gesamtwerk wird eine Zusammenfassung und Überbietung versucht. Die Pythagorasrede hebt das Thema »Metamorphose« auf eine neue Ebene. Die bisher vorgeführten mythischen Verwandlungen geben sich als Teilbereich eines umfassenderen Prinzips zu erkennen. Der Epilog formuliert in Gestalt einer letzten »Metamorphose« den Ewigkeitsanspruch des Dichters und gewinnt so dem Thema des Gesamtwerks eine neue Bedeutung ab.

Gesamtüberblick

Versuchen wir nun, zu einem Gesamtbild des Aufbaus der *Metamorphosen* zu gelangen! Die Gliederung in zwölf »Großteile«[11] krankt zwar daran, daß die Einteilungskriterien wechseln und daß die Länge der Teile sehr unterschiedlich ist, doch ist sie für eine Orientierung innerhalb des Labyrinths der *Metamorphosen* immer noch sehr hilfreich, da sie sich zumeist auf Hinweise stützt, die der Text selbst bietet. Am wenigsten überzeugt die Annahme eines überlangen Großteils (des sechsten), der sich in der Mitte des Werkes über mehrere Bücher erstreckt. Die Tatsache, daß diese Sektion sich einer feineren Unterteilung widersetzt, zeigt jedoch indirekt, daß eine Gliederung nach Bücherpentaden erwägenswert bleibt.[12]

In Ludwigs Analyse sind die »Großteile« 2, 5 und 8 thematisch orientiert; dagegen dominieren in 3/4 und 6/7 genealogische Zusammenhänge und hervorragende Heroengestalten. Themen der Teile 2, 5 und 8 sind Liebe, Götterzorn und Kunst. In Teil 2 tritt die Liebe stärker hervor, in Teil 5 der Zorn, in Teil 8 geht es um Abwege und Irrwege des Liebesgefühls. An drei entscheidenden Stellen tritt Amor auf: Im zweiten Teil siegt er über Apollon, im fünften erobert er die Unterwelt, im achten besiegt er Venus. Im achten und fünften Teil ist die Dichtung ein wichtiges Thema. In der Geschichte von Arachne sind alle Motive versammelt, die für den zweiten, fünften und achten »Großteil« charakteristisch sind: eine willkommene Bestätigung der besonderen Bedeutung der Arachne-Geschichte. (Bei einer Analyse nach Bücherpentaden wird die Schlüsselstellung dieses Textes noch deutlicher: Er dient zugleich als Epilog zur ersten Pentade und als Eröffnung der zweiten.)

Der mythische Teil der *Metamorphosen* endet nach Ludwig mit M 11,193. Danach beginnt die historische Zeit. Ihre Teile sind nicht chiastisch, sondern parallel aufeinander bezogen. Der nach 11,193 beobachtete Einschnitt erhärtet übrigens die pentadische Struktur des Gesamtwerkes. Hier endet der »Epilog« zur zweiten Pentade mit dem Tod des Orpheus und dem Sieg des Phoebus über Pan.[13]

Die im Vergleich mit Ludwig eher weitmaschige Strukturanalyse von Otis[14] unterscheidet vier Sektionen. Die erste Sektion entspricht Ludwigs ersten beiden Großteilen und bestätigt soweit die Richtigkeit seiner Analyse. Die zweite Sektion (M 3,1–6,400) enthält als episches Zentralstück die Perseus-Geschichte, umrahmt von den Liebeserzählungen der Minyaden und dem Gesang der Muse (daß es bei den Musen um Rache und Kunst geht, wird zu wenig beachtet). Den äußeren Ring bilden Racheerzählungen (von Actaeon bis Pentheus und von Arachne bis Marsyas). Es ist nicht ganz verständlich, warum die Rolle des Perseus so viel stärker hervorgehoben wird als die des Cadmus und des Bacchus. Die dritte Sektion läßt Otis von M 6,401 bis zum Ende des elften Buches reichen. Zwischen fünf Liebeserzählungen (Tereus, Scylla, Byblis, Myrrha und Ceyx) stehen in der Mitte Theodizeen (Philemon und Baucis, Erysichthon), umrahmt von zwei epischen Stükken (Meleager, Hercules). Nach der ersten Liebesgeschichte erscheinen Wunder von Tod und Auferstehung in erotischem Rahmen (um Medea), nach der Byblis-Geschichte Wunder der Bestrafung und Belohnung (in erotischer Umrahmung). Die Analyse des Mittelteils der *Metamorphosen* befriedigt auch bei Otis am wenigsten. Gegenüber Ludwig fällt positiv auf, daß die Sage von Philemon und Baucis einen würdigen Platz erhält. Auch die Unterscheidung von homerisch-epischen und kallimacheischen Partien ist hilfreich.[15]

Die vierte Sektion (Bücher 12–15) zeigt Aeneas zwischen Troia und Rom. Die zentrale Aeneas-Handlung wird zweimal durch Liebesgeschichten aufgelockert; in den Troia-Passus ist ein Rededuell eingelegt, in den Abschnitt über Rom ein philosophischer Vortrag. Die Grundlinien stimmen hier mit Ludwig überein, doch ist Ludwigs Anfangspunkt M 11,194 vorzuziehen, da die Vorgeschichte der Geburt Achills und des Troianischen Krieges nicht von dem Folgenden getrennt werden sollte. Somit bestätigt sich auch anhand der Analyse von Otis die Zusammengehörigkeit der dritten Bücherpentade (M 11,1–193 wäre der Epilog zur zweiten).

Die Analysen von Ludwig und Otis berücksichtigen die Buchgrenzen relativ wenig. Ein Fortschritt für das Verständnis der *Metamorphosen* insgesamt wird von Analysen einzelner Bücher zu erwarten sein. Insbesondere gilt dies für die zentralen Bücher 6 bis 9. Es ist lohnend, den Hinweisen nachzugehen, die der Dichter selbst durch die Anordnung des Stoffes innerhalb der Bücher und durch die Gestaltung der Übergänge gibt. Wertvolle Ergebnisse sind in letzter Zeit für das fünfte, zehnte und fünfzehnte und ganz besonders für das zentrale achte Buch erzielt worden.[16]

Gattungscharakter

Der Gattungscharakter der *Metamorphosen* läßt verschiedene Interpretationen zu. Der große Umfang des Werkes, seine hexametrische Form und sein allumfassender Inhalt legen es nahe, die *Metamorphosen* der Gattung Epos zuzurechnen. Im Unterschied zum homerisch-vergilischen Typus kennen die *Metamorphosen* freilich keine Einheit der Person und der Handlung, sondern eine solche des Themas. Dies verbindet das Werk mit Kataloggedichten und mit didaktischer Poesie, also mit hellenistischen Gattungen, die indessen letztlich auf Hesiod zurückgehen. Von den zuletzt genannten Typen unterscheiden sich die *Metamorphosen* freilich durch ihren erheblichen Umfang. Ovids Prooemium bietet einen in sich widersprüchlichen Befund: Während das Verb *deducere* (›einen feinen Faden spinnen‹) auf einen hellenistischen, kallimacheischen Dichtungstypus hinweist, gibt sich die Ankündigung eines »ununterbrochen fortlaufenden Gedichts« (*carmen perpetuum*) anti-kallimacheisch, denn dieser Dichter hatte die Abfassung eines solchen[17] ausdrücklich abgelehnt. Es handelt sich also um eine typisch römische Monumentalisierung einer hellenistischen Gattungstradition. Folgende Vorgänger seien genannt: Einer mythischen delphischen Priesterin Boio (oder einem Boios) schrieb man eine *Ornithogonia* zu. Dieses frühhellenistische Werk beschrieb Verwandlungen von Menschen in Vögel mit besonderer Berücksichtigung der Mantik. Ovids älterer Freund Macer hatte es lateinisch bearbeitet (K 4,10,43). Allgemein von Metamorphosen handelten die *Heteroiumena* Nikanders von Kolophon (3. oder eher 2. Jh. v. Chr.); vom Inhalt geben uns die Auszüge des Antoninos Liberalis (wohl 2. Jh. n. Chr.) eine Vorstellung. Parthenios von Nikaia (1. Jh. v. Chr.), ein in Rom lebender Zeitgenosse des Cornelius Gallus, schrieb *Metamorphoseis* (darin die Erzählung von der Nisustochter Scylla) und *Erotika Pathemata*, die Verwandlungen einschlossen.[18] Es ist uns unbekannt, ob der jüngere Antigonos von Karystos seine *Alloioseis* vor oder nach Ovid verfaßte. In lateinischer Sprache gab es Kleinepen über einzelne Verwandlungssagen: Ciceros *Alcyones*, Ciceros und Cornificius' *Glaucus*, Helvius Cinnas *Smyrna*, Licinius Calvus' *Io*; eine Vorstellung von solchen Werken vermittelt die auf uns gekommene pseudo-vergilische *Ciris*. Die Verbindung unterschiedlicher Gattungspoetiken in den *Metamorphosen* ist methodisch mit entsprechenden Erscheinungen in den *Frauenbriefen* vergleichbar; auch dort erfolgt die Zusammenstellung (oft auch Durchdringung) unterschiedlicher Stoffe und Gattungspoetiken nach Prinzipien, die sich definieren lassen und somit auf die Intentionen des Autors Licht werfen.

Vor diesem Hintergrund erscheint die Gegenüberstellung von »Epischem« (den *Metamorphosen*) und »Elegischem« (Ovids übrigen Werken) zu grobmaschig. Richard Heinze[19] glaubte, tiefgreifende Unterschiede zwischen den *Metamorphosen* und den elegischen Dichtungen feststellen zu können: Erzähle Ovid dort subjektiv, gefühlsbetont, asymmetrisch, so achte er in den *Metamorphosen* umgekehrt auf Objektivität, symmetrischen Aufbau und Wahrung der Würde der Götter. Nun aber finden sich in den *Metamorphosen* auf Schritt und Tritt Züge, die diesen Bestimmungen widersprechen, wie dies der Vergangenheit Ovids als Elegiker entspricht. »Episches« und »Elegisches« sollte man daher in den *Metamorphosen* nicht gegeneinander ausspielen. Was vielmehr Ovid als ›postmodernen‹ Autor reizt, ist die wechselseitige Bereicherung der Gattungen: Private Liebe – bisher überwiegend Gegenstand der Elegie – wird einer Übertragung ins epische Großformat für würdig befunden; epische Stoffe und Charaktere werden umgekehrt mit den Mitteln von Drama und Elegie psychologisch durchleuchtet. Soweit erhaltene Auszüge aus hellenistischen Quellen einen Vergleich gestatten, zeigt sich Ovid künstlerisch sehr selbständig. Nicht weniger stark als schon in den *Frauenbriefen* wirken griechische (und altrömische) Tragödien herein, gerade auch was die psychologische Durchdringung innerer Konflikte betrifft.

Schwer zu überschätzen ist schließlich der Einfluß der hellenistischen Dichtung. Ihr Exponent Kallimachos ist – trotz der Distanzierung von ihm im vierten Vers der *Metamorphosen* – ein ständiger Bezugspunkt. Gleiches gilt von Kallimachos' römischen Nachfolgern um Catull.

Anregungen für die Grundidee der *Metamorphosen* bot insbesondere der kosmologisch-erotische Silensgesang in Vergils sechster Ekloge (bzw. das dort benutzte Œuvre des Cornelius Gallus). Wichtig (und bisher noch nicht voll gewürdigt) ist schließlich der philosophisch-naturwissenschaftliche Rahmen, den Ovid seinem Werk zu geben sucht. Unabhängig vom Unterschied der Philosophenschulen ist hier Lukrezens Lehrgedicht für den sublimen

Ton naturphilosophischer Lehre maßgebend. Bei genauerem Zusehen erkennt man, daß die antike Naturwissenschaft nicht nur den Rahmen des Werkes (Buch 1 und 15), sondern auch das Corpus der Mythenerzählungen durchdringt. Allgegenwärtig sind z. B. die vier Elemente; aber auch im einzelnen versucht der Autor auf Schritt und Tritt, mythische Verwandlungen durch »wissenschaftliche« Erklärungen plausibel zu machen.

Was prosaische Vorlagen betrifft, so ist die Benutzung mythologischer Handbücher bei dem Umfang des Werkes wohl eine Selbstverständlichkeit; solche Werke können aber nur den Stoff und gegebenenfalls die Anordnung der Mythen, nicht aber die poetische Gestaltung beeinflussen. Der universalhistorische Rahmen ist ebenfalls hellenistisch.[20] Daß die Weltgeschichte in das römische Imperium mündet (das hierin das Alexanderreich ablöst), ist eine Feststellung hellenistischer Historiker, aus der Ovid (wie zahlreiche römische Autoren vor ihm) die seinem Thema entsprechenden Schlußfolgerungen zieht.

Die *Metamorphosen* sind nach Versmaß und Umfang ein Epos, aber ein Epos sui generis mit großer Nähe zur didaktischen Poesie, ein Kollektivgedicht, das, ähnlich wie die *Frauenbriefe* im Rahmen der Elegie, als Neuschöpfung zu gelten hat, die nun im Rahmen des Epos eine Kreuzung und Synthese der Gattungen, die Rückkehr aller literarischen Ströme in das Genos ihres Ursprungs[21] erstrebt. Wichtiger als Abgrenzung ist der intertextuelle Dialog.

Literarische Technik

Ovids Erzählkunst findet in der römischen Literatur wohl nur bei Apuleius ihresgleichen. Hier müssen wir uns darauf beschränken, einige Grundzüge zu skizzieren. Das Tempo des Erzählens kann stark variieren: In der Exposition herrscht meist eine ausgesprochen ruhige Gangart; im

Finale überstürzen sich oft die Ereignisse. Zu Beginn kann eine Landschaftsschilderung den Ort der Handlung aus der Vogelschau vergegenwärtigen (zeitloses Präsens). Allmählich verengt sich die Perspektive, um sich schließlich auf einen bestimmten Helden zu konzentrieren. Aus einer Darstellung seiner Gewohnheiten (im Imperfekt) ergibt sich sodann der Übergang zum einmaligen Geschehen (historisches Präsens). Hier verleiht der Dichter einzelnen Handlungen unterschiedliches Gewicht, indem er beispielsweise das historische Perfekt (ein besonders gewichtiges Tempus) für bestimmte Augenblicke aufspart. Vor dem entscheidenden Ereignis ist die Spannung besonders groß. Ovid steigert sie durch retardierende Momente: Gleichnisse können uns die Situation plastisch vor Augen stellen, Monologe lassen uns einen Blick in das Innere der Gestalten tun. Ist dann die Entscheidung gefallen, so geht die Handlung überraschend schnell zu Ende. Ovid rechnet mit dem Spannungsabfall im Bewußtsein des Lesers und baut seine Erzählungen dementsprechend auf.

Rezeptionssteuerung

Der Autor begleitet seinen Leser mit deutenden Hinweisen und steuert so die Rezeption seines Textes. Oft nennt er das Grundthema (Liebe, Götterzorn) schon bei der Überleitung oder in der Einführung. Das entsprechende Stichwort kann in entscheidenden Phasen der Handlung erneut auftreten (etwa: »die Liebe gab ihr den Wagemut, dies zu tun«; M 4,96). Gleichnisse können den dominierenden Affekt schon in einem sehr frühen Stadium der Geschichte hervorheben. Das gleiche Mittel lenkt die innere Anteilnahme des Lesers rechtzeitig auf die Hauptfigur. Beifügungen deuten auf das unglückliche Ende voraus und stellen so das Geschehen von vornherein vor einen düsteren Hintergrund (»der ahnungslose Picus«, M

14,362f., vgl. 9,336; »der unglückselige Phaethon«, 2,179; einen Kuß, »den er nie wiederholen sollte«, 8,211f.). Solche Elemente haben nicht nur eine emotionale, sondern auch eine rationale Funktion, helfen sie doch dem Leser, die Linie des Geschehens zu erfassen. Tragische Ironie ist mehr als nur ein barockes Spiel mit Worten: Sie unterstreicht den Kontrast zwischen der Unwissenheit des Handelnden und dem Schicksal, das ihn erwartet.

Intensiv ist die *psychologische Durchdringung*. Der Dichter verarbeitet hier die Erfahrungen des klassischen Dramas, der hellenistischen Dichtung und der Elegie: Zahlreich sind Monologe von Frauengestalten, auch eine Epistel im Stil der *Frauenbriefe* findet sich (Byblis). Psychologische Gleichnisse, wie sie im Epos seit Apollonios Rhodios zunehmen, dienen dem gleichen Zweck. Derartige Seelenbilder stehen mit Vorliebe vor der Peripetie, wo sie als retardierendes Element wirken.

Nicht weniger wichtig als die Mittel der Einfühlung sind solche der *Distanzierung*. Das Ende der Erzählungen gleicht in dieser Beziehung oft einem schmerzlichen Erwachen. Frostige Pointen über den beleuchtungstechnischen Nutzwert des Weltbrandes (M 2,332f.) oder der Vergleich des blutenden Pyramus mit einem geplatzten[22] Leitungsrohr (M 4,121–124) sind unüberhörbare (dennoch oft unverstandene) Denkanstöße. Der betonten Nüchternheit der Exposition der Orpheus-Geschichte am Anfang des zehnten Buches versuchten wohlmeinende Übersetzer und Nachdichter durch gefühlvolle Zusätze aufzuhelfen, ohne zu bemerken, daß Ovid Anfang und Ende dieser Erzählung absichtlich zurückhaltender gestaltet hat als den gewichtigen Mittelteil.

Der Rezeptionssteuerung dient auch die Wahl *unterschiedlicher Erzähler* und *Sprecher*. Wichtig die Muse im fünften, Orpheus im zehnten und Pythagoras im fünfzehnten Buch: Die Linie führt von der singenden Göttin über den inspirierten griechischen Sänger zum reflektierenden italischen Naturphilosophen. Arethusa – Erzählerin und Handelnde (Buch 5) – verbürgt den Übergang von Griechenland nach Sizilien, Hippolytus (Buch 15) – in gleicher Doppelrolle – von Griechenland nach Italien. Die jeweiligen Sprecher[23] können (so in Buch 8) die Glaubwürdigkeit der Erzählung erhöhen oder in Frage stellen (zuweilen beides zugleich, wenn stabilisierende und destabilisierende Faktoren sich die Waage halten). Die Erzählervielfalt spiegelt nicht nur die Vielfalt der Quellen, sie ist ein wesentlicher Faktor in der Konstitution von Sinn, die sich jeweils im Wechselspiel zwischen Sprecher und Zuhörer vollzieht. Das macht zugleich die Vorläufigkeit narrativ erfahrener poetischer »Wahrheit« und ihre Unverwüstlichkeit aus. Ich-Erzählungen von der eigenen Verwandlung oder gar Apotheose[24] vermitteln aus der Innenperspektive den Schritt von der alten zur neuen Identität und leisten somit Vorarbeit für die poetische Autobiographie des verbannten Ovid.

Visuelle Suggestivkraft und motorische Phantasie

Die plastische Anschaulichkeit von Ovids poetischer Vision – eine Eigenschaft, die ihn eher mit Homer als mit Vergil verbindet und in der römischen Literatur wohl am stärksten bei Statius und Claudian nachwirkt – hat vielfach dazu herausgefordert, seine Werke mit solchen der Bildenden Kunst zu vergleichen, und hat überhaupt die *Metamorphosen* zu einem fast unerschöpflichen Arsenal für Bildhauer und Maler späterer Zeiten werden lassen. Trotzdem bedarf es hier feiner Distinktion im Grundsätzlichen: Der bildende Künstler vermag ja seinen im Raume ruhenden Gestalten nur indirekt Bewegtheit zu verleihen – etwa durch den Faltenwurf der Gewänder oder durch eine leichte Phasenverschiebung zwischen dem Gestus der Arme und Beine, oder durch ein pointiertes Nebeneinander von Gegensätzen (so kann Jugend neben Alter die Vorstellung von Wachstum oder Verfall suggerieren); zu diesen Mitteln der Rezeptionssteuerung gehört auch das Rechnen mit Betrachtern, die sich einer Skulptur sukzessive von verschiedenen Seiten nähern; in all diesen Fällen entsteht freilich die Vorstellung der Bewegung erst sekundär im Bewußtsein des Rezipienten und wird nicht auf rein bildnerischem, sondern auf assoziativem Wege erzeugt. Dagegen liegt die Stärke der Dichtung, die ja ihrem Wesen nach in der Dimension der Zeit verläuft, gerade im Nacheinander: Mit motorischer Phantasie und visueller Suggestivkraft zeichnet Ovid äußere und innere Bewegung nach. Seine Kunst, gleitende Übergänge zu gestalten, zeigt sich im kleinen in der Darstellung des Verwandlungsvorgangs, im großen in der oft überraschenden Verknüpfung der Erzählungen. Oft scheint er Möglichkeiten vorwegzunehmen, die erst der Film visuell zu realisieren vermag. Im Unterschied zum Film macht er den Leser freilich nicht zum passiven Zuschauer, sondern regt ihn an, die entsprechenden Vorstellungen selbst zu entwickeln.

Diese Qualität erstreckt sich auch auf die Vergegenwärtigung von Vorgängen, die so in der Natur nicht vorkommen. Die Schilderung der Metamorphose stellt dem Leser etwas Irrationales, Natur- und Vernunftwidriges so überzeugend vor Augen, daß er es vor sich zu sehen glaubt. Bewußt aufgebaute Kombinationen von Zügen, die in der Natur nicht in dieser Weise verbunden sind, finden sich in allegorischen Ortsschilderungen, wie sie für Ovid so bezeichnend sind: Man denke an die Wohnung des Neides (M 2,760–782), das Haus des Schlafes und der Träume (M 11,592–615) oder die Burg der Fama (M 12,39–63). Das innerste Wesen einer Gestalt spiegelt sich nicht nur in ihrer äußeren Erscheinung, sondern auch in ihrer Umwelt. Solche Stellen beweisen, daß rhetorische Schulung nicht im Widerspruch zur Poesie steht, sondern die dichterische Erfindungskraft beflügelt.

Sprache und Stil

Ovids Umgang mit sprachlichen und stilistischen Mitteln spiegelt den ständigen Fluß des Werdens und Vergehens: »Es gibt im ganzen Weltkreis nichts Beständiges. Alles ist im Fluß, und jedes Bild wird gestaltet, während es vorübergeht« (*nihil est toto, quod perstet, in orbe; cuncta fluunt, omnisque vagans formatur imago*; M 15,177f.). Bezeichnend ist, wie gleiche Vokabeln unter wechselnden Gesichtspunkten wiederholt werden und dabei immer wieder neue Facetten sichtbar machen: Die Töchter des Anius beten in verzweifelter Lage zu Bacchus: »Hilf!« (*fer opem*; M 13,669) Auf diesen subjektiven Ruf folgt die objektive Bestätigung: »Und er half wirklich« (*tulitque … opem*; 13,669f.) Danach freilich eine relativierende Einschränkung: »wenn das ›helfen‹ heißen kann: jemanden durch ein Wunder vernichten« (*si miro perdere more / ferre vocatur opem*; 13,670f.). Parallel zu der erzählten Metamorphose macht hier ein Wort vermittels wechselnder Beleuchtung – subjektiv, objektiv, ironisch – einen Wandlungsprozeß durch. Bei der Schilderung der Metamorphose kann ein Wort, das beibehalten wird, äußerlich Dauer vortäuschen, während es faktisch seine Bedeutung ändert: Bei der Verwandlung von Steinen in Menschen wird nach Ovids Beschreibung zwar Ähnliches zu Ähnlichem (Erdiges zu Muskeln, Hartes zu Knochen), aber das Geäder bleibt Geäder (*vena*), wobei sich die Bedeutung freilich vom Metaphorischen zum Konkreten wandelt; Ovid ist gewissenhaft genug zu sagen, es handle sich nur um eine nominelle Gleichheit (*sub eodem nomine*, M 1,410). Eine ursprünglich metaphorische Vorstellung konkretisiert sich auch in der dunklen Farbe des Blocks, in den Aglauros verwandelt wird, wie dies ihrer schwarzen Seele entspricht (M 2,832). Man sieht: Die im Text berichteten Verwandlungen finden im Sprachlichen ihre Parallelen; selbst Wörter, die gleich zu bleiben scheinen, wandeln sich nach Form oder Inhalt.

Das Aufbrechen der in sich geschlossenen Realität spiegelt sich in der Syntax. Gerne lockert Ovid seine Sätze durch Einschübe auf, die das Ganze in verändertem Lichte erscheinen lassen. Während er von dem Wunder der Verwandlung berichtet, schiebt er parenthetisch eine Frage ein: »Die Steine – wer möchte dies glauben, wenn nicht das Alter der Sage einen Zeugen ersetzen würde? – begannen ihre Härte abzulegen« (*saxa – quis hoc credat, nisi sit pro teste vetustas? – / ponere duritiem coepere*, M 1,400f.). Primär scheint die Parenthese die Glaubwürdigkeit der Geschichte durch Berufung auf ihr Alter zu stützen, sekundär aber stellt sie durch Betonung des zeitlichen Abstandes die für einen Großstadtdichter und sein gebildetes Publikum hier dringend erforderliche Distanz zum Gegenstand her.

Solches Vorgehen macht Ovids Aussage mehrschichtig. Das ist vor allem auch in Monologen spürbar, wenn die Sprecherin in Parenthese ihre wahren Gefühle verrät, gegen die sie im Haupttext noch anzukämpfen versucht. Atalanta will ihre erwachende Liebe zu Hippomenes vor sich selbst noch als Mitleid mit seiner Jugend rechtfertigen; aber in Parenthese verrät sie (wenn auch vorerst nur hypothetisch), daß sie für seine Schönheit nicht unempfänglich ist: »Und nicht seine Schönheit rührt mich – obwohl auch sie mich rühren könnte –, sondern die Tatsache, daß er noch ein Knabe ist. Nein, nicht er rührt mich, sondern seine Jugend« (*Nec forma tangor – poteram tamen hac quoque tangi –, / sed quod adhuc puer est. Non me movet ipse, sed aetas*, M 10,614f.).

So werden Sprache und Stil bei Ovid zu subtilen Mitteln der Rezeptionssteuerung. Sie bilden für den Leser ständige Denkanstöße und lassen die Lektüre zu einem Dialog zwischen Dichter und Leser werden. Damit ist die traditionelle »epische Objektivität« im Zeichen einer in dauerndem Wandel befindlichen Welt durch eine modernere Form der Kommunikation ersetzt, die mit der Relativität und Variabilität der sprachlichen Mittel rechnet und mit ihr spielt. Mehrdeutigkeit, Wortspiel, tragische Ironie sind keine barocken Schnörkel, sondern sie gewinnen wesentliche Bedeutung, da Veränderung und Mehrschichtigkeit die Grundaussage des Werkes bilden.

»Anachronismen« – »Leichtigkeit«

Im Text koexistieren unterschiedliche zeitliche Ebenen. Die eigene (römische) Epoche des Autors ist zeitlich der erklärte Zielpunkt des Werkes; sie wirkt aber von Anfang an stark herein. Daphne wird zum Lorbeer, der für römische Triumphatoren bestimmt ist (M 1,560–561); ihr Bewunderer Apollo redet nicht wie ein mythischer Gott, sondern wie ein verliebter Jüngling aus der Großstadt: »Er sieht, wie das schmucklose Haar bis zum Hals herabhängt. ›Ei‹, sagt er, ›wenn es erst noch frisiert wäre!‹« (*spectat inornatos collo pendere capillos / et ‘quid, si comantur?’ ait*, M 1,497 f.). Aus den Tränen von Phaethons Schwestern wird Bernstein, damit die jungen Damen Latiums ihn als Schmuck tragen können (M 2,366). Die eifersüchtige Ehefrau Iuno wettert wie eine römische Matrone über ihre Rivalin: »Nein, sie wird schwanger! Das fehlte gerade noch!« (*concipit! id deerat!*, M 3,268).

Die ständig betonte Nähe zur römischen Gegenwart erhöht die innere Anteilnahme der Leser Ovids, sie verbindet zwei gegensätzliche Wirkungen: Einerseits wird der Mythos lebendig und anschaulich, andererseits wird dem römischen Leben durch Übertragung auf mythische Stoffe die Erdenschwere genommen. »Humor« und »Ironie«, so treffend sie auch den Einzelfall charakterisieren mögen, dürfen jedoch nicht zur Panacee der Interpretation erhoben werden; letzten Endes sind sie doch zu plumpe Werkzeuge für eine angemessene Analyse. Die ständige Mehrschichtigkeit gibt der Erzählung den schwebenden Charakter, die »Leichtigkeit« (*leggerezza*), die Italo Calvino[25] mit Recht an Ovids Darstellungsweise hervorgehoben hat.

Poetologie

Wie in der *Liebeskunst* erbittet Ovid auch in den *Metamorphosen* (M 1,2) die Inspiration zunächst nicht von Literaturgottheiten, sondern von der für das Thema zuständigen Instanz: hier den Göttern, welche die Verwandlungen herbeigeführt haben. Die Musen erscheinen später, und zwar – gewiß nicht zufällig – in den Schlußbüchern der drei Pentaden: Im fünften Buch treten sie als Handelnde und Erzählerinnen auf; im zehnten ruft der Musensohn Orpheus zu Beginn seines Gesanges passend seine göttliche Mutter an (M 10,148); im fünfzehnten (M 15,622) schließlich wendet sich der Dichter vor dem gewichtigen Schlußteil selbst feierlich an die Musen. Der Epilog der *Metamorphosen* läßt – im Anklang an Horaz (*Oden* 3,30) und Properz (3,2) – die Unsterblichkeit des Dichters, von der Ovid schon in den *Liebeselegien* (L 1,15; 3,15) durchdrungen war, als Folgerung aus dem Werk erwachsen. Das hohe Selbstbewußtsein des Elegikers (vgl. Properz 3,2) weitet sich ins Kosmische. Zugleich weiß sich der Dichter gefeit gegen menschlichen Zerstörungswillen (»Eisen«: *ferrum*) und »Iuppiters Zorn«, mit dem nur der des Herrschers gemeint sein kann. Ovid darf sich auf ein weltweites Leserpublikum stützen. Der Übergang zu der Selbstbehauptung des *ingenium* in den Verbannungsgedichten ist bruchlos (s. besonders K 3,7).

Mit der Poetologie der *Frauenbriefe* stimmt die Vorrede der *Metamorphosen* (vgl. S. 152f.) in der Absicht überein, Homerisches und Kallimacheisches nebeneinanderzustellen und sich wechselseitig durchdringen zu lassen. Also einerseits Projektion des Privaten ins Großformat, andererseits lebensnahe Darstellung des Heroischen. Wie schon in den *Frauenbriefen* wird ferner die Tragödie in die neue Gattung integriert. In den Episteln sagt (wie wir zeigen konnten) die Gruppierung viel über die poetologischen Intentionen aus; Ähnliches trifft auf die *Metamorphosen* zu; für das zentrale achte Buch hat dies Chrysanthe Tsitsiou nachgewiesen.[26] Ein wichtiger Unterschied besteht jedoch, der zugleich einen künstlerischen Kräftezuwachs dokumentiert: In den *Frauenbriefen* wurden literarische Großformen in eine elegische Kleinform integriert. In den *Metamorphosen* hat umgekehrt die Großform die integrierende Funktion.

Konkurrierende Weltbilder, Enzyklopädie des Mythos

Ovid ist kein Philosoph, sondern ein Dichter. Wie jeder Gebildete seiner Zeit weiß er, daß die Erde eine Kugel ist und daß im Kosmos physikalische Gesetze gelten; die *Metamorphosen* setzen im ersten und auch im letzten Buch das (geozentrische) Weltbild der damaligen Wissenschaft voraus (*theologia naturalis* oder *rationalis*). Das dreigeschossige Weltbild des Mythos (Himmel, Erde, Unterwelt) hat für Ovid keine naturwissenschaftliche, sondern nur noch psychologische Geltung; er verwendet es aber im Corpus desselben Werkes durchweg als poetische Chiffre, zumal diese *theologia fabulosa* dem Augenschein entspricht. Die dritte Form der »Theologie« (*theologia civilis*), die Staatsreligion, kommt wieder vor allem im ersten und im letzten Buch zur Geltung. Die drei komplementären[27] Anschauungen durchdringen sich im ganzen Werk: Auch in den mythischen Teilen geht es immer wieder um Naturverständnis. Der Mensch bringt seine Umwelt hervor: Aus ihm entstehen durch Metamorphose Steine, Pflanzen, Tiere: ein umgekehrter Darwinismus, der an Platon (*Timaios* 91d–92c) und Poseidonios[28] erinnert. Ausdrücklich beruft sich Ovid (im 15. Buch der *Metamorphosen*) auf Pythagoras, dessen angebliche Lehren er freilich platonisch-stoisch einfärbt und mit Beobachtungen antiker Wissenschaft verquickt – vermutlich unter dem Eindruck des Neupythagoreers Sotion, der damals die römische Damenwelt für den Vegetarismus begeisterte. Auch in die politische Geschichte geht der Mythos nahtlos über: Theben, Athen, Troia sind für Ovid Stationen auf dem Wege zur Weltstadt Rom; hellenistische Universalhistorie hat hier Pate gestanden. Folgerichtig erscheint Augustus als irdischer Iuppiter. Erst Augustinus wird Mythos und Imperium als eigenständige religiös-kosmologische Anschauungsformen aufgeben.

Es verdient Erwähnung, daß in dem varronischen Schema der »dreigeteilten Theologie« das religiös bedeutsamste Gebiet, die Mysterienreligionen, nicht vertreten sind, vielleicht weil den Mysten hierüber Stillschweigen auferlegt war. In Ovids *Metamorphosen* sind die Mysteriengottheiten durchaus gegenwärtig und werden mit spürbar größerem Respekt behandelt als die nicht erst von Ovid, sondern schon seit Homer der Burleske ausgesetzten Olympier. Dionysos-Bacchus steht im Mittelpunkt des Cadmus-Teils, und seine Bedeutung als dem Menschen innewohnender Gott wird in der geheimnisvollen Gestalt seines Anhängers Acoetes evident. Die neue Bacchus-Religion setzt sich denn auch gegenüber der alten Mars-Religion der erstarrten Männergesellschaft des Pentheus durch – eine kritische Anfrage des Dichters auch an das römische Selbstverständnis. Das für Aufbau, Poetologie und Gehalt der *Metamorphosen* wichtige fünfte Buch ist in wesentlichen Teilen den eleusinischen Gottheiten Ceres (Demeter) und Proserpina (Persephone) gewidmet. Vor allem aber tritt Isis, die in augusteischer Zeit von römischen Frauen verehrt wurde, schon im ersten Buch (als Krönung der Io-Sage), besonders aber im Mittelteil des Werkes (in der Geschichte von Iphis und Ianthe am Ende des neunten Buches) auffallend in Erscheinung.

Bei dem Elegiker Ovid wäre es überraschend, wenn er im Epos seine Verehrung für die Liebesgottheiten – Venus und Amor – verleugnete. Gleich im ersten Buch (M 1,463–465) triumphiert Amor mit seinen Pfeilen über den großen Bogenschützen Apollon und beschert ihm die unerfüllbare Liebe zu Daphne. Das ist nur die erste von zahlreichen Liebesgeschichten der Götter; denn auch vor Iuppiters Majestät wird die Liebe nicht haltmachen. Nach diesem starken Anfangsakzent überrascht es nicht, im letzten Buch der ersten Pentade Venus mit Amor Kriegsrat halten zu sehen. Sie planen nun die Eroberung des dritten Teils der Welt: Amor soll Pluto, den König des Schattenreiches, mit Liebe zu Proserpina erfüllen. Damit ist die Unterwerfung des dreigeschossigen Kosmos unter Venus' Macht vollendet (5,363–384). Am Ende der zweiten Pentade, in der sich die Liebesleidenschaft vielfach von ihren verhängnisvollen Seiten zeigt, wird Venus selbst von Amors Pfeil geritzt und erlebt die Tragödie des Adonis (M 10,525–739). In der letzten Pentade wirkt Venus als Beschützerin des Aeneas und Caesar, bei dessen Apotheose ihr Erscheinen das Werk krönt.

Auch die Deutung der Mythen stellt das Erotische oft in den Vordergrund. Man denke etwa an die Orpheus-Geschichte: Noch viel mehr als die Kunst triumphiert hier die Liebe. Der Rahmen des Erotischen ist in den *Metamorphosen* weiter gespannt als zuvor bei Ovid: In den *Liebeselegien* und der *Liebeskunst* beschränkte sich der Dichter betont auf die »normale« Liebe zwischen den Geschlechtern; jetzt werden auch Sonderformen und Verirrungen in die Darstellung einbezogen: Knabenliebe, Inzest, Liebe zwischen Mädchen. Dabei hat sich die Perspektive freilich verändert: Im Vergleich mit der *Liebeskunst*, die besonders nach rationalen Möglichkeiten suchte, die Liebe zu steuern, verlagert sich in den *Metamor-*

phosen das Interesse auf die Liebe als Schicksal. Zur Darstellung derartiger Zusammenhänge bietet der antike Mythos eine schier unerschöpfliche Schatzkammer von Charakteren, Situationen und Schicksalsverläufen. Dabei entfaltet Ovid einerseits die Problematik des Absolutsetzens des einen sexuellen Pols – hier die wechselseitige Zerstörung der gewalttätigen männlichen Erdgeborenen, dort das mörderische Rasen Agaues und ihrer Bacchantinnen (Buch 3) –, andererseits die Spannung zwischen narzissushafter Fixiertheit auf sich selbst (Buch 3) und Offenheit für den anderen, bei der auch leidvolle Erfahrungen und Mißverständnisse nicht auszuschließen sind (Cephalus und Procris, Buch 7). Paare wie Ceyx und Alcyone (Buch 11) bilden Schicksalsgemeinschaften, die zur gemeinsamen Metamorphose und – im Falle von Philemon und Baucis (Buch 8) oder Romulus und Hersilia (Buch 14) – zur gemeinsamen Apotheose führen können (das ist konsequent weitergedacht im Anschluß an die ursprüngliche gottebenbildliche Vollkommenheit der in zwei Hälften gespaltenen Kugelmenschen aus Platons *Gastmahl*). Die *Metamorphosen* gehen über die psychologische Dimension der *Liebeskunst* hinaus und entwickeln anschaulich die schicksalhafen Aspekte und das geistige Potential, das in der Polarität der Geschlechter schlummert.

Hermann Fränkel[29] hat erwogen, in den Verwandlungsmythen auch eine sexuelle oder erotische Komponente zu sehen. Dies trifft gewiß vielfach zu, besonders in der von Fränkel interpretierten Salmacis-Erzählung (Buch 4). Der innere Zusammenhang von Eros und Metamorphose beruht letztlich auf der Polarität von Eros und Thanatos, die der Welt des Werdens und Vergehens zugrunde liegt. Der Oberbegriff, der diese Polarität einschließt und »aufhebt«, ist die Metamorphose: »Alles wandelt sich, nichts geht unter« (M 15,165). Ovids *Metamorphosen* handeln von der sichtbaren Welt, deren Kennzeichen das Leben, d. h. die Veränderung ist.

Zu einer Zeit, als der Mythos viel von seiner ursprünglichen religiösen Bedeutung eingebüßt hatte, aber in Literatur und Kunst allgegenwärtig war, hat Ovid ein Werk geschaffen, das in rein menschlicher Perspektive und ohne Glaubensvoraussetzungen ein Arsenal von Personen, Situationen und Schicksalsverläufen bereitstellte. So wurde der Mythos auch in andere Kulturen mit unterschiedlichen religiösen und philosophischen Voraussetzungen übertragbar; daraus erklärt sich der in einem späteren Kapitel[30] zu behandelnde beispiellose Einfluß der *Metamorphosen* auf Literatur und bildende Kunst Europas.

Festkalender

Die Fasti, ... das reifste, gebildetste und schätzbarste Werk unter allem, was von Ovid auf uns gekommen.

August Wilhelm von Schlegel,
Geschichte der classischen Literatur (1802/3)

Inhalt und Aufbau

1. Buch: Januar
Friedensidee, Ur-Rom und Verbanntenschicksal

PROOEMIUM. Die Widmung an Caesar Germanicus (F 1–26), den Feldherrn und Dichter, mit der Bitte um Inspiration und Beistand ist mehr als nur ein Topos: Die Betonung der Rednergabe des Adressaten legt eine mögliche Fürsprache für den Verbannten nahe; ein weiteres Band ist (wie in Ovids Briefen an Germanicus) die Solidarität der Dichter untereinander. Thema sind der römische Festkalender (einschließlich der Gedenktage der kaiserlichen Familie) sowie die Auf- und Untergänge von Sternbildern:

ein Zusammenwirken von Altertumskunde und Naturwissenschaft im Dienste römischer Identitätsfindung und im Zeichen der Friedensidee: Nicht um Waffentaten des Kaisers soll es gehen, sondern um von ihm gestiftete Altäre und Feste.

1. Januar. Nach *allgemeinen Vorbemerkungen* zum *Zehnmonatsjahr* des Romulus, zu dem Numa Januar und Februar hinzufügte (F 1,27–44) und zur *Charakteristik der dies fasti, nefasti* usw. (45–62), gestaltet Ovid den Eintrag zum 1. Januar im Stil des Kallimachos als Gespräch mit der zuständigen Gottheit (hier: Ianus, dem Gott des Anfangs). Ein Segenswunsch für Germanicus und alle Römer (63–70) und das feierliche Stieropfer auf dem Capitol eröffnen das Jahr (71–88). Ianus erscheint, erklärt seine Doppelgesichtigkeit aus seiner Identität mit dem Chaos vor der Weltschöpfung sowie aus dem Wesen der Tür, die zwei Seiten hat (89–144), und beantwortet anschließend weitere Fragen (145–288). Als Nachtrag erwähnt der Dichter die Weihung der Tempel des Aesculap und Veiovis auf der Tiberinsel (289–294).

Der Text zum 1. Januar dokumentiert den ersten Aspekt des angekündigten Themas (Altäre und Feste). Wichtig ist die Verbindung des Herrscherhauses mit der kultischen Thematik; seine Vertreter und Feldherren (*duces*) sind Garanten der Ruhe (*otium*) für die Bürger (68). Diesem Anfangsteil, der in der Verherrlichung des (augusteischen) Friedens gipfelt (253, 282, 283–288), entsprechen in der zweiten Monatshälfte der Lobpreis des Augustus, die Weihung des Concordia-Tempels durch Tiberius und Livia und diejenige der *Ara Pacis* durch Augustus, besonders aber die abschließende Entfaltung der Friedensidee.

Mehr Raum als das Augusteische nehmen Erzählungen aus der römischen Frühgeschichte ein. Hier behandelt Ovid ihre ältesten Phasen, die mit der Idee des Goldenen Zeitalters in Verbindung stehen: Saturns Ankunft in Latium und die gerechte Herrschaft des Ianus in einem friedlichen Ur-Rom (227–254) sowie – weiter unten (461–586) – die Einwanderung Euanders an die Stätte des künftigen Rom und den Kampf zwischen Hercules und Cacus. Etwas später, aber noch in der Frühzeit, spielt die bereits von Ianus evozierte Tarpeia-Geschichte (255–276).

Von poetologischer Reflexion zeugt der Dialog mit fremden und eigenen Werken. Ein Seitenthema, auf das Ovid nicht verzichtet, ist Zeitkritik im Geiste der Elegie: die Verurteilung der Allmacht des Geldes in der Gegenwart (die sich dadurch radikal von einem wahrhaft Goldenen Zeitalter unterscheidet). Gewiß, an Vergils *Georgica* (z. B. schon im Prooemium) und *Aeneis* (z. B. in der Erzählung von Hercules und Cacus) führt für Ovid kein Weg vorbei. Aber allein schon durch die Antithese zum ersten Wort der *Aeneis* (*arma*, vgl. F 1,13) und die Wahl des Versmaßes – mehr als nur eine Äußerlichkeit! – bleibt er seinen elegischen Vorgängern treu: Properz als römischer Aitiendichter ist nicht nur in der Tarpeia-Geschichte gegenwärtig, und Tibull (bes. 1,10) hat für die Entwicklung des Friedensgedankens Maßstäbe gesetzt. Kallimachos (mit dem sich Ovid auch in den *Metamorphosen* gründlich auseinandersetzt) ist allgegenwärtig – allein schon in der Form des Götter- und Musengesprächs und in der Mischung von Präzision und Andeutung, Symmetrie und Asymmetrie, Bejahung und leiser Skepsis. Grundsätzlich schlagen Reflexionen über die Macht des Wortes die Brücke zum Dichterberuf wie auch zum eigenen Verbanntenschicksal. Der Adressat Germanicus ist ein Meister des Wortes, der »bürgerlichen Waffe« zum Schutze eingeschüchterter Angeklagter (F 1,22). Vielversprechend erklärt Ianus am Anfang des Jahres: Worte haben Gewicht (F 1,182). Letztlich aber wird kein anderer als der Dichter selbst seine Not durch das Wort zu wenden suchen. So gibt der Text zum 1. Januar eine umfassende Einführung in die »irdische« Seite der Thematik.

3. Januar. *Die Erforschung des Himmels* (F 1,295–310). *Untergang des Krebses* (311–314). Nun wendet sich der Dichter dem komplementären Thema seines Werkes, den Sternen, zu. Glücklich die Seelen, die als erste den Himmel erforschten, die Grenzen der Menschennatur überwanden und äußere Güter verachteten! Sie brachten uns die fernen Sterne nahe, ihr Geist unterwarf die Höhen des Äthers. Das ist der rechte Weg zum Himmel – im Unterschied zur gewaltsamen Himmelsstürmerei der Giganten (man vergleiche das erste Buch der *Metamorphosen*); auch der Lobpreis der Himmelsschau (Wissenschaft, *vita contemplativa*) als Bestimmung des Menschen berührt sich mit der Anthropologie im Schöpfungsbericht der *Metamorphosen* (der Passus des *Festkalenders* liest sich wie ein Kommentar dazu). Vorbereitet ist dieser Abschnitt durch die kosmologisch-kosmogonische Reflexion des Ianus (F 1,102–114). Hier spricht Ovid, der sein Verbannungsschicksal allein durch geistige Aktivität gemeistert hat, in eigener Sache. Das Lob der Astronomie ist nicht nur – und nicht einmal primär – eine Huldigung an den Sternendichter Germanicus. Lange vor der Umwidmung an ihn gehört ja die Sternkunde zum ursprünglichen Plan des *Festkalenders*!

Wichtiger ist ein anderer Bezug: Auch Properz (3,5,23–46) hatte sich für seine alten Tage naturphilosophische Studien vorbehalten, wobei er an eine Fortsetzung seiner aitiologischen Dichtung gedacht haben mag, zu der es dann nicht mehr gekommen ist. Nicht zufällig flicht Ovid den vorliegenden Exkurs gerade beim Untergang desjenigen Sternbildes ein, vor dem sich Properz im Schlußvers der tiefsinnigen Eingangselegie seines vierten Buches so nachdrücklich hatte warnen lassen (F 1,313; Prop. 4,1,150). Der neue Aitiendichter springt für den verstorbenen Freund in die Bresche. Auch in der Absage an die Überschätzung von Macht und Geld sind sich an dieser Kernstelle die beiden Elegiker einig – entgegen dem

Zeitgeist. So bilden die kultischen Bräuche und die kaiserliche Familie den irdischen, die Sternsagen den himmlischen Pol des *Festkalenders.* Auf den Gegensatz zwischen römischem Soldatentum und griechischer Wissenschaft (vgl. F 1,29) kommt Ovid im dritten Buch ausführlich zu sprechen (F 3,101–114). Die Astralmythen bieten dem Dichter den Raum zur Rechtfertigung seiner geistigen Existenz. Vielleicht nicht nur zufällig folgt am 5. Januar der *Aufgang der Lyra* (F 1,315 f.).

9. Januar. *Agonium.* Der *rex sacrorum* opfert dem Ianus einen Widder (F 1,317–334). Dies bietet Anlaß, auf den *Ursprung blutiger Opfer* einzugehen (335–456). Beispielsweise werden Vögel geopfert, weil sie den Menschen die Gedanken der Götter eröffnen, der Esel aber zur Strafe dafür, daß sein Geschrei Lotis vor den Nachstellungen des Priapus warnte – ein reizvolles Intermezzo (391–440), in dem Ovid sein Wesen als erotischer Dichter nicht verleugnet.

Zugleich zeigt sich aber sein kosmologisches und anthropologisches Interesse, und es finden sich Anklänge an die *Metamorphosen.*[31] Seiner Abneigung gegen blutige Riten entspricht vielfach die Solidarisierung mit den Opfern. *Aufgang des Delphins* (457 f.). 10. Januar: *Mittwinter* (459 f.).

11. Januar. *Carmentalia.* In der grundlegenden aitiologischen Legende von Euanders Ankunft in Italien prophezeit dessen göttliche Mutter Carmentis den Aufstieg Roms (bis zu Livias Apotheose). So schlägt Ovid Vergil auf dessen eigenstem Felde (der Weissagung *ex eventu*) durch Einführung einer noch viel älteren Prophetin (*vates*). Ja, er bringt sogar das Thema ›Verbannung‹ ausdrücklich zur Sprache (»Glücklich, wer Rom als Verbannungsort hatte!«, F 1,540) und läßt Carmentis den verbannten Euander nach allen Regeln der *consolatio* trösten (F 1,479–496). Der Gedanke an Ovids Lage drängt sich auf, und intertextuelle Verbindungen mit den Verbannungsge-

dichten[32] stoßen den Leser auf das kontrastreiche Wechselspiel zwischen dem realen und dem vom Dichter imaginierten idealen Rom. Ferner wahrt Ovid seine Unabhängigkeit, indem er die Priorität des Hercules (des Ahnherrn des Fabiergeschlechts, dem Ovids Gattin nahesteht, vgl. F 2,237) im Vergleich mit Aeneas betont (F 1,461–542). In der Beschreibung des Kampfes zwischen Hercules und Cacus wetteifert Ovid mit Vergil, der diesen Heros im achten Buch der *Aeneis* zum Prototyp des Augustus macht. Hercules stiftet die *Ara Maxima* (543–586).

13. JANUAR. *Die Weihung der Eingeweide eines kastrierten Widders* (*ovis idulis*) an Iuppiter (F 1,587f.). An diesem Tage erhielt der Princeps den Namen Augustus und gab »dem Volk die gesamte Staatsgewalt zurück« (F 1,590–616). Größer als alle römischen Eroberer (die hier insgesamt gewürdigt werden), steht der Herrscher somit im Zentrum des Monats, und zwar mit einer Erklärung seines sakralen Namens. Sogar dieser Passus enthält übrigens ein Lob der Fabier, die zu Recht den Beinamen *Maximus* führen (F 1,605; vgl. soeben zur *Ara Maxima*!).

15. JANUAR. *Carmentalia*: Am zweiten Fest für Carmentis (F 1,617–636) kommt die (von Augustus gewünschte) Vermehrung des römischen Nachwuchses zur Sprache. Der 16. JANUAR ist der Stiftungstag des *Tempels der Concordia* – einst durch Furius, jetzt wieder durch Tiberius und Livia (637–650). Mit der Idee der Eintracht kehrt Ovid zur Friedensthematik zurück. Tiberius und Livia schließen sich hier an Augustus an, wie zu Beginn des Buches Germanicus mit Augustus verbunden ist. 17. JANUAR: *Die Sonne tritt aus dem Bild des Steinbocks in das des Wassermanns* (651f.). 23. JANUAR: *Untergang der Lyra* (653f.). 24. JANUAR: *Untergang des Hauptsterns des Löwen* (655f.). *Feriae Sementivae*: Das Saatfest hat kein festes Datum, die auffallende Plazierung am Buchende ist bewußt gewählt.

Abschließend erscheint die Muse als Sprecherin (so bildet das ›kallimacheische‹ Musengespräch ein Gegenstück zum einleitenden Dialog mit Ianus). Der Wunsch nach Segen und Gedeihen, verbunden mit der an Tibull gemahnenden Friedenstopik, ist der passende Schlußstein für das erste Buch (F 1,657–704; vgl. auch 709–722). Wieder stellt sich Ovid, ähnlich wie bei der anfänglichen Anrufung, in die Nachfolge von Vergils Gedicht *Vom Landbau.* 27. Januar: *Weihung des Tempels für Castor und Pollux* (705–708). 30. Januar: *Ara Pacis Augustae*, Anrufung der Friedensgöttin und Schlußwort (709–724).

Resümee. Aufs Ganze gesehen ist das erste Buch dreiteilig. Zwischen die Anfangspartie (F 1,1–288) und das Finale (587–724), die beide die Segnungen des augusteischen Friedens entwickeln, schiebt sich ein Mittelteil. Dieser entfaltet zunächst die Würde wissenschaftlicher Forschung und begründet so die astronomische Thematik des Werkes und die Autonomie geistiger Tätigkeit. Dann stellt die Prophezeiung der Carmentis eine direkte Verbindung zwischen dem *vates* (»Dichterpropheten«) und Augustus her. Zugleich schlagen die Erwähnung des Heilbringers Aesculap (vgl. M 15,622–744), der Lobpreis des kontemplativen Lebens und die Hervorhebung von Euanders Verbannungsschicksal die Brücke zum Autor, dessen Individualität auch in der indirekten Kritik an blutigen Opfern und in der unverhohlen erotischen Färbung der Lotis-Geschichte hervortritt (F 1,289–586). Gleich jenen Tieren fällt Ovid ohne vorsätzliches Verschulden göttlichem Zorn zum Opfer. Deutlich sind die Verbindungen mit dem Anfangs- und Schlußteil der *Metamorphosen.* Dort bereitet Ovid die ›römische‹ Thematik des *Festkalenders* vor, aber auch die umfassende kosmologisch-astronomische Sicht dieses Werkes. Narrative Einlagen beleuchten jetzt die ältesten Ursprünge Roms (Saturns Ankunft in Italien, die glückliche Regierungszeit des Ianus, Euander,

Hercules und Cacus), teilweise mit Vergil konkurrierend und ihn durch das Alter der Zeugnisse überbietend. Andererseits entwickelt Ovid über Properz hinausgehend einen eigenen Typos erotischer Aitiologie (Priapus und Lotis).[33] Die Behandlung der Friedensthematik klingt an Tibull an.

Für die künstlerische Ökonomie des *Festkalenders* im ganzen ist wichtig, daß das erste Buch noch keinen ausführlich erzählten Sternenmythos enthält.[34] Die Intertextualität mit lateinischer Poesie betrifft somit im wesentlichen Vergil, Properz und Tibull. Zu Ovids Verbannungsgedichten bestehen enge Verbindungen, ebenso zum Anfang und Schlußteil der *Metamorphosen*. Die Poetologie des *Festkalenders* ist kallimacheisch: Das gelehrt-anmutige Musengespräch pendelt zwischen Symmetrie und Asymmetrie, Breite und Lakonismus, Ernst und Scherz. Die Problematik der Wirksamkeit des Wortes überhaupt und der werbenden und publizistischen Rolle der Elegie im besonderen berührt sich mit der Poetik der *Liebeselegien* und der Verbannungsgedichte.

2. Buch: Februar
Wandlung und Dauer der Gattung Elegie.
Der Herrscher und der Sänger

PROOEMIUM (vielleicht Bestandteil der ersten Auflage). Ehemals Liebesdichter, ist Ovid nun der Verkünder heiliger Bräuche. Das elegische Versmaß erhält somit einen ernsten Inhalt. (Der Fortgang zeigt freilich, daß der Erotiker nicht aus seiner Haut kann.) Sein »Kriegsdienst« ist es, den Caesar zu rühmen (F 2,1–18). Das Wort ist die Waffe des Dichters (F 2,9) wie des Anwalts (F 1,23).

DER MONATSNAME FEBRUAR. Anders als im ersten Buch (wo er Ianus das Wort erteilt) spricht Ovid hier aus eigener Vollmacht: Der Monatsname leitet sich von *februa* (›Sühnemittel‹) her. Die einfältige Vorzeit glaubte, Mordschuld lasse sich mit Wasser abwaschen (F 2,19–46). Ursprünglich war der (den Unterirdischen geweihte) Februar der letzte Monat im Jahr; daher steht das Fest des Terminus an seinem Ende (47–54). 1. FEBRUAR: *Iuno Sospita* und die Wiederherstellung von Tempeln durch Augustus. *Wetterregel* (55–72). 2. FEBRUAR: *Untergang der Lyra* (vgl. F 1,316) *und des Löwen* (73–78; vgl. F 1,635).

3. FEBRUAR. *Untergang des Delphins.* Als erste größere Sternsage erscheint hier an exponierter Stelle die wunderbare Rettung des Sängers Arion durch einen Delphin (F 2,79–118). Der Gesang des apollinischen Dichters stellt, an Orpheus gemahnend, den Tierfrieden her. Das Vermissen der Lyra erinnert im Wortlaut an die Frage, die der verbannte Ovid seinen Dichterfreunden in den Mund legt (»Wo ist wohl Naso?«, K 5,3,52). Die Arion-Geschichte erhebt diesen Bezug zur Evidenz und erweist die Macht des Gesanges. Die Hoffnung des unglücklichen Dichters auf Rettung ist hier in ein denkwürdiges Bild gefaßt (das noch Rilke zur Nachgestaltung reizen wird). Arion ist der Prototyp des Poeten in seiner Unantastbarkeit.[35]

5. FEBRUAR. *Augustus Pater Patriae.* Ovid erklärt, ein so bedeutender Stoff verlange eigentlich nach dem epischen Versmaß und einem Dichter vom Range Homers (F 2,125f.), übertreffe doch Augustus als irdischer Iuppiter den ersten Stadtgründer Romulus (der in dem vorliegenden Buch eine beherrschende Rolle spielt). Eine vergleichende Gegenüberstellung (»Synkrisis«) liefert die Belege (119–144). So folgen hier auf den Archetyp des Sängers die Urbilder des Herrschers (Romulus und Iuppiter). Die bescheidene Gattung Elegie erhält durch den gewichtigen Inhalt neue Würde. *Aufgang des Wassermanns. Wetterregel* (145–148). 9. FEBRUAR: *Erste Anzeichen des Frühjahrs bei noch andauernder Kälte* (149–152).

11. FEBRUAR. *Teilaufgang des Bootes* (*Arctophylax*). Als zweiter Sternenmythos folgt die Legende von Callistos Bestrafung durch Diana (vgl. M 2,409–531). Man beachte

den empörten Ausruf: »Warum strafst du sie? Gegen ihren Willen unterlag sie Iuppiter!« (F 2,153–192) Wie in den *Metamorphosen* solidarisiert sich Ovid mit den Opfern göttlicher Gewalt und prangert Iunos Grausamkeit an,[36] doch ist die Erzählweise hier straffer, der Stil noch schärfer zugespitzt (180).

13. Februar. *Opfer an Faunus auf der Tiberinsel. Tag des Untergangs der Fabier an der Cremera* (F 2,193–242). Hier huldigt Ovid dem Geschlecht (vgl. auch F 1,605), mit dem er sich durch seine Gattin verbunden fühlt und von dessen Oberhaupt er sich Fürsprache erhofft. Der Stammvater der Fabier, Hercules (237), kam vor Aeneas nach Italien. Die Erzählung ist mit zahlreichen epischen Gleichnissen geschmückt (209f., 219–222, 231–233). So bewährt Ovid seine an griechischen Mythen geschulte Erzählkunst an römischen Stoffen.

14. Februar. *Aufgang von Rabe, Becher und Wasserschlange.* Dritte Astrallegende: Phoebus schickte den Raben mit einem Becher aus, um Wasser zu holen. Dieser ließ sich durch einen Feigenbaum von seinem Auftrag ablenken und schob bei seiner Rückkehr die Schuld auf eine Wasserschlange. Zur Strafe wurden Rabe, Becher und Wasserschlange in Sternbilder verwandelt (F 2,243–266). Die Gestalt des apollinischen Raben stellt eine Brücke zum zweiten Buch der *Metamorphosen* her, doch handelt es sich um unterschiedliche Mythen.

15. Februar: *Lupercalia.* Das Faunusfest mit dem Lauf der nackten Luperci hat arkadische Ursprünge. In der Urzeit (deren Beschreibung an das Goldene Zeitalter der *Metamorphosen*, aber auch an Tibull 2,3 erinnert: F 2,289–300) gingen die Menschen nackt unter freiem Himmel, ist doch Kleidung beim Laufen hinderlich. Außerdem ist Faunus den Kleidern abgeneigt, weil er einmal durch sie getäuscht wurde. Er verliebte sich nämlich in Hercules' Gemahlin Deianira und schlich sich nachts zu ihrem Lager. Hercules aber hatte mit seiner Frau die Kleider ge-

tauscht und bereitete Faunus einen unsanften Empfang (267–358). In einem zusätzlichen (römischen) Aition für die kultische Nacktheit wird Romulus gefoppt, und es bietet sich erneut Gelegenheit, auf die Bedeutung der Fabier hinzuweisen (359–380, bes. 375–378). Die Ortsbezeichnung Lupercal erklärt sich aus der Geschichte von der Aussetzung von Romulus und Remus und ihrer Rettung durch die Wölfin (381–422) sowie aus der Ähnlicheit mit dem arkadischen Kult des Lykaios (423 f.). Man glaubte, Frauen, die von den Luperci geschlagen worden seien, würden fruchtbar (425–452). *Wetterregel*: An diesem Termin beginnt eine stürmische Zeit von sechs Tagen (453–456). *Die Sonne tritt in das Zeichen der Fische*. Zwei Fische retteten Venus und Amor auf der Flucht vor Typhon und wurden zum Lohn an den Himmel versetzt; Syrer essen darum keinen Fisch (457–474).[37]

17. Februar. *Quirinalia*. Der vergöttlichte Romulus heißt Quirinus, ein Name, für den drei Etymologien zur Wahl gestellt werden. Hier erzählt Ovid die Apotheose des Romulus in der traditionellen Form aus rein männlicher Perspektive, während er dem König in den *Metamorphosen* seine Gattin gleichberechtigt an die Seite stellt. Das Ennius-Zitat im Munde des Mars (F 2,487; M 14,814) ist beiden Texten gemeinsam (F 2,475–512). Auf denselben Tag fallen auch die *Stultorum Feriae*: Die *Fornacalia* werden jeweils vom Curio Maximus festgesetzt; die Dummen, die nicht wissen, zu welcher Curie sie gehören, feiern das Fest erst am letztmöglichen Termin (513–532).

21. Februar. An den *Feralia* betet und opfert man an den Gräbern; Hochzeiten dürfen nicht stattfinden; kein Feuer darf brennen (F 2,533–570). *Dea Tacita*: Für sie verrichtet eine alte Frau einen Ritus, um böse Zungen zu fesseln. Die stumme Göttin (Lara) hieß ursprünglich Lala. Da sie ihre Schwester Iuturna vor einer Intrige Iuppiters warnte, riß ihr dieser die Zunge aus und verbannte sie zur Strafe in die Unterwelt; Mercur, der sie dorthin führte,

zeugte mit ihr Zwillinge: die Lares Compitales (571–616). 22. FEBRUAR: *Caristia.* Von diesem Fest der verwandtschaftlichen Liebe schlägt Ovid eine Brücke zu der (im ersten Buch gepriesenen) Concordia und betont die Verbundenheit des Volkes mit dem Caesar (617–638).

23. FEBRUAR. *Terminalia.* Als man das neue Kapitol erbaute, mußten alle Götter Iuppiter weichen. Nur Terminus, der Gott des Grenzsteins, blieb stehen und teilt daher den Tempel mit diesem (F 2,639–684). 24. FEBRUAR: *Regifugium.* Ein Sohn des Tarquinius Superbus schleicht sich in Gabii ein und gelangt dort an die Macht. Er versteht den versteckten Hinweis seines Vaters, der im Garten die höchsten Lilien köpft, und vernichtet die Stadt durch Beseitigung ihrer Oberschicht (685–710). Das Orakel von Delphi verheißt demjenigen den Sieg, der zuerst die Mutter küßt. Brutus täuscht einen Sturz vor und küßt die Mutter Erde (711–720). Während der Belagerung von Ardea reiten die römischen Vornehmen eines Nachts nach Rom, um sich von der Treue ihrer Frauen zu überzeugen. Dabei verliebt sich Tarquinius in Lucretia, die Gattin des Collatinus, kehrt am nächsten Abend zu ihr zurück und tut ihr Gewalt an. Sie läßt ihren Vater und ihren Mann rufen und ersticht sich. Brutus gelobt Rache und verjagt Tarquinius. Psychologische Gleichnisse (775–778, 799 f.) beleben die (vielfach mit Livius konkurrierende) Erzählung (722–852). Subtil ist die Intertextualität mit dem Geschehen um Tereus und Procne im sechsten Buch der *Metamorphosen.* Die erotischen Phantasien des verliebten Tarquinius (761–780) gleichen denjenigen des Ovidischen Tereus; der verdeckte Bezug wird im Anschluß zur Evidenz erhoben: Die erste Schwalbe (Procne) kündigt das Frühjahr an, doch läßt sich die Kälte nicht so schnell verjagen – zur Freude des bösen Tereus (853–856). 27. FEBRUAR: *Equirria.* Wagenrennen zu Ehren des Mars: Auftakt zum März, dem Monat des Mars (857–862). 28. FEBRUAR: *Schlußverse* (863 f.).

Resümee. Am Anfang des zweiten Buches stellt sich Ovid als »ehemaliger Liebesdichter« vor. An einer späteren, dem Kaiser gewidmeten Stelle entschuldigt er sich für das elegische Versmaß; Hexameter wären hier dem Stoff angemessener (F 2,126). Trotz zahlreichen (teilweise mit Livius wetteifernden)[38] epischen Einlagen – großenteils aus dem Umkreis des Romulus (des Prototyps für Augustus), aber auch der dem Autor teuren Fabier – bleibt Ovid auch in diesem Buch ein Liebesdichter: Das beweist die erotische Episode von Faunus und Deianira, aber auch die Tarquinius-Erzählung. Umrahmt ist das Buch von Hinweisen auf die *Terminalia*, das Fest eines Gottes, der nicht einmal Iuppiter wich, aber auch von zwei Erzählungen von Vergewaltigungen: Zur abschließenden Lucretia-Geschichte bildet am Anfang des Buches Callisto ein Pendant. Ovids Mitgefühl gilt den Opfern.

Was die Poetologie betrifft, so thematisiert der Dichter den Kontrast von epischem Stoff und unepischem Versmaß und verherrlicht die Eigenständigkeit des Dichters und der Dichtung in der ersten Sternen-Legende des Buches. Arion ist der Inbegriff des Sängers, der seine Rettung allein seinem Gesang verdankt. Andersartig ist die auf Augustus bezogene Typologie: Als irdischer Iuppiter übertrifft der Princeps seinen Archetyp Romulus (der in mehreren Erzählungen des Buches auftritt). Aber Ovid verschweigt nicht, daß es auch königliche und göttliche Antitypen gibt: Tarquinius, der Lucretia entehrt, und Iuppiter, der Callisto verführt. So sind astrale und politische Aitiologien thematisch aufeinander bezogen.

3. Buch: März
Zwischen Mars, Bacchus und Minerva

PROOEMIUM. *Gebet an Mars*, nach dem der Monat benannt ist (F 3,1–8). *Mars' Liebe zu Rhea Silvia. Ihr Traum. Romulus und Remus* (9–70). *Die Kalenderordnung des Romulus* mit einem Ausblick auf Caesars Kalenderreform, der römisches Feldherrentum mit griechischer Wissenschaft verband (71–166).

1. MÄRZ. *Matronalia*. Dem »fleißigen Dichterpropheten der latinischen Tage« (F 3,177; vgl. 1,101) erklärt Mars, warum die Matronen sein Fest feiern. Der Gott selbst veranlaßt Romulus am Fest des Consus zum Raub der Sabinerinnen; diese beenden den Krieg zwischen ihren Männern und Vätern (167–234). Mars ist auch ein Fruchtbarkeitsgott, gilt doch das Gebären als der Kriegsdienst der Frauen (244). Am 1. März wurde der Iuno auf dem Esquilin ein Heiligtum geweiht; der Iuno Lucina bringt man Blumen dar (235–258). *Das Fest der Egeria* findet am See im Tal von Aricia statt, wo Hippolytus-Virbius seinen Kult hat (vgl. M 15,479–551). Numa sucht Mittel und Wege gegen Iuppiters Blitze und richtet (von Picus und Faunus beraten) den Salierkult ein (259–392). Während der Tage des Saliertanzes darf keine Ehe geschlossen werden, da Waffen Streit bringen; auch darf die Flaminica ihr Haar nicht kämmen (393–398). 3. MÄRZ: *Untergang eines der beiden Fische* (399–402).

5. MÄRZ. *Untergang des Bootes*; sichtbar aber ist das Sternbild Vindemitor (Trygeter oder Ampelos). Dieser Knabe stürzte bei der Weinlese und wurde von Bacchus an den Himmel versetzt: erste dionysische Sternsage (F 3,403–414). 6. MÄRZ: *Augustus Pontifex Maximus.* Der Princeps steht unter Vestas Schutz (415–428). 7. MÄRZ: *Heiligtum des Veiovis*, des »kleinen« Iuppiter, der noch keinen Blitz trägt (429–448). Aufgang des Pegasus (449–458).[39]

8. März. *Aufgang der Krone.* Ariadne (vgl. den zehnten *Frauenbrief*) ist auf eine schöne Gefangene des Bacchus eifersüchtig. Dieser tröstet sie und steigt mit ihr zum Himmel empor. Die neun Edelsteine ihrer Krone werden zu Sternen (F 3,459–516). Die Sternverwandlung ist durch Feuer-Metaphorik vorbereitet: zweite dionysische Sternsage. 14. März: *Equirria* (517–522; vgl. 2,857–862).

15. März: *Anna Perenna.* Das Volk trinkt und tanzt am Tiber (F 3,523–542). Anna, die Schwester Didos (deren Grabschrift aus dem siebten *Frauenbrief* zitiert wird), gelangt auf der Flucht vor ihrem Bruder Pygmalion an die Küste von Latium und trifft Aeneas, der sie, trotz Lavinias Eifersucht, gastlich aufnimmt. Im Traum von Didos Geist gewarnt, flüchtet Anna und stürzt in den Numicius, der sie zu einer seiner Nymphen macht (543–656). Andere halten Anna für den Mond, wieder andere für Themis, Io-Isis oder für eine der Nymphen, die Iuppiter die erste Nahrung reichten (657–660). Anna aus Bovillae erhielt ein Denkmal, weil sie die römische Plebs während der Sezession auf den Heiligen Berg jeden Morgen mit frisch gebackenen Kuchen speiste (661–674). An Annas Fest singen Mädchen lose Lieder, weil sie den mächtigen Mars zum Narren hielt: Statt ihm Minerva zuzuführen, kam die Alte selbst verschleiert zum Stelldichein (675–696). So wird Mars zum Gespött; Aeneas erscheint verspätet innerhalb des Werkes und wird hier nur indirekt (aus weiblicher Perspektive) charakterisiert. Caesars Ermordung an den Iden des März hätte Ovid beinahe übergangen, dann aber rühmt er die *pietas* des Augustus, der sofort seine Rachepflicht erfüllte (697–710). 16. März: *Der Skorpion ist zur Hälfte zu sehen* (711 f.).

17. März: *Liberalia.* Der Dichter ruft Bacchus an und bittet ihn um Beistand (zur Gemeinde dieses Gottes gehört er als Mitglied eines römischen Dichterkreises – vgl. K 5,3; in einer Praeteritio spielt er unter anderem auf die im dritten Buch der *Metamorphosen* berichteten Bacchus-

Mythen an). An diesem Tage lädt eine arme alte Frau das Volk zu ihren Kuchen ein. Sie ist mit Efeu bekränzt. Heute erhalten die Knaben die Männertoga, weil der Name Liber Freiheit verspricht (F 3,713–790). Außerdem findet die Argeerprozession statt (721f.; vgl. F 5,621–662). Aufgang des Sternbildes *Miluus*. Die Gabelweihe wurde unter die Sterne versetzt, weil ihr rasches Eingreifen verhinderte, daß Briareos durch eine Opferhandlung Macht über die Götter erhielt: dritte Sternsage (794–808).

19. März. *Quinquatrus*, das Fest der Minerva, dauert mehrere Tage. Schon das Eingangsgebet des Buches stellte dem Kriegsgott Minerva als Vorbild vor Augen, da sie sich auch für Nichtmilitärisches Zeit nimmt, und in der Erzählung von Anna Perenna erschien Mars als unglücklicher Liebhaber der Minerva. Am ersten Tag der *Quinquatrus* ist Minervas Geburtstag; daher darf kein Blut fließen; erst vom zweiten Tage an finden kriegerische Spiele statt. Pallas beschützt Handwerker, Schüler und Lehrer, besonders aber Dichter. Ovid flicht hier (an seinem Geburtstag, dem 20. März) die Bitte ein, Minerva möge ihm gnädig sein. An ihrem Wiegenfest nahm die Göttin den Tempel der Minerva Capta in Besitz. So heißt sie nach ihrer »kapitalen« Erfindungsgabe (*ingenium*, eine Gabe auch Ovids!) oder weil sie dem Kopf ihres Vaters entsprungen ist oder weil sie aus dem eroberten (*capta*) Faliskerland kommt (hier spielt Ovid auf die Heimat seiner Gattin an, vgl. L 3, 13, 1; auch F 1,84) oder weil auf Diebstahl in diesem Tempel die Todesstrafe steht (*capitis poena*). Möge sie den römischen Anführern beistehen (835–848)!

23. März. *Tubilustrium*. Die Blasinstrumente werden gereinigt und Minerva dargebracht (F 3,849f.). Tags zuvor ist die Sonne in das Zeichen des Widders getreten. Angesichts einer Mißernte sollten Phrixus und Helle auf Grund eines manipulierten Orakelspruches geopfert werden; doch ihre göttliche Mutter Nephele ließ sie auf dem Rücken eines goldenen Widders entkommen. Unterwegs

stürzte Helle in den Hellespont; Neptun machte sie zu seiner Gattin. Nach der Ankunft in Colchis wurde der Widder unter die Sterne versetzt; nur sein Vlies blieb auf Erden: vierte Sternsage (851–876).

26. MÄRZ: *Tag- und Nachtgleiche* (F 3,877 f.).[40] 30. MÄRZ: *Ianus, Concordia, Salus und Pax* (879–882). Hier liegt eine Parallele zur Friedensthematik des ersten Buches vor. 31. MÄRZ: *Fest der Luna auf dem Aventin* (883 f.).

RESÜMEE. Im dritten Buch herrscht ein Wechselspiel zwischen Mars, Bacchus und Minerva. Der Dichter macht kein Hehl daraus, daß er sich nicht dem Kriegsgott verbunden weiß, sondern Minerva (an deren Fest er geboren ist) und Bacchus (zu dessen Kultgemeinschaft er gehört). Mit besonderer Genugtuung betont er, daß Minerva das *ingenium* auf ihrer Seite hat. Die Geschichte des Widders wird so erzählt, daß die Rettung von Opfern eines ungerechten Spruches (vgl. die Bücher 1 und 2) im Mittelpunkt steht. Gegen Ende erscheint, wie im ersten Buch, die augusteische Friedensthematik. Auffällig sind in diesem dem Mars gewidmeten Buch die zahlreichen Hinweise auf weibliche Tätigkeiten und Gottheiten. Mehrfach stellt Ovid Intertextualität zu seinen *Frauenbriefen* her, aber auch zum Bacchus-Teil der *Metamorphosen*. Aeneas erscheint hier spät, beiläufig und aus weiblicher Perspektive; caesarische und augusteische Themen werden – z. B. im »dionysischen« Teil des Buches – eher an den Rand geschoben.

4. Buch: April
Monat der Venus

PROOEMIUM: Anrufung der Venus, der Schutzgöttin des Monats. Der Dichter fühlt sich ihr stets verbunden; sie steht ihm weiterhin bei und schlägt eine Brücke zwischen

Ovid (ihrem Dichter) und dem Herrscher (ihrem Nachkommen: F 4,1–22). Venus und Rom: Genealogie[41] (19–60). Herleitung des Namens April: 1. von Aphrodite: Viele Städte Italiens, darunter auch Ovids geliebtes Sulmo, von dem er ferne weilen muß[42] (79–84), sind griechische Gründungen (61–84); Ovid betont hier, daß Aeneas (77) erst lange nach Euander und Hercules (dem Stammvater der Fabier) in Italien landete. Man erinnert sich an die Herabsetzung des Romulus gegenüber den Ovid nahestehenden Fabiern (F 2,375–378). 2. Eine zweite (von Ovid jedoch verworfene) Etymologie leitet den Monatsnamen April von *aperire* her: Der Monat »eröffnet« das Frühjahr. Ein besonders ausführlicher Hymnus auf Venus (91–114) betont ihre gemeinschaftsbildende und kulturstiftende Rolle, weist ihr unter anderem den Ursprung der Beredsamkeit und Dichtung zu (Liebeselegie als werbende Poesie) und betont ihre Verbundenheit mit Rom (85–132). 1. April: *Venus Verticordia* (133–162). *Untergang des Skorpions* (163 f.). 2. April: *Untergang der Pleiaden* (156–178).

4. April. *Fest der Großen Mutter.* Gespräch (kallimacheischen Stils) mit der Muse Erato (die für den Monat der Liebe zuständig ist): Die Muttergottheit liebt rituellen Lärm, seit solches Geräusch das Schreien des neugeborenen Iuppiter übertönte. Ihr Löwengespann symbolisiert die Zähmung der Wildheit, die Mauerkrone kommt ihr als Erfinderin der Stadtmauern zu (F 4,179–220). Ihre Priester entmannen sich in der Nachfolge des Attis, der nach dem Bruch seines Keuschheitsgelübdes in Wahnsinn verfiel und sich entmannte (221–246). Auf Weisung eines Orakels holt man die Göttermutter nach Rom. Im Tiber bleibt ihr Schiff stecken. Die der Unkeuschheit verdächtigte Claudia Quinta beweist ihre Unschuld durch ein Gottesurteil: Sie setzt das Schiff mühelos wieder in Bewegung. Der Tempel der Großen Mutter wird später von Metellus und dann wieder von Augustus erneuert (247–348). Die Sitte des Geldsammelns geht auf den Tempelbau unter Metellus zu-

rück. Man lädt einander abwechselnd zu Gastmählern ein, weil die Göttin zum Segen für Rom ihren Wohnsitz wechselte. Die *Megalesia* sind die ersten Spiele im Jahr, weil sie die Mutter der Götter ist. Ihre Priester heißen *Galli* nach dem kleinasiatischen Fluß Gallos, dessen Wasser wahnsinnig macht. Der uralten Göttin bringt man weißen Käse mit im Mörser gestoßenen Kräutern dar, da sie Speisen der Vorzeit liebt (348–372).

5. April. *Weihung des Heiligtums der Fortuna Publica auf dem Quirinal* (F 4,373–376). 6. April: *Sieg Caesars über Iuba bei Thapsus* (46 v. Chr.). Ovid erwähnt hier, daß er selbst dem Richterkollegium der *decemviri stlitibus iudicandis* angehörte (377–384). Morgenuntergang der Waage (385 f.). 9. April: *Untergang des Orion* (387 f.). 10. April: *Schluß der Megalesia* (389–392).

12. April. *Cerialia*. Bei der Wesensbeschreibung von Ceres betont Ovid, daß er Rinderopfer ablehnt (F 4,393–416). Raub der Proserpina (417–506). Eleusis und Triptolemus (507–620). Der ganze Abschnitt konkurriert auf weite Strecken mit dem fünften Buch der *Metamorphosen*. 13. April: *Tempelweihung für Iuppiter Victor. Einweihung des Atrium Libertatis*. Ovid rühmt (wie schon in L 3,15,9) die Freiheit als »unseres Volkes besonders würdig« (621–624). 14. April: *Sturm und Hagel. Sieg Octavians* (43 v. Chr.) *bei Mutina* (624–628).[43] 15. April: *Fordicidia*. Die Opferung einer trächtigen Kuh (*forda*) beruht auf einem Inkubationsorakel des Faunus (629–672). 16. April: *Augustus nahm den Imperatortitel an* (673–676).

17. April. *Untergang der Hyaden* (F 4,677 f.). 19. April: *Schluß der Cerealia*. Füchse mit brennenden Fakkeln werden losgelassen. Ovid will auf dem Wege in seine paelignische Heimat in Carseoli eine Geschichte gehört haben, aus der er schließt, der Fuchs solle damit für eine von ihm verursachte Vernichtung der Ernte bestraft werden (679–712).[44]

20. April. *Sternbild des Stieres.* Die Sonne tritt aus dem Zeichen des Widders in das des Stieres. Da nur die vordere Hälfte des Stieres zu sehen ist, läßt Ovid offen, ob es sich um eine Kuh handelt. Er denkt dabei an die Sage von Io im ersten Buch der *Metamorphosen* (M 1,568–779). Dort ist von einer Apotheose der Io als Isis, nicht ausdrücklich von einer Sternverwandlung die Rede. Aber beide Vorgänge sind äquivalent – und Iunos Ärger ist auch hier der gleiche (713–720). Diese Anspielung auf den damals kaum geduldeten Mysterienkult der Isis mitten im seriösen römischen Festkalender muß den Dichter – und seine Leserinnen – mit besonderer Genugtuung erfüllt haben.

21. April. *Parilia* (Geburtstag der Stadt Rom). In die Darstellung der Festbräuche zu Ehren der Hirtengöttin Pales flicht Ovid auch die Bitte ein, die Götter zu versöhnen: »Ich möge weder Dryaden noch Diana im Bade sehen« (F 4,761). Hier spielt er indirekt auf die Ursache seiner Verbannung an – in enger Verbindung mit der im dritten Buch der *Metamorphosen* berichteten Actaeon-Sage (die er in den Verbannungsgedichten ausdrücklich auf sich bezieht). Am Geburtstag der Stadt Rom springt man durch Flammen und wird mit Weihwasser besprengt; unter den möglichen Erklärungen hierfür erwähnt Ovid, daß dem Geächteten »Wasser und Feuer« verboten wurden, daß Aeneas durchs Feuer aus Troia entkam und daß die Bauern, die einst nach Rom zogen, ihre alten Hütten anzündeten und mit ihren Tieren durch die Flammen sprangen. All diese Erklärungen haben eine innere Beziehung zum Verbanntenschicksal (721–806). In seiner Darstellung der Gründungssage Roms hält sich Ovid an eine Version, die Romulus vom Brudermord entlastet (807–862). 23. April: *Vinalia priora*, das Venusfest der Prostituierten. Im Krieg gegen Aeneas versprach Turnus dem Etrusker Mezentius die Hälfte der nächsten Weinernte, Aeneas aber gelobte den Wein Iuppiter und errang den Sieg (863–900). Anders als im Dido-Brief (*Frauenbriefe* 7) tritt hier die

pietas des Aeneas (wie auch in den *Metamorphosen*) gebührend hervor (863–900).

25. April. *Frühlingsmitte*: Untergang des Widders und Aufgang des Sirius. Zum Schutz der Saaten vor Schädigung (*robigo*) durch den dörrenden Hundsstern opfert man an den *Robigalia* Eingeweide einer läufigen Hündin. Der Tierschützer Ovid stellt fest: Der arme Hund wird nur um seines Namens willen geopfert (F 4,901–942). 28. April: *Floralia*: Dieses Fest mit seinen ausgelassenen Schaustellungen dauert längere Zeit und soll im Mai besprochen werden (943–948), damit das ohnehin schon lange Buch nicht gar noch frivol ende. Denn an diesem Tag wurde Vesta auf dem Palatin aufgenommen; sie bildet mit Phoebus und Augustus eine Trias (949–954).

Resümee. Ovid stellt sich im vierten Buch ausdrücklich unter den Schutz der Göttin des Monats, Venus, als Stifterin aller Kultur und Zivilisation (sie beherrscht ja nicht nur seine Liebesdichtungen, sondern auch die *Metamorphosen*)[45]; er weiß sich von ihr inspiriert, bekräftigt die »werbende« Poetik seiner *Liebeselegien* (15–18) und betont, daß er in der Jugend erotische Dichtungen schrieb, ohne sich etwas zuschulden kommen zu lassen (*sine crimine*: F 4,9).[46] Jetzt hat er sich einem erhabeneren Stoff zugewandt (*area maior*: 10). Weibliche Gottheiten[47] stehen hier im Vordergrund: Neben der Liebesgöttin sind es die Große Mutter, Ceres, Proserpina, Vesta und sogar die offiziell noch nicht anerkannte Isis (der er als Io einen Platz am Himmel reserviert, indem er das Sternbild des Stieres kühn als Kuh umdeutet).

Auch in diesem Buch spricht er nicht selten in eigener Sache oder für das Fabiergeschlecht, dem seine Frau verbunden ist: So unterstreicht er den frühen Zeitpunkt der Einwanderung des Stammvaters der Fabier, Hercules, vor Aeneas, sowie den frühen griechischen Ursprung seiner Heimat, Sulmo, und derjenigen seiner Gattin, Falerii.

Durch das Alter seiner Familie legitimiert sich Ovid als Aitiendichter. Er erklärt sich solidarisch mit einer unschuldig Angeklagten wie Claudia Quinta (nebenbei eine Rechtfertigung weiblicher Schönheitspflege, der ja Ovid ein Buch gewidmet hat). Romulus entlastet er vom Vorwurf des Brudermordes. Ebenso bleibt er seiner Ablehnung blutiger Tieropfer treu, sogar mit einer Hündin zeigt er Mitgefühl, die allein um ihres Namens willen (um den Hundsstern zu besänftigen) geopfert wird. In einem Atemzug mit der Nennung seines Heimatortes Sulmo redet Ovid Germanicus an (81 f.). Eine augusteische Schlußvignette (949–954) beschließt das besonders reichhaltige Buch.

5. Buch: Mai
Auferstehung in Blumen, Sternverwandlungen und Apotheosen

Der Monatsname Mai. Ovid eröffnet das fünfte Buch mit einem Musengespräch im Geiste des Kallimachos. Drei Musen geben unterschiedliche Herleitungen des Monatsnamens: 1. von *Maiestas*, der Beschützerin Iuppiters in der Gigantenschlacht (eine Ergänzung zum ersten Buch der *Metamorphosen*); 2. von den Vorfahren (*maiores*), zumal der Juni nach der Jugend benannt ist; 3. von Maia, der Mutter Mercurs, dessen Sohn Euander als Verbannter den Kult des Faunus und Mercur nach Rom brachte. Ovid will es sich mit keiner der Musen verderben und läßt die Frage offen (F 5,1–110), doch bevorzugt er an anderen Stellen die zweite Lösung (F 1,41; 4,427; 6,88).

1. Mai. *Aufgang der Capella.* Die Nymphe Amalthea verbarg den kleinen Iuppiter auf Kreta. Ein abgebrochenes Horn der Ziege, die den Gott nährte, machte sie zum Füllhorn und brachte es dem Gott dar. Dieser versetzte Ziege und Horn an den Himmel (F 5,111–128): Die erste Sternverwandlung in diesem Buch, das an solchen Erzäh-

lungen besonders reich ist, dient zugleich als Beispiel wechselseitiger *pietas*. *Lares praestites*: Am Fuße ihres Altars in Cures war ein Hund als Symbol treuer Wachsamkeit dargestellt. An den Kreuzwegen wurden die Laren zusammen mit dem Genius des Augustus verehrt, ein Thema, das sich Ovid auf den Monat August aufspart (129–148). Der 1. Mai ist auch der Gründungstag des Heiligtums der *Bona Dea*, das von Livia erneuert wurde (149–158). So ist der Monatsbeginn mehrfach mit dem Hause des Augustus verbunden.

2. Mai. *Aufgang der Hyaden.* Wegen ihrer pietätvollen Trauer um ihren von einer Löwin getöteten Bruder Hyas wurden die Hyaden unter die Sterne versetzt: Dies ist die zweite Sternverwandlung im Zeichen der *pietas* (F 5,159–182). *Floralia.* Floras Fest verbindet April und Mai; sie stellt sich in einer Art Hymnus auf sich selbst vor: »Ich war eine Nymphe namens Chloris (die Grüne). Zephyrus raubte mich – wir sind ein glückliches Paar – und machte das Land, das meine Mitgift war, zum Garten und mich zur Herrin der Blumen. Ich habe Hyacinthus, Narcissus, Crocus und Attis in Gestalt von Blumen auferstehen lassen.« Hier wird – in stofflicher Nähe zum zehnten Buch der *Metamorphosen* – das der Apotheose und der Sternverwandlung zugrundeliegende Geheimnis der Auferstehung angedeutet. Auch Mars verdankt sein Leben den Künsten Floras: Nachdem Iuppiter Minerva ohne Mutter erzeugt hat, will Iuno ihm nicht nachstehen. Flora pflückt für sie eine Blume, deren Berührung fruchtbar macht, und Iuno gebiert den Mars, der Flora dafür in Rom einen Platz gönnt, sorgt sie doch überall für gutes Gedeihen. Flora erklärt weitere Einzelheiten; nachdem sie entschwebt ist, steht Blütenduft im Raume. Der Dichter (als Gartenfreund bekannt, s. P 1,8,45f.) erbittet für sich ihre Gaben, damit sein Werk ewig blühe (183–378).

3. Mai. *Aufgang des Centaurus.* Der Centaur Chiron stirbt, nachdem er sich beim Besuch des Hercules verse-

hentlich mit einem Giftpfeil verletzt hat, und wird an den Himmel versetzt, während Achill um ihn wie um einen Vater trauert (dritte Sternverwandlung im Zeichen der *pietas*: F 5,379–414). Als Apotheose eines musischen Lehrers, mit dem sich Ovid im Eingang der *Liebeskunst* verglichen hatte, verdient diese Erzählung besondere Beachtung; eine Parallele zu Ovid liegt auch in der Tatsache, daß Chiron sich die tödliche Wunde versehentlich selbst zugefügt hat. 5. Mai: *Aufgang der Lyra* (415f.). 6. Mai: *Der Skorpion ist nur noch zur Hälfte sichtbar* (417f.).

9., 11. und 13. Mai. *Lemuria.* Das nächtliche Totenopfer, dessen Ritual beschrieben wird, wurde angeblich als *Remuria* nach einer Geistererscheinung des Remus bei seinen Pflegeeltern Acca und Faustulus von Romulus als Zeichen seiner *pietas* eingesetzt. Während des Festes sind die Tempel geschlossen und Eheschließungen verboten (F 5,419–492). *Der Orion geht unter*: Iuppiter, Neptun und Mercur kehren bei dem armen Hyrieus ein und erfüllen ihm seinen Kinderwunsch. Der Knabe, ursprünglich Urion genannt, wird ein großer Jäger, beschützt Diana vor einem großen Skorpion und wird zum Dank dafür an den Himmel versetzt: vierte Sternverwandlung im Zeichen der *pietas* (493–544).

12. Mai. *Augustus errichtet den Tempel des Mars Ultor.* Er rächt (pietätvoll) Caesars Tod (vgl. F 3,697–710) und die schmachvolle Niederlage des Crassus (F 5,545–598). In der Mitte des Monats ist somit ein »augusteischer« Akzent gesetzt. 13. Mai: *Die Pleiaden sind ganz zu sehen; der Sommer beginnt* (599–602).

14. Mai. *Aufgang des Stieres*: Es handelt sich um die Gestalt, die Iuppiter annahm, um Europa zu entführen (M 2,833–875), nach anderen aber (vgl. F 4,713–720) um Io-Isis (F 5,603–620; vgl. M 1,601–747). Dies ist die fünfte Sternverwandlung, gleichbedeutend mit einer Apotheose. *Argeeropfer*: In den 27 Strohmännern, welche die Vestalin vom Pons Sublicius in den Tiber wirft, sieht Ovid einen

Ausdruck des Heimwehs der argivischen Auswanderer unter Alceus: Sie baten darum, nach ihrem Tod in den Tiber gestürzt zu werden, dessen Fluten sie in ihre griechische Heimat tragen sollten: Solche Sagenzüge hebt der Verbannte hervor.

15. MAI. *Weihung des Mercurtempels unweit des Circus.* An der Quelle bei der Porta Capena betet ein betrügerischer Kaufmann zum Gott der Diebe: spaßhaftes Intermezzo (F 5,663–692).

20. MAI. *Die Sonne tritt in das Zeichen der Zwillinge.* Castor und Pollux haben die Töchter des Leucippus geraubt und fallen im Kampfe mit deren Verlobten. Pollux erfährt eine Apotheose und erbittet sie auch für seinen Bruder Castor: sechste Sternenverwandlung im Zeichen der *pietas* und Apotheose (F 5,693–720). Anders als in den *Metamorphosen* verbindet sich hier das Motiv der Doppelapotheose nicht mit der Polarität der Geschlechter. Die Apotheosen-Thematik wird sich im sechsten Buche fortsetzen. 21. MAI: *Agonia* (721 f.). 22. MAI: *Aufgang des Sirius* (723 f.). 23. MAI: *Tubilustrium* (725 f.). 24. MAI: *Regifugium* (727 f.). 25. MAI: *Weihung des Tempels der Fortuna Publica. Aufgang des Adlers* (729–732). 26. UND 27. MAI: *Untergang des Bootes und Aufgang der Hyaden* (733 f.).

RESÜMEE. Sterne und Blumen (ihr irdisches Spiegelbild) beherrschen das fünfte Buch. Mythen von Tod und Auferstehung münden oft in eine Sternverwandlung und Apotheose. In der Flora-Rede sind den Sternverwandlungen Blumenverwandlungen Verstorbener gegenübergestellt. So gewinnt das Buch auf der Bildebene innere Einheitlichkeit. Die augusteischen Akzente sind eher sparsam gesetzt. Das Grundmotiv *pietas* durchzieht das Buch und verbindet nicht nur die Sternsagen untereinander, sondern schlägt auch die Brücke zum Rituellen (Romulus).

6. Buch: Juni
Der Dichter: Prophet und Erotiker

Bedeutung des Monatsnamens. Dem nachsinnenden Dichter, der sich stolz als »Seher, Begründer des römischen Jahres« (F 6,21) anreden läßt, erscheint zuerst Iuno und erhebt Anspruch auf diesen Monat. Ihr widerspricht Iuventas, die Gemahlin des Hercules (Ovid wird nicht müde zu betonen, daß der Heros früher als andere nach Rom kam): Wie der Mai den Senioren, so sei der Juni der Jugend geweiht. Schließlich erklärt Concordia[48], der Zusammenschluß der Römer und Sabiner (von *iungere*) habe dem Monat den Namen verliehen. Ovid hütet sich, den Schiedsrichter zu spielen: Zwei Göttinnen können mehr schaden,[49] als eine nützt (F 6,1–100). (Ähnlich wie im Eingang von Buch 5 verbirgt er seine sonst geäußerte Vorliebe für die zweite Lösung.)

1. Juni. *Fest der Carna.* Ianus, der Carna überlistete und bezwang, machte sie zur Göttin der Türangel. Mit Weißdorn schützt sie Schwellen vor Schaden (F 6,101–130) und rettet einen Knaben vor den Striges[50] (131–168). An diesem Tag ißt man nach alter Sitte fettes Schweinefleisch, Bohnen und gerösteten Emmer (169–184). *Einweihung des Tempels der Iuno Moneta.* Hier stand einst das Haus des Manlius, der das Capitol vor den Galliern rettete; leider hat er zu lange gelebt, denn später wurde er verurteilt. Hier meint man die Stimme des alternden Dichters zu vernehmen (185–190). *Weitere Tempelweihungen*: *Mars* vor der Porta Capena (191 f.); *Tempestates* (193 f.). Aufgang des Adlers (195 f.). 2. Juni: *Aufgang der Hyaden.* Regenwetter (197 f.).

3. Juni. *Einweihung des Tempels der Bellona durch Appius Claudius Caecus.* Zwischen diesem Tempel und dem Circus steht die *columna bellica*, über die der Pater Patratus bei der Kriegserklärung eine Lanze warf (das Grundstück, das man einem Kriegsgefangenen verkaufte, galt als

Feindesland; so konnte man den Ritus der Kriegserklärung bequem in Rom vollziehen (F 6,199–208). 4. JUNI: *Hercules Magnus Custos von Sulla geweiht* (209–212). 5. JUNI: *Heiligtum des Semo Sancus Dius Fidius* (213–218). 1.–15. JUNI: *Heiratsverbot.* Ovid erkundigt sich bei der Flaminica nach einem geeigneten Hochzeitstermin für seine Tochter (219–234). 7. JUNI: *Arctophylax (Lycaon, Bootes) geht unter* (235 f.). *Ludi piscatorii* (237–240). 8. JUNI: *Weihung des Tempels der Bona Mens* (241–248).

9. JUNI. *Vestalia.* Vesta erscheint dem Dichter nicht sichtbar, sondern sie schenkt ihm eine innere Erleuchtung (Ovid spielt hier mit dem Motiv des Sehens: Iuno und Iuventas hat er gesehen, Vesta aber nicht). Im folgenden verbindet der Dichter heidnische Religion mit antiker Naturphilosophie: Der Vestatempel ist rund wie die Erde; beider Substanz ist das ewige Feuer. Vesta ist jungfräulich wie die Flamme; wie diese hat sie kein Bild (F 6,249–298). Vesta heißt so, weil sie fest steht (*vi stando*); der Herd heißt *focus*, weil er alles wärmt (*fovere*: 299–304). Altertümliche Bräuche bei den Festen der Vesta und Vacuna (305–310). Das Bäckerfest (315–318). Priapus und Vesta: Wie an früheren Stellen flicht Ovid hier einen erotischen Schwank ein. Ein Esel warnt Vesta durch sein Geschrei vor den Nachstellungen des Priapus; dem man daher auf Lampsakos Eingeweide dieses Tieres opfert; Vesta dagegen schmückt den Esel mit Halskränzen aus Brot und läßt die Mühlen ruhen (319–348). Der Altar des Iuppiter Pistor: Zur Zeit des Galliersturms warfen die auf dem Kapitol belagerten Römer Brot auf die Feinde: Diese verloren die Hoffnung, die Römer auszuhungern, und zogen ab (350–394). Warum die Frauen barfuß zum Fest der Vesta gehen (395–416). Beim Brand des Vestatempels rettete Metellus das troianische Palladium (417–460). Am 9. Juni errang Brutus durch einen Sieg den Beinamen Callaicus; Crassus verlor die Feldzeichen, die Augustus zurückgewinnen sollte (461–468). Der Hinweis auf Augustus steht

etwa in der Mitte des Buches. 10. Juni: *Aufgang des Delphins* (469–472).

11. Juni. *Matralia.* Weihung des Tempels der *Mater Matuta.* Zur Strafe dafür, daß Ino den jungen Bacchus pflegte, schlug Iuno deren Gemahl Athamas mit Wahnsinn, und dieser tötete seinen Sohn Learchus. Ino aber sprang mit ihrem anderen Sohn Melicertes ins Meer (vgl. M 4,511–541) und wurde – hier folgt die römische Fortsetzung – an die Tibermündung getragen. Als dort Mänaden ihren Sohn töten wollten, trat Hercules dazwischen, und die Seherin Carmentis nahm sie gastlich bei sich auf. Carmentis verhieß ihr auch die Apotheose als Leucothea oder Matuta; Melicertes wurde zu Palaemon oder Portunus (vgl. M 4,432–561). Hier kehrt an wichtiger Stelle das Apotheosen-Motiv wieder. Sklavinnen dürfen den Tempel der Mater Matuta nicht betreten, da Athamas Ino mit einer Sklavin betrog. Man betet zu ihr nicht für eigene, sondern für fremde Kinder, weil sie als Amme erfolgreicher war denn als Mutter (F 6,473–562). Am Festtag dieser Göttin fiel der Consul Rutilius, und genau ein Jahr später fand der Heerführer Didius den Tod (563–568). Zugleich ist dies der Tag der Fortuna Virgo, der göttlichen Geliebten des Königs Servius. Bedeutung seines verhüllten Bildnisses (569–636). Errichtung der *Porticus Liviae* zu Ehren der Concordia (637–648). Das Motiv der Eintracht verweist auf den Anfang des ersten Buches.

13. Juni. *Tempelweihung für Iuppiter Invictus* (F 6,649 f.). *Quinquatrus minusculae*: Minervafest. Flötenspieler ziehen in der Stadt umher. Als die Ausübung der Blasmusik offiziell eingeschränkt wurde, gingen die Flötenspieler nach Tibur ins Exil (»Welch ein liebliches Exil!« seufzt der verbannte Ovid: 666). Ein Freigelassener brachte sie nach einem Gastmahl ohne ihr Wissen nach Rom zurück, wo sie sich maskierten und lange Gewänder anlegten, um unerkannt zu bleiben (651–692). Die Flöte wurde von Minerva erfunden, aber weggeworfen, weil das

Blasen die Gesichtszüge verzerrte. Ein Satyr fand das Instrument, forderte Phoebus zum Wettstreit heraus und wurde von diesem geschunden (693–710). Diese Erzählung berührt sich mit der Marsyas-Sage im sechsten (!) Buch der *Metamorphosen.* 15. JUNI: *Aufgang der Hyaden* (711 f.). Abschluß der Reinigung des Vestatempels (713 f.). 16. JUNI: *Günstiger Wind für Seefahrer* (715 f.). 17. JUNI: *Aufgang des Orion* (717–719). 18. JUNI: *Aufgang des Delphins* (720). *Sieg über die Volsker und Aequer* (431 v. Chr.) am Algidus (721–724). 19. JUNI: *Die Sonne tritt in das Zeichen des Krebses. Minerva erhält ihren Kult auf dem Aventin* (725–728).

20. JUNI. *Weihung des Heiligtums des Summanus* (F 6,729–732). *Aufgang des Schlangenträgers,* den Ovid (im Anschluß an Eratosthenes) mit Aesculap gleichsetzt. Dieser Sohn Apollons erweckt Hippolytus vom Tode (vgl. auch M 15,497–546); zur Strafe erschlägt Iuppiter Aesculap mit einem Blitz, um ihn dann jedoch als Gott unter die Sterne zu versetzen (733–762). Auch Aesculap stellt eine Verbindung zum letzten Buch der *Metamorphosen* her. 22. JUNI: *Niederlage am Trasimenischen See* (763–768). 23. JUNI: *Siege bei Cirta und am Metaurus* (769 f.). 24. JUNI: *Fest der Fors Fortuna* (771–784). 26. JUNI: *Aufgang des Orion. Sommersonnenwende* (785–790). 27. JUNI: *Heiligtum der Laren und Tempel des Iuppiter Stator* (791–794). 29. JUNI: *Weihung des Quirinus-Tempels* (795 f.). 30. JUNI: *Marcius Philippus weiht den Tempel des Hercules Musarum* (797–812).

RESÜMEE. Im Anfangsteil des sechsten Buches häufen sich die anspruchsvollen Selbstcharakteristiken Ovids als »Dichterprophet« (*vates*: z. B. F 6,21) und »Sänger von Heiligem« (*sacra cano*: 8). Doch sogar hier verleugnet er den Erotiker nicht (vgl. den Schwank über Priapus und Vesta: 319–348). Das Heimweh des Verbannten kommt in Stoßseufzern zum Ausdruck: »Voreinst galt Tibur als Verbannungsort« (666). Andererseits sind auch in diesem Buch Apotheosen wichtig. Auf die *Metamorphosen* verweisen Ino (vgl. M 4,539–542) und Hippolytus (vgl. M 15,479–546), eine Chiffre für Untergang und Auferstehung, somit eine geheime Signatur des Dichters. Gleiches gilt von Aesculap, der, von Iuppiters Blitz getötet, zum Gott wurde. Iuppiters Blitz ist bei Ovid ein geläufiges Bild für das Verbannungsurteil des *princeps.*

Konzeption der Bücher und des Ganzen

Ovids poetische Vorgänger in der Ursprungsdichtung sind der hellenistische Dichter Kallimachos (der seine *Aitia – Ursprungssagen* in elegischen Distichen abgefaßt hatte)[51] und Properz. Im Unterschied zu der räumlichen Anordnung bei Properz (Führung durch die Stadt Rom) bevorzugt Ovid eine zeitliche Gruppierung nach dem Jahreskreis. Unter seinen stofflichen Quellen nennt er *annales prisci* (F 4,11); faktisch werden jedoch der große römische Antiquar Varro (Reatinus) und Verrius Flaccus seine Hauptquellen gewesen sein. Für römische Sagen kommen natürlich Livius und die hinter diesem stehenden Traditionen hinzu. Die Anordnung des Stoffes ist in einem *Festkalender* durch äußere Bedingungen vorgegeben. Anders als in den *Metamorphosen* versucht der Dichter auch nicht, Sprünge durch fließende Übergänge zu verdecken. Doch ergibt die Einzelinterpretation, daß er subtile Zusammenhänge herzustellen weiß. Eine gewisse Einheit läßt sich in den Büchern allein schon auf Grund der Thematik und der Proportionen der Teile feststellen (z. B. sind Anfang, Mitte und Ende des ersten Buches auf das Herrscherhaus und den augusteischen Frieden bezogen),[52] während das Leid der Verbannten, Vergewaltigten und Geopferten ein unüberhörbares Gegenthema bildet. Der Mai, Monat der *maiores* und der *maiestas*, kreist passend um das Thema *pietas*, Apotheose und Sternverwandlung, das sich im Juni fortsetzt, so daß die Zusammengehörigkeit der letzten beiden Bücher deutlich wird.

Untersucht man die einleitenden Partien (Prooemien), so zeigen sich innere Verbindungen innerhalb jedes Buchpaars: Die Eingänge von Buch 1 und 2, 3 und 4 sowie 5 und 6 weisen jeweils gemeinsame Züge auf.[53] Übergänge von Buch zu Buch werden durch Ankündigungen und Aussparungen hergestellt und halten so die Neugier des Lesers wach (so erscheint Mars kurz vor Beginn seines Monats, die Besprechung der *Floralia* wird von Ende April auf Anfang Mai aufgeschoben). Entsprechungen zwischen erstem und sechstem Buch lassen an Ringkomposition denken.

Das im Unterschied zu den *Metamorphosen* auffällige Nebeneinander kleinerer bis kleinster Einzelstücke hat auch positive Seiten: Allein schon bei der Erwähnung von Auf- und Untergängen von Sternbildern entfaltet Ovid eine reiche Palette stets neuer Ausdrücke und versteckter Anspielungen. Überhaupt gewinnt Ovids Kunst der mythologischen Erzählung im *Festkalender* vielfach eine neue Dimension;[54] Wortkargheit und epigrammatische Zuspitzung nehmen zu. Doch wird die Selbstdisziplin des Erzählers keineswegs zur Askese: Wiederholt zeigt der Dichter, daß er kallimacheisch zwischen Kürze und Ausführlichkeit zu variieren versteht und sogar zu wiederholten Malen erotische Schwänke zu präsentieren weiß.

Musengespräch. Charakteristisch für den *Festkalender* als »Ursprungsdichtung« (aitiologisches Lehrgedicht) ist die auf Kallimachos' *Aitia* (*Ursprungssagen*) zurückgehende Technik des Gesprächs zwischen Dichter und Musen (z. B. F 1,657–660; 4,193–248; 5,1–110). In den *Metamorphosen* klingt dieses Vorgehen mehrfach an; hier aber gehört es zum festen Formenschatz. Den gleichen Zweck kann natürlich auch ein Dialog mit der für einen bestimmten Monat oder Tag zuständigen Gottheit (oder auch einer menschlichen Person) erfüllen, etwa mit Ianus zu Beginn des Januar-Buches oder mit Venus Anfang April. Die Zuweisung an göttliche Sprecher kann Erklärungen höhere Autorität verleihen. Wenn andererseits drei Göttinnen dreierlei Interpretationen liefern, muß dies zu einem Patt führen (will es sich der Dichter doch mit keiner der drei verderben).[55]

Humor und Ironie. Ovids Erkundigung nach einem geeigneten Heiratstermin für seine Tochter (F 6,219–234) ist ein hübscher persönlicher Zug, der belebend wirkt. Zu den humoristischen Glanzlichtern zählt auch das Gebet eines Kaufmanns zu Mercur, dem Gott der Diebe (5,663–692). In seinem Element ist der lächelnde Menschenbeobachter Ovid bei der Schilderung rustikaler Feste auf den Spuren Tibulls. Die priapeische Derbheit eingelegter Schwänke geht über das aus der römischen Liebeselegie Gewohnte hinaus. Dennoch wäre es verfehlt, die leichte Ironie des Erzählers in einem destruktiven Sinne zu vergröbern.

Wertvorstellungen

Friede, Eintracht und Solidarität. Dies sind die dominierenden Wertvorstellungen. Hierauf liegt das Gewicht beim Lobpreis der augusteischen Zeit, des Herrschers und seiner Angehörigen.[56] Dennoch zeigt Ovid eigenes Profil. Grundlage der Gesellschaft und Zivilisation ist für ihn nicht Mars, sondern Venus als Stifterin von Solidarität und Minerva und Bacchus als Träger kultureller Kreativität. Als Elegiker macht er aus seiner Abneigung gegen Geldgier, Krieg, Gewalt und blutige Opfer kein Hehl. In dieser Beziehung besteht eine klare Parallele zu den in den *Metamorphosen* entwickelten Anschauungen.

Geistige Tätigkeit als Bestimmung des Menschen. Der Kalender als Grundgewebe des Werkes macht das Verrinnen der Zeit sinnfällig: ein passendes Thema für einen alternden Dichter. Die alljährliche Wiederholung der gleichen Riten bringt in den Strom des Lebens ein Element der Stabilität und Ordnung, gestattet es aber auch, Zeitabstände zu messen und sich der Vergänglichkeit bewußt zu werden. Die zahlreichen Berichte von Sternverwandlungen vollziehen in narrativer Form einen analogen Schritt: vom vorüberrauschenden Menschenleben zur Dauer der Fixsterne. Diesen Übergang beobachtet Ovid vielfach im Zeichen der *pietas* – die treue Amme des Bacchus wird an den Himmel versetzt[57] –, aber auch im Zeichen der Wissenschaft – man denke an Achills Lehrer Chiron (F 5,379–414) – und der Dichtung: Der gerettete Sänger Arion und sein zum Sternbild erhobener Delphin geben den Ton für das Weitere an (2,79–118). Die Dauerhaftigkeit geistiger Güter und Leistungen betont Ovid von der *Liebeskunst* bis hin zu den Verbannungsdichtungen;[58] doch hofft er nicht nur auf einen Übergang in die »ewige Blüte« der Unsterblichkeit, sondern auch auf Rückkehr nach Rom in diesem Leben.

Besonders kostbar ist in diesem thematischen Zusammenhang der – die *Metamorphosen* voraussetzende, aber darüber hinausgehende – Lobpreis der Wissenschaft als der eigentlichen Bestimmung des Menschen.[59] Die Behandlung astronomischer Themen berührt sich nicht nur mit den Interessen des neuen Adressaten Germanicus (der Arats *Phaenomena* lateinisch bearbeitete und dabei sogar die wissenschaftlichen Angaben korrigierte) und des sterngläubigen Kaisers Tiberius. Das Thema gehört vielmehr von Anfang an zur Konzeption des *Festkalenders.* Ovid konnte dabei an die große Sonnenuhr des Augustus denken, vor allem aber auch an die unerfüllten Wünsche seines Freundes Properz, sich im Alter mit Naturwissenschaft zu befassen, doch wohl im Dienste einer römischen Aitiologie, wie er sie in seinem letzten Buch entworfen hatte.

Poetologie

Großes in bescheidenem Versmaß. Ovid stellt sich unmißverständlich als Elegiker vor. Iuno macht ihm treffend den Vorwurf, er habe gewagt, Großes in einem bescheidenen Versmaß darzustellen (F 6,22). Ausdrücklich beteuert er seine Wandlung vom Liebesdichter zum römischen Aitiendichter (2,3–10). Wiederholt (1,25, 101; 3,168, 177, 326, 714; 4,2, 807; 6,8, 21) beansprucht er für sich den Titel *vates* (»Dichterprophet«). Um Augustus gebührend preisen zu können, wünscht er sich gelegentlich gar, er hätte für dieses Werk das heroische Versmaß gewählt (2,126).

Eros und Ingenium. Freilich werden diese Behauptungen durch Ovids tatsächliches Verhalten ein wenig relativiert.[60] Gerade der *Festkalender* enthält recht freizügige erotische Schwänke. Ovid ist und bleibt Liebeselegiker. Seine erklärten Schutzpatrone im *Festkalender* sind jedoch – neben Venus und Amor – die Dichtergottheiten; außer den allgegenwärtigen Musen (besonders anmutig die Bitte um ihre Gnade 5,109f.) nennt er vor allem Minerva (an deren Fest er geboren ist) und Bacchus (zu dessen römischer Kultgemeinschaft er gehört). Stolz beharrt er darauf, daß Minerva *ingenium* ihr eigen nennt – solches notiert er nicht zufällig unter dem Datum seines Geburtstages.[61] Das Pochen auf das *ingenium* (eine Haltung, die übrigens Ovid mit Properz verbindet) schlägt die Brücke von der Poetologie des *Festkalenders* zu derjenigen der Verbannungsdichtungen. Die Gottesvorstellung ist verinnerlicht: An die Stelle der sichtbaren Erscheinung der Gottheit tritt im Falle Vestas innere Erleuchtung des Betenden – im Einklang mit der Bildlosigkeit ihres Gottesdienstes (6,253–256). Trotz der Beibehaltung des kallimacheischen Musengesprächs als Darstellungsform wohnen für Ovid auch und gerade die Dichtergottheiten grundsätzlich im Menschen (»ein Gott wohnt in uns« – *est deus in nobis*:

Lk 3,549; F 6,5; P 3,4,93), sind also vom *ingenium* kaum zu trennen.

Fortentwicklung der lateinischen Elegie. Als Sänger römischer Ursprungssagen, als Dichter des *ingenium* und als Vorkämpfer der Berufung des Menschen zur Wissenschaft stellt sich Ovid in die Nachfolge seines Freundes Properz. Er betrachtet ja die lateinische Elegie als das Werk von Generationen; in dieser Kette ist er das vierte Glied (K 4,10,53 f.). Es liegt daher nahe, den *Festkalender* insgesamt nicht als bloße augusteische Pflichtübung zu lesen, sondern als Hommage an den – inzwischen wohl verstorbenen – Freund und Vorgänger und als Fortführung von dessen Spätwerk. Der *Festkalender* ist eine Weiterentwicklung der lateinischen Elegie in Richtung auf ihre hellenistischen Wurzeln. In der nächsten – letzten – Phase seines Schaffens wird Ovid die Gattung Elegie als Zweckpublizistik ihren frühgriechischen Anfängen annähern, allerdings gesättigt mit individueller römischer Erfahrung.

Zwischen persönlicher und universaler Dichtung. Im *Festkalender* gestattet die Wahl der elegischen Gattung außer dem Anschluß an die kallimacheische Tradition auch persönliche Stellungnahmen in einem Umfang, wie dies im Epos nicht möglich ist. Bei jeder denkbaren Gelegenheit bricht die Klage über das eigene Exil durch. Auch Ovids Friedensliebe, seine ausgeprägte Abneigung gegen Blutvergießen[62] – einschließlich ritueller Opfer – hat eher »elegische« als politische Wurzeln. Andererseits weitet sich die Gattung der Elegie durch die vom Autor gesuchte Konkurrenz und Parallelisierung mit den *Metamorphosen*, sogar zwischen Büchern mit gleicher Ziffer – etwa Buch 2, 3, 4 oder Buch 6 – und den Anfangs- und Schlußbüchern[63].

Die Einbeziehung griechischer Wissenschaft und Mythologie einerseits und römischer Bräuche und Ursprungssagen andererseits macht den *Festkalender* zum griechisch-römischen Universalgedicht. Dabei wird im

Unterschied zu den *Metamorphosen* der historische Prozeß nicht in seinem Verlauf nachgezeichnet, sondern in Gestalt von Gedenktagen auf den Kreis eines Jahres projiziert. Anders als in den *Metamorphosen* stehen im *Festkalender* zunächst nicht die Mythen, sondern die Riten im Vordergrund. Die Konkretheit des Rituellen vermittelt dem Römer ein lebendiges Empfinden für die Gegenwärtigkeit historischer Erinnerung (ähnlich wie das Kirchenjahr die Heilsgeschichte sowie die Hauptgestalten und -stationen der Kirchengeschichte vergegenwärtigt).[64] Erst im Zusammenhang mit dem rituellen Anlaß werden im *Festkalender* die Mythen entfaltet (als römisches Seitenstück zu den überwiegend griechischen *Metamorphosen*, aber dank den Sternsagen ist die griechische Komponente der augusteischen Kultur ebenfalls voll repräsentiert). In diesem Sinne ist die Abfassung des *Festkalenders* ein Akt individueller und kollektiver Identitätsstiftung in der Dimension des Gedächtnisses, der eigentlichen Domäne der Dichtung.

Der Dichter des Exils

Man macht ihm die Zerknirschung seines Gemüths während seines Aufenthalts in Tomi zum Vorwurf, ich bewundere vielmehr, daß in diesem schrecklichen Exil unter Barbaren seine Frische und Lebendigkeit ihm so sehr geblieben ist.

Barthold Georg Niebuhr,
Römische Geschichte (veröffentlicht 1832)

Klagelieder

1. Buch

1 An das Buch, das an Ovids Statt nach Rom geht.[1] Dem Inhalt entspricht die »ungepflegte«, trauervolle Aufmachung des Buches (*Elegie als Klage*, vgl. L 3,9; *Brief als »kunstlose« Form*). Eigentlicher Adressat ist das (mitleidige) Volk, der Kaiser nur, falls sich ein Fürsprecher findet. Distanzierung von der *Liebeskunst* (trotz ihres Liebreizes), Nähe zu den *Metamorphosen*, zu denen Ovid jetzt auch sein eigenes Schicksal rechnet. *Programmgedicht.*

2 An die Götter der Natur (*Seesturm I*). An *Aeneis* 1 gemahnt der Seesturm mit der Seligpreisung derer, die auf dem Festland sterben.[2] Iuno haßte Aeneas, dafür beschützte ihn Venus: So könnte Ovid trotz Caesars Zorn eine Gottheit helfen. Die Götter des Kosmos (die keiner täuschen kann) wissen um seine Unschuld (er handelte töricht, nicht arglistig) und haben keinen Grund, ihm das Leben zu nehmen. Darum verziehen sich die Wolken. *Monolog (Gebet) mit epischen Untertönen.*

3 Abschied von Rom. Nacht, Schmerz des Erinnerns, Ich-Erzählung, Retardierungen trotz gebotener Eile, Aufbruch ohne die Gattin, Trauer wie bei Troias Untergang (*Aeneis 2 als Hintergrund*). Ausbleiben von Freunden im Unglück; *Exil als Verstümmelung und Tod.* Die Götter des Kapitols sollen Augustus sagen: Ovids Tat war ein Versehen, kein Verbrechen. *Elegie als Klage, dramatisches Erinnerungsbild, kühne Intertextualität zum Epos.*

4 An die Meeresgötter (*Seesturm II*). Trägt der Wind das Schiff ins verbotene Italien zurück? Möge Aeolus Augustus gehorchen! Ovid gleicht Aeneas im Sturm. Er bittet die Meeresgötter um Rettung, sofern man einen, der schon tot ist, vor dem Tode bewahren kann. *Epische Tönung* wie in K 1,2; *schärfere Pointierung*: *Exil als Tod*, *Augustus als zürnender Iuppiter* (vgl. K 5,2b).

5 An einen Freund. Dank für Trost im Unglück (vgl. K 1,3) und Bewahrung vor Selbstmord (*pietas*), Bitte an die verbleibenden Freunde um weiteren Beistand. *Exilthematik*: Ovid kämpfte nicht gegen den Caesar, er war nur allzu arglos. Der Verbannte, dessen Qualen leider nicht erfunden sind (*Realitätsbezug*), hat mehr erduldet als Odysseus (ausführlicher Vergleich). *Zum vergilischen tritt* (wie schon in 1,2) *der homerische Hintergrund hinzu.*

6 An die Gattin. Kein Dichter hat je eine Frau so geliebt. Treu wie Andromache und Laodamia,[3] stand sie dem Unglücklichen zur Seite und verhinderte, daß ein Feind sich sein Vermögen aneignete. Wäre Ovid Homer, würde sie berühmter als Penelope. *Pietas* ist ihr angeboren (oder ist die Kaiserin ihr Vorbild?). Soweit seine Kräfte reichen, will er sie als größte aller Heroinen verewigen (*elegische Verklärung der Geliebten; Intertextualität: Homer und* Frauenbriefe).

7 An den Verleger (vgl. P 1,1 und 3,9). Der Angeredete besitzt ein Bildnis Ovids, und er trägt ein weiteres auf seinem Siegelring. Bücher sind freilich ein dauerhafteres Denkmal (vgl. M 15,871–879). Von den *Metamorphosen*, die der Dichter vor seinem Aufbruch verbrannte, gibt es noch Abschriften; jetzt wünscht er ihre Veröffentlichung.

Da dem Werk die letzte Hand fehlt, soll ein Vorspruch den Leser um Nachsicht bitten. *Literatur- und Freundschaftsthematik.*

8 An einen treulosen Freund. Seit der Enttäuschung durch den Empfänger hält Ovid nichts mehr für unmöglich. Fernerstehende haben mehr für ihn getan. Heimat des Ungetreuen ist offenbar nicht das zivilisierte Rom, sondern der wilde Pontus. Macht aber der Freund sein Versäumnis wieder gut, soll Tadel durch Lob ersetzt werden. *Freundschaftsthematik: negative Variante; Umkehrung des kulturellen Gefälles »Römer – Barbaren«* (vgl. K 1,3 »Zerstörung Troias« durch Augustus' Urteil).

9 An einen Anwalt. Möge der Adressat nie im Unglück seine Freunde verlieren! Caesar schätzt es sogar an seinen Feinden, wenn sie zu ihren Freunden stehen. Für einen glänzenden Anwalt wie den Empfänger wäre der Fall Ovids ein passender Stoff: Dem einen hat seine seriöse Kunst genützt, dem anderen seine lose geschadet. Doch in Ovids Leben ging es ehrbarer zu als in seinen Gedichten. *Freundschaft*; *Leben und Dichten* (vgl. K 2), *Poesie und Redekunst* (vgl. P 2,5).

10 Auf das Schiff. Ovids schnelles Schiff, benannt nach dem Helm seiner Schutzgöttin Minerva (vgl. zu K 1,2),[4] hat ihn von Kenchreai nach Samothrake gebracht und wird von dort sein Gepäck nach Tomi befördern. Er segelt auf einem anderen Boot nach Thrakien, um dann auf dem Landweg weiterzureisen. Er gelobt Minerva ein Lamm und bittet die Dioskuren für beide Schiffe um günstigen Wind. *Heitere Kreuzung von Weih-Epigramm, Gebet, Geleit- und Reisegedicht.*

11 An den Leser. Auf der Seefahrt im Dezember konnte zum Erstaunen des Dichters kein innerer und kein äußerer Sturm seine Schaffenskraft lähmen. Größere Gefahren als zur See drohen ihm an Land (vgl. Vergil, *Aeneis* 6,83 f.: *Heroisierung*). Bitte um Nachsicht: Die Verse sind nicht in Muße verfaßt. Mit dem Gedicht soll auch der

Sturm enden (vgl. K 1,2)! *Geburt der neuen Gattung der Klagelieder: wundersame Manifestation des Ingeniums zwischen Wahnsinn und Trost.*

Komposition des ersten Buches. Kunstvoll ist das erste Buch aufgebaut. Den Rahmen bilden Gedichte an das Buch (1) und an den Leser (11). In der Mitte steht das Lob der Gattin (6), umrahmt von Briefen an den besten Freund (5) und an den Herausgeber der *Metamorphosen* (7). Dieser Dreiergruppe (5–7) ist eine zweite vorgelagert (2–4): Die bewegende Szene des Abschieds von Rom (3) umschließen zwei Seesturmbilder (2 und 4). Die dritte Trias (8–10) besteht aus dem Segenswunsch für das Schiff (10), der inhaltlich und formal ein Gegenstück zur zweiten Elegie bildet, sowie zwei miteinander kontrastierenden Gedichten an Bekannte (8: Enttäuschung, 9: Hoffnung). Dabei greift die achte Elegie mehrfach ausdrücklich auf die dritte zurück (Abschied von Rom: K 1,8,11–26; Hinweis auf Rom: 33 und 37f.). Im ersten Drittel des Buches geht eine Elegie auf persönliche Verhältnisse ein (3), im letzten Drittel sind es zwei (8 und 9). Unmittelbar auf die Seefahrt beziehen sich zwei Gedichte des ersten Drittels (2 und 4) und nur eines des letzten (10).

2. Buch

Das zweite Buch der *Klagelieder* ist keine Elegiensammlung, sondern ein einziges in sich geschlossenes Plädoyer vor Augustus. Es besteht aus zwei Teilen, die beide in der Bitte um ein milderes Exil gipfeln. Der erste – kürzere – Teil (K 2,1–206) setzt sich mit der eigentlichen – uns unbekannten – Ursache der Verbannung auseinander. Er ist axialsymmetrisch aufgebaut. In seiner Mitte steht ein Passus über Ovids Vergehen (97–108) mit dem Kernsatz: »Warum habe ich etwas gesehen?« (103) Schalenartig korrespondieren folgende Teile miteinander: Ovids bisher unangefochtene Ehre als Ritter und Richter (89–96) und seine edle Herkunft (109–114), der allgemeine Haß auf Ovid nach der Ungnade des Kaisers (87f.) und sein weltweiter Ruhm (115–120), der vorgestellte (83–86) und der wirkliche Zusammenbruch seines Hauses (121f.), der Zorn des Princeps in seiner vernichtenden Wirkung (81f. und die mögliche Begnadigung nach Abklingen dieses Zornes (123f.), die Loyalität Ovids gegenüber Augustus (51–80) und die Loyalität des Augustus gegenüber Ovid, der nur milde bestraft wurde (125–154), die Begnadigung ehemals besiegter Feinde (41–50) und die künftigen Siege über Feinde (155–178), Augustus als gütiger *pater patriae* und als Abbild Iuppiters (29–40, 179–82). In der Einleitung spricht Ovid vom Schaden und ersehnten Nutzen seines Dichtens – hofft er, Augustus zu überzeugen? (1–28) Damit korrespondiert die abschließende Bitte um einen weniger gefährlichen Verbannungsort und der Hinweis darauf, daß der Princeps verpflichtet ist, seinen Mitbürger zu schützen (183–206).

Der zweite – umfangreichere – Hauptteil des Buches (K 2,207–578) verläuft in zwei parallelen Linien: 1. Die *Liebeskunst* hat niemanden zu Bösem verführt (207–360); 2. Ovid ist der einzige, dem seine Dichtung geschadet hat (361–578). Vergleichen wir die beiden Unterabschnitte! Jeweils am Anfang steht ein längeres zusammenhängendes Stück über das Lesen. Wie das erste zeigt, müßte Augustus bei genauerer Lektüre bemerkt haben, daß Ovid nichts Verbotenes lehrt und Leserinnen von Stande ausdrücklich ausschließt. Überhaupt ist kein Buch vor Mißbrauch geschützt, es sei denn, man erlasse ein allgemeines Leseverbot für vornehme Damen (207–278). Der parallele zweite Unterabschnitt weist nach, daß viele Autoren ungestraft über Liebe gedichtet und spielerische Lehrbücher verfaßt haben; Ovid ist die einzige Ausnahme (361–496). Mit der Feststellung, das Lesen oder Ansehen von Verbotenem sei als solches noch kein Vergehen, denn sonst müßte man Theater und Circus schließen, dazu alle Tempel, da die Bilder dort an die Fehltritte der Götter erinnern (279–312), korrespondiert der Hinweis auf den von Augustus geschätzten Mimus und auf erotische Bilder und Szenen in Privathäusern (497–528). Mit Ovids bescheidenem Verzicht auf die Abfassung eines Augustusepos und seiner Rückkehr zu der ihm wesensgemäßen Liebesdichtung (313–346) vergleiche man die Berufung auf Erotisches in der *Aeneis*, die lange unangefochtene Veröffentlichung der *Liebeskunst* und Ovids Huldigungen an Augustus im *Festkalender* und in den *Metamorphosen* (529–562). Ovids moralische Integrität dient im ersten Unterabschnitt als Beweis dafür, daß er Ehebruch gar nicht hätte lehren können (347–360), im zweiten sichert ihm dieselbe Eigenschaft das Mitgefühl aller Römer (563–578).

3. Buch

1 Rede des Buches (*Ethopoiie*; vgl. K 3,4). Als Bote eines Verbannten (keine *Liebeskunst*!), ist es in Trauer (*Elegie*), ungepflegt (*Brieftopik*), hinkt (die Verszeilen haben ungleiche Länge)[5] und redet barbarisches Latein. Imaginärer Rundgang durch Rom (*Poetik des Evozierens*: K 3,2). Am Hause des Augustus (»Iuppiters Haus«) prangt die *corona civica* zum Dank für die Rettung von Bürgern (außer Ovid!). Keine Bibliothek nimmt das Buch auf, das Volk aber liest es. *Programmgedicht* (vgl. K 1,1).

2 An die Musen und die Götter. *Selbstbesinnung*. Musen und Apollon haben ihrem Priester nicht geholfen, obwohl er kein Verbrecher ist und im Leben weniger getändelt hat als in seiner Poesie. Zahllose Leiden stählten seinen Geist (vgl. 1,11); doch nach der Ankunft in Tomi kann er nur noch weinen. Rom und alles dort Zurückgelassene steigt vor ihm auf, Sehnsucht erfüllt ihn. Den Tod, dem er so oft entronnen, wünscht er nun herbei. *Neue Poetik des Evozierens, der Sehnsucht.*

3 An die Gattin. Der Brief des Kranken (vgl. Tibull 1,3) ist von fremder Hand geschrieben; das Diktieren anstrengend, das Lebewohl vielleicht das letzte. Unbehagen an Umwelt und Nahrung, Sehnsucht nach den Seinen, Wunsch, in der Heimat zu sterben. *Jenseitsvision*: Stürbe er in Tomi, müßte seine Seele ewig unter Sarmaten leben. Bitte um Bestattung in Rom (Grabinschrift). *Elegie als Klage; Spiel mit Brieftopik; Exil als eigentlicher Tod* (vgl. K 1,4)*; Bücher als Denkmal* (vgl. K 1,7).

4a An einen Freund. Lebe zurückgezogen! Mächtige können uns zwar nützen, da sie aber auch schaden können, sollte man besser auf den Nutzen verzichten. Hätte Ovid dies beherzigt, wäre er wohl noch in Rom. Abschreckende mythische Beispiele: Der Freund verdient dank seiner *pietas* (vgl. K 1,5; 1,6) ein besseres Los. *Freundschaft; Epos und Metamorphosen als Hintergrund.*

4b An die Freunde.[6] Hier an der nördlichen Grenze der bewohnbaren Erde kann Ovid alles, was ihm lieb war, nur mit den Augen des Geistes schauen: sein Haus, Rom, die Gattin und die Freunde. Jeden möchte er mit Namen nennen (früher legten sie Wert darauf). Nur im Herzen redet er sie an, um keinen zu gefährden. Stets denkt er an sie, ihre stille Liebe, ihre Hilfsbereitschaft und wünscht ihnen ein glückliches Leben. *Dichterische Imagination als Vergegenwärtigung.*

5 An einen Anwalt. Der Adressat, der Ovid trotz nur flüchtiger Bekanntschaft verteidigt hat, soll ihm nicht die Hoffnung auf die Milde des Herrschers rauben: Gerade die Edelsten (Achilles oder Alexander) behandeln ihre Feinde milde; Iuno nahm den verhaßten Hercules als Schwiegersohn an. Ovid hat keinen Mordanschlag verübt, nichts Unrechtes gesagt, nur etwas Verbotenes gesehen: Wehe ihm, daß er Augen hatte (vgl. K 2,97–108)! *Exil und Fürstenspiegel; heroischer Hintergrund.*

6 An einen alten Freund. Beider Freundschaft war allgemein bekannt; es gab keine Geheimnisse zwischen ihnen – außer der Ursache von Ovids Verbannung. Bitte um Fürsprache (milderes Exil). Ovids Vergehen ein Irrtum, kein Frevel; er hat etwas mitangesehen (vgl. K 3,5). Scham läßt ihn verstummen, er erstrebte keinen Gewinn; Torheit muß man's nennen. Ist dies nicht die reine Wahrheit, so will er noch weiter in die Ferne verbannt werden. *Freundschafts- und Exiltopik.*

7 An Perilla.[7] Imagination: Ihre Freude beim Eintreffen des Briefes. Ovid kehrt trotz allem zu den Musen zurück. Pflegt Perilla ihre Dichtergabe, wird nur Sappho sie übertreffen. Keine Gefahr, solange sie keine *Liebeskunst* schreibt. In Erinnerung an Ovids stete Ermunterung soll sie ihrer Berufung treu bleiben. Schönheit und Reichtum vergehen, nur Geist hat Bestand (Lk 2,144). Caesar hat keine Gewalt über Ovids Talent. Tötet man ihn, lebt sein Ruhm. Verewigen soll sich Perilla als Dichterin, aber glücklicher leben als Ovid. *Vermächtnis; Unabhängigkeitserklärung des Dichters.*

8 An sich selbst. Statt sich kindisch Flügel oder Zauberwagen zu wünschen, bete der Dichter zu Augustus! Läßt ihn dieser heimkehren, wird Ovid sofort zum Vogel. Er verträgt das Klima nicht, hat schwere Träume, ist abgemagert, appetitlos, bleich und schwach. Krank ist seine Seele; sein Schicksal steht ihm ständig wie ein Gespenst vor Augen[8] (*Poesie des Evozierens*). Bedenkt er, was er ist und was er war, zürnt er dem Caesar, weil ihn dieser nicht ermorden läßt. Bitte um ein weniger rauhes Exil. *Metamorphosenmotiv; Selbstbildnis*, vgl. H 1; 10; 21.

9 Erklärung des Namens Tomi. Auch hier gibt es Griechenstädte. Der Name Tomi erklärt sich daraus, daß Medea auf der Rückfahrt der Argo hier ihren Bruder Absyrtus zerstückelt hat (Tomi von τέμνω ›schneide‹), um ihren Vater, der sie verfolgte, aufzuhalten. *Mythisches Aition.*

10 Zauber und Plage des Winters. Die Donau hält Barbaren nur fern, solange sie nicht zugefroren ist. Der Wind wirft Türme um, deckt Häuser ab und kühlt den Schnee bis zum nächsten Winter. Man trägt Pelze und Hosen; nur das Gesicht ist zu sehen. Im Haar klingeln Eiszapfen. Gefrorener Wein bleibt ohne Gefäß stehen; man ißt ihn in Stückchen. Sogar das Meer friert zu. Aus Furcht vor Barbaren läßt man das Land unbebaut. Als gäbe es kein besseres Exil!

11 An einen Feind. Der Dichter lebt unter Barbaren, kann sich nicht verständigen und muß Gattin, Vaterland, die Seinen entbehren. Und da gibt es einen, der Wunden aufreißt und Ovids Charakter in den Staub zieht! Keine Kunst, einen Toten, ein Gespenst zu schmähen! Selbst ein Henker müßte da Mitleid empfinden. Dem Feind, der grausamer ist als Busiris oder Perillus, wünscht Ovid, der mehr erlitten hat als Odysseus (vgl. K 1,5 und 6), das Schlimmste: Ovids Schicksal. *Invektive* (vgl. *Ibis*).

12 Frühling in Tomi. In Rom naht der Frühling. Sogar im öden Tomi schmilzt das Eis, und man freut sich auf Nachrichten aus Rom. Vielleicht kommt ein Seemann, der griechisch oder lateinisch spricht und von Triumphen Caesars berichten kann. Fühlt sich der Dichter hier schon zu Hause? Möge Caesar dafür sorgen, daß Tomi für ihn nur ein Obdach, keine Bleibe sei. *Imagination des Frühlings in Rom als Kontrast zum Exil.*

13 Geburtstag des Dichters. Grausamer Geburtstag, warum vermehrst du die Jahre meiner Verbannung, statt mich zu Hause sterben zu lassen? Was willst du hier? Etwa festliche Kleider, Kränze, Weihrauch, Kuchen, ein Gebet? Dein Kommen freut mich nicht. Passend wären Totenaltar und Leichenfeuer. Kehre nicht wieder, solange ich am unwirtlichen Pontus bin! *Umkehrung der Geburtstags- und Gastlichkeitstopik; Tod statt Geburt.*

14 An den Verleger. Gleich Kindern eines Verbannten haben Ovids Werke (außer der *Liebeskunst*) in Rom Heimatrecht, doch ohne Vater. Dem Freund als Vormund vertraut er die *Metamorphosen* und die *Klagelieder* an. Das Unglück hat sein Talent gebrochen, es mangelt an Büchern, an Zuhörern und an Ruhe. Sucht er einen Eigennamen, kann niemand Auskunft geben. Sein Latein hat er vergessen und wird bald getisch schreiben. *Freundschaftstopik; Verlust der Sprache* (vgl. K 5,7).

Komposition des dritten Buches. Das dritte Buch[9] ist umrahmt von einer Rede des Buches (1) und einem Brief an den Herausgeber (14). Wie im ersten Buch haben das zweite und das zweitletzte Stück gleichsam Gebetscharakter (besonders ergreifend ist hier in 3,13 die Negation des Gebets als Zeichen der Trauer). An dritter und drittletzter Stelle stehen zwei Triptycha: 3; 4a und 4b bzw. 10–12; dabei ist das Gedicht an Brutus von zwei persönlichen Elegien umgeben: Ovids Krankheit (3) und Ovids Unglück (4b); entsprechend steht das Gedicht an einen Feind (11) zwischen dem Winter- (10) und dem Frühlingsgedicht (12). Das Kernstück des Buches ist die Elegie an die junge Dichterin Perilla (7) mit den wichtigen Aussagen über Dichtung und Macht. Während sich im ersten Buch die Briefe an Freunde in der zweiten Hälfte konzentrieren, ist dies nun in der ersten Hälfte der Fall: Die Elegien 5 und 6 sind an Freunde gerichtet. Dafür finden sich jetzt Gedichte über die Situation des Verbannten (8 und 9) in der zweiten Buchhälfte. So ergänzen sich das erste und das dritte Buch im Aufbau; sie umschließen das andersartige zweite Buch.

4. Buch

1 An den Leser. Die Mängel der *Klagelieder* erklären sich aus den Umständen ihrer Entstehung. Dichten ist eine tröstende (vgl. K 1,11) Droge. Nur die Muse folgt dem

Dichter ins Exil; alle übrigen Götter stehen zu Caesar. Nach so mancher Lebensgefahr auf dem Weg muß der eingefleischte Zivilist zuletzt noch Helm, Schild und Schwert anlegen. Dennoch schreibt er wieder, obwohl ihm hier niemand zuhört. Was er nicht verbrannt hat, lese man mit Nachsicht! *Programmelegie.*

2 Erträumter Triumph von Augustus und Tiberius über die Germanen.[10] Den künftigen Triumph sieht der Dichter wie gegenwärtig in allen Einzelheiten vor sich. *Poetische Vergegenwärtigung durch geistige Anschauung.*

3 An die Gattin. Frage an die Sterne (Bärin und Bär) nach dem Befinden der liebenden Gattin in Rom. Ist sie traurig, so schmerzt es Ovid, daran schuld zu sein; ist sie es nicht, so wäre es der Verlust ihres Mannes doch wert. Weinen ist eine Wohltat. Müßte sie doch seinen Tod, nicht sein Leben beklagen! Wäre er in der Heimat gestorben! Weh ihm, wenn sie sich seiner schämt – einst war sie stolz auf ihn. Aufruf zu Seelengröße und Bitte um Beistand. *Liebe und Tod.*

4 An Messalinus. Der Adressat (an seinen Tugenden kenntlich! *Grenzen der Anonymität*), soll sich (gleich Caesar oder Iuppiter) das Lob gefallen lassen. Sein Vater Messala schätzte Ovid (dessen Verfehlung auf Ängstlichkeit, nicht auf Vorsatz beruht). Augustus, der ihm Leben und Vermögen ließ, gewährt ihm vielleicht ein erträglicheres Exil, wenn ihn jemand darum bittet. Nahe bei dem unwirtlichen Tomi leben Kannibalen. Dort verhinderte Iphigenie ihres Bruders Opferung. Mögen die Winde Ovid (wie einst Orest) nach Hause tragen! *Tragödienexempel: Geschwisterlichkeit.*

5 An einen Freund. Der Freund war Ovids Zuflucht und hat ihm neues Leben geschenkt. Hätte ihm Caesar das Vermögen geraubt, so hätte der Freund ihm mit dem seinigen ausgeholfen. Der Beschenkte würde gerne den Namen des Freundes nennen, der Schenkende sich gerne öffentlich zu dem Dichter bekennen. Einstweilen müssen

Treue und dankbares Gedenken genügen. Dank für weiteren Diensteifer und Schutz; Segenswünsche. *Freundschaft; Anonymität.*

6 An die Freunde. Die Zeit lindert alles, nur nicht das Leid des Verbannten. In diesen zwei Jahren ist die Qual nur gewachsen; daß man sie besser kennt, macht sie nur schwerer. Bei der Ankunft noch frisch, ist Ovid jetzt bleich, geschwächt, ausgezehrt. Seine Gedanken kreisen um sein Unglück, Rom, die Freunde, besonders die Gattin. Alles regt ihn auf: was er sieht (Skythen und behoste Geten) und was er nicht sieht. Einziger Trost: der Tod. *Selbstporträt*, vgl. II 1; 10; 21.

7 An einen Schreibfaulen. Zwei Jahre ohne Nachricht! Hoffentlich hat der Freund geschrieben, und die Briefe gingen nur unterwegs verloren! Denn eher will Ovid an die phantastischsten Mythen glauben als an einen Sinneswandel des Freundes. Tausend Gründe gibt es für das Ausbleiben von Post: Da hilft nur fleißiges Schreiben, damit er den Freund nicht ständig entschuldigen muß. *Beispiel der »scherzhaften« Briefgattung;* Metamorphosen-*Gestalten als Bilder für Unmögliches.*

8 An die Leser. Der Gealterte hätte ein Anrecht auf Muße im Kreise seiner Lieben in der Heimat. Ein Gnadenbrot gönnt man sogar alten Rennpferden. Mußte er nach fünfzig glücklichen Jahren den Mann zur Grausamkeit zwingen, dessen Milde sprichwörtlich ist? Zu seinem Unheil trug er selbst bei, mehr aber der Zorn des Princeps. Ovids Los als Mahnung, die Gunst des Göttergleichen zu erstreben. *Wunschbild und Selbstreflexion. Kontrast zwischen Anspruch und Realität des Regimes.*

9 An einen Feind (vgl. K 5,8; vermutlich »Ibis«). Namen und Vergehen seien verschwiegen, sofern der Adressat bereut. Andernfalls wird sich der Dichter wehren. Das kann er auch im Exil, hat er doch seine bürgerlichen Rechte behalten. Waffen liefern ihm die Musen, sein Schmerzensruf wird weltweit zu hören sein, der Adressat vor der Nachwelt als Verbrecher dastehen. Doch sei ihm noch einmal Gelegenheit geboten, sich unerkannt zurückzuziehen. *Macht der Dichtung.*

10 An die Nachwelt. Ovids poetische *Autobiographie* (s. unser erstes Kapitel) ist das Gegenstück zu K 4,1. *Verwandelnde Macht der Dichtung* (vgl. auch 1,11; 5,1): Die Muse spendet Trost und Lebenskraft, Ruhe und Gesundheit. Sie entrückt den Verbannten mitten auf den Helicon, gibt ihm schon zu Lebzeiten einen großen Namen und nach dem Tode die Unsterblichkeit. Mit dem Dank an die Muse verbindet sich der Dank an den geneigten Leser, *die Gegeninstanz zum Herrscher.*

Komposition des vierten Buches. Die Eckpfeiler des vierten Buches sind Anreden an den Leser (1) und an die Nachwelt (10). Die erste Hälfte des Buches erwähnt der Reihe nach das Kaiserhaus (2), die Gattin (3), den beredten jungen Messalinus (4) und einen hilfsbereiten Freund (5); die zweite Hälfte stellt diesen positiven Aspekten Negatives gegenüber: die zermürbende Wirkung der Zeit (6), den Freund, der nicht schreibt (7), den Gegensatz zwischen erträumtem und wirklichem Lebensabend (8) und die Drohung an einen ungenannten Feind (9), ein Gegenstück zu dem Dank an den Freund (5). Im Unterschied zum ersten Buch stehen die Gedichte, die sich auf Ovids eigene Lebensverhältnisse beziehen, in der zweiten Buchhälfte. Anders als im ersten und dritten Buch fehlt im vierten ein Zentralstück. Der Schluß der zweiten Tetrade (9) kontrastiert mit dem der ersten (5). Die hierarchische Anordnung der Adressaten nimmt ein Aufbauprinzip der *Pontusbriefe* vorweg.

5. Buch

1 An den Leser.[11] *»Tränenreiche«* *Elegien* (vgl. L 3,9,3) passen zu Ovids Los. Solange er glücklich war, dichtete er von Liebe, jetzt will er die Öffentlichkeit an sein Unglück erinnern. Ihn inspiriert weder Genie noch Kunstverstand, nur seine wirkliche Lage. Sobald er dieses Exil verlassen darf (vgl. K 5,1,44), klagt er nicht mehr (sogar Phalaris' Opfer durften schreien) und singt, was Caesar gefällt. Die Gedichte sind schlecht? Niemand muß sie lesen. Unkorrigiert, aber gut genug für ihren Entstehungsort, sollen sie ihm keinen Ruhm einbringen, nur die Sorgen vertreiben. Er schickt sie nach Rom, um so den Freunden nahe zu sein. *Programmgedicht; Zweckpoesie; Wahrheitsanspruch; Dichten als Trost; Brief als kunstlose Form und als Stiftung von Gemeinschaft.*

2 An die Gattin (mit einer Bittschrift an Augustus). Der Brief soll die Gattin nicht erschrecken. Der Absender ist gesund. Sein ehedem kränklicher Körper ist nun abgehärtet, aber sein Seelenzustand hat sich nicht gebessert. Nur die Hand, die ihn verwundet hat, kann ihn heilen (*Exil- und Tragödientopik*). Die Gattin möge Augustus um ein milderes Exil für ihn bitten.

2b An Augustus. Darf ein Sterblicher Iuppiter bitten, seinem Blitz ein wenig von seiner Gewalt zu nehmen? Maßvoll war der Gott in seinem Zorn, und der Bestrafte durfte Leben, Bürgerrecht und Vermögen behalten, aber sein Verbannungsort ist eiskalt, barbarisch und von Feinden bedroht; lieber möchte er in der Charybdis, im Aetna oder im Meer von Leukas sterben. Darin liegt keine Auflehnung gegen die Strafe, nur die Bitte um einen weniger gefährlichen Ort. *Kaiserapotheose*.

3 An Bacchus und das Dichterkollegium,[12] an dessen Feiern Ovid oft teilnahm. Bacchus, der in die Fremde ziehen mußte und dessen Mutter Semele (wie Amphiaraus und Ovid) vom Blitz getroffen wurde, mag ihn heute vermissen und bei Caesar für ihn sprechen. Auch die versammelten Dichter mögen für ihn bitten. Vielleicht fragt einer: Wo ist wohl unser Naso? Keinen von ihnen hat Ovid je gekränkt, Älteren wie Jüngeren stets Achtung erwiesen. Apollon sei ihnen hold! Wenigstens Ovids Name soll bei ihnen sein – das ist nicht verboten. *Parallele Ovid – Bacchus, Solidarität der Dichter.* Metamorphosen *und Tragödie als Hintergrund.*

4 Rede des Briefes (vgl. 3,1). *An einen Freund.*[13] Vom weiten Weg erschöpft, komme ich nach Rom. Naso weinte, als er mich schrieb. Sein Los trägt er geduldig und hofft darauf, daß der Zorn des Gottes nachläßt. Er hat kein Verbrechen begangen und kennt die Milde des Herrschers, die ihm sein Leben, Bürgerrecht und Vermögen gelassen hat. Dich aber trägt er ständig im Herzen (*Beispiele aus dem Mythos*); dein Anblick ist ihm süßer als Honig der attischen Biene (*Andeutung des Namens* Atticus). Wie nur wenige standest du ihm nach dem Verbannungsurteil tröstend bei. Nicht er, ich aber bitte dich um Fürsprache. *Durchbrechung der Anonymität* (vgl. *Pontusbriefe*); *indirekte Bitte.*

5 An die Gattin. So feierte vielleicht Odysseus (vgl. K 1,5 und 6) in der Fremde Penelopes Geburtstag. Nur heute ist für Ovid ein Festtag. Weiß gekleidet spricht er Segenswünsche für Frau und Stieftochter. Der Opferrauch zieht in Richtung Italien. Heute sind alle Tugenden (*pietas*) geboren, nur kein entsprechendes Glück. Penelope wurde durch ihres Mannes Unglück berühmt. Mögen die Götter und Caesar die unverdient Leidende schonen! *Genethliakon, homerischer Hintergrund; Nähe zu den* Frauenbriefen; *indirekte Bitte.*

6 An einen Wankelmütigen. Kein Steuermann läßt sein Schiff, kein Wagenlenker sein Gespann, kein Arzt seinen Patienten im Stich. Einen Gast hinauszuwerfen ist schlimmer als ihn nicht einzuladen. Erst trat der Adressat nur für Ovid ein, jetzt muß er auch zu sich selbst stehen. Ovid hat ihm nichts angetan. Pylades hielt zu dem rasenden Orest, mochte ihn dieser auch schelten. Der Freund lasse den Unglücklichen nicht im Stich! *Folie: Tragödie.*

7 An einen Freund.[14] Wie es Naso geht? Schlecht. Der Liebesdichter muß unter Barbaren leben (auch sterben?). Man tanzt, beklatscht seine Gedichte im Theater? Nie schrieb er fürs Theater, Beifall sagt ihm nichts, doch freut ihn das Gedenken. Obwohl es ihm Unheil brachte, dichtet er – auf Vergessen, nicht auf Ruhm bedacht. Nur wenige können hier Griechisch, niemand Latein; so redet er meist wie ein Sarmate. Selbstgespräche sollen den *Verlust der Sprache* (K 3,14) aufhalten.

8 An einen Feind. So tief ist der Dichter nicht gefallen, daß der Feind sich über ihn stellen dürfte. Warum spottet er über Unglück, das auch ihn treffen könnte? Das Glück ist wandelbar. Hoffen darf man immer noch: Ovid ist kein Verbrecher, und Caesar die Milde selbst. Der Adressat sei darauf gefaßt: Er sieht Ovid in Rom wieder und wird selbst aus einem triftigeren Grunde verbannt. *Exiltopik: Ovids Verbannung das Schlimmste, das man jemandem wünschen kann;* vgl. *Ibis.*

9 An einen Freund (vgl. K 4,5). Wie gerne möchte Ovid den Namen des Freundes nennen und verewigen, der ihm das Leben neu geschenkt hat! Während die meisten tatenlos zusahen, hat er den Dichter als Halbtoten von der Styx zurückgerufen. Ihm verdankt er, daß er überhaupt noch danken kann, ihm mögen die Götter und Caesar stets freundlich sein! Der Wunsch nach Anonymität wird respektiert, doch Dankbarkeit läßt sich nicht verbieten. *Freundschaftstopik, Exil als Tod.*

10 Selbstbetrachtung. Drei Winter sind schon vorüber. Die Zeit scheint stillzustehen. Man ist hier räuberischen Überfällen von Barbaren ausgesetzt, aber auch die ansässige griechische Bevölkerung ist mit Barbaren untermischt. Mit Geten kann man sich nur durch Gebärden verständigen; über Latein lachen sie nur. Faustrecht herrscht. Besser, man wäre früher gestorben. Strafe muß sein, aber nicht dieser Verbannungsort. Still! Wer Caesar beleidigt hat, verdient den Tod. *Exil und Tod.*

11 An die Gattin. Die Beschimpfung der Gattin als »Frau eines Verbannten« schmerzt Ovid, weil *sie* sich seiner schämen muß. Schmerzlicher war der Augenblick, als sie durch Caesars Zorn ihren Mann verlor. Zudem ist der Dichter nicht »verbannt«, nur relegiert. Seine ärgste Strafe ist, daß er Caesar gekränkt hat. Leben, Bürgerrecht und Besitz blieben ihm, da er nichts verbrochen hat. Lang lebe Caesar bis zur Apotheose! Der Lästerer aber höre auf, Ovid einen Verbannten zu nennen. *Exil.*

12 An einen Freund. Ovid soll schreiben? Als Trauernder tanzen? Heimweh und Barbarenfurcht sind der Muße feind. Tausend Leiden lähmen das Talent. Greift er zum Griffel, entsteht kein Gedicht oder eines wie dieses hier, trist wie der Autor und sein Exil. Ruhm hat ihm nur geschadet, lockt ihn nicht mehr.[15] Ohne Bücher und Publikum – sein Latein hat er vergessen (vgl. K 5,7), Getisch und Sarmatisch gelernt – ist seine Muse dennoch tätig. Vieles wirft er ins Feuer; weniges überlebt durch Zufall oder List. Wäre doch so die *Liebeskunst* verbrannt! *Literatur- und Selbstreflexion.*

13 An einen Freund. Die kranke Seele steckt den Körper an, Winterkälte bringt heftige Schmerzen. Geht es dem Freund, der ihn stützte und schützte, gut, ist auch dem Absender schon wohler. Warum aber schreibt er so selten? Bestimmt ist manche Post verlorengegangen. Damit aber kein falscher Eindruck entsteht, sollte der Briefwechsel reger werden – oft redeten ja die Freunde bis tief in die Nacht miteinander. *Brief als Gespräch zwischen Abwesenden.*

14 An die Gattin. Verewigt ist sie in Ovids Büchern. Obwohl sein Sturz ihr Unglück brachte, dürften manche sie beneiden. Er gab ihr das Kostbarste: Unsterblichkeit. Ehre verpflichtet zu Treue auch im Unglück. Tugend trägt ihren Lohn in sich. Penelope und andere sind durch sie verewigt worden. Darin liegt keine Mahnung, nur Anerkennung dessen, was die geliebte Frau ohnehin schon tut. *Elegische Verewigung: Homer und* Frauenbriefe *als Hintergrund.*

Komposition des fünften Buches. Die poetologisch wichtige Einleitung (1) redet den Leser an (vgl. K 4,10); sie steht außerhalb des übrigen Buches. Dieses ist axialsymmetrisch angeordnet. Strukturbildend sind die an die Gattin gerichteten Briefe (2; 5; 11; 14). Dazwischen treten jeweils eine Elegie literarischen Inhalts (3 und 12) und ein Freundschaftsbrief (4 und 13). In der Mitte steht ein Schreiben an einen Schadenfrohen,[16] umgeben von Episteln an gute Freunde (7 und 9) und Gedichten über Ovids Lage (6 und 10). Dem ersten Brief an die Gattin (2) legt Ovid ein neues Sendschreiben an Augustus bei; auch bekräftigt er seine Verbundenheit mit der Kultgemeinschaft der römischen Dichter (3).

Pontusbriefe

1. Buch

1 An Brutus. Von öffentlichen Bibliotheken ausgeschlossen, suchen die vorliegenden Bücher (P 1–3)[17] bei dem Adressaten Unterschlupf: ein züchtiger Ersatz für die *Liebeskunst*. Der Inhalt gleicht dem der *Klagelieder*, nur sind die Empfänger genannt. Gleich Kindern von Verbannten sind sogar Schriften von Antonius und Brutus in Rom geduldet. Ovid hat die Caesaren gelobt, nicht bekriegt. Lob und Reue erfreuen die Götter. Vielleicht schenken sie ihm ein milderes Exil. *Programmelegie.*

2 An Fabius Maximus. Frost und Barbareneinfälle: der vierte Winter. Glücklich Niobe, die zu Stein wurde! Dagegen dient Ovids Leben nur der Verlängerung seiner Marter. Angst vor Angriffen der Sarmaten verfolgt ihn bis in die Träume; Erinnerung an vergangenes Glück macht sein Unglück vollkommen. Sterben möchte er, doch nicht hier. Auf Fürsprache des Fabius könnte Augustus, der nicht weiß, wie wenig man hier Rom fürchtet, das Leben, das er Ovid geschenkt hat, durch eine Versetzung schützen. Oft lasen Ovid und Fabius einander ihre Werke vor. Die Gattin des Dichters bitte die Fabier (ihre Familie!), zu erreichen, daß ihr Mann in ihrer Nähe bestattet werde. *Metamorphose* (vgl. K 1,1; 3,8) *und Tod; stellvertretende Bitte; gentilizische Topik, s.* Frauenbriefe.

3 An Rufinus. Dank für einen Trostbrief.[18] Sogar der weise Odysseus litt an Heimweh. Selbst aus dem herrlichen Rom flüchtet der Skythe in seine rauhe Heimat. Philosophische Kompressen können der Verbannung nicht den Stachel nehmen. Verglichen mit Ovids Exil lebten andere Verbannte geradezu in Kurorten. Ovid kennt sich als Patient besser als sein Arzt. Trotzdem ist der Zuspruch des Freundes eine Wohltat. *Homerischer Hintergrund, Distanz zur Philosophie.*

4 An die Gattin. Ovids Haar ergraut, sein Gesicht durchziehen Runzeln, die Jugendkraft schwindet. Die Gattin würde ihn nicht wiedererkennen (hat er doch Schlimmeres erduldet als Iason: *Synkrisis*). Er möchte ihr ergrautes Haar küssen, die Abgehärmte umarmen, ihr seine Leiden erzählen – ein Gespräch, auf das er nie hoffen darf – und der Kaiserfamilie Dankopfer darbringen. *Selbstporträt; imaginäre Begegnung, vgl. Odysseus' Heimkehr; Altern als Metamorphose* (vgl. auch K 1,1; 3,8).

5 An Cotta Maximus. Wo bleibt Ovids Talent? Sein Vers ist rauh wie sein Schicksal, Verbessern schwerer als Schreiben. Dichten brachte ihm Schaden. Wozu also? Dichterwahnsinn? Unentwegtheit! (*Gleichnisse.*) Kein Wort von Wein, Würfelspiel, Bogenschießen! Ovids Geist ist stärker als sein Körper, das »nutzlose« Dichten am nützlichsten, um sich zu vergessen. Ruhm? Ohne Mühe ist er das größte Talent an der Donau (vgl. K 5,1). Sollten seine Elegien nach Rom gelangen (was er bezweifelt), würde ihm dies nichts helfen. *Programmgedicht, Brieftopik.*

6 An Graecinus. Beim Verbannungsurteil weilte der gütige Freund fern von Rom. Ovids Vergehen war Torheit, kein Frevel. Hoffnung, die auf Erden blieb, als andere Götter flohen, tröstet Zwangsarbeiter, Schiffbrüchige, Todkranke, Gefangene, Gekreuzigte. Sie verhindert Selbstmord; zu Ovid sprach sie: Nicht Blut, sondern Tränen besänftigen des Herrschers Zorn. Er hofft nicht auf Verdienst, sondern auf göttliche Güte und bittet um Fürsprache. *Hoffnung; Gnade ohne Verdienst.*

7 An Messalinus. Ovid »lebt« zwischen Eis und Skythenpfeilen. Messalinus' Vater ermutigte den Dichter, und sein Bruder, Cotta, ist Ovids Freund. Dessen Vergehen war kein Verbrechen, nur Torheit; Leben und Vermögen durfte er behalten. Rückkehr ist denkbar, falls die Brüder für ihn bitten. Leider besuchte Ovid Messalinus seltener, doch bittet er um großmütige Aufnahme unter seine Anhänger. *Todes- und Exiltopik; gentilizische Argumentation, Gnade ohne Verdienst.*

8 An Severus.[19] Vierter Winter: Der Liebesdichter steht unter Waffen (K 4,1: *Verfremdung*), schreibt in ständiger Alarmbereitschaft (Kämpfe um Aegisos). Im Geiste sieht er Rom und die Seinen vor sich. Könnte er doch in Tomi (als Ersatz für seinen geliebten Garten: *Evokation*) Schafe hüten oder Blumen gießen! Der Freund – ob in Rom, oder auf seinen Gütern – wünscht vielleicht, Caesar möge seinen Zorn vergessen, damit Ovid dort sein Gast sein kann (oder ein freundlicheres Exil findet).

9 An Cotta Maximus. Der Tod des Celsus hat den Dichter erschüttert; er glaubt den Verstorbenen vor sich zu sehen, der wie ein Bruder über sein Schicksal weinte, ihn tröstete und am Selbstmord hinderte. Er überzeugte

Ovid, daß der zürnende Gott versöhnt werden kann, und verwies ihn auf Cottas Treue und Tatkraft. Der Adressat, der Celsus als Toten ehrt, könnte auch Ovid unter die Toten rechnen. *Exil als Tod*; *indirekte Bitte: Worte eines Toten und Anrede an ihn.*

10 An Flaccus. Ovid leidet unter Appetitlosigkeit und findet keinen Schlaf. Flaccus würde ihn nicht erkennen, so bleich ist er – nicht vom Wein. Wasser trinkt er, meidet üppige Speisen, Venus bleibt ihm fern. Quälender als das Klima und das brackige Wasser ist die seelische Belastung. Bitte an die so hilfsbereiten Brüder Flaccus und Graecinus um Fürsprache für seine Versetzung. *Selbstporträt* (vgl. *Frauenbriefe* 1; 10; 21)*; Appell an den Bruder eines Freundes* (vgl. P 1,7).

2. Buch

1 An Germanicus. Mag der Kaiser Ovid nichts Gutes wünschen, die Freude über seinen Triumph muß er ihm gönnen. Trauer an Festtagen ist verboten, Iuppiters Regen erquickt auch Unkraut. (*Vergegenwärtigung des Triumphzugs in Rom*, vgl. K 4,2). Möglich, daß Caesars Zorn sanfter wird, da der Herrscher sogar an Feinden Milde übt. Ovid prophezeit auch Germanicus[20] einen Triumph, den er besingen wird, falls er ihn noch erlebt. *Widmungsgedicht.*

2 An Messalinus. Ovid focht nicht gegen Götter (*epische Töne*), er war nur töricht und ängstlich. Sogar Feinde gewähren lebensrettende Hilfe (*Gleichnisse*). Statt Ovid zu rechtfertigen, sollte der Freund den Caesar auf die Lage in Tomi hinweisen und um ein weniger gefährliches Exil bitten. Der Triumph ist ein günstiger Augenblick für eine Fürsprache, die auch im Sinne von Messalinus' Vater Messala wäre (*gentilizisches Argument*). Augustus ist kein Menschenfresser (*mythische Vergleiche*).

3 An Cotta Maximus, den getreusten der verbliebenen Freunde (*mythische Vorbilder*). Erst zürnte er dem Dichter so heftig wie Caesar; als er aber die Ursache der Verbannung erfuhr, seufzte er über Ovids Versehen, schrieb ihm tröstende Worte und hieß ihn hoffen, Caesars Zorn könne besänftigt werden. Cottas Vater war Ovids Mentor, Cotta ist also ein *geborener* Freund. Zuletzt sahen sie sich auf Elba (*Evokation*). Segenswünsche, auch für Cottas Mutter. *Freundschaft, gentilizische Bande.*

4 An Atticus (vgl. P 2,7; L 1,9; wohl auch K 5,4). Denkt Atticus noch an Ovid, der ihn ständig vor sich sieht? Ernste und heitere Stunden teilten sie, plauderten oft bis tief in die Nacht. Las ihm Ovid neue Gedichte vor, hörte er auf Lob und Kritik des Atticus. Unzertrennlich wie Achill und Antilochus, besuchten sie Forum, Säulenhalle, Theater: beiden unvergeßlich! Bitte um Fürsprache. *Evokation vor homerischem Hintergrund.*

5 An Salanus. Die von Salanus geschätzten Exilgedichte entstanden, wo man am wenigsten vom »augusteischen Frieden« spürt. Ihm vertraut Ovid sein Triumphgedicht an. Als Redelehrer hat Salanus Germanicus zum vollkommenen Redner gemacht. Sein Wirken und Ovids Schaffen entspringen den gleichen Quellen: Redekunst gibt Versen Schwung, und vom Dichter kommt Glanz in des Redners Wort. Möge Germanicus der nächste Kaiser werden! *Poesie und Rhetorik, Solidarität der Gebildeten.*

6 An Graecinus (vgl. L 2,10; P 1,6; 4,9). Ohne die Schrift wäre der Verbannte stumm. Graecinus tadelt seine Torheit – zu Recht, aber zu spät. Schiffbrüchige brauchen nicht Rat, sondern Hilfe (die Graecinus ja auch leistet). Nicht dem Glück, dem Freunde sei man treu! Durch Ovids Dichtung wird Graecinus verdienter Ruhm zuteil. Der diensteifrige Freund bedarf keines Ansporns. *Verlust der Sprache; Mahnung als Lob* (vgl. die Briefe an die Gattin)*; Freundschaft; Verewigung.*

7 An Atticus. Ovid weiß nun: Sein Schicksal geht seinen Gang, nichts Gutes ist ihm beschieden. Sonst wandelbar, ist Fortuna in seinem Falle beständig und schadet ihm nur. Seine Leiden sind ohne Zahl. Für weitere Wunden ist kein Platz (vgl. P 4,16,52). Sogar, was hätte helfen können, brachte Unheil. Aber der Geist besiegt alles. Aufrecht muß man stehen, um unter der Last nicht zusammenzubrechen. *Hoffnung und Freundestreue.*

8 An Cotta Maximus. Dank für Silberstatuetten (Augustus, Tiberius und Livia). Endlich *sieht* Ovid seine Götter und kann mit ihnen reden. Möge ihn der streng blickende Augustus an einen weniger gefährlichen Ort versetzen! Mögen alle drei dafür sorgen, daß ihre Statuen nicht ewig mit Ovid im Exil bleiben! Er trennt sich nie von ihnen. Da! Augustus scheint ihn freundlicher anzusehen, ihm gnädig zuzunicken. *Bitte an den Herrscher; Lob und Gebet* (zum Ende vgl. K 1,2; 1,11; L 1,13).

9 An König Cotys. Könige wie Götter erhören Schutzflehende. Menschen zu retten ist menschenwürdig (*mythische Beispiele*). Cotys ist kein Tyrann (*historische Beispiele*), wie sein Landsmann Orpheus ist er ein Dichter. Auch Ovid dient den Musen. Wegen seiner törichten *Liebeskunst* und einer ungenannten zweiten Verfehlung hat er die Heimat verloren. Bitte um Schutz. *Fürstenspiegel; musisches Herrscherideal; Solidarität der Gebildeten.*

10 An Macer. Ovid ist schon lange mit Macer vertraut, einem Verwandten seiner Frau. Als Poet war Macer klug genug, keine *Liebeskunst* zu schreiben, sondern *Posthomerica.* Zusammen haben sie Asien und Sizilien bereist. Zahllose lange Gespräche sind beiden unvergeßlich. Da Ovid sich im Geiste oft mit ihm unterhält, ist Macer häufiger in Tomi, als er ahnt. Auch er soll in Rom immer an Ovid denken! *Solidarität der Dichter.*

11 An Rufus (den Oheim der Gattin). Der Autor der unglückseligen *Liebeskunst* schickt dieses in Eile verfaßte Werk, damit Rufus erfährt, daß der Dichter seine Verdienste nie vergessen wird. Rufus hat geweint, als Ovid vor

Schmerz nicht weinen konnte. Der Rat ihres Onkels macht Ovids Gattin noch pflichteifriger, als sie ohnehin schon ist. Unermüdlich erfüllt er alle Aufträge des Dichters. *Indirekte Ermahnung an die Gattin; Berufung auf deren Familie.*

3. Buch

1 An die Gattin. Durch Ovids Unglück ist seine Gattin einem großen Publikum bekannt geworden. Sooft er sie lobt, fragt der Leser, ob sie es verdient.[21] Sie soll nicht für ihn sterben (wie Alcestis), sondern sich der Kaiserin, die kein Ungeheuer ist (Beispiele aus den *Metamorphosen*) im rechten Augenblick mit Bitten und Tränen nähern (ohne Ovid zu verteidigen). Vorher möge sie beten, besonders zu Augustus, Tiberius und Livia. *Bittbrief.*

2 An Maximus Cotta. Cottas Anhänglichkeit ist wohltuend, viele andere haben sich zurückgezogen. Den wenigen Getreuen dankt Ovid öffentlich, so daß auch die Enkel sie noch preisen werden. Ein alter Eingeborener erzählte die Sage von Pylades und Orest (Ovid versteht die Landessprachen), und alle Zuhörer priesen ihre Freundestreue. Das Lob trifft noch mehr auf die Freunde in Rom, besonders auf die Familie Cottas zu. *Freundschaft; mythischer und gentilizischer Hintergrund.*

3 An Fabius Maximus (vgl. P 1,5). Amor erscheint dem Dichter im Traum. Auf den Vorwurf, er habe Ovid gezwungen, Elegien statt Epen zu schreiben, und seinem Lehrer, dem Autor der *Liebeskunst*, Undank erzeigt, schwört Amor, er habe von Ovid nur Erlaubtes gelernt und die *Liebeskunst* lehre kein Verbrechen. Anläßlich des Triumphes im Kaiserhause würden Bitten um ein erträglicheres Exil Gehör finden. Amors Worte werden gewiß den edlen Fabius überzeugen. *Göttliche Autorität.*

4 An Rufinus (vgl. P 1,3). Das Exil hat Ovids Talent

gebrochen. Seinem Triumphgedicht fehlt die *Inspiration durch den Anblick der Wirklichkeit.* Er hat verlernt, frohe Lieder zu singen. Der lange Postweg nimmt seinen Worten die Frische. Ovid ist so gut wie tot. Doch Götter nehmen auch Opfer der Armen an. Unter dem großen Stoff, dem kaum Vergil gewachsen wäre, wankt das elegische Versmaß, ein Wagen auf ungleichen Rädern. Doch prophezeit Ovid schon den nächsten Triumph.[22] *Solidarität der Dichter; Bitte um Nachsicht.*

5 An Cotta Maximus. Ovid las Cottas Rede lange, wiederholt und mit steigendem Genuß. Noch lieber hätte er sie aus Cottas Munde gehört.[23] Er bittet den Freund, ihm regelmäßig Arbeiten zu schicken. Redet er so viel von seinem Naso wie einst? Ovid sieht den Freund ständig vor sich. Führt ihn der Geist unsichtbar in die Stadt, fühlt er sich unter Göttern. Zurück in Tomi, stürzt er vom Olymp in den Hades. Gibt es keine Heimkehr, so nehme ihm Cotta die falsche Hoffnung! *Brief als Gespräch zwischen Abwesenden; Evokation; Verbannung als Tod; Hoffnung.*

6 An einen Ungenannten. Der Adressat will als einziger ungenannt bleiben, weiß also nicht, wie groß Caesars Milde ist. Dieser hat kürzlich (13 n. Chr.) der Iustitia Augusta einen Tempel geweiht; im Geiste verehrt er sie schon lange. Er kann den Dichter wieder in seine Rechte einsetzen. Angst müßte man nur unter Busiris oder Phalaris, nicht unter Augustus haben. *Anonymität: Nachklang der* Klagelieder.

7 Selbstbetrachtung: Ovid schämt sich der endlosen vergeblichen Bitten und will nicht länger gegen den Strom schwimmen. Es soll nicht mehr heißen, er falle seiner Frau zur Last. Treu ist sie, aber schüchtern und nicht unternehmend. Einmal ins Getenland geraten, ist er bereit, dort zu sterben, will ehrlich die Hoffnung aufgeben. (Und doch: Wollten die Freunde nur wagen, für ihn zu bitten – es gäbe einen, der die Bitte gewähren würde.) *Resignation und Hoffnung.*

8 An Fabius Maximus. Lange überlegte Ovid, was er dem Freund schenken könnte. Gold und Silber machen Fabius mehr Freude, wenn er sie verschenkt. In Tomi gibt es weder Bergbau (zu unsicher ist die Gegend) noch Purpur oder feine Wollarbeiten (denn die Frauen müssen Getreide mahlen und Wasser holen). Wein und Obst gedeihen nicht. So schickt Ovid Pfeile in einem skythischen Köcher. Mögen sie den Feind des Fabius treffen! *Erweitertes Begleitepigramm*, vgl. L 2,15.

9 An Brutus (vgl. P 1,1; 4,6). Ovid sagt ständig dasselbe? Verbessern ist mühseliger als Schreiben. In guten Tagen sprach er von frohen Dingen, jetzt von traurigen. Wovon sonst als von der Unwirtlichkeit von Tomi und dem Wunsch, an einem angenehmeren Ort zu sterben? Rettung, nicht Ruhm ist sein Ziel. *Seine Muse redet nicht von Erfundenem* (dann wäre Abwechslung leicht zu erzielen), sondern ist unbestechliche Zeugin seines nur allzu wirklichen Unglücks. Jeder Freund soll seinen Brief bekommen. *Programmgedicht*.

Komposition der ersten drei Bücher. Die ersten drei Bücher der *Pontusbriefe* bilden ein in sich geschlossenes Werk – ähnlich den ersten drei Büchern der *Oden* des Horaz. Die Geschlossenheit ist sogar noch vollkommener und leichter zu erkennen, da das Versmaß einheitlich ist und die Gedichte länger und weniger zahlreich sind. Das Anordnungsprinzip ist eine wohldurchdachte Gruppierung nach Empfängern – im wesentlichen axialsymmetrisch, doch mit feiner Variation. Es handelt sich um eine Sammlung von dreißig Elegien. Als Rahmen dienen je zwei Briefe an den Herausgeber Brutus (P 1,1 und 3,9) und an den einflußreichen Paullus Fabius Maximus (1,2 und 3,8), mit dessen Ehefrau Ovids Gattin befreundet ist. Das Herzstück bilden die Episteln 2, 3–8: Briefe an Salanus, den Lehrer des Germanicus (2,5), und an Ovids Jugendfreund Graecinus (2,6), dem auch das Zentralgedicht der *Liebeselegien* gewidmet ist, sind umschlossen von zwei Schreiben an Atticus (2,4 und 2,7, vgl. L 1,9), dem Ovid sachkundige Kritik verdankt, und an den Freund Cotta Maximus, den jüngeren Sohn von Ovids Gönner Messalla (2,3 und 2,8). Cotta Maximus ist auch Adressat des fünften (1,5) und des fünftletzten Gedichtes der Sammlung (3,5) sowie der vorletzten Elegie im ersten (1,9) und der zweiten im dritten Buch (3,2). Dem Namen Cotta kommt hier eine gliedernde Rolle zu (ähnlich wie Tullus im ersten Buch des Properz). Ehrenplätze haben Germanicus am Anfang des zweiten Buches (2,1) und die Gattin des Dichters zu Beginn des dritten (3,1). Diesen wichtigen Gestalten ist jeweils ein Mentor beigesellt: der Lehrmeister Salanus (dessen zentrale Stellung in der Sammlung sich aus seinem Einfluß auf Germanicus erklärt) und Rufus, der Oheim von Ovids Gattin, der das zweite Buch beschließt (2,11) und so unmittelbar neben sie (3,1) zu stehen kommt.

Die Verschiebung des Buchanfangs – das zweite Buch umfaßt elf, das dritte nur neun Gedichte – erklärt sich aus der Absicht, dem zweiten Buch eine ungerade Gedichtzahl zuzuweisen, so daß – wie in den *Liebeselegien* – die Graecinus-Elegie in das Zentrum des zweiten Buches zu stehen kommt. Grundsätzlich herrscht in der Placierung der Adressaten eine durchdachte Stufung. Die strukturierende Funktion Cottas in der ganzen Sammlung könnte von dessen älterem Bruder Messalinus beanstandet werden. Als Gegengewicht erhält dieser daher in 2,2 den höchst schmeichelhaften Platz nach Germanicus und vor Cotta. Übrigens nimmt Graecinus auch im ersten Buch eine wichtige Stelle ein: Sein Name und der seines Bruders Pomponius Flaccus umrahmen die zweite Hälfte des ersten Buches. Ähnlich wie in den *Liebeselegien* deutet sich im dritten Buch stellenweise eine gewisse Distanzierung von der bisherigen Sicht des Gegenstandes an (vgl. besonders die resignierenden Töne in 3,5 und 3,7).

4. Buch

1 An Sextus Pompeius, Proconsul von Macedonien (8 n. Chr.). Ovid verdankt Pompeius sein Leben und kann sich nicht länger zurückhalten, seinen Namen dankbar zu nennen. Selbst wenn er Lethe trinkt, wird er ihn nicht vergessen. Pompeius hat ihn tatkräftig und großzügig unterstützt. Ovid verläßt sich weiterhin auf seine Milde und stellt sich unter seinen Schutz. *Widmungsbrief.*

2 An Cornelius Severus. Trotz regem Briefwechsel trug Ovid keine Eulen nach Athen, schrieb noch keine Verse an den Dichter.[24] Anders als dieser pflügt er Sandboden; Lehm verstopft die Quellen der Einfälle; selbst Homer würde in Tomi zum Geten. Selten greift er zum Griffel, ohne Zuhörer, Eingebung und Schaffenslust, ein Tänzer in der Finsternis. Wein und Würfel sind reizlos, Landbau zu gefahrvoll: Bleiben die Musen. Severus aber trinke mit mehr Glück an ihrer Quelle und sende eine Kostprobe! *Kollegialität.*

3 An einen Ungenannten. Soll der Verbannte den Namen des Empfängers nennen und verewigen oder der Vergessenheit anheimgeben? Der einstige Spielgefährte bestreitet jetzt, Ovid zu kennen, hilft und schreibt ihm nicht, ja verhöhnt ihn vielleicht, obwohl der Dichter ihm keinen Grund zu einer Sinnesänderung gab. Möge er Fortunas Wandelbarkeit bedenken: Auch Ovid hätte jeden für verrückt erklärt, der ihm sein jetziges Los vorausgesagt hätte. *Macht der Dichtung; Anonymität.*

4 An Sextus Pompeius. Auf einem Spaziergang am Strande überbrachte Fama Ovid eine gute Nachricht: Sextus wird Consul. Er stellt sich den Amtsantritt des Freundes in allen Einzelheiten vor und bedauert, nicht als Augenzeuge dabeizusein. Hat der Consul Zeit, nach seinem Ergehen zu fragen, wird sich der Verbannte auf der Stelle besser fühlen. *Evokative Kraft der Dichtung.*

5 An Sextus Pompeius (Anrede an die Verse). Kommt

ihr nach fast zehn Tagen nach Rom, so eilt zum Hause des Pompeius. Sagt dem Consul, dessen Zeit seinem Amt, dem Kaiser oder Germanicus gehört, in einer Mußestunde: »Caesar schenkte Naso das Leben; du tatest's nochmals, wiesest ihm einen vor Mördern sicheren Weg durch Barbarenland und erleichtertest sein Los. Dafür ist er stets der Deine.« Bittet ihn, seine Hand nicht von mir abzuziehen. *Dank und indirekte Bitte.*

6 An Brutus (vgl. P 1,1). Der Brief kommt von einem Ort, den Brutus seinem Naso nicht gewünscht hätte. Dieser ist schon über fünf Jahre im Exil. Fabius Maximus starb, bevor er sich für Ovid verwenden konnte, so auch der Kaiser, der schon der Milde zuneigte. Dessen Tod hat Ovid in einem Gedicht beklagt. Die Freundschaft des Brutus ist im Unglück sogar noch gewachsen. Dank an den sanften und redegewaltigen Freund. *Indirekte Darstellung: Tote als Fürsprecher.*

7 An Vestalis.[25] Der Sohn der Alpen kam ans Schwarze Meer, für Recht und Ordnung zu sorgen. Er wird als Zeuge Ovids Glaubwürdigkeit erhöhen. Sieht er doch: Das Meer friert zu, im Frost erstarrter Wein bleibt ohne Gefäß stehen, ein Ochsenwagen überquert die gefrorene Donau, und man schießt mit vergifteten Pfeilen. Hier hat Vestalis Siege erfochten, tapfer wie Aiax. Seine Eroberung von Aegisos (P 1,8) verewigt Ovid. *Glaubwürdigkeit* (vgl. K 3,10)*; Macht der Poesie.*

8 An Suillius. Dank für die Bereitschaft zur Fürsprache bei Germanicus. Gedichte verewigen tapfere Taten, rufen sogar Götter ins Leben. Was von Ovids Talent bleibt, soll Germanicus dienen, der als Dichter den Wert der Dichtung kennt. In einem näheren Exil erführe Ovid rascher von den Taten des Germanicus, um sie zu besingen. *Solidarität der Dichter und Gebildeten*, darunter Suillius und seine Frau, Ovids Stieftochter (K 3,7), *Macht der Dichtung.*

9 An Graecinus zum Consulat (16 n. Chr.). Vergegenwärtigung der Feierlichkeiten. Bitte um Fürsprache. Flaccus, Bruder und Nachfolger des Graecinus im Consulat (17 n. Chr.), kann als Augenzeuge die Kälte und Gefährlichkeit von Tomi bestätigen. Der Dichter selbst ist so ruhig, zurückhaltend und loyal, wie Graecinus ihn kennt. Tomi und andere Gemeinden haben ihn geehrt und von Steuerlasten befreit. *Dichtung als Vergegenwärtigung; Glaubwürdigkeit; Selbstporträt.*

10 An Albinovanus Pedo. Dies ist Ovids sechster Sommer in Tomi. Odysseus hatte es besser (man denke an Calypso, die Sirenen und die Lotophagen): Viel gäbe er für einen Saft, der ihn die Heimat vergessen ließe! Zweifel der Leser an seinen Berichten vom Zufrieren des Meeres versucht Ovid durch physikalische Erwägungen auszuräumen. Pedo singt gewiß erfolgreich von Theseus, dessen Freundestreue er nacheifert. *Epischer Hintergrund; Glaubwürdigkeit; Freundschaft.*

11 An Gallio.[26] In Ovids Gedichten darf Gallio nicht fehlen, der ihn nach dem Verbannungsurteil tröstete. Erst verlor Gallio den Freund, nun trauert er um die Gattin! Ovid wagt es nicht, Trostworte zu schreiben, denn Gallio hat mehr studiert und kennt die Argumente. Bis die Post hin- und hergeht, verstreicht ein Jahr. Wozu alte Wunden aufreißen? Vielleicht ist Gallio schon wieder verheiratet? *Kühne Mischung aus Kondolenzschreiben und Satire auf die Langsamkeit der Post.*

12 An Tuticanus. Wollte der Dichter den sperrigen Namen des Tuticanus ins Versmaß zwängen, hielte man ihn für verrückt. Daher entschließt er sich so spät, an ihn zu schreiben. Dafür ist dieser Gruß um so herzlicher. In der Jugend liebte Ovid Tuticanus wie einen Bruder. Sie lasen sich ihre Gedichte vor und begutachteten sie. Möge der Freund Ovid die Treue halten und selbst herausfinden, wie er ihm helfen kann. *Scherzhafter Brief mit lebendiger Evokation alter Tage.*

13 An Carus, den Lehrer der Söhne des Germanicus.

Am Stil erkennt man den Verfasser. Das gilt für Carus, den Sänger des Hercules. Ovid erkennt man an seinen Fehlern. Sein getisches Gedicht auf den vergöttlichten Augustus, Tiberius und Livia nützt ihm nichts: Dies ist sein sechster Winter (14/15 n. Chr.) in Tomi. Bitte um Fürsprache. *Huldigung an Tiberius und Germanicus auf dem doppelten Umweg über Carus und die Paraphrase eines getischen Gedichts.*

14 An Tuticanus. Sogar die eigene Gesundheit ärgert den Verbannten. Jeder Ort (selbst die Styx) wäre ihm lieber als Tomi. Darum zürnen ihm die Geten (ständig bringen ihn seine Gedichte in Verlegenheit!). Er haßt das Land, aber er liebt die Geten (die ja selbst über ihr Land jammern). Sie haben ihn so hoch geehrt, daß nicht einmal das heimische Sulmo ihre Güte überbieten könnte. *Neuer Aspekt der »Schädlichkeit« der Gedichte* (schon L 3,12); *Dank an die Einwohner von Tomi.*

15 An Sextus Pompeius. Ovid verdankt den Caesaren sein Leben, Pompeius (der gleich nach den Göttern kommt) seine Rettung und zahllose Wohltaten. Daher gehört Ovid ihm: Möge der Besitzer durch ein gewichtiges Wort für eine bessere Unterbringung seines Eigentums sorgen! Der Freund, der ihm ohnehin helfen will, möge seine wiederholte Bitte verzeihen. Mag sich sein Schicksal ändern oder nicht, er bleibt Pompeius' Eigentum. *Geistvolle juristische Argumentation*, vgl. H 3.

16 An einen Mißgünstigen. Nach dem Tode wächst der Ruhm; Ovid zählte schon zu Lebzeiten zu den angesehenen Autoren (*Namenliste*). Wozu einen Ausgestoßenen zerfleischen, seine Asche verstreuen? Alles hat der Dichter verloren; das Leben blieb ihm nur, um ständig neues Leid zu erdulden. Wozu das Schwert in tote Glieder stoßen? Da ist kein Raum mehr für eine neue Wunde. *Gemeinschaft der Dichter; »Marsyas-Topik«*, vgl. K 1,3,73–76; *Sieg über Neid*, vgl. L 1,15.

Stellung und Komposition des vierten Buches. Ob Ovid das vorliegende Buch noch selbst herausgegeben hat, ist nicht ganz sicher. Die Elegie (16) an den römischen Dichterkreis ist ein Epilog. Zwei Gedichte an Sextus Pompeius flankieren die übrige Sammlung (1 und 15). In der Mitte stehen Gedichte an Suillius, den Lehrer des Germanicus (8), und an den Jugendfreund Graecinus (9), dem Ovid schon seit den *Liebeselegien* den zentralen Platz in seinen Sammlungen vorbehält (diese Position spricht dafür, daß Ovid bei der Anordnung dieses letzten Buches doch selbst seine Hand mit im Spiele hatte). Helzle[27] beobachtet außerdem, daß in der Mitte der ersten Heptade zwei Briefe an Sextus Pompeius stehen und in der Mitte der letzten Heptade der Brief an Carus, umrahmt von zwei Schreiben an Tuticanus; die Elegien 6 und 13 sind Todesgedichte. Buch 4 ist umfangreicher als alle anderen Ovidischen Elegienbücher. Diese Tatsache, verbunden mit den sehr unterschiedlichen Entstehungsdaten und dem Fehlen eines Programmgedichts, wird von den Verfechtern einer postumen Edition in den Vordergrund gerückt. Ein Programmgedicht war aber bei einer Nachlese ohnehin nicht zu erwarten. Die zentrale Position von Graecinus und das Vorhandensein zweier Heptaden (vgl. das erste Buch der *Liebeselegien* und auch die *Frauenbriefe*) sind zwei typisch Ovidische Züge, auf die ein Herausgeber wohl nicht ohne weiteres verfallen wäre.

Würdigung der Verbannungsgedichte

Gattungsmischungen und Einflüsse

Brief und Elegie erscheinen in den *Klageliedern* gelegentlich noch getrennt; die Verbindung der Gattungen ist aber schon in den *Frauenbriefen* vollzogen. Das *Epigramm* ist eine weitere Inspirationsquelle. Ovid streut in seine Verbannungsgedichte seine eigene Grabschrift ein (K 3,3,73–76) sowie einen Vorspruch zur Ausgabe der *Metamorphosen* (K 1,7,35–40). In dem beschwingten Lobpreis seines Schiffes (K 1,10), der an Catulls Phaselus-Gedicht (*carmen* 4) erinnert, verbindet sich Epigrammatisches mit Elementen des *Reisegedichts*[28] (vgl. Horaz, *Satiren* 1,5 und Lucilius' *Iter Siculum*); dem letzteren Typus kann man im weiteren Sinne das ganze erste Buch (und Teile des dritten Buches) der *Klagelieder* zurechnen. Dagegen sind die *Pontusbriefe* eindeutig als Briefsammlung konzipiert. Die idyllische Verklärung des Landlebens verbindet bukolische und »georgische« Elemente: Im Geiste sieht sich Ovid als Ziegen- und Schafhirt, Ackerbauer und Gärtner (P 1,8,49–60). Der Typus des *Schmähgedichts* beeinflußt die an Feinde gerichteten Elegien (ein Beispiel ist K 3,11). Das schlimmste Unheil, das Ovid seinem Gegner wünschen kann, ist sein eigenes Los (dieser Gedanke erscheint auch in der – neuerdings umstrittenen – *Ibis*-Dichtung, welche die gesamte Topik des Verfluchens[29] ausschöpft). Elegie wird hier aus einer *querimonia* (›Klage‹) zur *querela* (›Beschwerde‹: K 3,11,56).

Das Spiel mit traditionellen Gattungstypen zeigt sich in der Umkehrung der Topik des *Geburtstagsgedichts* (Genethliakon, K 3,13). Der Geburtstag wird entgegen allem Brauch wie ein unwillkommener Besucher abgekanzelt; er soll nicht wiederkehren, an die Stelle festlicher Bräuche treten Totenriten. Ganz anders ist das Genethliakon für die Gattin gestaltet (K 5,5), dessen betont festlicher Charakter mit der sonst vorherrschenden düsteren Stimmung kontrastiert. Geistreich sind die einzelnen Elemente dieser Gedichtgattung auf die Situation bezogen und abgewandelt – von der vom Verbannten ausnahmsweise angelegten weißen Kleidung bis hin zum Drang des Opferrauches nach Italien. Der traditionelle mythische Goldgrund gewinnt dadurch einen unerwartet privaten und intimen

Charakter, daß sich der Dichter einen Odysseus vorstellt, der fern am Ende der Welt Penelopes Geburtstag feiert. Der Hinweis auf die unschuldig leidende Gattin verleiht der unvermeidlichen Bitte um Strafmilderung eine ganz neue und rührende Nuance.

Auch prosaische Textsorten spielen herein: Der *Fürstenspiegel* steht als Texttypus hinter dem Schreiben an König Cotys von Thrakien (P 2,9). Insgesamt lassen sich die Verbannungsgedichte auch als »Fürstenspiegel« lesen (s. S. 261 ff.).

Von Prosagattungen, die hereinwirken, ist ferner vor allem die *Rede* zu nennen. Das zweite Buch der *Klagelieder* ist eine Apologie; man sollte erwarten, es schließe sich an den Typus der Gerichtsrede an.[30] In der Tat beruft sich Ovid auf Analogien und Präzedenzfälle. Die forensische Argumentation ist jedoch, wie die obige Aufbauanalyse zeigt, in eine kunstvolle poetische Form eingeschmolzen, die in der Weise der römischen Elegie auf den Prinzipien symmetrischer oder paralleler Gruppierung beruht.

Die Tendenz der Verbannungsdichtungen führt zu einer rhetorisch bestimmten Überformung, die sich jedoch mit überraschend starken poetischen Wirkungen paaren kann. Beachtenswert sind die Beschreibungen der Jahreszeiten. In der (bewußt übertreibenden)[31] Schilderung des Winters in Tomi (K 3,10) ist es zweifellos Ovids Hauptabsicht, seine römischen Leser davon zu überzeugen, daß man dort nicht leben könne; nebenbei aber entdeckt er den poetischen Zauber der Winterlandschaft.[32]

Bezeichnend ist auch die Auseinandersetzung mit dem Thema *Rhetorik*. Ovid ist sich des wechselseitigen Gebens und Nehmens zwischen Rede und Dichtung voll bewußt. Mehrfach schreibt er an Redner – allein schon, weil er Anwälte braucht. Seinen eigenen unnützen und unseriösen Künsten (besonders der *Liebeskunst*) stellt er die seriöse und nützliche Kunst der Rede gegenüber (K 1,9,57 f.). Eine ähnliche Kontrastierung drängt sich ihm auf, wenn er die rhetorischen Interessen seines Bruders seinen eigenen poetischen gegenüberstellt (K 4,10,17–20). In dem Schreiben an Salanus, den Rhetoriklehrer des Germanicus, beschwört Ovid die Solidarität der Talente und die gemeinsamen Wurzeln von Poesie und Rhetorik. Die wechselseitige Befruchtung beider Künste faßt er in folgende Worte: »Und wie deine Beredsamkeit meinen Rhythmen Spannkraft verleiht, so kommt von uns [den Dichtern oder dem Dichter] in deine Worte Glanz« – *utque meis numeris tua dat facundia nervos, / sic venit a nobis in tua verba nitor* (P 2,5,69f.).

Spiel mit der Briefform

Man erkennt den Verfasser eines Briefes am Siegel; der Absender kann seine Trauer betonen, indem er sagt, er habe das Siegel mit Tränen befeuchtet (K 5,4,5f., vgl. M 9,567). Ein weiteres Merkmal ist die Handschrift (P 2,10,1–8). Ist der Absender krank, so diktiert er seinen Brief, und der Empfänger mag sich über die fremden Schriftzüge wundern (K 3, 3,1f.). Ein drittes Erkennungszeichen ist die persönliche Schreibart, wenn sie sich auch vielfach in Fehlern verrät (P 4,13,3–14).

Formen und Formeln des Briefstils sind kunstvoll variiert und geistreich pointiert: Ovid fragt nach dem Wohlergehen des Empfängers und betrachtet eine positive Antwort als Teil seines eigenen Glücks (z. B. K 5,7,3–4); denn der Freund ist für ihn ja eine wichtige Stütze (K 5,13,7f.). Er setzt natürlich auch die Frage des Adressaten nach dem Befinden des Briefschreibers voraus und antwortet gelegentlich unkonventionell, aber wahrheitsgetreu: »Es geht mir schlecht« (K 5,7,5–7). Wünscht er, wie es sich gehört, dem Empfänger Gesundheit (*salutem* oder *vale!*), so versäumt er nicht hinzuzufügen, er sende, was er selbst nicht habe (z. B. K 3,3,88; 5,13,1f., 34; P 1,10,1f.).[33]

Auch der Typus des Briefes, der ein Geschenk begleitet und interpretiert, ist vertreten (P 3,8). Das Schreiben ist priamelartig aufgebaut: Ovid zählt zunächst auf, was es in Tomi *nicht* gibt. So wächst die Spannung auf das Geschenk und zugleich wird die elende Lage des Absenders verdeutlicht. Das Geschenk selbst ist nicht nur eine ethnographische Kuriosität. Es wird witzig auf einen Feind des Adressaten bezogen (»diese Pfeile sollen ihn treffen«, P 3,20). Der barbarische Umgang mit Pfeil und Köcher steht im Gegensatz zu der zivilisierten Schreibtätigkeit: »Diese Art von Schilfrohren (Schreibgeräten) und Büchlein gibt es hier; so musisch geht es hier zu« (P 3,21f.). Der Köcher ist zugleich ein passendes Bild, um die drei Bücher umfassende Sammlung abzuschließen. Es folgt nur noch der Brief an den Herausgeber (P 3,9).

Sogar eine so festgelegte Gattung wie das Kondolenzschreiben weiß Ovid zu seinen Gunsten auszunützen: Da sein Freund Maximus den toten Celsus so hoch ehrt, kann auch der verbannte Ovid als »Toter« auf seine Anhänglichkeit zählen (P 1,9,55f.). Der Trostbrief an den Freund, der die Gattin verlor (P 4,11), umgeht elegant die Trivialitäten der Topik: Der Freund hat mehr studiert als Ovid, kennt also die Argumente.

Verzerrung der Zeitrelation. Im übrigen ist der Postweg so lang – hier rechnet Ovid (stark übertreibend) für Nachricht und Antwort zusammen ein Jahr –, daß allein schon die Zeit die Wunden vernarben ließ und jeder Tröstungsversuch sie nur wieder aufreißen würde. Vielleicht ist ja der Freund inzwischen wieder glücklich verheiratet (P 4,11)? Dies entlarvt die unerträglich ungünstige Lage des Verbannungsortes, die alle menschlichen Beziehungen in Frage stellt. Oft gehen Briefe unterwegs verloren: ein vortreffliches Alibi für Schreibfaule (K 4,7).

Da die Zeit den Briefen die Aktualität nimmt (P 3,4,59f.), eilt die Phantasie des Dichters den Ereignissen voraus: Er malt sich einen Triumphzug aus, der in naher

Zukunft zu erwarten ist. Die Phasenverschiebung zwischen der Zeit des Empfängers und der des Absenders liegt zwar im Wesen des Briefes (darum benutzen lateinische Briefschreiber zur Darstellung ihrer Gegenwart die aus der Sicht des Empfängers zutreffenden Vergangenheitstempora). Faktisch benötigte ein Brief von Tomi nach Rom im günstigsten Falle knapp zehn Tage, was Ovid selbst durchblicken läßt (P 4,5,7f.); der Fortschritt der modernen Briefpost hält sich also in Grenzen. Selbstverständlich bestand zwischen Ovid und seinen Bekannten ein reger prosaischer Briefwechsel; dies kommt zur Sprache, wenn Ovid an einen Freund erstmals Verse schreibt (P 4,2,5f.). Aus Ovids Sicht ist aber die Verzerrung der Zeitrelation so groß, daß sie beginnt, das Wesen der Aussage qualitativ mitzubestimmen. Will der Briefschreiber nicht zum lebenden Plusquamperfekt erstarren, muß er sich zum Propheten und Visionär wandeln. So birgt die Situation des Verbannten für die Poetik ein erhebliches innovatives Potential.

Gespräch zwischen Abwesenden. Als Dialog zwischen Abwesenden[34] kann der Brief *colloquium* heißen (P 2,4,1). Statt dem Gönner Messalinus seine persönliche Aufwartung zu machen, schreibt ihm der Dichter (P 2,2,3f.; ähnlich an Cotta P 3,5,5). In Erinnerung an einstige Gespräche, die bis tief in die Nacht andauerten, bittet Ovid einen Freund um einen regen Briefwechsel (K 5,13,27–30; ähnlich an Atticus, P 2,4,1–18); in demselben Zusammenhang erscheinen Hand und Papier als Stellvertreter der Zunge (K 5,13,30) und Gedichte als Ersatz für die lebendige Stimme; könnte der Verbannte nicht schreiben, so wäre er stumm (P 2,6,1–4). Reizvoll ist das Zwiegespräch im Eingangsbrief des fünften Buches der *Klagelieder*. Hier sind immer wieder gedachte Einwendungen des Adressaten eingestreut, auf die der Briefschreiber jeweils eingeht. In der Elegie an Perilla (K 3,7) stellt sich Ovid besonders lebhaft vor, wie die Adressatin, die gewiß bei ihrer Mutter oder inmitten ihrer Bücher zu finden ist, bei der Ankunft des Briefes alles liegen und stehen läßt und sofort wissen will, wie es dem Absender geht. Ähnlich entwirft der Brief an Severus (P 1,8) von dem Leben des Adressaten zwischen Rom, Umbrien und den Albanerbergen ein farbiges Bild (auch die kleine Randbemerkung fehlt nicht, der Freund zeige sich nur selten auf dem Forum). An anderer Stelle setzt Ovid den Wunsch des Adressaten voraus, etwas über die Einwohner von Tomi zu erfahren (K 5,7,9f.). Er geht auf den Inhalt der Schreiben seiner Freunde ein, etwa auf Berichte von getanzten Theateraufführungen Ovidischer Dichtungen (K 5,7,25–30). Ausführlich setzt er sich mit dem Trostschreiben eines Bekannten auseinander, um die Wirkungslosigkeit philosophischer »Kompressen« (*fomenta*) darzutun (P 1,3, bes. 44); an anderer Stelle freilich erwähnt er einen vor längerer Zeit empfangenen Trostbrief mit großer Dankbarkeit (P 2,3,67f.). Gelegentlich (P 1,4,47–58) gewinnt der Dialogcharakter des Briefes eine neue visionäre Qualität: Ovid malt sich eine Begegnung zwischen den gealterten Ehegatten aus, die sich in Wirklichkeit nie wiedersehen werden.

Es gibt auch den stummen, schriftlosen Dialog. Die Sterne der Großen Bärin sollen dem Briefschreiber mitteilen, wie es seiner Gattin in Rom ergeht (K 4,3). Seinen alten Dichterkollegen Macer sieht Ovid oft im Geiste vor sich und redet mit ihm unter dem eisigen Sternenhimmel. So ist der Adressat, öfter als er ahnt, im Getenland. Möge der Freund in Rom ebensooft an den Dichter denken und ihn wenigstens so in die Heimat zurückholen (P 2,10,47–52)! In einem Brief an Cotta Maximus stellt sich Ovid vor, wie dieser und andere Freunde einander ihre Gedichte vorlesen und dabei vielleicht ihren Naso vermissen. Er selbst sieht den Abwesenden fast ständig vor sich und weilt in Gedanken bei ihm in Rom (P 3,5,37f.).

Anreden. Zur antiken Dichtung, besonders aber zur Elegie – und erst recht zum Brief – gehört die Anrede.

Nur wenige Elegien der *Klagelieder* haben keinen Adressaten, so die schönen Winter- und Frühlings-Elegien (K 3,10 und 12) und die Aitiologie des Namens Tomi (K 3,9). In K 3,8 redet der Sprecher mit sich selbst; im Seesturmgedicht (K 1,2) und in der ergreifenden Elegie über seinen Abschied von Rom (K 1,3) fleht Ovid die Götter an, Caesar von seiner Unschuld zu überzeugen.

Mit Ausnahme der Gattin[35] nennt Ovid die Empfänger der *Klagelieder* nicht – aus Furcht, ihnen zu schaden. Die Anreden sind kunstvoll angedeutet und geschickt verfremdet. Gelegentlich spielt der Dichter mit der Maske: so wenn er sagt, die Anrede *care* (›lieber‹) sei ein Ersatz für den wirklichen Namen (K 3,5,17f.), oder wenn er in einem Brief an Atticus vom Honig der attischen Biene spricht (K 5,4,30). Im Falle des Messalinus sind Ovids Bezugnahmen auf die Person und Familie des Adressaten so eindeutig, daß über seine Identität kein Zweifel besteht (K 4,4); auch sonst gibt es, besonders in den späteren Büchern der *Klagelieder*, Fälle, in denen es Ovid drängt, das Inkognito des Empfängers zu lüften, und in denen er voraussetzen darf, daß dieser ähnlich denkt (K 4,5,9–18).

In den *Pontusbriefen* herrscht die umgekehrte Regel: Die Freunde wollen genannt werden und sind stolz darauf. Jetzt bedürfen Ausnahmen der Begründung: Ein Bekannter ist immer noch zu ängstlich, die Nennung seines Namens zu gestatten – offenbar mißtraut er der berühmten Milde des Augustus; Ovid nimmt hierauf Rücksicht und erteilt auf diese Weise sowohl dem Adressaten als auch dem Princeps eine kleine Lehre (P 3,6). In einem anderen Falle weigert sich der Dichter, den treulosen Bekannten namentlich zu nennen, um ihn auf diese Weise der Vergessenheit anheimzugeben (P 4,3).

Besonderheiten von Anfangs- und Schlußgedichten sind die Anreden an das Buch (K 1,1), an den geneigten Leser (K 1,11,35; 3,1,2; 4,1,2; 4,10,132), an das Volk (K. 3,1,82), an Rom (K 4,1,106) und an die Nachwelt (K 4,10,2).[36] Sie bilden den Rahmen der ersten vier Bücher der *Klagelieder.* Verwandt ist die Technik, das Buch in der ersten Person sprechen zu lassen (K 3,1): Die Personifikation trägt erheblich zur lebendigen Vorstellung des Besuches in der verlorenen Heimatstadt bei.[37] In einer anderen Elegie läßt Ovid den Brief in der ersten Person reden (K 5,4); so nimmt er der Bitte um Fürsprache die Peinlichkeit (49f.) und kann sein Verhalten und seine Empfindungen während der Abfassung so beschreiben, wie sie einem Außenstehenden erscheinen würden; auch die Freundschaftsbeteuerungen gewinnen dadurch an Glaubwürdigkeit. Dagegen redet Ovid in seinem Glückwunschschreiben zum Consulat des Sextus Pompeius (P 4,5,1–46) die elegischen Verse an, als wären sie seine Boten. So kann er seine Gratulation und den Bericht über seine Lage in indirekter Form vorbringen; seine Bitte um weitere Hilfe setzt er in eigenem Namen pointiert ans Ende.

Erzählkunst

Exposition. Ovids Erzählkunst bewährt sich auch in den Verbannungsgedichten. Die Schilderung seines Abschieds von Rom (K 1,3) verwendet souverän die Kunstmittel, die wir aus erzählenden Elegien und aus dem Epos kennen: Schon der Rahmen steckt die schmerzliche Grundstimmung ab (vgl. den Anfang des zweiten Buches der *Aeneis* und auch die Einführung der Cephalus-Erzählung, M 7,690f.). Das Stimmungsgemälde allgemeiner Trauer in Ovids Haus geht fast unmerklich in Erzählung über (K 1,13); die Exposition endet mit einem Gleichnis (K 1,26), das die Atmosphäre ins Mythische hebt (»Zerstörung Troias«). Schon der Anfang der Elegie hatte den Sprecher Aeneas und das zweite Buch der *Aeneis* evoziert, ebenso der Schluß mit dem Zurückbleiben der Gattin in der verlorenen Heimat. Eine an den epischen Stil anklingende

Zeitangabe eröffnet den zweiten Teil: Ovid redet feierlich die Götter der Stadt an, während seine Frau zu den Hausgöttern betet. Die Intertextualität zur *Aeneis* ist abgründig: Ist die Verbannung des Dichters aus Rom durch Augustus eine zweite Zerstörung Troias, wird Ovid als neuer Aeneas zum Träger eines künftigen (besseren) Rom.

Doppelte Retardierung. Es folgt eine jener typisch Ovidischen retardierenden Passagen. Ovid schildert sein eigenes Zaudern, wie er es so oft an mythischen Heroinen beobachtet hatte. Den affektiven Charakter unterstreicht die schmerzvolle Interjektion *a!* in anaphorischen Ausrufen (K 1,3,31, 33): »Ach, wie oft …« Der Scheidende zögert mehrfach an der Schwelle. Hier findet sich anaphorisches *ter* ›dreimal‹ (K 1,3,55) und *saepe* ›oft‹ (ebd. 57 und 59), eine Technik, die wir aus früheren narrativen Elegien Ovids kennen (z. B. L 3,6,69). Nach einer zweiten Rede Ovids, die unvollendet abbricht, gibt der aufgehende Morgenstern das unwiderrufliche Zeichen zum Aufbruch. Den Schmerz der Trennung unterstreicht ein abschließendes Gleichnis (K 1,3,75 f.). Der Schlußteil zeigt das Geschehen aus der Sicht der Gattin: ihre letzte Rede, ihre verzweifelte Bereitschaft, dem Gemahl in die Verbannung zu folgen, den Aufbruch, der einem Sterben gleichkommt, die Verzweiflung der Verlassenen und den abschließenden Wunsch des Dichters, sie möge leben. Die Kunst der Retardierung ist in der vorliegenden Elegie auf die Spitze getrieben: Der Scheidende hält nicht eine, sondern zwei Reden, zwischen denen sein Zaudern beschrieben wird; nach dem Aufgang des Morgensterns versucht schließlich die Gattin, die Trennung durch eine weitere Rede zu verhindern.

Variation. Verwandte Themen werden in unterschiedlicher Form und Ausführlichkeit behandelt: So gibt es im ersten Buch der *Klagelieder* ein längeres und ein kürzeres Seesturm-Gedicht (K 1,2 und 1,4). Das erste zeichnet sich durch breit angelegte dramatische Entwicklung und ausdrückliche Apologetik aus, das zweite durch Konzentration und epigrammatische Zuspitzung. Beide erheben die Identifikation mit Aeneas zur Evidenz. Die Erzählung gleicher Sagen in unterschiedlichen Fassungen (s. unten: »Lakonismus«) ist ein Zug Ovidischer Kunst, der sich nicht auf die Verbannungsgedichte beschränkt. Für diese Werke bezeichnend sind die unendlichen Abwandlungen des Exilthemas.

Ringkomposition. Elegien kehren vielfach zu ihrem Ausgangspunkt zurück, so daß sich der Kreis des Gedichtes schließt: So steht am Anfang und am Ende des ersten der *Klagelieder* (K 1,1) die Vorstellung, das Buch dürfe nach Rom gelangen, der Verfasser aber nicht. Der gleiche Gedanke bildet, noch schärfer pointiert, die Schlußvignette. Eine ähnliche Ringkomposition weist z. B. auch K 5,6 auf.

Lakonismus. Mythologische Ursprungslegenden (Aitia), wie wir sie aus Properzens viertem Buch kennen, finden sich bei Ovid auch in den Verbannungsgedichten. Ein Beispiel ist die Geschichte von Medeas Flucht und Brudermord (K 3,9), die den Namen von Tomi erklären und den Leser von der Schauerlichkeit von Ovids Verbannungsort überzeugen soll. Die Erzählung ist knapp und sehr lebhaft gestaltet: Es finden sich mehrmals kurze wörtliche Reden, die Wichtiges auf engstem Raum zusammenfassen. Die große Zahl unterschiedlichster, streng funktional angeordneter Nebensätze trägt ebenfalls zum zügigen Tempo der Erzählung bei. Hier zeigt sich Ovids Spätstil wortkarg und lakonisch, stets auf den Zusammenhang des Ganzen bedacht. Ein weiteres Beispiel ist der Mythos von Pylades und Orest (K 4,4,65–82), wobei die Grausamkeit des barbarischen Ritus und die Unwirtlichkeit der Gegend stärker hervortreten als die Freundschaftsidee (die dem Adressaten eher unbewußt suggeriert werden soll). Auch diese Erzählung ist aufs Wesentliche reduziert; stellenweise epigrammatisch verdichtet. Die Dramatik steigert sich, wenn das Hauptereignis überraschend in einem Nebensatz eintritt (*cum inversum*).[38] Ovids späten, lakonischen Erzählstil belegt auch der Bericht von der Schlacht um die Stadt Aegisos und der Tapferkeit des Vestalis (P 4,7); hier kann sich der Verbannte einmal auf Augenzeugenberichte stützen.

Bilder und Gleichnisse

Was die Metaphorik betrifft, so wird das Schicksal des Verbannten vielfach mit dem Tod in Verbindung gebracht. Verben wie *rapere* (›rauben‹) und *adimere* (›wegnehmen‹) passen auf beides. Beim Verlassen seines Hauses hat Ovid das Gefühl, lebendigen Leibes zu Grabe getragen zu werden (K 1,3,89). Während eines Seesturms bittet er, am Leben bleiben zu dürfen, sofern man einen bereits Gestorbenen vor dem Tode erretten kann (K 1,4,28). Da Maximus dem verstorbenen Celsus die höchsten Ehren erweist, kann auch Ovid als »Toter« auf seine Pietät rechnen (P 1,9,55f.). Das Leben in der Verbannung muß man als »eine Art Tod« bezeichnen (P 1,7,10), wobei nur die Bestattung fehlt (P 3,4,75f.).

Für die Leiden des Verbannten ist die Verwundungsmetaphorik bezeichnend. Die frischen Wunden in Ovids Gemüt entziehen sich voreiligen Heilungsversuchen (P 1,3), ja nicht einmal Aesculap selbst könnte hier Abhilfe schaffen (ebd. 21f.). Eindrucksvoll schließen die *Pontusbriefe* mit dem Bild eines Körpers, auf dem kein Raum mehr für weitere Wunden ist (man denkt an den geschundenen Marsyas, M 6,388). Beim Abschied von der Heimat und von den geliebten Menschen ist dem Dichter zumute, als würden ihm die Glieder aus dem Leibe gerissen (K 1,3,73–76). Für die große Zahl seiner Leiden findet Ovid eine Fülle von Naturbildern: Muscheln am Strand, Blumen auf der Wiese, Mohnkörner, Tiere im Wald, Fische im

Wasser, Vögel in der Luft, Tropfen im Meer (K 5,2,23–28; vgl. 5,6,37–42); die Erschöpfung durch ständige Mühen exemplifizieren ein Pflugstier, der Ackerboden, ein Schiff und ein geplagtes Rennpferd (P 1,4,11–18).

Eine Reihe von Vergleichen aus dem Menschen- und Tierleben bestätigt die natürliche Liebe zur Heimat (P 1,3,39–42). Die Verbannung gleicht einem Schiffbruch; die hilfreichen Freunde werden mit dem rettenden Strand verglichen (P 1,10,39); der Freund bietet dem vom Blitz getroffenen Schiff einen sicheren Hafen (K 4,5,5f.) oder einen schützenden Altar (K 4,5,2). Gleich einem Steuermann, Wagenlenker oder Arzt (Palinurus, Automedon oder Tiphys) darf auch ein Anwalt seinen Schutzbefohlenen nicht im Stiche lassen (K 5,6,7–12). Tröstende Worte spenden dem Verbannten neues Leben, wie Öl eine erlöschende Lampe wieder aufleuchten läßt (K 4,5,3f.). Bilder aus dem Tier- und Pflanzenreich illustrieren die Macht der Zeit, die freilich Ovids Leid nicht zu lindern vermag (K 4,6,1–18). Parallelen aus Natur und Menschenleben (ein Schiff, ein Rennpferd, ein Soldat) bestätigen den Anspruch des Dichters auf ein geruhsames Alter (K 4,8,17–22). Eine Reihe von Adynata[39] bekräftigt Ovids Glauben an die Treue seines Freundes (K 5,13,21f.; P 2,4,25–30; 4,12,33–38) oder seine Dankbarkeit gegenüber Pompeius (P 4,5,41–44; vgl. Vergil, *Eklogen* 1,59–63). Andere Vergleiche dienen dazu, dem Herrscher Milde nahezulegen: Gegenüber Besiegten ist der königliche Löwe großmütiger als wilde Wölfe oder Bären (K 3,5,33–36). Je edler ein Mensch, desto milder verhält er sich, wie man auch an Achilles und Alexander dem Großen sieht (ebd. 37–40). Reizvoll und unkonventionell ist der Selbstvergleich mit Unkraut, dem Iuppiter seinen Regen nicht verweigern kann (P 2,1,15).

Gleichnisse aus der bildenden Kunst verdeutlichen, was Ovid Pompeius verdankt (P 4,1,29–34): Er ist sein Werk, wie Athene das Werk des Phidias ist (es folgen weitere

Beispiele). Der dahinterstehende Gedanke ist der Vergleich mit dem Schöpfer. Ovid will erreichen, daß der Schöpfer sich für sein Geschöpf verantwortlich fühlt und die Rolle des Erhalters übernimmt.

Eine frei erfundene allegorische Erzählung ist der Traum von Amor (P 3,3). Die Verteidigung des Dichters wird dadurch lebendiger und glaubwürdiger, daß sie in einen Dialog zerlegt wird. Zunächst macht der Dichter dem Liebesgott Vorwürfe, dann bittet er ihn zu bezeugen, daß in der *Liebeskunst* kein Verbrechen gelehrt werde. Der Gott gibt eine ermutigende Antwort. Die Anrede an Fabius Maximus und sein Lob bilden den Rahmen der originellen Elegie. Ähnlich lebendig ist der Rahmen des Gratulationsgedichts zum Consulat des Sextus Pompeius: Während einer Strandwanderung hört Ovid hinter sich ein Flattern wie von Flügeln. Er dreht sich um, erblickt aber keine Person, sondern hört nur die Stimme der Fama, die ihm die große Neuigkeit verkündet. Die unsichtbare Botin bildet nur den Auftakt zu einer anschaulichen Vergegenwärtigung der feierlichen Amtseinführung. Der Dichter erschafft selbst die Bilder der Ereignisse, die seinen Blicken entzogen sind (P 4,4).

Sprache und Stil

Besonders hervorgehobene Vokabeln erscheinen in metrisch auffälligen Positionen. Gerade weil Ovid in der Regel den Pentameter mit einem zweisilbigen Wort schließen läßt, gewinnen Ausnahmen besonderes Gewicht, so die Anrede an die Nachwelt (*posteritas*: K 4,10,2) oder die Würdigung der Freundschaft in einem nur drei Wörter umfassenden Pentameter: *indeclinatae munus amicitiae* – »unverbrüchlicher Freundschaft Geschenk« (K 4,5,24). Das Nebeneinander gleicher Wörter kann die Verbundenheit von Freunden illustrieren (P 4,12,22: »dem Bruder der

Bruder« – *fratri frater*; ebd. 20: »fast als Knaben mir noch fast noch als Knabe bekannt« – *paene mihi puero cognite paene puer*).

Das Schreiben an den Rhetoriklehrer des Germanicus ist stilistisch besonders kunstvoll. Es beschwört die Solidarität der Talente nicht nur inhaltlich, sondern es verkörpert diese Idee sichtbar im Wechselspiel stammverwandter Wörter (P 2,5,63–64): *tu quoque Pieridum studio, studiose, teneris, / ingenioque faves, ingeniose, meo.* – »Dich auch, Musenfreund, hält musischer Eifer gefesselt, / und mit deinem Talent bist du dem meinen geneigt.«

Ein stilistischer Kunstgriff ist die lange Kette von Antithesen zwischen Erwartung und Nichterfüllung, die den Zusammenbruch fast aller Hoffnungen Ovids illustriert. Hier kommt das elegische Versmaß in seiner epigrammatischen Kraft besonders schlagend zur Wirkung (P 2,7,47–74). Die Antithesenkette gewinnt geradezu den Charakter einer tragischen Stichomythie.

Der ärgerliche Vorwurf des Dichters an Amor manifestiert sich in einer Reihe alliterierender Dentallaute (P 3,3,47 f.): *dum damus arma tibi, dum te, lascive, docemus, / haec te discipulo dona magister habet* – »Während wir Waffen dir leihn und dich, du Spielratz, belehren, / werden dem Lehrer von dir solche ›Geschenke‹ zuteil«.

Reine Daktylen können rasche Bewegung widerspiegeln, so wenn vom Reisewagen die Rede ist: *esseda nos agili sive tulere rota* – »Ob uns rasches Gefährt trug mit beschleunigtem Rad« (P 2,10,34). Andererseits passen manche Wörter, z. B. der Name Tuticanus, nicht ins daktylische Versmaß. Ovid legt (P 4,12,–16) mit genüßlicher Schulmeisterlichkeit die verschiedenen Möglichkeiten dar, diesen Namen ins Versmaß hineinzuzwängen – um letzten Endes zu erklären, mit alledem werde er sich nur lächerlich machen. Der Text belegt, daß das Gefühl für Quantitäten zu Ovids Zeit noch sehr lebendig war. Den Römern ist – wie heute noch den romanischen Völkern – ein ausgeprägtes Sprachbewußtsein eigen, das sich in ausführlichen Diskussionen über entlegene Feinheiten äußern kann. Die Absurditäten der Sprache sind eine unerschöpfliche Quelle des Humors, wie er in besonderem Maße auch im Brief erwartet wird.

Themen des Exils

Verbanntenschicksal. Ovids eigenes Schicksal gleicht dem des Odysseus und ist sogar schlimmer als dieses (ausführlich K 1,5,57–84; vgl. auch P 3,1,53); er ist durch seine Leiden bekannt geworden wie Philoctet durch seine Wunde und Capaneus, weil er vom Blitz erschlagen wurde (eine ganze Phalanx von Helden, die so zu Tode kamen, findet sich K 4,3,63–68; vgl. 5,3,29–32). Sein Schmerz ist so berechtigt wie die Trauer des Priamus um Hector und Philoctets Jammern über seine Wunde (K 5,4,7–12). Beim Abschied von Rom vergleicht Ovid sein Haus mit dem eroberten Troia (K 1,3,26), gewiß kein Ruhmestitel für Augustus. Eine Parallele zu Ovids Schicksal bilden auch mythische Helden, die allzu hoch hinaus wollten: Elpenor, Icarus, Dolon und Phaethon (K 3,4,19–30). Mythische Beispiele aus den *Metamorphosen* vergegenwärtigen das endlose Leid des Verbannten: Glücklich Niobe, die in Stein, glücklich Phaethons Schwesternschar, die in Bäume verwandelt wurde! Dieses Glück wird dem Verbannten verweigert – sogar die Meduse könnte ihn nicht versteinern. Er lebt nur, damit sich seine bitteren Erfahrungen ständig erneuern, wie die Leber des Tityos nachwächst, um immer wieder zerfleischt zu werden (P 1,2,29–40). Sogar Iason, den es in dieselbe Gegend verschlug, hatte es leichter als Ovid: Zwei Göttinnen beschützten ihn, und Liebeskünste nützten ihm, während sie Ovid schadeten; vor allem aber durfte Iason heimkehren (P 1,4,23–46). Aeneas wurde von Iuno verfolgt, aber von Venus beschirmt, Ulixes von Neptun gehaßt und von Minerva beschützt; ebenso vertraut sich der von Caesar verurteilte Ovid während eines Seesturmes dem Schutz der Götter des Meeres und des Himmels[40] an, die ihm denn auch recht zu geben scheinen (K 1,2,9–11, 109f.). Wie Odysseus steht Ovid unter Minervas Schutz[41]. Hiervon kündet das beschwingte Gedicht auf sein Schiff (K 1,10), ein Lichtblick in der Düsternis der *Klagelieder.*

Das Ungemach des Verbannten übertrifft alle bekannten Beispiele aus Geschichte und Mythos: Diogenes, Themistocles, Aristides, Patroclus, Iason, Cadmus, Tydeus, Teucer und altrömische Verbannte (wie Rutilius Rufus) weilten, verglichen mit Ovid, geradezu in Kurorten (P 1,3,61–84). Der Verzweifelte wäre sogar bereit, Feinde um Hilfe zu bitten; mythische Helden haben dies mit Erfolg getan (z. B. Achaemenides und Telephus, P 2,2,25 f.).[42]

Tröstungen der Philosophie? Für Ovid als Elegiker ist charakteristisch, daß er die Tröstungen der Philosophie für sich als wirkungslos zurückweist. In den *Pontusbriefen* (P 1,3) zeigt er, daß die Topik der Konsolationsschriften ihm sehr wohl bekannt ist. Er leistet sich das Vergnügen, die Ratschläge und Beispielreihen, die der Freund ihm angeblich vor Augen gestellt hat, durchzugehen und für seinen Fall als unwirksam zu entlarven. Die Liebe zur Heimat, zu den Freunden und zur Ehefrau ist eine Naturgewalt, gegen die man mit rationalen Argumenten nicht angehen kann. »Mache, daß ihr mir weniger lieb seid, damit es mir leichter fällt, euch zu entbehren!« (P 1,3,45 f.) In dieser Elegie zeigt Ovid Kenntnis der antiken Medizin und Psychotherapie. Auch in einem weiteren an Rufinus gerichteten Schreiben erscheint diese Thematik (P 3,4,7 f.). Man weiß, daß der vermutliche Adressat, der Senator C. Vibius Rufinus, auch über Bäume, (Heil-)Kräuter und Blumen schrieb.[43]

Liebe. Im Rückblick setzt sich Ovid mit seiner *Liebeskunst* auseinander. Er läßt sich von Amor persönlich bescheinigen, daß sie nichts Verbrecherisches enthalte (P 3,3). Außerdem verheißt Amor dem Dichter, anläßlich des Triumphs werde ihm Augustus wohl ein angenehmeres Exil bescheren. Der Gott, der Ovid die Liebesgedichte diktiert hat, erscheint hier als Tröster und Hoffnungsträger. Er dürfte den Verbannungsgedichten einen Nutzeffekt zuschreiben, wie er in Ovids Theorie den *Liebeselegien* eigen war. Ovid stellt den Zusammenhang her, indem er feststellt, daß Amor ihm seinerzeit das elegische Versmaß aufgezwungen habe (vgl. L 1,1), also letztlich wohl auch für die jetzigen Elegien eine gewisse Mitverantwortung trägt.

In den *Klageliedern* gewinnt die Liebe einen neuen Charakter. Anders als in manchen *Frauenbriefen*, in denen die Leidenschaft einseitig oder kurzlebig sein kann, erscheint in den *Klageliedern* die Liebe wechselseitig, und sie beruht nicht auf einem vorübergehenden »Pathos«, sondern auf einem dauerhaften »Ethos«. Rücksicht zeigt sich darin, daß der Dichter darunter leidet, daß seine Gattin jetzt als »Frau eines Verbannten« beschimpft wird, sich also um seinetwillen schämen muß (K 5,11,1–7). Vor allem aber schmerzt es ihn, daß seine Frau unverdient leiden muß (während er seine Strafe bis zu einem gewissen Grade verdient hat: K 5,5 Ende). Im Unterschied zu den Bindungen, wie sie in manchen *Frauenbriefen* und stellenweise in den *Metamorphosen* vorausgesetzt werden, handelt es sich um eine »Liebe aus der Ferne«. In dieser Beziehung besteht sogar ein Unterschied zu Penelope und Odysseus. Aufschlußreich ist der Wunsch: »Sie möge leben und ihren Mann, da sie dazu ja gezwungen ist, in Abwesenheit lieben« – *vivat ametque virum, quoniam sic cogitur, absens* (K 5,5,23). Die Hoffnung auf ein Wiedersehen scheint (ganz im Unterschied zur *Odyssee*) kein erhebliches Movens mehr zu sein. Man sieht dies an der suggestiv, aber ohne reale Hoffnung vergegenwärtigten »imaginären Begegnung« des gealterten Ehepaares (P 1,4,47–58).

Traditionelle römische Werte wie *pietas* werden selbstbewußt der monarchischen Willkür gegenübergestellt: Entschlossen, ihrem Mann ins Exil zu folgen, setzt Ovids Frau dem kaiserlichen Dekret den kategorischen Imperativ ihrer *pietas* entgegen (K 1,3,86). Seiner Gattin stellt der Dichter eine stolze Reihe von Heroinen vor Augen: Andromache, Laodamia (K 1,6,19f.) – als liebende Frauen von Todgeweihten – und allen voran natürlich Penelope (K 1,6,21f.; 5,5,51f.; P 3,1,107). Aus taktischen Gründen fügt er die Gemahlin des Augustus, Livia, hinzu (K 1,6,25–28). Wie die Frauen des Mythos, so möge auch Ovids Ehefrau das Schicksal ihres Mannes zum Anlaß nehmen, ihre große Gesinnung zu bewähren (K 4,3,71–84). Viele Heroinen sind nur dadurch berühmt geworden, daß ihre Männer ein unglückliches Los hatten (K 5,5,51–60). Um seiner Gattin ihre diplomatische Mission etwas schmackhaft zu machen, verlangt er keine übergroßen Opfer: Sie braucht nicht für ihn zu sterben wie Alcestis (z. B. K 5,14,37; P 3,1,106), sie soll nur zu ihm stehen, wie die Angehörigen eines vom Blitz Getroffenen es tun (K 4,3,63–70). Er bittet sie darum, seine Asche bei Rom bestatten zu lassen; dies sei nicht untersagt (Antigone habe ihren Bruder sogar trotz dem Verbot bestattet: K 3,3,67f.). Ovids Gattin wird geliebt und ist ebenso berühmt wie Lyde, die Gattin des Antimachos, oder Bittis, die Geliebte des Philetas (K 1,6,1f.; P 3,1,58).

Freundschaft. Um zu belegen, daß er an die Untreue seines Freundes nicht zu glauben vermag, läßt Ovid ein erdrückendes Aufgebot an phantastischen mythischen Ungeheuern aufmarschieren (K 4,7,11–20). Diesen rationalistischen Zugang zum Mythos wählt er auch in den *Liebeselegien* (3,12,19–42), während er in den *Metamorphosen* versucht, den Mythen eine geradezu kinematographische Leibhaftigkeit zu verleihen. Die Briefe an Freunde beschwören berühmte Freundespaare wie Pylades und Orestes, Achill und Patroclus, Theseus und Pirithous, Nisus und Euryalus (z. B. K 1,5,19–26; 1,9,27–34; 5,4,25f.).

Freundestreue (*fides*, K 5,6,8) wird ferner durch Argumente gestützt. Das Verhältnis zwischen Anwalt und Klient darf vom Anwalt nicht aufgekündigt werden, wenn sich der Klient ihm gegenüber nichts hat zuschulden kommen lassen: Hat man einen Gast einmal aufgenommen, muß man zu ihm stehen (K 5,6,13). Der Freund als Lebensretter wird in die Nähe des milden Herrschers und helfender Gottheiten gerückt (K 5,9,7–20). Messalinus ist für Ovid ein »Caesar«, dessen Bekannte sich für seine Freunde ausgeben (P 1,7,21 f.).

Die Staatsordnung spielt sich zwar als Hüterin der Moral auf, aber die eigentlichen sittlichen Werte werden von ihren Opfern verkörpert.[44] Auch der Herausgeber oder Verleger, der Ovids Bild auf dem Siegelring trägt, ist ein Vertreter der privaten *pietas* (K 1,7,11; vergleichbar K 3,4,35). Bei vielen anderen ist die Freundestreue (*fides*) dem Glück (*fortuna*) unterworfen (P 2,3,10). Die personifizierte Glücksgöttin wird vor allem dann bemüht, wenn es darum geht, einen Gegner vor hochmütigem Verhalten zu warnen (z. B. K 5,8,7–20; P 4,3,29–50). Ovids Freunde müssen (wenn sie sich für ihn verwenden wollen) Zivilcourage (*virtus*) entwickeln, die von äußeren Gütern unabhängig ist (P 2,3,36). Die im Herzen verborgene *pietas* muß sich in praktischem Einsatz (»Werktätigkeit«, *officium*) äußern (P 2,6,31 f.). Die hohe Bewertung der *pietas* verbindet übrigens die Verbannungsgedichte mit dem *Festkalender* (s. besonders unsere Bemerkungen zum 5. Buch: S. 189 ff.).

Rombild

Dem in Tomi Angekommenen tritt das Bild Roms vor die Seele. In der Sehnsucht (*desiderium*: K 3,2,21) entdeckt er seine Heimat neu. Der Dichter, dem die Hauptstadt entzogen ist, baut sie in der dichterischen Phantasie für sich auf (K 3,4,55 f.; P 1,8,33–38). Er beneidet den Brief darum, daß es diesem vergönnt ist, nach Rom zu gelangen (K 5,4,4; vgl. 1,1,57); nur mit dem Versfuß darf Ovid Rom betreten (K 1,1,16). In Gedanken begleitet er sein Buch auf dem Wege durch die Stadt (K 1,1); es handelt sich um eine neue Form der geistigen Wanderschaft und der poetischen Vergegenwärtigung. Der Brief ist hierbei zugleich Wahrnehmungs- und Mitteilungsorgan, sowohl »Sprachrohr« als auch »Fernrohr«. Das Resultat ist auf der Seite des Autors der Aufbau eines imaginären Rom, auf der Seite der Adressaten die Erfahrung eines virtuellen Besuchs des Dichters; vergleichbar ist die Funktion des Gerüchts, der *fama*, die dem Dichter, wenn er einen römischen Triumph besingen will, das Auge ersetzt (P 3,4,19 f.).

Bezeichnend ist, daß die Schilderung der Winterlandschaft bei den Verhältnissen in Tomi verweilt (K 3,10), während das heitere Frühlingsbild (K 3,12) sehr rasch nach Rom überwechselt. Die rhetorische Zielsetzung erlaubt es dem Autor nicht, zuzugeben, daß es in Tomi Reben oder Bäume geben könnte.[45] Ovid entwirft hier ein Phantasiebild des Frühlings in Rom mit seinen festlichen Veranstaltungen. Dazu gehören natürlich auch militärische Triumphe. Ovid malt sich einen solchen in allen Einzelheiten aus. Dabei betont er die Macht der poetischen Vorstellungskraft (K 4,2,57–64),[46] die ihm alle Bewegungsfreiheit gebe und ihn sogar in den Himmel (und erst recht nach Rom) gelangen lasse. Das gesellschaftliche Leben der Stadt im Wechsel mit der Stille der Gärten und der ländlichen Beschaulichkeit von Sulmo bildet den Rahmen für einen erträumten Ruhestand mit Frau und Freunden (K 4,8). »Was ist besser als Rom?« (P 1,3,37)

In so mancher Elegie ersteht im Zeichen persönlicher Bindungen (*pietas*) ein anderes Rom, das über die machtbewußte Metropole hinauswächst, ein Rom, wie es hätte sein sollen, wenn es seinen Ewigkeitsanspruch verdienen wollte, ein Rom, wie es dank der Poesie als Idee fortgewirkt hat. Rom ist für Ovid der Sitz der Menschlichkeit. Ein ungetreuer Freund ist daher offenbar nicht im zivilisierten Rom beheimatet, sondern im wilden Pontus (K 1,8,37–44). Im Gegensatz zu den traditionellen militärischen Werten wird die Stadt hier als *placida* (›sanft‹) bezeichnet. Der hierfür zuständige Schutzgott ist nicht Mars, sondern Quirinus, der friedliche Beschützer der Zivilgewalt. Das Bild der Großstadt hatte Ovid schon in seinen früheren Werken mit der Idee des *cultus* verbunden, jetzt vertieft er den Gedanken der Zivilisation weiter. Auch für den Herrscher einer solchen Stadt gilt die Verpflichtung zur »augusteischen« Milde (K 3,5,31–42; 4,4,53).[47]

Furcht und Hoffnung

Ein für Ovids Lage wie auch für die Epoche bezeichnendes Stichwort ist »Furcht« (*timor*). Er sieht in der Ängstlichkeit einen Zug seines Wesens, der die Verbannung mitverschuldet hat. Im Exil erwähnt er diese Eigenschaft häufig, vor allem, um sich bei seinen Freunden dafür zu entschuldigen, daß er durch seine wiederholten Bitten den Anschein erwecke, als mißtraue er ihnen; dabei sei die Furchtsamkeit nur aufgrund seiner zahlreichen bösen Erfahrungen zu einem Charakterzug seines Wesens geworden (z. B. P 2,7 passim, bes. 5). Auch seiner Frau (P 3,7,12) und seinen Freunden (P 3,7,37) wirft er Ängstlichkeit vor. Die Atmosphäre der Angst – ein Charakteristikum der römischen Kaiserzeit – ist gut eingefangen. Ovid hat durchaus Verständnis dafür, daß Livias Majestät seiner Frau Furcht einflößt (P 3,1,153–156), und entschuldigt sogar die Freunde, die ihn bei dem Verbannungsurteil im Stich gelassen haben (P 3,2,7–24): Es fehle ihnen nicht an *pietas*, sondern sie fürchteten sich vor der Feindschaft der Götter und man müsse sie eher vorsichtig und ängstlich als schlecht nennen (P 3,2,19f.). Darin liegt indirekt eine gewisse Zeitkritik. Vielleicht hat Ovid länger vorgegeben, an die Milde des Augustus zu glauben, als er wirklich daran glaubte.

Einen düsteren Hintergrund bilden oft barbarische Tyrannengestalten (so Thoas bei Pylades und Orest; Pluton bei Theseus und Pirithous, z. B. K 1,9,27–34); Hinweise auf grausame Gewaltherrscher wie Phalaris von Agrigent (K 5,12,47–50) und Busiris von Ägypten sind meist so geschickt placiert, daß der Leser unwillkürlich an römische Parallelen denkt (K 3,11,39–51; P 3,6,41f.; K 5,1,53), obwohl Augustus natürlich explizit mit Iuppiter verglichen wird (z. B. K 3,1,35; vgl. 1,4,26; 1,2,69 u. a.). Auf den ersten Blick durchaus positive Feststellungen entpuppen sich manchmal als zweischneidig: Augustus ist kein Wüterich wie Atreus (P 1,2,119) und kein Menschenfresser wie Polyphem oder Antiphates (P 2,2,113f.), und Livia ist kein Ungeheuer wie Procne, Medea (Kindesmörderinnen!), Circe (Giftmischerin!) oder die Meduse (P 3,1,119–124). Schlimm, wenn man dies eigens betonen muß. Nach dem Tod des Augustus wird der Herrscher für Ovid zum »milden Vater« (P 4,9,134), der seine Gebete hört – anders als der lebende Nachfolger des Kaisers.

Hoffnung (*spes*), die Gegenmacht zur Furcht, hält den Dichter lange aufrecht; sie ist – neben der Sehnsucht (*desiderium*) – eine wichtige Wurzel seiner Lebens- und Schaffenskraft. Ovid ist lange Zeit geradezu ängstlich darauf bedacht, sich die Hoffnung auf Begnadigung oder ein milderes Exil nicht nehmen zu lassen, obwohl er weiß, daß sie sehr gering ist (*exigua*: K 3,5,25). Er bittet seinen Anwalt geradezu, ihm diese Aussicht nicht zu nehmen. Psychologisch erinnert solches Verhalten an die Regieanweisungen, die er in den *Liebeselegien* der Geliebten gibt: Um keinen Preis möchte er den Glauben an ihre Treue verlieren, lieber soll sie ihn belügen. Bemerkenswert ist der Hymnus auf die Hoffnung (P 1,6,29–44). Die dort Erwähnten befinden sich alle in fast hoffnungsloser Lage. Hier kommen Wesen und Macht der Hoffnung in besonderem Maße zum Ausdruck. Mit Erstaunen beobachtet man, daß hier ein Autor, den man auf den ersten Blick als Unterhaltungsschriftsteller klassifizieren möchte, die Radikalität von Erfahrungen vorwegzunehmen scheint, die später in der christlichen Kultur des Mittelalters und der Neuzeit zentrale Bedeutung gewinnen. Das Christentum wird die Hoffnung zu einer der drei Haupttugenden erheben.

Die Bilder jedoch, die Ovid damit verbindet, scheinen zuweilen anzudeuten, daß er nicht mehr so recht an seine Versetzung an einen anderen Ort glaubt. Und schließlich kommt der Augenblick, da er den Freund Cotta Maximus bittet, ihm reinen Wein einzuschenken und die fruchtlose Hoffnung zu nehmen (P 3,5,58). Nüchtern (P 3,7,21–24) erklärt er, Hoffnung (auch ohne Aussicht auf Erfolg) sei zwar etwas Gutes, aber eine ehrliche Verzweiflung an der Rettung sei der nächste Schritt. Immer noch hält er seine Frau und seine Freunde für zu ängstlich, doch erkennt er, daß eine glücklose Fürsprache für ihn gefährlicher ist als der Verzicht darauf (P 3,7,35f.). Gegen Ende der Elegie zeigt sich freilich, daß er doch noch insgeheim hofft, die Freunde könnten bei Augustus ein Wort für ihn einlegen (ebd. 37f.). Damit kehrt das unausrottbare Prinzip Hoffnung trotz allem in seine alten Rechte zurück.

Eine wichtige Grundlage der Hoffnung ist die im Wesen des Augustus liegende Milde (P 1,2,59–62). Seinen Glauben an sie gießt Ovid in demselben Brief in Wendungen, die wir aus dem *Römerbrief* des Paulus kennen: Er beruft sich nicht auf eigenes Verdienst, sondern setzt seine Hoffnung auf die Güte des Gottes (P 1,6,45f.). Das kaiserzeitliche Gottesbild ist stark von der Realität des Kaisertums mitgeprägt. Ovid hat aus persönlicher Not Formen entwickelt, in denen der einzelne mit dem Weltherrscher verkehren konnte, von dem er schlechthin abhängig war. Wie der Kaiser zum »Gott«[48] wird, so die Freunde zu »Heiligen« und »Nothelfern«, die er um Fürsprache bittet. So errichtet Ovid in den *Pontusbriefen* ein poetisches Pantheon. Seit der Antike beeinflußt die Hierarchie des römischen Staates das Bild, das man sich vom himmlischen Hofstaat macht. Die Analogie zwischen Ovids Rom mit den dort weilenden Freunden und dem Himmelreich liegt vor allem darin, daß beide für das bittende Subjekt zugleich existenzbestimmend und physisch unerreichbar sind.[49] So kommt es, daß Ovid hier Vorstellungen und Formen des Umgangs entwickelt, denen späterhin eine große Zukunft beschieden ist. Der Dichter läßt sich im Geiste nach Rom entführen. Wenn er dort mit seinen Freunden spricht, fühlt er sich im Himmel unter den glückseligen Göttern. Bei der Rückkehr nach Tomi stürzt er vom Olymp in den Hades. Es drängt sich ihm der Gedanke auf, daß es aus dem Hades keine Rückkehr gibt, und er bittet einen Freund, ihm diese traurige Wahrheit nicht länger zu verhehlen (P 3,5,49–58). Dieser Hintergrund gibt den *Pontusbriefen* eine neue Dimension. Aus der römischen Perspektive sind es Briefe aus dem Jenseits, aus der Sicht des Autors Briefe in ein besseres Jenseits. Beide Aspekte sind nicht nur für die Entwicklung literarischer Formen sehr fruchtbar, sondern auch für die Schöpfung neuer Wertvorstellungen und Dialogformen mit einer für den Sprecher unsichtbaren Welt. Je mehr dem Autor die Inspiration durch unmittelbare Anschauung der römischen Wirklichkeit entzogen ist (P 3,4,17–20, 31–38), desto mehr ist er auf seine schaffende Phantasie angewiesen. Diese Kraft steigert sich bis zur Prophetie; gilt es doch, die durch den langsamen Nachrichtenfluß bedingte Phasenverschiebung zwischen Abfassungs- und Ankunftszeit zu überbrücken.

Politik und Kaiserkult

Auffällig ist, daß Ovid Augustus zwar häufig als »Gott« bezeichnet, aber an einer sehr ins Auge fallenden Stelle nur als »göttergleich« (*aequantem superos*: K 4,8,52) und anderwärts wieder (terminologisch korrekt) als »zukünftigen Gott« (*dis accessure*: K 5,5,61). Die Art und Weise, wie er über Augustus spricht, zeigt, daß »Gott« hier ein Funktionsbegriff ist: *praesens numen* bezeichnet die »anwesende Macht«, die dem Menschen tatkräftig zur Seite steht (vgl. P 1,2,105), den Lebensspender und Lebensretter (antike Religiosität scheute sich nicht, in diesem Sinne z. B. Eltern, Lehrer, Wohltäter, geliebte Frauen hinsichtlich ihrer Funktion mit Göttern gleichzusetzen).[50] Ovid macht auch an vielen Stellen deutlich, daß er sich in seiner Existenz von Augustus »schlechthin abhängig« fühlt (um diesen Schleiermacherschen Terminus hier anzuwenden). Ein Gott brauchte nach antiker Vorstellung nicht unbedingt gut zu sein, aber gerade auf Grund seiner herausragenden Stellung konnte man bei ihm wie bei einem Monarchen an seine ihm (wiederum auf Grund seiner Position) par excellence zukommenden guten Eigenschaften appellieren (in dem vorliegenden Falle besonders die Königstugend der Milde). Die Tatsache, daß Ovid Leben, Bürgerrecht und Vermögen hatte behalten dürfen, bot ihm eine Handhabe, den Herrscher auf solch großzügiges Verhalten festzulegen und für sich einen freundlicheren Verbannungsort (z. B. K 5,2,45–78) und Schutz vor mörderischen Barbaren (P 1,2,105 f.) zu erbitten. Wenn Ovid den Caesar zu den lebensrettenden Göttern rechnet, so verschweigt er natürlich, daß dieser ihm das Leben so geschenkt hat wie Räuber dies tun: indem er es ihm nicht genommen hat. An anderen Stellen kann man sich freilich des Eindrucks nicht erwehren, Ovid nehme – bei all seiner subtilen Kenntnis der Rhetorik – doch auf die Gefühle des mächtigsten Mannes wenig Rücksicht, so wenn er erklärt, im Getenland respektierten die wenigsten Rom und seine militärische Macht (P 1,2,81 f.). In seiner großen Verteidigungsschrift (Apologie) gegenüber Augustus (dem zweiten Buch der *Klagelieder*) scheut er sich nicht, die Vorliebe dieses Herrschers für den (doch oft unanständigen) Mimus zu erwähnen (K 2,515–518) und das Würfelspiel anzuprangern, dem der Kaiser frönte (ebd. 571 f.; Sueton, *Augustus* 83). Solche Züge sind zu offensichtlich, um auf Zufall zu beruhen. Möglicherweise hat Ovid schon verhältnismäßig früh die Aussichtslosigkeit seiner Lage erkannt und die daraus resultierende Freiheit genutzt, um kaum verhüllte Kritik zu äußern.

Für Ovids Verhältnis zur göttlichen Macht des Kaiserhauses ist eine Elegie (P 2,8) besonders aufschlußreich, in der er sich bei seinem Freund Cotta Maximus für drei Silberstatuetten bedankt. Diese stellen Augustus, Tiberius und Livia dar. Er ist froh darüber, daß er so unerwartet die Götter leibhaftig vor sich sieht und mit ihnen reden kann. Der Verbannte ist gegenüber Augustus in derselben Lage wie alle Menschen gegenüber Iuppiter, der ja für sie nur in Bildern gegenwärtig ist. Mit dem Herrscher kann er nur durch das Medium der Kunst Kontakt aufnehmen. Das gilt für die Statuen, aber natürlich auch für die Dichtung. Die Statuen ermöglichen es dem Autor, mit Augustus unmittelbar zu sprechen, ohne ihn durch ein Schreiben oder durch einen Fürsprecher zu belästigen. Das Gespräch mit den Statuetten bildet ein Analogon zu Ovids Exilpoesie. Wie in anderen Gebetsgedichten wird auch hier am Ende eine göttliche Antwort angedeutet: freundlichere Blicke und gar ein Nicken mit dem Kopf. Die Technik erinnert an Ovids Gespräche mit Aurora (L 1,13,45 f.) und mit den Göttern des Seesturms (K 1,2,107–110).

Was das Kaiserhaus betrifft, so findet sich die dynastische Idee klar ausgesprochen: Der Kaiser wird stolz auf seinen »Sohn« Germanicus sein (P 2,1,59 f.; vgl. 1,2,97–100). Ovid wünscht, der edle und musische Germanicus möge einst die Nachfolge des Weltherrschers antreten (P 2,5,75) – eine wohlbegründete, aber angesichts der Unberechenbarkeit des Tiberius unvorsichtige Stellungnahme.

Die aus dem Rahmen fallende Bittschrift an den König Cotys von Thrakien (P 2,9) verbindet in origineller Weise die monarchische Topik (»Adel verpflichtet«) mit dem Lobpreis der zivilisierenden Macht der Bildung (gründliches Studium der Freien Künste führt von Roheit zu humaner Gesittung) und dem Appell an den Dichterkollegen im Zeichen einer Solidarität des Geistes. Hier verkörpert ein Barbarenfürst den Inbegriff des musischen und humanen Herrschers. Als negative Beispiele werden dem König grausame Tyrannen gegenübergestellt. Diese Bittschrift gipfelt nicht in dem konventionellen Vergleich zwischen königlichen und göttlichen Funktionen; als Krönung wird vielmehr der philosophische Gedanke entwickelt, einen Menschen zu retten sei eine wahrhaft menschenwürdige Freude. Theologie ist durch Anthropologie ersetzt. Daran schließen sich folgerichtig die den Menschen zivilisierenden Freien Künste und die Poesie an. Die Werteskala in diesem Gedicht spricht für sich. Die Herrschertugend der Milde (die im Umgang mit Augustus im Vordergrund steht) erweist sich hier nur als Vorspiel zu einem umfassenden, wahrhaft humanen und musischen Herrscherbild, dem Gegenentwurf einer *res publica* der Geistes- und Herzensbildung, einem sinkenden Rom vor Augen gestellt.

Dichteridee

Macht der Dichtung. Im ersten Gedicht des zweiten Buches der *Pontusbriefe* huldigt Ovid dem Herrscher und Germanicus. Er spricht als Prophet (*vates*) und verheißt auch Germanicus einen Triumph, den er selbst erleben und besingen will. Die Haltung des Propheten nimmt der Dichter auch sonst ein (P 3,4): Seine Stimme ist die des Gottes, der in seiner Brust wohnt (P 3,4,93f.). Auch in dieser Elegie ist der Begriff *vates* maßgebend (z. B. P 3,4,65, 89); daneben erscheint das Synonym *poeta*. In dem Schreiben an Suillius (P 4,8,43–66), den Gemahl seiner Stieftochter, entwickelt Ovid im Hinblick auf eine künftige Verherrlichung des Germanicus, dem Inbegriff eines musischen Herrschers, seine Auffassung vom Dichtertum. Herrscher sind auf Dichter angewiesen, die ihre Taten verewigen. Geschriebenes überdauert die Jahre. Nicht nur Könige wie Agamemnon verdanken der Poesie ihren Ruhm, sondern sogar Götter treten durch sie ins Leben – ihre so große Majestät bedarf eines Mundes, der sie besingt. Das gilt vom Kosmos, der aus dem Chaos entstand, vom Sieg über die Giganten, von Dionysos, Hercules und Augustus (den Germanicus besang). Wenn sich Ovid im Brief an Suillius erbietet, sein Talent künftig in den Dienst des Germanicus zu stellen, so ist dies ein für beide Seiten ehrenvolles Angebot (P 4,8,67–88). In einem anderen Gedicht erklärt sich Ovid mit seinen römischen Dichterkollegen solidarisch und befiehlt ihnen seine Werke an (P 3,4,67–72). Wenn er einen Triumph besingt, so muß er in unterschiedlicher Weise um Nachsicht bitten: Zunächst allgemein als Elegiker, denn das aus ungleichen Zeilen bestehende Versmaß ist wohl nicht geeignet, die Last eines Triumphes zu tragen (die Vorstellung eines Wagens mit ungleichen Rädern verdeutlicht das Mißverhältnis, P 3,4,85f.). In Wirklichkeit hat Ovid in seinen Verbannungsgedichten der Elegie jedoch noch viel größere Dimensionen eröffnet. Versucht er doch hier, so etwas wie eine Republik des Geistes zu errichten. Schriftsteller und Dichter sind die herausragenden Vertreter seines weltweiten Leserpublikums, auf das er sich schon in den *Klageliedern* stützt.

Metamorphose. Oftmals ist der Dichter, bedingt durch sein Exil, außerstande, Fakten zu eruieren, und gezwungen, seine Einbildungskraft zu aktivieren. Den Kontrast zwischen Phantasie und Wirklichkeit treibt das enthüllende Selbstgespräch *Klagelieder* 3,8 auf die Spitze. Der Verbannte wünscht sich mythische Himmelswagen oder Flügel, um nach Rom zu gelangen (Triptolemus, Medea, Perseus, Daedalus – sämtlich Gestalten der *Metamorphosen* – stellen sich wie von selbst ein), doch dann ruft er sich mit Gewalt zur Ordnung: »Du Narr, bete lieber zu Augustus, der dich seine göttliche Macht hat spüren lassen! Nur er kann dir die gewünschten Flügel schenken« (K 3,8,11–16). Die erträumte Rückkehr nach Rom – unwirklich wie sie ist – wird zu einer vom Gott Augustus bewirkten Vogelverwandlung des Dichters (»du wirst ein Vogel sein« – *ales eris*, ebd.). Immer wieder reizt es Ovid, sein eigenes Schicksal mit der Idee der Metamorphose in Verbindung zu bringen. Die Schwere seines Schicksals liegt nicht nur in der negativen Metamorphose – dem Umschlagen von Glück in Unglück (K 1,1,119–122) –, sondern im Ausbleiben der darauf folgenden erlösenden Metamorphose: Nicht einmal eine Verwandlung in fühllosen Stein ist ihm vergönnt – glücklich Niobe! (P 1,2,29f.) Was Augustus nicht leistet, kann jedoch, wie zu zeigen sein wird, die Muse leisten.

Elegie als Klage. Der Titel *Tristia* (etwa ›Klagelieder, Gesänge der Trauer‹) paßt besonders gut zu der in Rom verbreiteten Vorstellung, die Elegie sei ihrem Wesen nach Klage. Ovid ist sich dessen bewußt, daß seine Lyra nur noch die Klagen ihres Besitzers kennt und Mühe hat, sich heiteren Gegenständen zuzuwenden (P 3,4,45f.). Der Charakter der Elegie als »Klage« (*querimonia*) verschärft sich hier zur »Beschwerde« (*querela*). An anderen Stellen lesen wir, niemand könne einem Leidenden verbieten, seinen Schmerz laut zu äußern (K 5,1,51–64). Die Klage wird erst enden, wenn Ovid Tomi verlassen darf (K 5,1,35f.).

Dennoch bleibt der innere Monolog für Ovid ein trauriges Surrogat für die Geselligkeit der Großstadt; so kann er (P 4,2,45) die Musen als »kalten Trost« (*solacia frigida*) bezeichnen. Daneben tritt ein zweites und nicht weniger wichtiges psychologisches Motiv: der Umgang mit den Freunden. Ovid ist von Natur kommunikativ und nach außen gewandt. In der Verbannung bleibt der briefliche Kontakt mit Angehörigen und Freunden für ihn das Lebenselixier, besonders aber auch das Bewußtsein, von vielen gelesen zu werden. Der Dank an den geneigten Leser und die Anrede an die Nachwelt sind bezeichnende Begleiterscheinungen bei der Geburt der Exildichtung und der poetischen Autobiographie (K 4,10).

Empörung. Die Behauptung (K 5,1,27f.), Inspiration entspringe in den *Klageliedern* weder dem Talent noch dem Kunstverstand, sondern allein der Fülle des eigenen Unglücks, entspricht einer Topik, die später von Satirikern ausgebeutet werden wird (angesichts der empörenden Zustände ist es, sogar ohne jegliches Talent, »schwer, *keine* Satire zu schreiben«, Iuvenal 1, 30; »Wenn die Natur es versagt, macht die Empörung den Vers«, ebd. 79). Die Indignation wird von Ovid selbst als eine Wurzel seiner Selbstbehauptung erwähnt (K 4,10,103f.). Die Inspiration geht von Ovids tatsächlichen Lebensverhältnissen aus, und der Dichter wird nicht müde, den stofflichen Zusammenhang zwischen seiner äußeren Lage und den darin entstandenen Gedichten zu betonen (z. B. P 3,9,35: »Im Glück sang ich von frohen Dingen, im Unglück singe ich von traurigen«;[51] oder: »Ich habe hier keine Gedichte geschrieben oder solche wie dieses hier, passend zur Situation des Autors«, K 5,12,35f.). Im Grunde kann man von einem Verbannten keine Gedichte erwarten, so wenig wie Priamus oder Niobe beim Tode ihrer Kinder getanzt hätten (K 5,12,1–10). Ovids Lage hätte selbst die Weisheit eines Sokrates zunichte gemacht (K 5,12,11–16). So bittet der Dichter seine Leser um Nachsicht und appelliert an eine Eigenschaft, die man heute etwa mit *fairness* umschreiben würde (*candor*, P 3,4,13; vgl. *candide lector* – »geneigter Leser«, K 4,10,132).

Rechtfertigung vor Kritikern. Zum Briefstil gehört die Fiktion des Ungepflegten, nachlässig Hingekritzelten (K 5,1,71; P 1,5,7).[52] Besonders ausführlich ist diese Bescheidenheitstopik am Ende des dritten Buches der *Pontusbriefe* (P 3,9) entwickelt. Die Behauptung, die Briefe seien unsystematisch angeordnet, findet sich bei den meisten antiken Briefschreibern; nirgends trifft sie so wenig zu wie bei Ovids *Pontusbriefen*. Das vorgebliche Unvermögen, die Mühsal der Korrektur auf sich zu nehmen, ist kaum mehr als ein willkommener Vorwand, den Leser nochmals an die unglückliche Lage des Autors zu erinnern. Glaubwürdig hingegen ist die Intention, in den *Pontusbriefen* jeden einzelnen Freund des Dichters durch ein ihm zugedachtes Schreiben zu ehren. Allein schon die sorgfältige Gruppierung zeigt, wieviel Mühe sich Ovid mit diesem Werk gemacht hat. Versuche, die Inspiriertheit wie den Kunstcharakter der Verbannungsgedichte zu bestreiten, finden sich vor allem in publikumsbezogenen Gedichten, welche die Veröffentlichung rechtfertigen oder entschuldigen sollen (z. B. »Aber sie sind schlecht. Das gebe ich zu«, K 5,1,69; »Ich mache keine Korrekturen«, ebd. 71, vgl. P 1,5,17; »dieses rasch hingeworfene Werk«, P 2,11,1–2). Besonders vorsichtig gibt sich Ovid natürlich in Briefen, die an Dichterkollegen gerichtet sind (z. B. P 4,2 an den begabten Cornelius Severus; hier wäre ein Pochen auf das eigene Talent tödlich gewesen).

Verfall der Begabung oder Rührungsabsicht? Nur vor diesem Hintergrund kann man die zahlreichen Klagen des Dichters über den Verfall seiner Begabung (z. B. K 5,12,21–36; P 3,4,11) richtig einordnen. Man hat oft den Fehler gemacht, diese Äußerungen wörtlich zu nehmen, ohne zu bedenken, daß sie ein fester Bestandteil des Gattungsstils und der Überredungsstrategie der Verbannungsdichtungen sind. Treten doch die *Klagelieder* in Rom absichtlich »in Sack und Asche« auf, um das Mitleid der Mitbürger zu erregen. Ovid bittet um Nachsicht für Gedichte, die er angeblich in bewaffnetem Zustand und ständiger Alarmbereitschaft schrieb (P 1,8,8f.). Die Klage über den Verlust der Begabung (P 1,5,3f.) und sogar der Sprache (z. B. K 3,14,33–50) ist in diesem Zusammenhang zu sehen.

Dichten als Trost für den Dichter. Psychologische Motive treten immer stärker in den Vordergrund: Das erste ist Dichtung als Trost für den Dichter.[53] Schon auf dem Wege ins Exil findet Ovid im Schreiben Trost (K 1,11,12). Dasselbe ist in der Verbannung der Fall (K 4,1; 4,10,117f.). Zwar sind keine geeigneten Zuhörer anwesend, doch läßt sich so die Zeit totschlagen (K 4,10,113f.; P 4,2,39–46). Ein Freund hatte dem Dichter mitgeteilt, daß Werke von ihm auf dem Theater getanzt werden und viel Beifall finden. Zwar freut sich der Autor darüber, daß sein Name in der Stadt lebt und nicht vergessen ist, doch betont er, daß er nie fürs Theater schrieb und nicht nach Beifall strebt. Seine Exilpoesie dient ihm als Zeitvertreib; er redet mit sich selbst, um sein Latein nicht zu verlernen und um sein Unglück zu vergessen (K 5,7). Später scheint Ovid die spontane Freude am Schreiben zu verlieren und muß sich regelrecht dazu zwingen (P 4,2,27–30).

»Zweckpoesie«. Dem Dichter liegt erklärtermaßen weniger an literarischem Ruhm (K 5,12,39–42) als an seiner Rettung (P 3,9,46). Daran ist soviel wahr, daß der Autor nicht primär für Literaturkritiker schreibt (wofür er sie ironisch um Entschuldigung bittet: P 3,9,45), sondern um sich zu trösten und seine Freunde zu ehren und, wenn möglich, eine Milderung seines Exils zu erwirken. Die *Pontusbriefe* geben sich somit als Zweckpublizistik. Doch ist der Autor sich der nur sehr begrenzten Wirkung seiner Worte bewußt. Gelegentlich stellt er sogar jegliches Echo in der Hauptstadt in Frage (P 1,5,83f.). An anderer Stelle (P 4,4,47–50) begnügt er sich mit der Vorstellung, der

Freund könne nach dem Schicksal des unglücklichen Naso fragen; schon dies allein würde sein Befinden erheblich verbessern. Die Töne sind spürbar leiser geworden. Dennoch verhüllen solche Äußerungen den erstaunlichen Sachverhalt der Geburt einer neuen Poesie, statt ihn zu erhellen.

Inspiration. Schon auf der Fahrt wundert sich der Dichter selbst darüber, mit welcher Urgewalt ihn der Schaffenstrieb überkommt (K 1,11,9f.). Die Situation erinnert nicht zufällig an die Darstellung seines Berufungserlebnisses in der Autobiographie, als sich Ovids poetisches Talent entgegen den prosaischen Ansprüchen der Umwelt und sogar entgegen den eigenen »guten« Vorsätzen manifestierte (K 4,10,19–26). Der Dichter kann die Inspiration letztlich nicht rational steuern. Wichtig an diesen Aussagen ist die Betonung des Spontanen und Unwillkürlichen. Das Schreiben entspringt ungewollt einem Schock oder gleicht einem Wahnsinn (K 1,11,11). Nach dem Verbannungsurteil tritt eine Benommenheit ein, die sich während der Seefahrt überraschend in Standhaftigkeit und Tatkraft (K 3,2,11–16), ja sogar in einen Schaffensrausch verwandelt, der in dem geradezu fröhlichen Gedicht an das Schiff gipfelt (K 1,10).

Das Hochgefühl hält freilich nicht an. Nach der Ankunft in Tomi kommt dem Dichter seine Verlassenheit zum Bewußtsein. Die Musen sind letztlich an seiner Verbannung schuld (K 5,12,46). Sie und Apollon haben ihm, ihrem Priester, nicht geholfen (K 3,2,3f.), und er wünscht den Tod herbei (ebd. 29f.). Indem sich Ovid hier so betont zum Priester der Musen erklärt, bekräftigt er freilich selbst in dieser schweren Stunde seine unauflösliche Verbundenheit mit den Göttern der Dichtung. Letztlich erweisen sich denn auch das Talent und die Muse in der Verbannung als die einzig treuen Begleiter (K 4,1,20; 4,10,115–119; 3,7,47). Die Muse ist Führerin, Trostspenderin und Arznei. Unwiderstehlich ist ihr Schaffensdrang;

der Dichter muß sogar vieles verbrennen (K 5,12,59–66). Sein Geist (*mens* und *animus*) läßt ihn räumliche Schranken überwinden, trägt ihn überallhin, sogar in den Himmel oder nach Rom (K 4,2,57–64). Die Muse entführt ihn aus Tomi und versetzt ihn mitten auf den Helicon (K 4,10,19f.). »In uns wohnt ein Gott, er bewegt uns, er feuert uns an« – *Est deus in nobis, agitante calescimus illo* (F 6,5).[54]

Ingenium. Die stolze Berufung auf das Ingenium erklingt, wo es um die Geburt der Exilpoesie geht. Ovid weiß, daß er für seine römischen Bekannten schon längst gestorben ist, doch versucht er, mit Hilfe seines Talents (*ingenium*) zu überleben (P 3,5,33f.). Seine Exilgedichte sind der lebendige Beweis. Ovid ermuntert seinen Freund Cotta Maximus, ihm mit gleicher Münze heimzuzahlen und möglichst oft eigene Werke zu schicken (P 3,5,35f.). So wird die Atmosphäre regen geistigen Austausches, aus der Ovid durch die Verbannung gerissen wurde, zu neuem Leben erweckt. Noch deutlicher erkennen wir dies in dem Vermächtnis an die junge Dichterin Perilla (K 3,7),[55] einer stolzen Unabhängigkeitserklärung des Geistes an die Macht. Hier gewinnt die Unvergänglichkeit geistiger Gaben – schon in der *Liebeskunst* (Lk 2,111f.) kurzlebigen Gütern wie Schönheit und Reichtum vorgezogen – für den Verbannten Aktualität (K 3,7,45–48). Mag er auch vieles verloren haben, der Dichter bleibt im Besitz seines Talents, das der Macht des Herrschers entzogen ist. So etabliert sich das dichterische Genie als geistige Gegeninstanz zur Zentralgewalt. Selbst eine Ermordung des Dichters könnte seinem Ansehen letztlich nichts anhaben. Der Ruhm, der Ovid schon zu Lebzeiten begleitet hat, wird nach dem Tode wachsen. Im letzten Gedicht der *Pontusbriefe* (P 4,16,47–2) rechnet Ovid auch nochmals mit dem personifizierten Neid (*Livor*) ab, dem er schon am Ende des ersten Buches der *Liebeselegien* (1,15,1) getrotzt hatte.[56] Dabei spielt der Appell an ein weltweites Leserpublikum eine bedeutende Rolle (K 4,10,121–128). Schon in einem relativ frühen Brief aus der Verbannung wendet sich das aus öffentlichen Bibliotheken ausgeschlossene Buch ausdrücklich an die »Plebejerhände« (K 3,82). In der Autobiographie schließlich (K 4,10,2) legt der Dichter vor der Nachwelt Rechenschaft ab.

Unsterblichkeit. Unsterblichkeit ist ein Thema, das Ovid seit den *Liebeselegien* in doppelter Weise beschäftigt: Der Dichter macht sich durch seine Werke unsterblich; er schenkt aber auch der Geliebten – jetzt der Gattin – die Unsterblichkeit (programmatisch in K 1,6; 5,14). Sie muß sich freilich bemühen, sich dieses Geschenks würdig zu erweisen (P 3,1,61 f.).

Die Unsterblichkeit des Dichters nimmt in Ovids Autobiographie (K 4,10,129 f.) und auch im Schlußgedicht der *Pontusbriefe* (P 4,16,1–4, 45 f.) einen wichtigen Platz ein. In dem Brief an den Herausgeber der *Metamorphosen* (K 1,7,11 f.) wird das Werk mit Porträtdarstellungen des Dichters verglichen und ihnen als »größeres Bildnis« (*maior imago*) gegenübergestellt. Zunächst ist hierbei an die Verewigung gedacht. Sekundär spielt aber auch die Vorstellung mit, das Leben des Dichters mit der eingreifenden Veränderung durch die Verbannung verdiene selbst, in die *Metamorphosen* aufgenommen zu werden (K 1,1,119–122). Der Schluß der *Metamorphosen* legt dem Leser nahe, die Verewigung des Dichters im Werk als Überbietung der vorausgehenden politischen Apotheosen zu verstehen.

Neben den bisher genannten Göttern in Menschengestalt sind die Mysteriengötter wichtig: Am Fest der *Liberalia* betet Ovid zu Bacchus, dem Gott der Dichter, und spricht zu den versammelten Autoren (K 5,3). Er solidarisiert sich also nicht nur mit seinen Lesern im allgemeinen, sondern mit der dionysischen Kultgemeinschaft der römischen Dichter im besonderen. Literarisch Tätige spielen in den Verbannungsgedichten auch sonst eine wichtige Rolle.[57] Bacchus, der ebenfalls sein Geburtsland verlassen mußte, sollte Verständnis für Ovid haben: Das schwere Schicksal des »vom Blitz Getroffenen« muß bei dem Sohn der Semele Mitgefühl erwecken. Auch könnte Bacchus als Gott bei dem Gott Augustus ein gutes Wort einlegen. Bemerkenswert scheint die Schicksalsgemeinschaft, die Ovid hier zwischen sich und Dionysos herstellt (K 5,3); schon in den *Metamorphosen* hatte Ovid den vom Herrscher verfolgten Gott (s. die *Bakchen* des Euripides) durch einen einfachen Verehrer des Gottes – in gleicher Funktion – ersetzt.

Zu den Begriffen, die räumliche und zeitliche Schranken überwinden, zählt auch der »Name« (*nomen*). Nachdem der Dichter in der Verbannung weilt, kann der Freund nur noch seinen Namen lieben (K 3,4,46). Das ist jedoch bei einem so bekannten Autor nichts Geringes: Er hat schon zu Lebzeiten einen großen Namen (K 4,10,121 f.), und dieser wird auch nach dem Tode unauslöschlich sein (M 15,876). Ovid kann offenbar fest auf ein Publikum zählen, das sich nicht um Verbote kümmert. In den *Pontusbriefen* nennt Ovid seine Freunde namentlich (P 3,2,27–36). Dadurch erklimmt er eine neue Stufe im Vergleich zu den *Klageliedern*, in denen er nur die Allernächsten (besonders seine Gattin) gefahrlos nennen durfte: Er schart um sich eine ganze Gemeinde von Freunden. Als namentlich rühmende Poesie sind die *Pontusbriefe* dem vierten Odenbuch des Horaz vergleichbar, in dem der Lyriker Roms in stolzer Unabhängigkeit gegenüber dem Herrscher die rühmende und theogonische Kraft der Dichtung behauptet hat.

Ibis

Prooemium. Form und Anlaß des Werkes (Ib 1–64). Bisher haben meine Gedichte niemanden verletzt, nur mich selbst. Der ungenannte Adressat zwingt mich, von diesem Grundsatz erstmals abzugehen (1–10). Er läßt mir in der Verbannung keine Ruhe und versucht, meiner Frau und mir unser Vermögen zu entreißen (11–22). Das mögen die Götter verhüten! Der für mich wichtigste Gott, Caesar, hat mir in seiner Milde mein Eigentum belassen; dafür werde ich ihm immer dankbar sein. Vielleicht beschert er mir sogar einen näher gelegenen Verbannungsort (23–28). Zwischen dir und mir aber wird ewige Feindschaft bestehen (29–42). Vorerst will ich, ohne deinen Namen und deine Tat zu nennen, in elegischen Versen gegen dich antreten; wenn du aber nicht nachgibst, dann folgen aggressive Jamben. Jetzt verfluche ich dich, wie Kallimachos den Ibis verflucht hat, und nenne dich Ibis. Entgegen meiner bisherigen Gewohnheit werde ich schwerverständliche Mythen als Einkleidung benützen. Die Dunkelheit dieses Gedichts möge sich über dein Leben ausbreiten (43–64)!

Erster Hauptteil. Am Geburtstag und an Neujahr gelte dir folgender Fluch: All ihr Götter des Kosmos, erfüllt meinen Wunsch (Ib 65–88)! Bekräftigungsformel: Dies möge so sicher in Erfüllung gehen wie der Fluch des Theseus über Hippolytus. Auch alle Strafen, die ich hier übergangen habe, möge er erleiden! Der falsche Name soll den Fluch nicht abschwächen, er gilt dem Mann, den ich im Sinne habe, und der selbst weiß, daß er den Fluch verdient (89–96). Stille Andacht! Redet Grabesworte, weint und legt Trauerkleider an, tretet unter bösen Vorzeichen mit dem linken Fuße an! Du selbst aber lege die Totenbinde an und biete mir, dem Priester, deinen Hals als Opfer dar (97–106)! Nach dieser Vorbereitung setzt der Vollzug der Strafe ein: Mögen dir alle Elemente ihre Gaben verweigern! Irre als Verbannter von Schwelle zu Schwelle, leide

Schmerzen an Leib und Seele bei Tag und bei Nacht! Lebe im größten Elend, erfahre aber keinerlei Mitgefühl, sondern nur Schadenfreude! Habe tausend Gründe zu sterben, aber keine Möglichkeit dazu! Erst nach langen Qualen komme der Tod (107–126)! Bekräftigungsformel: So wird es sein. Phoebus hat mir einen Vogel von links geschickt (127f.). Mein Haß auf dich wird dauern, solange ich lebe (129–140), und auch nach meinem Tode wird mein Gespenst dich Tag und Nacht quälen (141–160). Über deinen Tod hinaus wird dich mein Fluch verfolgen: Du bleibst unbestattet und unbeweint, dein Leichnam wird geschändet und sogar von den Flammen und der Erde verschmäht, Geier, Hunde und Wölfe werden ihn zerfleischen (161–172). Du kommst nicht ins Elysium, sondern zu den Verdammten. Eine Furie wird dich peitschen, die andere dich den Schlangen überlassen, die dritte dich mit Feuer brennen. Du wirst die berühmten Büßer wie Sisyphus, Ixion, Tantalus und Tityos ablösen und all ihre Qualen ewig leiden (173–196). Zwischenprooemium: Von all deinen Leiden könnte ich nur wenige berichten, selbst wenn ich tausend Zungen hätte! Möge dich soviel Unheil überkommen, daß sogar ich weinen müßte! Diese Tränen wären für mich die größte Freude (197–208).

Dein Horoskop war denkbar ungünstig. Der Himmel hing voll schwarzer Wolken, du bist am Tag der Schlacht an der Allia geboren, auch deine Geburt war eine Katastrophe für die Öffentlichkeit. Ein Uhu schrie, Eumeniden wuschen dich mit Styx-Wasser, salbten dich mit Schlangengift und nährten dich mit Hundemilch (darum belferst du so rasend auf dem Forum herum), sie wickelten dich in Windeln, die von einem Leichenbrand stammten, und brachten dich mit beißendem Rauch zum Weinen. Eine Parze verhieß dir reichlich Anlaß, Tränen zu vergießen, und Clotho, die dieses Versprechen in Kraft setzte und den schwarzen Faden spann, verwies auf einen Seher, der dein Schicksal verkünden würde (209–246).

Zweiter Hauptteil. Dieser Seher bin ich. Meine Verse werden sich an dir schmerzlich bewahrheiten (Ib 247–250). Ich wünsche dir Qualen, so schlimm und langwierig wie die der Troianer, des Philoktet, des Telephus oder Bellerophontes (251–258); ich wünsche dir Blindheit (259–272). Hier setzt eine lange Reihe von Verfluchungen ein, beginnend mit der Entmannung (273; vgl. 453ff.).

Im Unterschied zu allen übrigen Werken Ovids ist *Ibis* schwer verständlich, mit Gelehrsamkeit überfrachtet und inhaltlich höchstens für Liebhaber des schwarzen Humors anziehend. Vorbild war das gleichnamige Werk des Kallimachos, von dem wir nur zwei unsichere Zeugnisse besitzen.[58] Dieses war (wie man vermutet hat) gegen Apollonios von Rhodos als literarischen Konkurrenten gerichtet und galt als der Hauptvertreter des hellenistischen Typus des »gelehrten Verwünschungsgedichtes«,[59] einer Gattung, die sich auf die volkstümliche Praxis des Verfluchens durch Zaubersprüche stützt, die meist in Bleitäfelchen geritzt wurden (sogenannte Fluchtafeln). In der lateinischen Literatur ist die Textsorte durch die Vergil zu Unrecht zugeschriebenen *Dirae* vertreten, die aber auf Gelehrsamkeit verzichten.

Eine Besonderheit von Kallimachos' Gedicht ist der Griphos-Stil (Ov., Ib 57; Suda s. v. Kallimachos): Das griechische Wort γρῖφος bedeutet »Reuse« oder (im übertragenen Sinne) »Rätsel«. In der Tat werden auch in der *Ibis*-Dichtung die Erzählungen (*historiae*) bewußt verrätselt. Zum Überfluß betont der Verfasser ausdrücklich, dies sei sonst nicht seine Art. Im Grunde läßt sich nicht ausschließen, daß es Ovid gereizt haben könnte, auch einmal in größerem Maßstab mit entlegener Gelehrsamkeit und affektierter Dunkelheit zu prunken. Neben der Verrätselung steht als weiteres Kunstmittel die Figur des »Unmöglichen«: eine lange Reihe solcher *adynata* erläutert die Unmöglichkeit eines Friedens zwischen ›Ovid‹ und Ibis (Ib 31–42).

Die lateinische *Ibis*-Dichtung gibt sich als in Tomi entstanden (Ib 6, 11, 635–636), doch wird zuweilen ihre Echtheit angezweifelt.[60] Man mag sich in der Tat fragen, ob in Tomi die bibliothekarischen Voraussetzungen für die Abfassung eines so gelehrten Werkes bestanden – man denke nur an Ovids Klagen über die Unmöglichkeit, entlegene Namen nachzuschlagen oder kenntnisreiche Bekannte zu Rate zu ziehen. Vielleicht läßt sich dieser Einwand dadurch ausräumen, daß Ovid das Werk ziemlich am Anfang seiner Verbannungszeit schrieb und das nötige Material schon in Rom gesammelt hatte. Ferner können sich Vertreter der Echtheit auf stoffliche Parallelen zu den Verbannungsgedichten (bes. K 1,6,13–14 und 4,9) berufen; drittens ist auch in Ovids übrigen Werken Einfluß des Kallimachos festzustellen. Man denke etwa an poetologisch wichtige Partien der *Metamorphosen*, die programmatische Verwendung kallimacheischer Stoffe in den *Frauenbriefen* und die Entfaltung der Herrscherpanegyrik, besonders auch in den Verbannungsdichtungen. Die Möglichkeit ist nicht von der Hand zu weisen, daß Ovid seinen Wunsch, nach Properz als der neue römische Kallimachos zu gelten, durch die *Ibis*-Dichtung untermauert hat.[61] Sonst Vorkämpfer der Luzidität in der Poesie, zeigt er sich in dieser – wohl vorletzten – Metamorphose seiner dichterischen *persona* auch des dunklen Stils mächtig, wobei der große Atem und der hohe Anspruch des *vates* römische und Ovidische Züge tragen. Den Schlußstein sollte dann die wahrhaft kallimacheische Schlankheit und Transparenz der zweiten Fassung des *Festkalenders* bilden, eines Werkes, das zugleich ganz römisch und ganz kallimacheisch ist.

Fragmente

Von der bei Seneca überlieferten *Schulrede* des jungen Ovid war im Zusammenhang mit seiner Biographie die Rede. Die von Quintilian hochgeschätzte Tragödie *Medea* haben wir bei dem 12. *Frauenbrief* erwähnt; zwar besitzen wir nur wenige Fragmente, aber an der Existenz des Werkes ist angesichts der Übereinstimmungen von Ovids Frauenbrief und der gleichnamigen Tragödie Senecas nicht zu zweifeln. Ob Ovid eine *Gigantomachie* geschrieben hat, ist hingegen ganz unsicher. Das dritte *Priapeum* wird auf Grund von Senecas Zeugnis meist Ovid zugeschrieben.[62] Von Epigrammen und einem astronomischen Gedicht *Phaenomena* sind nur Spuren erhalten. Verloren sind Gelegenheitsgedichte zu Triumphen und Hochzeiten sowie poetische Nachrufe, die in den Verbannungsdichtungen erwähnt werden, darunter auch die *Apotheose des Augustus und das Lob der Familie des Kaisers Tiberius* in getischer Sprache.

Unechtes: *Halieutica*, *Nux*, *Consolatio ad Liviam*[63]

Plinius der Ältere benutzt mehrfach ein Ovid zugeschriebenes Lehrgedicht über Fische des Schwarzen Meeres (*Halieutica*). Außerdem ist ein fragmentarischer Text überliefert, dessen Darlegung trocken und stellenweise recht ungelenk ist; eine Autorschaft Ovids ist sehr unwahrscheinlich.

Anziehender ist eine Elegie unter dem Titel *Nux* (*Der Nußbaum*). Der am Weg stehende Baum beklagt sich darüber, daß er von Passanten mit Steinen beworfen werde, obwohl er nichts verbrochen habe, und bittet um Schonung. Man datiert das wohl von einem Nachahmer stammende Gedicht in die frühe Kaiserzeit.

Auch das Trostgedicht an Livia (*Consolatio ad Liviam*) kann nicht von Ovid stammen.

Fortwirken

Ovid … is one of the most interesting of all enigmas.
Ezra Pound[1]

Schon zu Lebzeiten findet Ovid viele Leser und reiche Anerkennung (K 4,10,120–128). Doch auch Widerspruch regt sich früh. In den *Liebeselegien* setzt sich der Dichter mit Neidern auseinander, im Spätwerk auch mit Lesern, die seine Exilpoesie eintönig finden. Seit den *Heilmitteln gegen die Liebe* versucht Ovid, bei den Kritikern der *Liebeskunst* mit falschen Lesererwartungen aufzuräumen. In dieser Beziehung kann der Brief an Augustus (K 2) als eine Schule des Lesens gelten, gerichtet an einen Unbelehrbaren. Nörgeleien – er verstehe nicht, rechtzeitig aufzuhören (Seneca, *Controversiae* 9,5,17), und er hätte mehr leisten können, wenn er seine Begabung beherrscht hätte, statt ihr nachzugeben (Quintilian, *Institutio oratoria* 10,1,98) – hindern bereits in der Antike nicht die starke Ausstrahlung des Verskünstlers wie des Erzählers auf so unterschiedliche Autoren wie Seneca, Lucan, Statius, Martial,[2] Iuvenal, Apuleius, Claudian. Die folgenden Andeutungen sind nach den drei Werkgruppen geordnet.

Der Dichter der Liebe

Pompeianische Wandinschriften bezeugen Ovids Popularität unter Verliebten im 1. Jh. n. Chr.; entsprechendes gilt von epigraphischen Gedichten der Kaiserzeit. Seneca der Ältere (*Controversiae* 3,7) bemerkt mit Recht, Ovid habe die Welt nicht nur mit Liebeskünsten, sondern auch mit geflügelten Worten für Liebende erfüllt. So wird Ovid für Jahrtausende zu einer Quelle heiterer Weisheit. Ovid ist der Vollender der Liebeselegie; dementsprechend verwaist die Gattung nach ihm auf lange Zeit. In der Spätantike versucht der Christ Maximianus eine eigentümliche Wiederbelebung des Genos aus greisenhafter (und keineswegs prüder) Perspektive. Im Mittelalter stehen Ovids Liebesdichtungen[3] Pate bei der Entwicklung der ritterlichen Liebe.[4] Der Gedichttypus des »Tagelieds« – der Abschied der Liebenden am Morgen – entwickelt sich wohl unter Ovids Einfluß (L 1,13). Das (vermutlich unechte) Traumgedicht (L 3,5) sagt als Allegorie dem damaligen Publikum besonders zu. Die *Liebeselegien* und die *Liebeskunst* bestimmen das Bild der Liebe in der Dichtung lange Zeit mit.

Eine *aetas Ovidiana* beginnt gegen Ende des 11. Jh.s und reicht bis weit in das 13. Jh. Bibliothekskataloge, Handschriften und literarische Nachfolge bezeugen dies:[5] Die gutgemeinten Warnungen Konrads von Hirsau (geb. um 1070) vor der Lektüre von Ovids Liebesdichtungen (und *Metamorphosen*) in seinem *Dialogus super auctores* bestätigen indirekt die Beliebtheit des Dichters. Auf Ovids Spuren wandeln Hildebert von Lavardin (gest. 1133) und Balderich von Bourgueil (gest. 1130); der letztere verfaßt z. B. einen ins Episch-Vergilische und Christliche umgesetzten Briefwechsel zwischen Paris und Helena.[6] Beliebt sind »Komödien«,[7] die sich stofflich und metrisch zum Teil Ovid anschließen. Auch die rhythmische Vagantenpoesie – man denke an den Archipoeta – orientiert sich an unserem Dichter. Goliardische Strophen münden oft in ein Ovidzitat. Volkslegenden ranken sich um den »Magier« und gar »Bischof« Ovid. In vielen Florilegien und sogar im *Speculum mundi* von Vinzenz von Beauvais (gest. 1264) ist er der meistzitierte Autor. Der *Roman de la rose* (13. Jh.) ist mit Ovidreminiszenzen gespickt (er zitiert etwa 2000 Ovidverse). Ovid ist im 11. bis 13. Jahrhundert einer der wichtigsten Schulautoren (was er auch später bleiben wird);[8] man schreibt didaktische Einführungen, auch zur *Liebeskunst*, die man bald ernsthaft als Lehrbuch studiert, bald herb kritisiert.[9] Um 1170 wird dieses Werk von Chrétien de Troyes übersetzt; die erhaltenen französischen Nachbildungen beginnen im ersten Drittel des 13. Jh. mit einer Versübersetzung von Maistre Elie und einer anonymen Prosaübertragung. In Spanien verwertet Juan Ruiz die *Liebeskunst* in seinem *Libro de buen amor* (1343). Auch die *Heilmittel gegen die Liebe* nimmt man als Lehrbuch ernst – noch Luther wird sie als junger Mönch ohne Erfolg erproben. So mancher eifrige Ovidleser des Mittelalters stellt indessen in reiferen Jahren sein Christentum unter Beweis, indem er den Erotiker nachträglich verdammt oder dessen Dichtungen einen tieferen moralischen Sinn unterlegt. Petrarca, der sich zu einem *Trionfo d'amore* von *Liebeselegien* 1,2 anregen läßt, verurteilt später die *Liebeskunst.* Geoffrey Chaucer (gest. 1400) ist – vor allem in seiner frühen Schaffenszeit – ein Ovidianissimus. Getrennte Liebende berufen sich schon seit Abaelard (gest. 1142) und Heloïse auf den Dichter, der das Getrenntsein zum Thema zahlreicher Gedichte erhoben hat. Den Gedanken, wenn einmal der gute Ruf verloren sei, lebe man völlig ungeniert, illustriert Abaelard an Ovids Kommentar zur Episode von Mars und Venus in der *Liebeskunst.*[10] Ende des 13. Jh.s wird den *Frauenbriefen* die seltene Ehre einer Übersetzung ins Griechische zuteil (s. unten, *Metamorphosen*). Natürlich rufen die *Frauenbriefe* auch allegorische Deutungen auf den Plan.[11] Ovid gilt jahrhundertelang als »Schreibknecht der Venus« (*Venus' clerk*),[12] »Meister des menschlichen Herzens« (*maître du cœur*) und »zarte, geistvolle Seele« (*sweet witty soul*).[13]

Mit dem Humanismus nimmt die lateinische Liebesdichtung (Gipfel sind Jacob Balde und Johannes Secundus), aber auch die Gattung des Heroidenbriefs (lateinisch und in den Nationalsprachen) einen neuen Aufschwung.[14] Englisches Gewand erhalten die *Frauenbriefe* 1567 (von Tuberville) und die *Liebeselegien* 1597 (von Christopher

Marlowe). Pope übersetzt die Sappho-Epistel (s. unten S. 288 mit Anm. 32).

Was Ovids spezifisch poetische Leistung in den *Liebeselegien* betrifft, so hat Lessing in seinem *Laokoon* anhand einer Kernstelle aus Ovids *Liebeselegien* (L 1,5,19–22) den Unterschied zwischen Malerei und Poesie dargetan: »Malet uns, Dichter, das Wohlgefallen, die Zuneigung, die Liebe, das Entzücken, welches die Schönheit verursachet, und ihr habt die Schönheit selbst gemalet«. – »Nicht weil uns Ovid den schönen Körper seiner Lesbia [er meint: Corinna] Teil vor Teil zeigt, sondern weil er es mit der wollüstigen Trunkenheit tut, nach der unsere Sehnsucht so leicht zu erwecken ist, glauben wir eben des Anblickes zu genießen, den er genoß«. Ebendort beobachtet Lessing einen weiteren Zug, der auf Ovid in besonderem Maße zutrifft: »Ein anderer Weg, auf welchem die Poesie die Kunst in Schilderung körperlicher Schönheit wiederum einholet, ist dieser, daß sie Schönheit in Reiz verwandelt. Reiz ist Schönheit in Bewegung und eben darum dem Maler weniger bequem als dem Dichter.«[15] In der Tat: Noch ehe Ovid Corinnas Schönheit beschreibt, hat sie uns schon bei ihrem ersten Erscheinen durch ihren königlichen Gang bezaubert (L 1,5,11: Semiramis!); in einem späteren Gedicht entzückt das Mädchen den Geliebten noch, während sie auf nackten Füßen enteilt (L 3,7,82).

Selbst die Überwindung der traditionellen Liebesdichtung in Goethes Lyrik ist vielfältig mit Ovid verknüpft. Das gilt von den *Römischen Elegien* und sogar von seiner scheinbar so spontanen Liebeslyrik: »Und Zärtlichkeit für mich, ihr Götter!, / Ich hofft' es, ich verdient' es nicht« (Goethe, *Willkommen und Abschied*; vgl. Ovid, L 2,19,17–18: *Quas mihi blanditias, quam dulcia verba parabat! / oscula, di magni, qualia quotque dabat!*). Ovids von aller Prüderie freier Lobpreis der Diskretion und des Taktes in Liebesdingen (siehe Ovids *Liebeselegien* und *Liebeskunst*) hat – wie schon im Mittelalter[16] – noch bei Goethe ein starkes Echo gefunden. Der junge Wieland schreibt einen *Anti-Ovid, oder die Kunst zu lieben.*[17] Dabei stellt er – Ovids Stellung stark vereinfachend – der systematischen Kunst der Verführung[18] die empfindsame Liebe entgegen. Auch Puschkin setzt sich kritisch mit der *Liebeskunst* auseinander. Der Held des Versromans *Eugen Onegin* wird als Kenner und Meister der ovidischen Liebeskunst vorgestellt. Der oberflächliche Dandy erteilt dem Mädchen, das ihn liebt, eine trockene Lektion in *remedia amoris*; als ihn später – zu spät – wahre Liebe ergreift, wird er seinerseits zurückgewiesen. Zwischen dem Augusteer und dem russischen Dichter entspinnt sich somit ein kritischer Dialog über das zentrale Thema der *Liebeskunst*: Liebe als Gesellschaftsspiel, das durch rationale Technik verfügbar gemacht werden soll. Puschkins *Eugen Onegin* ist wohl der gewichtigste Beitrag zur Kritik und Ergänzung der Liebesauffassung in Ovids Lehrgedicht. Umgekehrt hatte das Behagen des Römers an der Kultur (wie es sich in seiner *Liebeskunst* und auch der Vorrede zu seiner *Schönheitspflege* ausspricht) schon 1736 Voltaire zu seinem Gedicht *Le mondain* angeregt.

In Frankreich entstehen Dramen im Anschluß an die *Frauenbriefe.*[19] Hölderlin übersetzt große Teile des Leander-Briefs.[20] Die – hier auf weite Strecken daktylische – Prosa des Autors des *Hyperion* – eines Briefromans! – ist in der Tat ein passendes Medium für die Verdeutschung dieser besonders leidenschaftlichen und stimmungsvollen Epistel. Hero und Leander sind auch die Helden von Grillparzers Drama *Des Meeres und der Liebe Wellen.*

Dennoch sinkt der Stern des *tenerorum lusor amorum* im 19. Jh. Spätestens seit der Lyrik des jungen Goethe und der Romantik wandelt sich der Geschmack in der Liebesdichtung. Man sucht das Erlebte, Einfache, Intime und verabscheut erkältende Reflexion. Bei kleineren Geistern verbindet sich dabei ein anti-römischer mit einem antifranzösischen Affekt. Etwa anderthalb bis zwei Jahrhunderte lang hört man weniger auf den Erotiker Ovid. Schon seit längerer Zeit bahnt sich jedoch ein Wandel an. Ernüchterte und lernbegierige Generationen greifen zunehmend zur *Liebeskunst* (die Zahl der Übersetzungen spricht für sich) und bemerken, daß sie geistreicher ist als das meiste, was sonst auf diesem Gebiet publiziert wird. Im Zeichen der Emanzipation beginnt man die *Frauenbriefe* neu zu entdecken. Ein Beispiel sind Christine Brückners *Ungehaltene Reden ungehaltener Frauen.*[21] Zu einer Renaissance der *Liebeselegien*, mit denen sich Ovid in besonderer Weise identifizierte, ist vielleicht nur noch ein Schritt.

Der Dichter der Götter

Die Rezeption der *Metamorphosen* beginnt in Ovids eigenen Werken. Erzählungen der *Metamorphosen* stehen mit solchen des *Festkalenders* in Wechselwirkung und finden neue Deutungen in den Verbannungsgedichten. Der verbannte Ovid rechnet allgemein sein eigenes Schicksal unter die *Metamorphosen*, vergleicht sein Vergehen mit dem Actaeons, wünscht sich vergeblich, wie Niobe in fühllosen Stein verwandelt zu werden, und verspricht sich eine »Vogelverwandlung« durch seine Begnadigung. Der Philosoph Seneca schlägt in seiner Satire (*Apocolocyntosis* 9) scherzhaft vor, die Apotheose des Kaisers Claudius durch Beschluß des Göttersenats unter die Ovidischen *Metamorphosen* aufzunehmen. Man liest übrigens damals die *Metamorphosen* nicht nur aus ästhetischem, sondern auch aus naturwissenschaftlichem Interesse – eine heute weniger beachtete Linie seines Fortwirkens, die von Seneca und Lucan bis in die wissenschaftliche Literatur des 12. und 13. Jahrhunderts, ja bis in die Romantik und Moderne reicht; noch 1970 verwendet Krysztof Penderecki in seiner *Kosmogonia* für Soli, Chor und Orchester Ovidtexte.

Seneca zitiert die *Metamorphosen* häufig, benutzt sie sogar in seinen Tragödien und gibt dem Metamorphosengedanken in seinen philosophischen Schriften eine fesselnde Wendung. Lucan ersetzt mythische Verwandlungen durch natürliche – noch in der Entfernung vom Mythos macht er sich dabei von Ovid entwickelte Erklärungsweisen zu eigen und führt sie fort.[22]

Paulinus von Nola (*Carmina* 15,18–20) beschreibt die Wandlung des Menschen durch Gottes Wort als quasi-ovidische Vogelverwandlung: *crescimus inque aliam mutantes corpora formam / terrena exuimur stirpe et subeuntibus alis / vertimur in volucres divini semine verbi* (»Wir wachsen und verändern unseren Körper in eine andere Gestalt, / ziehen den irdischen Stamm aus und mit nachwachsenden Schwingen / werden wir durch den Samen des göttlichen Wortes in Flügelwesen[23] verwandelt«). Noch Dante (gest. 1321) stellt Ovid mit Selbstverständlichkeit neben die Größten: Sein Vergil nennt ihn als dritten nach Homer und Horaz (*Inferno* 4,100). Dante schlägt Ovid durch die Beschreibung einer mehrfachen Verwandlung aus dem Felde (*Inferno* 25,97: »Da schweige Ovid von Cadmus und Arethusa«), vor allem aber nimmt er sich die Apotheosen-Erfahrung des Ovidischen Glaucus zum Vorbild, als es darum geht, sich vom Irdischen zu lösen, um zum Dichter des himmlischen Paradieses zu werden.[24]

Nach Ansätzen zur allegorischen Deutung ovidischer Mythen (z. B. bei Fulgentius – um 500 – und Theodulf – um 800) entsteht im frühen 14. Jh. in Frankreich der anonyme – vielgelesene – *Ovide moralisé* (vollendet 1328); es handelt sich um Nacherzählungen und historische, naturkundliche und moralische Auslegungen in ursprünglich 71151, in einer späteren Fassung etwa 40000 französischen Reimversen: die erste vollständige Bearbeitung der *Metamorphosen* in der Romania. Auch sonst verfaßt man zu Ovid *Allegoriae* und *Moralia*; Petrarcas Freund Pierre

Berçuire (Berçoire, Berchorius, gest. 1362) stützt sich im letzten Buch seines *Reductorium morale* auf Ovids *Metamorphosen.*[25] Diese für uns heute befremdlichen Werke tragen in ihrer Zeit theoretisch zur Rechtfertigung von Poesie und Mythos bei und dämmen in der pädagogischen Praxis kulturfeindliche Tendenzen ein.[26] Auf französisch erscheinen die *Metamorphosen* – sieht man von Nachdichtungen einzelner Sagen (Pyramus und Thisbe um 1160, Narcisus [sic] 1165) und von einer unveröffentlichten Versübersetzung (um 1350) ab – im Jahre 1484[27], dann wieder etwa seit 1533 (Buch 1 und 2 von Marot; bald danach das ganze Epos von Habert), die kleineren Werke folgen zwischen 1500 und 1509.

Aus der *aetas Ovidiana* stammen auch die griechischen Ovid-Übertragungen von Maximos Planudes[28] (Ende 13. Jh.); seine *Metamorphosen* (und *Frauenbriefe*) sind erhalten. Die älteste umfassende Übersetzung (1210) der *Metamorphosen* in eine neuere Sprache ist von dem Deutschen Albrecht von Halberstadt verfaßt (sie erlebt noch 1545 eine überarbeitete Auflage); es folgen Verdeutschungen von Boner (1545) und Spreng (1571). Italien hat bereits in der textnahen und stilistisch gefeilten Prosaübertragung von Arrigo Simintendi aus Prato (vor 1333/34)[29] das allegorische Moralisieren überwunden, in das freilich die volkstümliche Prosaversion von Giovanni dei Buonsignori (1375–77) wieder verfällt. In Spanien sind die *Metamorphosen* eine Hauptquelle für die Darstellung der *fechos antiguos* in der *Weltgeschichte* (*General Estoria*) Alfons' des Weisen (um 1275). Eine anonyme Übersetzung von Berçuires zweiter Fassung entsteht um 1435–45; 1494 veröffentlicht Francesc Alegre in Barcelona eine katalanische Ovid-Paraphrase, die von Boccaccios *De genealogia deorum* beeinflußt ist und moralisierende Ziele verfolgt. Aus der frühen Renaissance ist neben Boccaccio (gest. 1375) auch Petrarca (gest. 1374) als Liebhaber Ovids zu nennen – wegen des Gleichklangs *laurus–Laura* hat es ihm besonders die Daphne-Geschichte angetan. Ein Ovid kongenialer Erzähler ist Ludovico Ariosto (gest. 1535), der Dichter des *Orlando Furioso.* Seine brillante, anschauliche, geistreiche Diktion weist auf Byron und Puschkin voraus, die ebenfalls Ovidkenner sind. Ein Beispiel ist die Beschreibung von Alcinas Schönheit (*Orlando Furioso* 7,11–15, vgl. z. B. Ovid L 1,5). William Caxton übersetzt (schon 1480) Berçuires Paraphrase ins Englische; Arthur Goldings Nachdichtung der *Metamorphosen* (1567; Neudr. London 1961) wird Shakespeare als Quelle dienen. Nicht lange vor 1546 erscheint erstmals die – verdientermaßen – einflußreiche kastilische Prosaübertragung der *Metamorphosen* von Jorge de Bustamante.

Erasmus[30] empfiehlt Ovid (in jugendfreier Auswahl und natürlich ohne die »salzlose« mittelalterliche Allegorese) als poetisch-rhetorisches Muster und führt gerne treffende Sprüche aus seinen Werken an, auch außerhalb der *Adagia.* Lebensweisheiten unseres Dichters zitiert auch Michel de Montaigne (gest. 1592) häufig. Die Rezeption der *Metamorphosen* im Schulunterricht der Neuzeit wird unter anderem durch die Fürsprache Melanchthons (gest. 1560) gefördert (1555): »Neben Lebensvorbildern, die der Geschichte entnommen sind, enthält dieses Dichtwerk an allen Stellen so viele astronomische, so viele naturkundliche Stoffe, so viele Namen und Beschreibungen von Ländern, Gegenden, Städten, Bergen und Flüssen, daß man daraus, wenn man einen gebildeten Kommentator zur Verfügung hat, einen guten Teil der Erd-, Stern- und Naturkunde erlernen kann. Diese Dichtung ist also nicht nur ein Zeitvertreib, nicht nur ein Spielzeug, nicht nur zur Zerstreuung da, wie einige Unwissende glauben. Im Gegenteil, diese Dichtung ist eine wahre Schatzkammer des Wissens« (*thesaurus eruditionis*).[31] Melanchthon verbindet hier geschickt den sachbezogenen, »welterschließenden« Zugang der antiken schulmäßigen Dichtererklärung mit der weltoffenen Nüchternheit der frühen Neuzeit, fern von den Phantastereien der mittelalterlichen Allegorese wie auch der modernen Entwirklichung der Literatur.

Die *Metamorphosen* liefern dem Mittelalter wie der Neuzeit einen reichen Mythenschatz und befruchten Literatur, bildende Kunst und Musik in einem Umfang, der sich kaum überblicken läßt und hier nicht einmal skizziert werden kann. Der Dichterfürst Edmund Spenser (gest. 1599) lehnt sich z. B. in allegorischen Ortsbeschreibungen an Ovid an (*Faerie Queene* 1,1,8–9). Alexander Pope (gest. 1744), der erst in späteren Jahren zum »horazischen« Klassiker wird, stellt seine frühe Berufung zur Dichtkunst in ovidischen Tönen dar und übersetzt Teile aus den *Metamorphosen* in empfindsamen *heroic couplets*.[32] Gerade die größten Dichter – Cervantes, Ronsard, Shakespeare,[33] Milton,[34] Goethe[35], Puschkin[36] – fühlen sich spontan zu Ovid hingezogen. Dänemarks Klassiker Ludvig Holberg (gest. 1754) erkennt in seinem Liebling Ovid den geborenen Dichter, rühmt an ihm den natürlichen Fluß der Sprache, den Wechsel von Ernst und Heiterkeit, die Verbindung von Erhabenheit und Einfachheit und die Nähe zur Musik.[37] Der bedeutendste Dichter der Niederlande, Joost van den Vondel (gest. 1679), macht durch seine Versübersetzung die *Metamorphosen* zum Bestandteil der heimischen Literatur und erläutert in seiner Vorrede anhand von Ovids Mythen das Wesen der Dichtung.[38] Neulateinische Dichter schildern nicht nur z. B. die Entstehung einer Blumenart wie der Tulpe (Rapin) oder den ständigen Wandel im menschlichen Leben (Balde, *Lyrica* 2,39), sondern auch das Marienleben (Mantuanus) und sogar die Gärtnerverwandlung und Himmelfahrt Christi (Vavasseur) in ovidischem Geist; Papst Urban VIII. empfiehlt die Verklärung Christi auf dem Berg Tabor als Ersatz für ovidische Metamorphosen.[39]

In vielen Fällen kreuzt sich hier die Wirkung Ovids mit derjenigen mythologischer Handbücher, die zum Teil aus den *Metamorphosen* abgeleitet sind: etwa Boccaccios *Ge-*

nealogie [*-ae*] *deorum gentilium libri* oder Natalis Comes' (Conti) *Mythologiae libri* (Patavii 1616).[40] Der Gedanke der Metamorphose[41] befruchtet Goethes Naturphilosophie (*Die Metamorphose der Pflanzen*; *die Metamorphose der Tiere*)[42] und die deutsche Dichtung bis hin zu Rilke. Die Vorstellung verbindet sich mit der Evolutionsidee: Einen teilweise autobiographischen Roman mit ovidischen Untertönen nennt der niederländische Dichter Louis Couperus *Metamorfose* (1897).

Die »Dekadenz« zeigt wieder größeres Interesse an Ovid als die Romantik; so schätzen ihn D'Annunzio und Swinburne. In T. S. Eliots *The Waste Land* und James Joyces *Portrait of the Artist as a Young Man* stammen die zentralen Figuren aus Ovids Werken. Das Ovidische Motto des letztgenannten Buches (aus M 8,188) thematisiert die Entdeckung unbekannter Künste und die Schöpfung einer neuen Natur durch den Künstler. Im Zusammenhang mit der Entfremdung des Menschen von seiner Umwelt beschäftigt die Vorstellung der Tierverwandlung Erzähler des 20. Jahrhunderts: Man denke an Kafkas *Verwandlung* und *Le metamorfosi* von Lalla Romano (Turin 1967).

Der *Festkalender* steht im Schatten der *Metamorphosen.*[43] Immerhin hat Angelo Poliziano das ganze Werk kommentiert,[44] und Philipp Melanchthon hat es durchweg mit Scholien versehen und als Jugendlektüre empfohlen.[45] In Frankreich entstehen auf den Spuren des *Festkalenders* Lehrgedichte. Die Übertragung auf das Kirchenjahr lag in der Tat nahe.[46] Zu den Bewunderern des *Festkalenders* zählen auch August Wilhelm von Schlegel und Leopold von Ranke. Einzelne Stücke daraus haben (wohl auf dem Weg über Schulauswahlen) Strahlkraft bewiesen. Der Mythos von Arion und seiner Rettung durch den Delphin fesselt unter anderem Puschkin (der den Stoff mit Horaz, *carm.* 1,5 kreuzt) und den jungen Rilke (der Ovids Erzählung metrisch übersetzt).[47] Durs Grünbeins Buch *Das er-*

ste Jahr (2002) ist, wie ich an anderer Stelle zu zeigen hoffe, eine mit dem *Festkalender* vergleichbare – und wohl wetteifernde – Neuschöpfung dieser Gattung.

Wenn im 20. Jahrhundert Ezra Pound überraschend die Schriften des Konfuzius und Ovid für die einzigen sicheren Führer auf dem Gebiet der Religion hält,[48] so mag dies mit der undogmatischen Haltung des römischen Dichters zusammenhängen, die in der Tat die weltweite Rezeption des griechischen Mythos auf rein menschlicher Basis mit ermöglicht hat. Italo Calvino entdeckt für das kommende Jahrtausend eine Grundeigenschaft unseres Dichters neu: die alles verwandelnde »Schwerelosigkeit« (*leggerezza*).[49]

Bildende Kunst

Grundlegende Handbücher für Maler stützen sich ebenfalls auf Ovid; Illustrationen zu den *Metamorphosen* werden durch gedruckte Ausgaben verbreitet[50] und erzeugen eine europäische Vulgata der bildenden Kunst. So entsteht z. B. Dürers *Tod des Orpheus* nach einem italienischen Stich. Buchillustrationen liefern reiche Anregungen für die Ausgestaltung von Schlössern und öffentlichen Gebäuden mit Gemälden, Teppichen und Skulpturen. Bekannt ist etwa die Vorliebe Friedrichs des Großen[51] für Ovidische Stoffe. Große Museen – entsprechende Führer gibt es z. B. in Berlin[52] oder Madrid[53] – werden in jüngster Zeit zunehmend für junge Menschen zur Einführung in die Welt der Ovidischen Mythen genützt. Mythen wie Pygmalion, Daphne, Narcissus, Pyramus und Thisbe, Philemon und Baucis,[54] Cephalus und Procris[55] haben ein eigenes Nachleben. Die Gegenwart Ovidischer Stoffe im Schaffen einiger der größten Maler – Raffael, Coreggio, Tizian, Tintoretto, Rubens – kann hier nur erwähnt werden. Immerhin sind Stoffwahl und Auffassung zuweilen recht bezeichnend für den jeweiligen Künstler: So malt Elsheimer (gest.

1610) ein warmes Interieur mit Philemon und Baucis, Pieter Brueghel der Ältere (gest. 1569) Daedalus und Icarus über einer detailreichen Landschaft, Rembrandt (gest. 1669) den Raub der Proserpina als Sieg der Finsternis, Tiepolo (gest. 1770) eine lichte Apotheose des Aeneas, Corot (gest. 1875) Byblis in einer Landschaft mit Bäumen, Burne-Jones (gest. 1898) eine verruchte Circe. Auch der *Festkalender* und Ovids Verbannung haben ihren Niederschlag in der Malerei gefunden.[56]

Buchillustrationen zu Ovids *Metamorphosen* gibt es in reicher Fülle schon in den Handschriften des *Ovide moralisé* (14.–15. Jh.) und in den Holzschnitten früher Ovid-Editionen.[57] Viele Ausgaben der *Metamorphosen* enthalten Stiche zu einzelnen Szenen.[58] Diese können am Anfang jedes Buches in einer kollektiven Abbildung zusammengefaßt werden: So entstehen bildhafte Gedächtnisstützen, die ein Inhaltsverzeichnis ersetzen.[59] Einen Höhepunkt erlebt dieser Aspekt von Ovids Fortwirken im 18. Jh. in England: Als Gemeinschaftsleistung von Graveuren und Dichtern – unter diesen Dryden – erscheint 1717 ein illustrierter Ovid in englischen Versen; in den fünfzehn Buchillustrationen dieses Werkes gipfelt eine graphische Tradition, die in ihren einzelnen Bildelementen letztlich auf die italienische Renaissance zurückgeht.[60]

Die Faszination, die Ovid auf bildende Künstler ausübt, hält von Berninis *Daphne* bis zu der gleichnamigen Bronze von Bourdelle (1910) unvermindert an (in beiden Fällen erlebt der Beschauer die Verwandlung mit, indem er das Bildwerk umschreitet und so aus unterschiedlicher Perspektive sukzessiv die Veränderung wahrnimmt: dies ist zweifellos eine Möglichkeit, die Dimension der Zeit und das Prinzip des Wandels in eine Kunstform hineinzugeheimnissen, die von Natur zur Unveränderlichkeit von Stein und Erz tendiert). Besonders um die Wende vom 19. zum 20. Jahrhundert entdeckt man gleichzeitig zwei ovidische Themen: Eros und Verwandlung. Rodin, dessen

Kunst ständig an den Grenzen von Raum und Zeit rüttelt, zeigt sich nicht nur in der erotischen Gestaltung der *Ovidischen Metamorphose* als ein Geistesverwandter unseres Dichters.[61] Maillol und Picasso illustrieren die *Liebeskunst* – Picasso auch die *Metamorphosen* –, Dalí malt und dichtet einen *Narciso*. Genannt seien auch Manfred Henningers *Mythen um Orpheus*,[62] Hermann Finsterlins *Verwandlungen des Zeus*[63], Mac Zimmermanns *Daphne und Apoll*.[64] Von Tag zu Tag entstehen neue Bilder zu Ovid.[65]

Musik

Die Idee der Metamorphose strahlt auch auf musikalische Formen aus. Ein origineller Anfang sind die zwölf Ovid-Symphonien von Karl Ditters von Dittersdorf (gest. 1799); ursprünglich sollten es – der Zahl der Ovidischen Bücher entsprechend – fünfzehn werden. Zu jedem der vier Sätze jeder Symphonie (die mit jeweils passenden Ovid-Versen überschrieben sind) sollte ein Kupferstich als Illustration gehören. Dabei achtete der Komponist weniger auf rein Illustratives als vielmehr auf Affektdarstellung und auf die symbolische Bedeutung musikalischer Formelemente. Nur 12 Symphonien wurden ausgeführt; erhalten sind die Symphonien 1–3 (gedruckt), 4–6 (in handschriftlichen Orchesterstimmen) sowie 7, 9 und 12 (im Klavierauszug). Behandelt wird aus jedem Buch (1–11 und 13) der *Metamorphosen* jeweils eine Episode; Dittersdorfs eigene Kommentare (zu den Klavierauszügen) ergeben von den malerischen und formal-allegorischen Formkonzepten des Komponisten einen vielschichtigen Eindruck (z. B. Fuge als Bild für sich im Körper ausbreitendes Gift).[66]

Im 20. Jh. wird für Musikstücke, die auf Variation und Entwicklung beruhen, mehrfach der Titel *Metamorphosen* gewählt: Richard Strauss komponiert 1945 *Metamorpho-*

sen für 23 Solostreicher, Paul Hindemith *Sinfonische Metamorphosen nach Carl Maria von Weber* (1943), Georg von Albrecht *Metamorphosen einer Zwölftonreihe* für Violine solo (1962).[67] Ausdrücklich an bestimmte Ovidische Gestalten denkt Benjamin Britten in seinen *Six Metamorphoses after Ovid* für Oboe solo (op. 49, London 1952).

Der Schwerpunkt von Ovids musikalischer Rezeption[68] liegt begreiflicherweise auf dem Musiktheater – beginnend mit der (verlorenen) Oper *Dafne* (Florenz 1594) von Ottavio Rinuccini, vertont von Jacopo Peri und Giulio Caccini. Im Vordergrund stehen Stoffe der *Metamorphosen*, gelegentlich – als bewußte Innovation – auch der *Frauenbriefe* (Glucks *Paride ed Elena*).[69] Hier sind große Namen zu nennen: Monteverdi,[70] Händel,[71] Gluck,[72] Richard Strauss[73]. Doch gibt es auch lied- oder kantatenartige Vertonungen einzelner Verse oder Textstücke, z. B. aus *Ars amatoria*, *Metamorphosen* und *Klageliedern*.[74] Wann wird der Film die *Metamorphosen* entdecken? Das breite Fortwirken, das die Grenzen der Künste zu sprengen scheint, entspricht der Eigenart der Phantasie Ovids, die musikalische Bewegtheit mit plastischer Anschaulichkeit verbindet.

Der Dichter des Exils

In seinem neuplatonischen Werk *Ovid's Banquet of Sense* (1595) stellt George Chapman Ovid dar, wie er Iulia beim Baden und Lautespielen beobachtet – offenbar im Gedanken an die vermutete Ursache seines Exils. Joachim Du Bellay (gest. 1560) fühlt sich als der »französische Ovid« und folgt in seinen *Regrets* dem Dichter der *Klagelieder* nach. Ins Englische übersetzt werden die *Klagelieder* 1572 (von Churchyard).

Ovid, *poetarum ingeniosissimus* (Seneca, *Naturales quaestiones* 3,27,13), dem »kein Caesar sein *ingenium* rauben konnte« (K 3,7,48), bereitet den modernen Geniebegriff vor. Seine Briefe an unerreichbare Freunde gewinnen für Mönche des Mittelalters Aktualität. Balderich von Bourgueil (11. Jh.) dichtet einen Brief eines (erfundenen) Florus an Ovid im Exil und läßt diesen antworten. Vor allem aber wird der verbannte Dichter selbst schon im Mittelalter,[75] besonders aber seit der Romantik[76] zu einem quasi mythischen Identifikationsmodell für Autoren, die sich von ihrer Gesellschaft isoliert fühlen. Nicht zufällig wissen sich etwa Byron und Shelley, Puschkin und Grillparzer ihm innerlich nahe.[77] Bis in unsere Zeit inspiriert Ovid Lyriker wie Goffrey Hill (*Ovid in the Third Reich*, 1968) und C. H. Sisson (*Metamorphosis*, 1968). Ossip Mandelstam,[78] Verfasser neuer *Tristia* (1916–1920), lernt von Ovid die »Wissenschaft des Abschiednehmens« (vgl. Ovids auch von Goethe bewunderten »Abschied von Rom«, K 1,3) und schreibt, das eigene Exil vorausahnend – nach Verlaines *Pensée du soir* und der Nachdichtung Annenskijs – einen letzten – freudigen – *Pontusbrief*: »Im Alter werde meine Trübsal licht; / In Rom bin ich geboren, zu mir kam es wieder.« Joseph Brodskij verfaßt seinerseits einen letzten Brief Ovids nach Rom (den er *Ex Ponto* betitelt) und schreibt an anderer Stelle (*Fragment*): »Naso, störe Roma nicht. / Kennst ja selbst nicht mehr / die Empfänger deiner Post, / – Tote sind's vielleicht. / Schreibst, weil du's gewohnt. Genau / nimm's nur mit der Anschrift – wen / kann's noch kränken? –: streiche ›Rom‹ / und schreib ›Hades‹ hin.« Der Lyriker Durs Grünbein schildert das Sich-Fremd-Fühlen in der eigenen Stadt in Tönen, die an das erste Gedicht der *Klagelieder* gemahnen.[79] Dies sind bedeutende Beiträge zum Verständnis der Verbannungsdichtungen: Brodskij nimmt die Gleichsetzung von Verbannung und Tod und die daraus entstandene Entfremdung ernst, Mandelstam würdigt die vom Dichter neu geschaffene poetische Wirklichkeit. Ovids Verbannungsschicksal fesselt Romanciers wie Vintila Horia,[80] Eckart von Naso,[81] Jacek Bocheński,[82] Christoph Ransmayr,[83] Cees Nooteboom,[84] Lawrence Norfolk[85] und John Banville.[86]

Während somit die *Metamorphosen* die seit dem 19. Jh. drohende und im 20. Jh. vollzogene Barbarisierung Europas unbeschadet überstanden haben, werden die Liebesdichtungen erst langsam wiederentdeckt. Für ein neues Verstehen der Werke des Exils bestehen heute vielleicht die besten Voraussetzungen. So steht Ovid wohl am Anfang einer neuen Renaissance.

Rückblick

Im Rückblick treten Dauer und Wandel in Ovids Werk vielleicht klarer als bisher zutage, sowohl was die Konstanz des Elegisch-Erotischen als auch was die Wahl ungewohnter Perspektiven und die Erweiterung des poetischen Bewußtseins betrifft. Unser Augenmerk galt einem dreifachen Dialog: zwischen Ovid und den Traditionen, zwischen Ovids unterschiedlichen Werken und zwischen Ovid und der Nachwelt. Diese Dreiheit ist schon in seinem Œuvre angelegt, das eine fortschreitende Erweiterung des poetischen Bewußtseins erkennen läßt. Der komplexen Intertextualität von Werk zu Werk entspricht eine Entfaltung von Ovids Ingenium in unterschiedlichen Dimensionen: *Liebeselegien* und liebesdidaktische Werke spiegeln ein poetisches Bewußtsein, das glücklich in der Gegenwart lebt und dies sogar zum Programm erhebt. Die Identifikation mit der augusteischen Gegenwart ist bei keinem anderen Elegiker so vollkommen. Doch der Dichter versucht bald, sein Bewußtsein in verschiedene Richtungen zu erweitern: Einmal transzendiert er die Befangenheit in der männlichen Perspektive: so im dritten Buch der *Liebeskunst* (auch wenn die dort erteilten Ratschläge nicht immer ganz selbstlos sind), besonders aber in den *Frauenbriefen*; dort wird die Männerwelt (einschließlich des *pius* Aeneas) mit den Augen der Frau gesehen und entsprechend entzaubert. Der Versuch, traditionellen Stoffen und Rollen durch eine ungewohnte Perspektive neue Aspekte abzugewinnen, setzt sich fort.

Nach der Gegenwart (in der die *Liebeselegien* und liebesdidaktischen Werke beheimatet sind) erweitert Ovid sein dichterisches Bewußtsein, indem er sich ausdrücklich der mythischen und historischen Vergangenheit zuwendet (schon die *Frauenbriefe* behandeln mythische Stoffe, doch nicht qua Vergangenheit, sondern als Spiegel der weiblichen Psyche, vergegenwärtigt im Brief). In den *Metamorphosen* und im *Festkalender* wird die Vergangenheit jeweils in spezifischer Weise thematisiert und aktualisiert. Die *Metamorphosen* geben sich als fortlaufende narrative Dichtung (*carmen perpetuum*) »vom allerersten Uranfang der Welt bis zu meiner Zeit«. Die (soweit möglich) kontinuierliche Erzählweise ist das Spezifikum, das dieses Werk vom *Festkalender* unterscheidet. Die *Metamorphosen* stellen die umfassende Aufarbeitung der griechischen und troianisch-römischen Tradition in einen welthistorischen Rahmen: von Theben und Athen zu Troia und Rom. Sie betonen wichtige Knotenpunkte: Sizilien als kulturelle Brücke zwischen Griechenland und Rom (Buch 5). Die augusteische Kultur, in der Ovid zu Hause ist, erscheint hier als Zielpunkt eines übernationalen und interkulturellen historischen Prozesses, der erzählend entfaltet wird. Die Aktualisierung liegt vor allem in der Anwendung moderner Psychologie auf die Gestalten des Mythos (wie schon in den *Frauenbriefen*).[1] Des weiteren spiegelt der Stoff den Glauben der Väter und das Wissen der Gegenwart, mit besonderer Berücksichtigung der griechischen Sagenwelt (*theologia fabulosa*), aber in einem Rahmen, der griechische Naturwissenschaft (*theologia rationalis*, *physica*) und römische Staatsreligion (*theologia civilis*) mit berücksichtigt. Auch dies ist ein Beitrag zur Aktualisierung und zum kulturellen Selbstverständnis der augusteischen Zeit und zur Identitätsfindung ihrer römischen Gesellschaft im Zeichen zweier sakraler und kultureller Traditionen und der sie übersteigenden Naturwissenschaft.

Bei der Aufarbeitung der Vergangenheit im *Festkalender* beschreitet Ovid andere Wege. Ordnungsprinzip ist der Jahreslauf. Ereignisse früherer Zeiten werden evoziert, je nachdem sie durch den Kalender Aktualität erhalten. Feste, Riten, Tempelweihungen sowie Auf- und Untergänge von Sternbildern steuern das historische und mythische Gedächtnis. Wieder liegt eine Verbindung von Väterglauben und Wissen vor, doch ruht diesmal der Akzent auf der römischen kultischen Tradition und der griechischen Astronomie (die jedoch trotz der betont philosophischen Einleitung vielfach in mythischer Einkleidung erscheint). Vergangenes wird nicht als Kontinuum vorgestellt, sondern in Ausschnitten, die auf den jeweiligen Tag bezogen sind. Zeigten die *Metamorphosen* zumindest im Prinzip, wie die Vergangenheit als mythische und historische Erzählung auf die Gegenwart zuführt, so greift der *Festkalender* von Tag zu Tag in die Vergangenheit zurück, um das jeweils Bedeutsame ins Gedächtnis zu rufen. Grunderfahrung ist jetzt die Vergegenwärtigung von Mythos und Geschichte in Ritus und Sternenlauf. Wie die *Metamorphosen* griechische neben römische Sagen stellten und so die doppelten Wurzeln der eigenen Kultur sichtbar machten, zeigt auch der *Festkalender* ein Janusgesicht: einerseits die Aitiologie römischer Feste, andererseits die astronomischen Phänomene mit den zugehörigen griechischen Mythen. Die Frage an den Väterglauben *quid ad nos?* wird im *Festkalender* ernst genommen und durch den kalendarischen Kontext ständig präsent gehalten. Weitet sich in den *Metamorphosen* das dichterische Bewußtsein ins Welthistorische, so stellt es im *Festkalender* eine Verbindung von römischer Altertumskunde und griechischer Naturwissenschaft (Astronomie) im Zeichen des römischen Jahreslaufes her. Die elegische Gattung erlaubt dem Dichter dabei, sowohl identitätsstiftende Erzählungen einzustreuen als auch zum schweren persönlichen Los des Dichters und zur Poetik der Verbannungsdichtungen Brücken zu schlagen.

Die Verbannungsgedichte sind ein äußerster Versuch, die Grenzen des poetischen Bewußtseins zu erweitern: Nach der umfassenden Auseinandersetzung mit den Themenkreisen der *Liebe* in ihren gegenwärtigen Formen und der griechich-römischen *Glaubenstraditionen* der Vergangenheit entdeckt der Verbannte das Prinzip *Hoffnung*[2] und erobert damit die Dimension der Zukunft. Die kühne Gleichsetzung von Verbannung und Tod gestattet ihm, sein eigenes Schicksal wie von außen zu betrachten und darüber hinaus eine unkonventionelle, auf die Zukunft gerichtete Vision Roms zu entwerfen. Im Augenblick des Exils wächst dem Dichter – für ihn selbst unerwartet – eine starke neue Inspiration zu, von der das erste Buch der *Klagelieder* (besonders im Schlußgedicht) beredtes Zeugnis ablegt. Die Quellen der Rettung entspringen dem innersten Kern des auf sich selbst zurückgeworfenen *ingenium* – die Geburt der Verbannungsdichtung läßt sich der ersten dichterischen Berufung des jungen Ovid gleichrangig an die Seite stellen. Die erstaunlichste Metamorphose ist also wohl diejenige, die der Verbannte selbst vollzogen hat, indem er eine neue Gattung der Elegie stiftete und sich durch sein Schaffen selbst verewigte. Die Integration des mythischen Hintergrundes in die Verbannungsdichtungen ist ein Teil dieser Monumentalisierung individuellen Schicksals. Die geradezu systematisch ausgeführten Parallelen zwischen Ovid und Aeneas, der Verbannung des Dichters und der Zerstörung Troias, legen zugleich nahe, den Dichter, den ein erstarrendes irdisches Rom ins Barbarenland verstößt, als Zukunftsträger eines geistigen Rom zu sehen. In der Tat bleibt Ovid nicht bei der persönlichen Identitätsfindung stehen, sondern trägt auch zur kollektiven bei. Zu dieser poetischen Schöpfung gehört die Utopie eines wahrhaft zivilisierten Rom im Zeichen aufrichtiger *pietas*, eines wahrhaft milden und musischen Herrschers[3] und einer Gemeinde von Freunden, die vielleicht den Dichter als Schutzpatrone vertreten könnten (gewiß aber von ihm mit verewigt werden). Gerade weil Ovid unter der so andersartigen Realität seiner Epoche schwer leidet, stellt er ihr in seinem späten Schaffen einen wirkmächtigen Entwurf gegenüber. Liest man die Verbannungsgedichte nicht nur als Plädoyers in eigener Sache, sondern als einen einzigen (zu ständigem Scheitern verurteilten) Aufruf zur Zivilcourage, dem schönsten Beweis der inneren Lebendigkeit einer Gesellschaft in ihren würdigsten Vertretern, so erkennt man den tieferen Sinn der ständigen Wiederholungen. Dichter erfüllen seit früher Zeit und bis in unsere Epoche vielfach die Aufgabe, zur realen politischen Macht eine geistige oder moralische Gegeninstanz aufzurichten – im Dialog mit der Nachwelt. Der unheroische Ovid hat dies, äußerlich völlig machtlos, ja sogar ohne die Möglichkeit direkter Polemik, allein mit den Mitteln der Poesie vollbracht. Mit einer Dichtung, die von der Vorwegnahme des eigenen Todes durch die Verbannung lebt, gelingt Ovid – nach der Aufarbeitung von Gegenwart und Vergangenheit – als letzter Schritt die Integration auch der Zukunft in ein Œuvre, das an Beziehungsreichtum und Universalität seinesgleichen sucht.

Anhang

Anmerkungen

Der Dichter in seiner Zeit

1 »Ovid ist nicht nur im Mythos, er ist auch auf dem Lande zu Haus [...]. Wie dem Romanen im allgemeinen, sind ihm die Flur, der Acker, der Garten heimischer als der Wald. Wie die Frucht gesät, gezogen, geerntet und genossen wird, ist ihm bis in die feinsten Züge vertraut«. Ernst Jünger (1974) S. 119 f.

2 Vorzüglich Stroh (1968).

3 K 4,4,27–32; P 1,7,27–30; vgl. 2,2,1; 2,3,69 ff.

4 Die Datierung von Ovids verlorenen *Phaenomena* ist ungewiß; möglicherweise sind sie früh anzusetzen. Ob die in L 2,1 vorausgesetzte *Gigantomachie* geschrieben, ja ob sie überhaupt ernstlich geplant wurde, ist sehr fraglich.

5 Man muß genau lesen: Ovid sagt nicht, es habe keine Corinna gegeben, sondern nur, er habe ihr einen falschen Namen geliehen.

6 Vgl. L 2,1,1 *hoc quoque* – »auch dies«.

7 Wer übrigens die Existenz der ersten Auflage leugnet, setzt sich zu Ovids Text in Widerspruch. Mit der Datierung der uns erhaltenen drei Bücher *Amores* auf 15 v. Chr. steht Holzberg (1997, S. 43), soweit ich sehe, allein.

8 Richtig Syme (1978) S. 7, Anm. 1 mit Lit.

9 So A. Cameron, zitiert bei Syme (1978) S. 7, Anm. 5.

10 Syme (1978) S. 8; Jacobson (1974) S. 316 rechnet mit 12–8 v. Chr.; Holzberg (1997) S. 44 zweifelt zu Unrecht daran, daß Ovid eine *Medea* geschrieben habe. Die antiken Zeugnisse sind eindeutig.

11 Syme (1978) S. 15.

12 Vgl. z. B. M. Weber, *Die mythologische Erzählung in Ovids Liebeskunst. Verankerung, Struktur und Funktion*, Frankfurt a. M. 1983.

13 Syme (1978) S. 20. Unser Kapitel über die *Frauenbriefe* rechtfertigt die umgekehrte Reihenfolge der Entstehung.

14 Die Versuche, Doppelbriefe für unecht zu erklären, haben neuerdings einen sehr ernsthaften und kenntnisreichen Fortsetzer

gefunden, von dem ich mich jedoch bisher nicht habe überzeugen lassen: M. Beck, *Die* Epistulae Heroidum *XVIII und XIX des Corpus Ovidianum. Echtheitskritische Untersuchungen*, Paderborn 1996.

15 K 1,7,8; 2,137; 5,2,61; 5,11,21; P 1,7,42; 4,13,40; 4,15,2; Ib 11.

16 Thibault (1964); eine neue, umsichtig begründete Hypothese: C. Korten, *Ovid, Augustus und der Kult der Vestalinnen. Eine religionspolitische These zur Verbannung Ovids*, Frankfurt a. M. 1992.

17 Später scheinen vorübergehend alle Werke Ovids aus der Palatinischen Bibliothek verbannt worden zu sein (K 3,1); doch sehen wir Ovid schon im ersten Buch der *Klagelieder* (K 1,8) mit der Herausgabe der *Metamorphosen* beschäftigt; es gab kein Publikationsverbot, und Ovid blieb der zu seinen Lebzeiten meistgelesene Dichter.

18 Hierfür spricht das zeitliche Zusammentreffen von Ovids Verbannung mit derjenigen der jüngeren Iulia und dem freiwilligen Exil ihres Geliebten Silanus.

19 Hierüber v. Wilamowitz (1926) S. 298–302; weiterführend Kraus (1942, 1968).

20 Kraus (1942, 1968), besonders Sp. 1919 in kritischer Auseinandersetzung mit Wilamowitz.

21 Heute nimmt man an, es handle sich um eine thrakische Sprache (eine indogermanische *satem*-Sprache).

22 Vergil, *Georgica* 3,349–383.

23 Die schon vor Jahrzehnten von der Ovidforschung mit gutem Grund nicht akzeptierte Annahme, Ovid habe sein Exil erfunden, richtet sich selbst. Neuerdings wieder: H. Hofmann, »The Unreality of Ovid's Exile«, in: *Liverpool Classical Monthly* 12 (1987) S. 23; nicht besser: ders., »Ovid im Exil?«, in: *Latein und Griechisch in Baden-Württemberg* 29,2 (2001) S. 8–19; ausgewogen urteilt A. Podossinov, *Ovids Dichtung als Quelle für die Geschichte des Schwarzmeergebiets*, Konstanz 1987; der einhelligen Nichtakzeptanz der These Hofmanns in den neueren Ovid-Monographien (Holzberg, 1997; Schmitzer, 2001) ist nichts hinzuzufügen.

24 Die Annahme einer verwandtschaftlichen Beziehung liegt auch wegen des Pseudonyms Perilla nahe; vergleicht sich doch Ovid mit Perillus (dem Künstler, den seine eigene Kunst zugrunde gerichtet hat: K 5, 12, 47 f.). Perilla hat er geführt wie ein Vater seine

Tochter (K 3,7,18), ebenso nennt er in einem anderen Brief seine Stieftochter seine »Beinahe-Tochter« (P 4,8,11).

25 Daß einige Züge der Selbstdarstellung des Verbannten mit der des Verliebten zusammenfallen, liegt in der Natur der Sache und in dem Überredungszweck, den beide auf ihre Art verfolgen.

26 Man denkt an Oscar Wildes *Bildnis des Dorian Gray*.

Der Dichter der Liebe

1 Der Hexameter besteht aus sechs daktylischen Füßen (deren letzter zweisilbig ist), der Pentameter aus zweimal 2½ Füßen.

2 Zum Wortlaut dieses Zitats mit weiteren Belegen: J. Werner, »Hinkjambengedichte und Hinkjambendichter«, in: *Philologus* 134 (1990) bes. S. 176–184.

3 Stroh (1983). Besonders ausgeprägt finden sich die genannten Gattungsmerkmale bei Properz im ersten, bei Tibull im zweiten Buch.

4 Stroh (1971).

5 Stroh (1983).

6 M. Weber, *Die mythologische Erzählung in Ovids Liebeskunst*, Frankfurt a. M. 1983.

7 Neumeister (1983).

8 Über dieses Gedicht siehe Verf., *Verwandlungen* (2000), S. 129–138.

9 Vokative werden dabei in der Regel anderen Wörtern nachgestellt: *Bagoa* (L 2,2,1), *stulte* (*Liebeselegien* 2,19,1). Die Anfangsstellung der Anrede (Wir: »Lieber Leser!« »Meine Damen und Herren!«) wird im Lateinischen gerne vermieden, da sie zu kantig wirkt. Gut antik dagegen der Anfang der Apostelgeschichte: »Die erste Rede habe ich getan, lieber Theophilus, von alledem …«

10 *Ei mihi, quod dominam nec vir nec femina servas* (L 2,3,1).

11 *Esse deos, i, crede!* (L 3,3,1) *Adde manus in vincla meas!* (L 1,7,1)

12 *Esse quid hoc dicam?* (L 1,2,1)

13 Vgl. Verf., *Parenthese* (^{2}1994), bes. S. 145 f.

14 Treffend Kenney (2002) S. 70: »Ovid does not seem to me to strain the Latin language«.

15 Stroh (1971).
16 Natürlich kann das elegische Ich bei Ovid (wie bei Tibull) idealtypische Züge annehmen: Kraus (1965).
17 Wimmel (1960).
18 Dazu Verf., *Poesie* (²1995), S. 219–230.
19 Vgl. Verf., *Geschichte* (²1994), S. 578.
20 Der Erzähler verständigt sich in den *Metamorphosen* mit dem Leser in Parenthese über den fiktionalen Charakter seiner Mythenerzählungen, vgl. Verf., *Parenthese* (²1994).
21 Die Streichung dieser Verse durch Ehwald (dem Kenney folgt) beruht weniger auf textkritischen Erwägungen als auf unovidischem Untertanengeist.
22 Als im Einzelfall milder, aber im Prinzip strenger Moralist erscheint Ovid in den Abtreibungsgedichten (2,13 und besonders 14).
23 In der *Liebeskunst* hatte Ovid es anfangs (1,25) ausdrücklich abgelehnt, sich auf Phoebus zu berufen; an späteren Stellen wird Phoebus, unter anderem als Mahner zur Selbsterkenntnis (2,493–510), zu einer zentralen Figur. Diese Entwicklung erfährt eine Krönung im Prooemium der *Heilmittel gegen die Liebe.*
24 G. Rosati (Hrsg.), *Ovidio. I cosmetici delle donne*, Venezia 1985, S. 44 (mit Diskussion anderer Gliederungen).
25 Rosati, ebd. 46. Über Kosmetik soll (nach Galen 12,416) gegen Ende des 1. Jh. v. Chr. die (sonst als Verfasserin erotischer Lehrwerke genannte) Hetäre Elephantis geschrieben haben. Eine beliebte kosmetische Schrift lief unter Kleopatras Namen um; später war das Werk der Plotina (Ehefrau des Kaisers Traian) das bekannteste.
26 Die Entstellung des schönen Gesichts durch Runzeln und der entzaubernde Blick in den Spiegel (*Schönheitspflege* 45–48) wird gegen Ende der *Metamorphosen* in Gestalt einer gealterten Helena mythisiert (15,232 f.).
27 Die Verteidigung der Schönheitspflege (die nicht als Zeichen lockerer Sitten mißverstanden werden darf) setzt sich im *Festkalender* (4,291–348) fort.
28 Weber (1983).
29 Verf., »Ovid und die Musik«, in: Verf., *Verwandlungen* (2000), S. 111–125.
30 Zenons Ἐρωτικὴ τέχνη: Diogenes Laertios 7,34.

31 Hierüber Athenaios 5, p. 220 f.; vgl. 8, p. 335.
32 Ovid, L 1,4; Lk 1,229–252.
33 L 3,2; Lk 1,135–170.
34 Fragmente in: B. W. Häuptli (Hrsg.): P. Ovidius Naso, *Ibis. Fragmenta. Ovidiana*, Zürich [u. a.] 1996, S. 94–97.
35 Gelehrter Unverstand schreckte dennoch nicht davor zurück, die *Liebeskunst* – nach zwei Jahrtausenden immer noch das geistreichste Lehrbuch auf diesem Gebiet – zur Parodie eines Lehrgedichts zu degradieren. Wo steht denn geschrieben, Lehrbücher dürften nicht vergnüglich zu lesen sein? Humor und leichte Ironie sollte man nicht mit Parodie verwechseln.
36 Stroh (1979b) S. 117–132.
37 Vgl. Weber (1983).
38 Heinze (1919; 1960). Dagegen scharf D. Little in: Zinn (1970) S. 64–105 (Rezension).
39 Verf., *Poesie* (^{2}1995), S. 63–79.
40 Verf., *Parenthese* (^{2}1994); wichtig zum Stil der *Liebeskunst*: Kettemann (1979).
41 Verf., *Verwandlungen* (2000), S. 194–206.
42 Zur Verbindung von Erfahrung und Venus vgl. auch Tib. 1,8,3 f.
43 K 4,10,41 f.; vgl. F 6,5,251–256, P 3,4,93. Ähnlich wie in der *Liebeskunst* wird Ovid in den *Metamorphosen* die Inspiration von der für das Thema zuständigen Instanz erbitten (M 1,2): den Göttern, welche die Verwandlungen herbeigeführt haben.
44 Reich an Fehlinformationen: E. Borneman, *Das Patriarchat. Ursprung und Zukunft unseres Gesellschaftssystems*, Frankfurt a. M. 1975; z. B. S. 471 f. Richtigstellungen hierzu: In Lk 1,5 wird die Geliebte mit ihrer eigenen Zustimmung besiegt (wohl das Gegenteil von Sadismus); in 1,7 will Ovid dafür bestraft werden, daß er die Frisur seiner Dame zerstört hat (ein witziges juristisches Gedankenspiel); in 2,4 geht es nicht um eine Züchtigung, sondern um Liebkosung; in 3,4 fürchtet sich die Frau nicht etwa vor dem Liebhaber, sondern vor der Heimkehr des Ehemannes.
45 In: Ovid, *Metamorphosen Buch 10. Mythen um Orpheus*, übers. von E. Zinn, illustr. von M. Henninger, Heidenheim 1969, S. IX–XVII, bes. S. XIII.
46 Gegenüber der *Liebeskunst* treten freilich in den *Frauenbriefen* und *Metamorphosen* persönliche Bindungen stärker in den Vordergrund; Liebe wird aus einem Spiel zum Schicksal. Das Verwandlungsmotiv selbst hat eine erotische Komponente: Die

Polarität von Eros und Thanatos steht hinter allem Werden und Vergehen. In den *Klageliedern* setzt Ovid seiner Gattin ein Denkmal.

47 In den *Metamorphosen* blickt eine gealterte Helena in den Spiegel (M 15,232f.).

48 Ähnliches gilt z. B. vom achten Buch der *Metamorphosen*, siehe dort.

49 Auch für Leander und Hero ist mit Sicherheit hellenistischer (vermutlich sogar kallimacheischer) Ursprung anzunehmen.

50 Mit der Hermione-Gestalt aus Euripides' *Andromache* bestehen kaum Berührungen – bis auf die wichtige Tatsache, daß Orest sie als Retter mit sich fortführt.

51 Vgl. S. 103 ff. zum Hypermestra-Brief (Io).

52 Zu diesem Brief Maurer (1990).

53 Vgl. Verf., *Apotheosenberichte* (2002).

54 Daß Macareus seinen Vater Aeolus (um der Bewahrung des Familienvermögens willen) überredet, seine Söhne mit seinen Töchtern zu verheiraten, ist ein Zug der Überlieferung, der hier außer Betracht bleibt. In der Tragödie dürfte sich Canace schon getötet haben, als der Vater die Genehmigung erteilte.

55 Die angedeutete Parallele zu Andromache (die im 6. Buch der *Ilias* [369–502] vor dem Kampf von ihm Abschied nimmt) ist ein weiteres böses Vorzeichen; denn Hektor wird ja fallen.

56 Die Sage von Io erzählt Ovid im Anschluß an Kallimachos' *Aitia* oder an Licinius Calvus' Epyllion *Io.*

57 Das Selbstbildnis ist nicht so detailliert wie am Ende der Ariadne-Epistel (H 10), wo es stärker auf Rührung angelegt ist.

58 Aus der Prosa denkt man an Cicero, *Pro S. Roscio Amerino* 154 (über Gewöhnungen an *crudelitas*).

59 »Den heiligen Himmel treibt Liebe, die Erde zu verwunden, und Liebe ergreift die Erde, der Begattung teilhaftig zu werden. Und Regen, gefallen vom schön strömenden Himmel, hat die Erde geküßt; sie aber gebiert den Sterblichen Äpfel als Nahrung und Demeters Korn zum Leben, und Reife der Bäume vollendet sich aus feuchter Begattung. All dies ist Mein Werk.«

60 Das Spiel mit *elegi* ›elegische Verse‹ und *ēlegi* ›ich habe ausgewählt‹ ist an der Grenze des guten Geschmacks.

61 Vgl. Laodamia (H 13).

62 Vgl. S. 90f. zum Oenone-Brief (H 5). Der Aetna-Vergleich schlägt ebenfalls die Brücke zur Elegie (Catull 68,53).

63 Vgl. auch Horaz, *Epistel* 1,19,28: *mascula Sappho.*
64 Zur Nähe zwischen Heroidenbrief und Autobiographie siehe z. B. auch unsere Bemerkungen zum Schluß der Ariadne-Epistel (H 10, S. 97 f.).
65 Vgl. H 4,1–2; 13,1–2 (weniger pointiert).
66 Dieses Motiv erinnert an Laodamias Brief (H 13,137–144); zu Laodamias rücksichtsvoller Sorge um den Geliebten bildet Heros egozentrische Haltung freilich einen schreienden Kontrast.
67 Etwa 5. Jh. n. Chr., Ausg.: E. Malcovati (Hrsg.), *Museo. Ero e Leandro*, Milano 1947.
68 Vgl. auch Papyrus 1782 Pack, 2. Aufl.
69 Das Fortwirken des Leander-Themas in der Neuzeit (etwa bei Grillparzer) beweist, daß Ovid die Monumentalisierung des Privaten hier gut gelungen ist.
70 Erhellend (zu Horaz und Cicero und den Hintergründen: einerseits Platon und Demokrit, andererseits Kallimachos, mit Lit.) G. D'Anna, »Una precisazione sulla poetica ciceroniana«, in: *Paideia* 55 (2000) S. 171–181.
71 Die Berufung auf die Gottheit gemahnt an das Vorgehen des Paris.
72 Auch dieser Gesichtspunkt ist aus dem Paris-Brief bekannt.
73 Vgl. den Hermione-Brief (H 8).
74 Ähnliche Gedanken finden sich auch in den *Metamorphosen* (M 8: die Gans von Philemon und Baucis; M 15: Pythagorasrede).
75 Ähnlich (etwas weniger prononciert) am Ende von Cydippes Antwort.
76 Man denkt an die gealterte Penelope (H 1). Selbstporträts z. B. auch in H 10, 11 und 19.
77 Ähnlich am Ende des Hypermestra-Briefes (H 14), der die zweite Serie der *Frauenbriefe* abschließt.
78 Zwischen beiden steht als Kontrastmodell die irrationale, tragische Liebe von Hero und Leander.
79 Siehe unsere Aufbauanalysen.

Der Dichter der Götter

1 Bartenbach (1990), mit Lit.
2 Eine umfassende Interpretation des achten Buches und seiner Poetologie liefert Tsitsiou (2002), mit Lit.

3 Schlußpartien, die das Thema des nächsten Buches vorbereiten, finden sich in den Büchern 1, 2, 3, 6, 11, 12 und 14.
4 Ovid ist am Fest der Minerva geboren (K 4,10,13–14) und steht unter ihrem Schutz (K 1,10,1; F 3,833f.).
5 Das fünfte Buch besteht aus zwei in sich geschlossenen Teilen (s. S. 138 f.).
6 Man vergleiche die Saalschlacht im 5. Buch und die Kampfschilderungen im 12. Buch.
7 Zu Buch 8: Tsitsiou (2002); zur zentralen Stellung dieses Buches im Werk und den Beziehungen zu Buch 1 und 15: Crabbe (1981); zu Buch 9 im Verhältnis zum Rahmen des Werkes: Gordesiani (1985).
8 Theseus ist während dieser Erzählung immer noch anwesend zu denken. Er trägt dazu bei, in der zweiten Bücherpentade auf weite Strecken den Bezug zu Athen lebendig zu erhalten.
9 Der im Buch relativ spät placierte Marsyas-Mythos ist ein zusätzliches Band zum 5. Buch, dessen zweite Hälfte im Zeichen des Streites zwischen Musen und Pieriden steht.
10 Es handelt sich hier um eine verhältnismäßig umfangreiche Rahmenerzählung, die sich freilich durch ihren heroischen Charakter von den Gesängen der Muse (Buch 5) und des Orpheus (Buch 10) spürbar unterscheidet.
11 Ludwig (1965).
12 Rieks (1980); weiterführend Bartenbach (1990).
13 Es wäre verlockend, die unstreitigen Parallelen zwischen dem Tod des Orpheus im Epilog zum zehnten Buch und Ovids Prophezeiung seiner Unsterblichkeit im Epilog zum letzten Buch weiter zu verfolgen.
14 Otis (^{2}1970) S. 84f.
15 Weiterführend: Segal (1999) und besonders Tsitsiou (2002).
16 Zu Buch 5: Hinds (1987); zu Buch 5, 10 und 15: Bartenbach (1990); außerdem Crabbe (1981), Gordesiani (1985).
17 ἓν ἄεισμα διηνεκές.
18 Hierüber jetzt grundlegend: Francese (2001).
19 Heinze (1919, 1960).
20 Hierüber Ludwig (1965), bes. S. 74–86.
21 Keith 2002, S. 269.
22 Vgl. Verf., »Vondels niederländischer Ovid. Ein poetisches Testament«, in: Verf., *Rom* (^{2}1998), S. 179–203.
23 Rosati (2002) S. 292; Tsitsiou (2002); Wheeler (1999).

24 Vgl. Verf., *Apotheosenberichte* (2002), S. 627–636.
25 I. Calvino, *Lezioni americane*, Milano 1993, S. 7–35.
26 Vgl. Tsitsiou (2002).
27 Vgl. Varros *theologia tripertita* bei Augustinus, *De civitate Dei* 6,5.
28 Dörrie (1959).
29 Fränkel (1945), bes. S. 80–120.
30 Siehe S. 279–295.
31 F 1,361 f., M 15,116–149; zugleich finden sich Anklänge an das Goldene Zeitalter: F 1,338 *nondum* (M 1,93, 97) und an das wichtige fünfte Buch der *Metamorphosen* (M 5,341; vgl. F 1,349).
32 Vgl. z. B. F 1,481 f. (Negation der *culpa*, Ursache: ein »beleidigter Gott«).
33 Ähnlich auch F 2,267–358; 3,675–696; 6,319–348.
34 Die Arion-Sage wird absichtlich auf das zweite Buch aufgespart (Delphin und Lyra hätten auch eine Einfügung ins erste Buch gestattet).
35 Die »lesbische Lyra« Arions läßt an Sappho denken, eine Dichtergestalt, die in den *Frauenbriefen* (15) zur Repräsentantin literarischen Schöpfertums wurde.
36 Die epigrammatische Zuspitzung ist im *Festkalender* stellenweise noch schärfer (z. B. F 2,176, 180).
37 In den *Metamorphosen* (5,531) spielt Ovid auf die Rettung der Venus durch die Fischgestalt an.
38 Ovid widerspricht Livius gelegentlich: Fantham (2002) S. 229.
39 Ovid betont, daß das Sternbild des Pegasus (des Dichterpferdes) 15 Sterne hat. Für diese Zahl hat der Dichter eine gewisse Vorliebe, vgl. z. B. die Zahl der Elegien im ersten Buch der *Liebesgedichte* und die Zahl der Bücher der *Metamorphosen*.
40 Columella (11,2,31) und Plinius (*Naturgeschichte* 18,246) datieren sie auf den 25. März.
41 In der Genealogie fällt auf, daß ein Agrippa (41) und ein Postumus (49) genannt werden (Ovid unterstützte möglicherweise die Bemühungen Iulias, den letzten Nachkommen des Augustus, Agrippa Postumus, zu seinem Nachfolger zu machen).
42 Ovid verbietet sich ausdrücklich das Klagen (F 4,84). Seine Lyra soll heilig (*sacra*), nicht traurig (»elegisch«!) sein. Doch hat er ja selbst das elegische Versmaß gewählt (kann also wohl nicht anders und will auch, daß der Leser es bemerke).

43 Mommsen akzeptiert Ovids Datum; heute zieht man mit Cicero und einem Fastenfragment den 15. April vor.
44 H. Le Bonniec, »Les renards aux Cerialia«, in: Le Bonniec (1989) S. 27–32.
45 Verf., *Verwandlungen* (2000), S. 49–66.
46 An anderer Stelle betont er, daß er das Amt eines Richters mit Ehren bekleidete (F 4,383f.).
47 Kötzle (1991).
48 Zu Concordia vgl. F 1,637–650.
49 Man denkt an das Paris-Urteil (*Frauenbriefe* 17,241–249).
50 Vampirhafte Ohreulen aus Ammenmärchen.
51 Wörtliche Bezugnahme: Ovid, F 6,176; Kallimachos, *Aitia*, frg. 1,14 Pfeiffer. Zu Kallimachos im *Festkalender*: Miller (2002) S. 174–176.
52 Auch das Venus-Buch (das vierte) hat einen betont seriösen »augusteischen« Schluß.
53 Miller (1991), gewiß eine der besten Interpretationen des Ovidischen *Festkalenders*, z. B. S. 143; dort auch ein instruktiver Anhang (S. 143f.) über die Entstehung des umstrittenen Prooemiums zum zweiten Buch (mit Lit.); W. Hübner, »Zur paarweisen Anordnung der Monate in Ovids *Fasten*«, in: OWW, S. 539–557.
54 Verf., *Verwandlungen* (2000), S. 194–206.
55 Daß die Autorität des Autors dadurch schwinde, sollte man daraus nicht schließen: Denn an anderen Stellen bevorzugt Ovid klar jeweils eine der drei scheinbar gleichberechtigten Lösungen (s. hier S. 189 und 193). Es ist also nicht einmal nötig, auf die multikausale Denkweise der römischen Antiquare zu rekurrieren.
56 Das Herrscherlob wird übrigens nicht an allen hierfür geeigneten Stellen gespendet.
57 F 5,111–128; ferner 159–182, 379–414, 493–544, 693–726.
58 Vgl. Lk 2,144; K 3,7; dazu Verf., *Poesie* (^{2}1995), S. 219–226.
59 Ovids Begeisterung für Astronomie (F 1,247–310) erstreckt sich natürlich nicht auf das Detail (wo sich so manche Ungenauigkeit findet), sondern prinzipiell auf den Vorrang geistiger Tätigkeit vor kriegerischen Eroberungen und dem Erwerb materieller Güter.
60 Richtig betont Miller (1991) passim die Feinheit von Ovids Ironie, die sich nicht auf bloße Parodie und Persiflage reduzieren läßt.
61 Auch Flora bittet er um Gedeihen für sein Werk (F 5,377f.; der Garten war seine Liebhaberei: P 1,8,45f., 59f.).

62 Ovid fühlt sich durch seinen Geburtstag (20. März) mit Minerva verbunden, es ist der erste Tag ihres Festes, an dem Blut fließen darf (K 4,10,14); doch betont Ovid im *Festkalender*, daß an Minervas eigenem Geburtstag (dem 19. März) Blutvergießen verboten ist.

63 Die Berührungen zwischen dem 6. Buch des *Festkalenders* und dem letzten Buch der *Metamorphosen* sprechen möglicherweise dafür, daß Ovid auf eine Fortsetzung des *Festkalenders* bewußt verzichtet hat. Der apollinische Rabe erscheint jeweils im zweiten Buch der *Metamorphosen* und des *Festkalenders*. Die Rolle des Mars (Cadmus, Pentheus), die friedenstiftende Überlegenheit Minervas (M 3,127) und die bedeutende Stellung des Bacchus im dritten Buch der *Metamorphosen* sind auf den *Festkalender* abgestimmt, an dem Ovid gleichzeitig arbeitete. Die in unserem *Metamorphosen*-Kapitel gezogene Parallele zwischen Theben und Rom wird durch den Parallelismus der jeweils dritten Bücher unterstrichen. Der vierte Monat des *Festkalenders* ist Venus gewidmet; im vierten Buch der *Metamorphosen* tritt Venus erstmals in diesem Werk persönlich auf – und zwar sogleich *in actu* (M 4,171–189). Das vierte Buch der *Fasti* zeigt außerdem besonders enge Berührungen mit dem fünften der *Metamorphosen* (Ceres und Proserpina). Im fünften Buch der *Metamorphosen* findet sich ein Musengespräch wie im fünften Buch des *Festkalenders*.

64 Ovids Zeugenwert für die römische Religion ist zwar durch seinen subjektiven Standpunkt und durch gräzisierende Spekulationen seiner Zeitgenossen beeinträchtigt, doch in der Beschreibung der Riten zuverlässiger als zu erwarten. Als Beispiele religionswissenschaftlicher Interpretation seien genannt: Le Bonniec (1989) und Dumézil (1973).

Der Dichter des Exils

1 Die Stellvertretung nimmt gleichsam den Tod des Autors vorweg; Exil als Tod: K 1,4; 3,3. P 1,9; 3,5.

2 Wie Ceyx (M 11,544 f.) denkt Ovid im Angesicht des Todes an seine Gattin; wie dort wird das Schiff mit einer belagerten Festung verglichen.

3 Andromache ist Gattin eines Todgeweihten, Laodamia eines Toten (Exil als Tod, vgl. K 1,3,89).
4 Siehe im *Festkalender* die Tage um Ovids Geburtstag (20. März).
5 Im elegischen Distichon besteht der Hexameter aus sechs daktylischen Füßen, der Pentameter aus zweimal zweieinhalb (ist somit kürzer). Ovid hatte schon in den *Liebeselegien* (L 1,1 und 3,1) über die ungleiche Länge der beiden Verszeilen gescherzt; vgl. auch P 3,4,85 f.
6 Möglicherweise ist 4b eine Beilage, die der Adressat von 4a Ovids Freunden bekannt machen soll; dies würde die Zweiteiligkeit zwanglos erklären. Vergleichbar wäre K 5,2.
7 Wohl Ovids Stieftochter, vgl. P 4,8,11 f.
8 Vgl. auch Oscar Wilde, *Das Bildnis des Dorian Gray.*
9 Da 4a und 4b selbständige Stücke sind, umfaßt das Buch 15 Elegien.
10 Der von Ovid erträumte Triumph müßte der Abschluß dreier Germanenfeldzüge des Tiberius sein (9–7 v. Chr.; 4–5 n. Chr. und 10 n. Chr.); das Gedicht weist Berührungen mit dem ersten Buch des *Festkalenders* auf.
11 Das fünfte Buch gibt sich im ersten Vers als Zusatz zu erkennen. Der »eifrige Anhänger« ist zunächst der Herausgeber (vgl. 3, 14, 7), aber auch allgemein der Leser.
12 Anläßlich der *Liberalia* (17. März 11 oder 12 n. Chr.).
13 Wohl Atticus, vgl. L 1,9; P 2,4 und 2,7.
14 Die Aufteilung der vorliegenden Elegie in zwei Gedichte (1–24, 25–68) durch G. Luck (im Kommentar S. 305–309) ist nicht unbegründet, aber auch nicht zwingend.
15 Perillus fertigte für den Tyrannen Phalaris ein Folterinstrument an. Das erste Opfer war der Erfinder.
16 Der bevorzugte Platz läßt vermuten, es handle sich um den Adressaten des Schmähgedichtes *Ibis* (vgl. auch K 4,9).
17 Wegen der geschlossenen Form kann daher der Gesamtaufbau erst am Ende des dritten Buches gewürdigt werden.
18 Man denkt an Hippolytus, der im letzten Buch der *Metamorphosen* sein Leben in Ich-Form erzählt.
19 Vermutlich Cornelius Severus (P 4,2,1 f.; 4,16,9), ein begabter Dichter. Entstehungszeit: Die Pleiaden gehen Ende Oktober auf; der vierte Winter in Tomi ist der des Jahres 12.
20 Germanicus (der zusammen mit Tiberius die aufständischen Dalmatier besiegt hatte) erhielt nur die Triumphinsignien, nicht

den Triumph. Die Nachricht von der Niederlage des Varus verhinderte die Abhaltung der Feiern.

21 Dazu jetzt Puccini-Delbey (2000).

22 Über den Rhein.

23 Als Mitglied des Centumviralgerichts hätte er dabeisein können.

24 Dieser Brief ist also älter als P 1,8 (falls der Adressat derselbe ist).

25 Zu seiner Identität: Syme (1978) S. 82f. (Ritter, wohl *praefectus orae maritimae*).

26 Vielleicht den Rhetor Iunius Gallio (geboren 33 v. Chr.), der einen rhetorischen Traktat verfaßt hat und den älteren Bruder des Philosophen Seneca adoptierte.

27 M. Helzle, *Publii Ovidii Nasonis Epistularum ex Ponto liber IV. A Commentary on Poems 1 to 7 and 16*, Hildesheim 1989, S. 31–36.

28 Der Begriff ›Reisedichtung‹ scheint hier passender als ›Reiseroman‹.

29 Hier spielt auch die subliterarische Gattung der Fluchtafeln herein.

30 P. Ovidius Naso, *Tristia*, hrsg., übers. und erkl. von G. Luck, Bd. 2: Kommentar, Lieferung 2, Heidelberg 1972, S. 93.

31 R. Düchting weist darauf hin, daß aus späteren Zeiten strenge Winter belegt sind, die im Rückblick auch Ovids Behauptungen als nicht unmöglich erscheinen lassen: R. Düchting, »Ovid in der Normandie«, in: OWW, S. 915–920.

32 Vgl. Vergil, *Georgica* 3,349–383.

33 Zum Spiel mit den Briefformeln vgl. auch z. B. den Phaedra-Brief und die Doppelbriefe in den *Frauenbriefen.*

34 Zur antiken Brieftheorie: Verf., *Geschichte* ([2]1994), S. 412.

35 Und der Stieftochter, der er das Pseudonym Perilla gibt (K 3,7).

36 Das autobiographische Gedicht K 4,10 sollte nicht isoliert behandelt werden (wie dies immer wieder geschieht); es gehört zumindest mit 4,1 eng zusammen.

37 In Ovids Phantasie, die den Ort der Sehnsucht neu erschafft, gewinnt dieser eine überscharfe, geradezu quälende Realität; dies ist ein Schritt weiter auf dem Wege, der vor allem in den *Metamorphosen* mit der Erfindung (unwirklicher) allegorischer Orte begonnen hatte.

38 Denselben Mythos läßt Ovid nochmals ausführlicher von einem Einheimischen berichten (P 3,2,41–96). Hier steht eindeutig die

Treue und wechselseitige Rücksicht der Freunde im Mittelpunkt (bes. 83–88); ebenso explizit ist die Nutzanwendung auf Ovids Freunde in Rom, denen die gerührt lauschenden Barbaren implizit als Vorbild vor Augen gestellt werden (P 3,2,97–102).

39 Adynaton: Figur des Unmöglichen, z. B.: »Wenn die Flüsse aufwärts fließen, will ich dich vergessen.«

40 Weitere Götter, die den strengen Caesar umstimmen bzw. Ovids Unschuld bezeugen sollen, sind die Gottheiten des Capitols (K 1,3,37 f.) und die Schatten von Ovids Eltern (K 4,10,81–90).

41 Vgl. im *Festkalender* um den 20. März (Ovids Geburtstag).

42 Der Ertrinkende greift auch nach einem Dornbusch, und von Tieren gejagtes Wild flüchtet zu Menschen (P 2,2,33–38).

43 Syme (1978) S. 83–87.

44 Schon in den *Frauenbriefen* (7) hatte Dido die mangelnde *pietas* des Aeneas angeprangert. An Augustus lobt Ovid die *pietas*, die ihn Caesars Ermordung rächen ließ (F 3,697–710).

45 Er ist dadurch gerechtfertigt, daß die ständigen Barbareneinfälle Obst- und Weinbau illusorisch machten.

46 Vgl. auch P 2,1 und 3,4; L 1,2; Lk 1,213–228.

47 Vgl. auch K 4,8,39; 5,4,19; P 1,2,59; 2,2,119; 3,6,7.

48 Die Identifikation mit Iuppiter geht recht weit; Augustus gleicht dem obersten Gott auch insofern, als er die personifizierte Milde ist und daher seine strafenden Blitze nur ungern schleudert (z. B. P 2,2,115–120).

49 Für das Gespräch mit Augustus, Tiberius und Livia entwickelt Ovid Gebetsformen (anhand der ihm von Cotta geschenkten Statuetten): P 2,8.

50 Vgl. z. B. die Hinweise auf einen ungenannten Freund (K 5,9,7–14, 19), auf Pompeius (P 4,1,29–35) und auf Fabius Maximus (P 1,2).

51 Wenn Ovid den spielerischen Charakter seiner Frühwerke so stark betont, so deshalb, weil er sich gegen moralische Verdächtigungen zur Wehr setzen muß (K 1,9,59–62). Das wird von modernen Interpreten der Liebesdichtungen nicht immer genügend beachtet.

52 Die Behauptung, den *Metamorphosen* fehle die letzte Hand (K 1,7,27–30), wird man akzeptieren müssen, ohne daraus folgern zu dürfen, sie seien rasch hingeschrieben. Auch sollte man keineswegs ausschließen, daß Ovid nach dem Verbannungsurteil noch Veränderungen vorgenommen hat.

53 Stroh (1981) bes. S. 2644–47.
54 Eine verinnerlichte Gottesvorstellung findet sich nicht nur in Ovids Poetologie, sondern auch in seiner Deutung der Frömmigkeit des Tiberius: Caesars Gerechtigkeit wohnt in seiner Brust wie in einem Tempel: (P 2,1,34). Neuerliche Versuche, die Vorstellung des »Einwohnens« der Gottheit im Menschen auf die christlich-jüdische Vorstellungswelt zu reduzieren und den »Heiden« abzusprechen, sind abzulehnen. Die Vernachlässigung des Zeugnisses der römischen Dichter rächt sich hier wieder einmal.
55 Verf., *Poesie* ([2]1995), S. 219–230.
56 Die Wiederkehr des *Livor* in diesem späten Gedicht zeigt indirekt, daß man aus der Parallele zwischen L 1,15,1 und *Heilmittel* 389 keine Schlüsse hinsichtlich der Datierung von L 1,15 ziehen sollte (gegen Syme, 1978, S. 7 und 20).
57 Ihrer Fürsprache empfiehlt er (P 3,4,67–72) sein Triumphgedicht, und er legt ihnen nahe, ihm wie einem Verstorbenen – also ohne Neid – zu begegnen. Zu ihnen zählen Germanicus (mit seinem Lehrer Salanus), König Cotys, Cornelius Severus, Albinovanus Pedo u. a.
58 Kallimachos, Frg. 381 und 382 Pfeiffer (Ausg. Oxford 1949, Bd. 1, S. 307).
59 Genannt seien die *Verfluchungen* (Ἀραί) der Myro (um 300 v. Chr.) sowie Euphorions (2. Hälfte des 3. Jh.) Χιλιάδες und Ἀραὶ ἢ ποτηριοκλέπτης.
60 Die Argumente gegen die Echtheit diskutiert (wohl mit Recht ablehnend) R. Guarino Ortega, *El »Ibis« de Ovidio*, Murcia 2000, S. 21 f.; für die Echtheit plädiert auch Holzberg (1997) S. 48.
61 Zur Einordnung des *Ibis* in Ovids Gesamtwerk, aber auch zu den Grenzen psychologischer Deutungen: Werner Schuberts kritische Besprechung (*Gnomon* 72, 2000, S. 493–498) des Buches von Williams (1996).
62 Gegen die Zuweisung: Buchheit (1988); Kißel (1994). Goldberg in seinem Kommentar *Carmina Priapea* (Heidelberg 1992) S. 65–72 läßt die Frage der Autorschaft offen.
63 Ovids Fragmente und die Pseudo-Ovidiana jetzt am bequemsten in der zweisprachigen Ausgabe von B. W. Häuptli: P. Ovidius Naso, *Ibis, Fragmente, Ovidiana*, Zürich 1996.

Fortwirken

1 *Guide to Kulchur* [zuerst 1938], Norfolk (Conn.) o. J., S. 272.

2 H. Szelest, »Ovid und Martial«, in: OWW, S. 861–864.

3 Sie beeinflussen z. B. Johannes von Salisbury, Wilhelm von Saint-Thierry, Gottfried von Straßburg, Brunetto Latini.

4 Catull, Tibull und Properz sind im Mittelalter viel weniger verbreitet.

5 Handschriften: Richmond (2002); Bibliothekskataloge: Glauche (1970).

6 Verf., *Verwandlungen* (2000), S. 152–157.

7 Cohen (1931).

8 Mittelalter: Glauche (1970) S. 72f.; Neuzeit: Ausgaben der *Metamorphosen* (einschließlich der Schulausgaben und Übersetzungen): J. S. Ersch / Ch. A Geissler, *Bibliographisches Handbuch der philologischen Literatur der Deutschen von der Mitte des 18. Jh. bis auf die neueste Zeit*, 3. Aufl., Leipzig 1845 (Nachdr. Hildesheim 1974).

9 Huygens (1970) S. 29–38 (zu Ovid); Christine von Pisan (gest. um 1430) nennt die *Liebeskunst* »livre d'Art de grant decevance [...] et de fausse apparence« (bei Stroh, 1969, S. 33).

10 L 2,590 *Liberius faciunt, ut pudor omnis abest.* W Berschin, »Ovid in der biographischen Literatur des Mittelalters«, in: OWW, S. 911–914.

11 Hexter (1986). Zu einer bisher unbeachteten (grausam moralisierenden) Kreuzung von *Metamorphosen* und Frauenbrief vgl. W. Schibel, »Die Metamorphose zum Heroidenbrief. Jacob Baldes *Epistola Dianae ad Venerem de morte Adonidis*«, in: OWW, S. 977–992.

12 Wilkinson (1955) S. 366–398 (zum Mittelalter).

13 Wilkinson (1955) S. 399–438 (zur Renaissance).

14 Dörrie (1968); bei Dörrie nicht genannt: Ioh. Barzaeus (gest. 1660): *Heroum Helvetiorum epistolae*, Friburgi Helvetiorum 1657 (Hinweis Konrad Müller); ein besonders berühmtes Beispiel der Gattung ist Popes *Eloisa to Abelard*, vorbereitet durch eine Nachdichtung des Sappho-Briefes (s. die nächste Anm.).

15 G. E. Lessing, *Laokoon oder über die Gränzen der Malerei und Poesie*, Kap. XXI. Von hier aus versteht man, daß Viarre (1964) der Kunst Ovids »kinematographische« Qualitäten zuschreibt.

16 Verf., »Tasso, Goethe und Puschkin als Kritiker der *Liebeskunst*«, in: ders., *Rom* ([2]1998), S. 493–514.

17 H. J. Horn, »Ein Puppenspiel der Sinnenlust. Ovids *Ars amatoria* im Urteil Christoph Martin Wielands«, in: OWW, S. 1097–1105.

18 Gab es doch (in der Nachfolge Ovids) eine französische ›Liebeskunst‹ von Bernard-Gentil (Paris 1775).

19 Gleiches gilt von den *Metamorphosen*: Martini (1933) S. 89.

20 Metrisch übersetzt er ein Stück aus dem Deianira-Brief (ein Zeugnis seines Bemühens um die Gestalt des Herakles).

21 W. Schubert, »*Quid dolet haec?* Zur Sappho-Gestalt in Ovids *Heroiden* und in Christine Brückners *Ungehaltenen Reden ungehaltener Frauen*«, in: *Antike und Abendland* 31 (1985) S. 76–96.

22 Verf., *Epic* (1999), S. 244–247.

23 Zum platonisch-ambrosianischen Hintergrund: L. Nicastri, »Paolino di Nola lettore di Ovidio«, in: OWW, S. 865–910.

24 Verf., *Verwandlungen* (2000), S. 345–353; ders., *Apotheosenberichte* (2002), S. 627–636.

25 Dieses letzte Buch, das in den meisten Handschriften des *Reductorium* fehlt, besitzt eine selbständige Überlieferung unter verschiedenen Namen (Berchorius, Nicolas Treveth, Thomas Gualensis, Robert Holcot).

26 Bedarf bestand offenbar bis weit ins 16. Jh.: Gerhard Lorch (Lorichius) liefert moralische Erläuterungen (in deutscher Prosa) zu Wickrams Bearbeitung der Übersetzung Albrechts von Halberstadt (1545 bei Ivo Schöffer gedruckt). Noch 1584 erschien in Cambridge ein Werk unter dem Titel: *Fabularum Ovidii interpretatio physica, ethica et historica.*

27 Prosaversion im Anschluß an den *Ovide moralisé* und Berçuires 15. Buch, Brügge 1484; spätere Druckfassungen unter dem zugkräftigen und treffenden Titel *La Bible des Poetes* 1493, 1523, 1531.

28 A. Dihle, »Zu den Ovid-Übersetzungen des Maximos Planudes«, in: OWW, 993–1003.

29 Im 14. und 15. Jh. sehr verbreitet, aber erst viel später gedruckt (3 Bände, Prato 1846).

30 M. Cytowska, »Ovid bei Erasmus«, in: OWW, S. 943–947.

31 Der *Metamorphosenkommentar* wurde unter dem Namen von Melanchthons Schwiegersohn Georg Sabinus (Wittenberg 1555) herausgegeben, ist aber Melanchthon zuzuweisen: Textquelle:

Corpus Reformatorum, Bd. 19, hrsg. von H. E. Bindseil, Brunsvigae 1853, S. 502; Stroh (1969) S. 41f.

32 H.-J. Zimmermann, »›But ah! How fiercely burn the lover's fires!‹ Pope, Ovid und die Leidenschaft der verlassenen Sappho«, in: OWW, S. 1047–59.

33 J. W. Velz, »Ovidian Creation in Milton and Decreation in Shakespeare«, in: OWW, S. 1035–46. Allgemein: J. Bate, *Shakespeare and Ovid*, Oxford 1993–94; A. B. Taylor (Hrsg.), *Shakespeare's Ovid*, Cambridge 2000; J. W. Velz, *Shakespeare and the Classical Tradition. A Critical Guide to Commentary 1660–1960*, Minneapolis 1968 (ergänzte Neuausgabe in Vorbereitung).

34 D. P. Harding, *Milton and the Renaissance Ovid*, Urbana (Ill.) 1946.

35 Gegen Herder, der Ovid am Maßstab des Natürlichen und Nationalen mißt, verteidigt Goethe Ovids Dichtertum und die Welt der *Metamorphosen* (»was ein vorzügliches Individuum hervorbringe, sei doch auch Natur«, *Dichtung und Wahrheit* 2,10; WA 1,27, S. 319f.).

36 Verf., *Rom* (^{2}1998), S. 207–278, 433–469, 613–616, 627–632.

37 Holbergs brillanter lateinischer (!) Originaltext seiner Lebensbriefe (1742–43) in: L. Holbergs *Tre Levnedsbreve*, hrsg. von A. Kragelund, Bd. 2, København 1965, bes. S. 438–442; deutsche Übers. Copenhagen, 2. Aufl. 1754, S. 326f.

38 Verf., *Rom* (^{2}1998), S. 179–203.

39 A. Thill, »Métamorphoses néo-latines«, in: OWW, S. 967–975; W. Ludwig, »Die humanistische Bildung der Jungfrau Maria in der *Parthenice Mariana* des Baptista Mantuanus«, ebd. S. 921–942.

40 S. jetzt B. Hege, *Boccaccios Apologie der heidnischen Dichtung in den »Genealogie deorum gentilium«*, Tübingen 1997; R. M. Iglesias Montiel / M. Consuelo Álvarez Morán (Hrsg.), Natale Conti. *Mitología. Traducción, Introducción, Notas*, Murcia 1988.

41 Heselhaus (1953). Zu Rilke: Zinn (1994) S. 315–377; Müller (in: OWW, S. 1034).

42 »Alles ist Metamorphose im Leben, bei den Pflanzen und bei den Tieren, bis zum Menschen, und bei diesem auch«, Goethe zu Boisserée am 3. August 1815.

43 Zum Fortwirken im Mittelalter: F. Peeters, *Les »Fastes« d'Ovide. Histoire du texte*, Brüssel 1939; vgl. auch die Praefationes der Ausgaben. Für das Fortwirken in der Neuzeit vgl. die Liste der

Ausgaben seit der Renaissance und die Bibliographie bei: I. B. Pighi, *P. Ovidii Nasonis Fastorum libri* [K], Bd. 1, Turin 1973, S. xxxix–lxxxi. Eine Untersuchung zum Fortwirken des *Festkalenders* bereitet J. F. Miller (University of Virginia) vor.

44 Ausg. F. Lo Monaco, Florenz 1991.

45 In: *P. Ovidii Nasonis […] Fastorum libri VI. Tristium – V. Ex Ponto – IV. In Ibin. Cum commentariis doctiss. virorum Ant. Constantij Fanensis* [u. a.] *[…]*, Basileae per Ioannem Hervagium 1550, S. 387–391 (angebunden sind die übrigen Werke Ovids). In dem mir vorliegenden Exemplar stehen die *Fasti* an erster Stelle aller Werke Ovids – vielleicht wegen Melanchthons Empfehlung.

46 *Les Fastes de l'Église* von A. Godeau (gest. 1672); *Les Mois* von Roucher (Paris 1779), *Fastes* von Lemierre (Paris 1779).

47 Zinn (1994) S. 379–394.

48 Brief an Harriet Monroe, 16.7.1922, zit. bei Stroh (1969) S. 130.

49 I. Calvino, »Leggerezza«, in: *Lezioni americane*, Milano 1993, S. 7–35.

50 Die illustrierten Drucke beginnen 1484 (Berçuire mit Holzschnitten, gedruckt bei Colard Mansion in Brügge). Bernard Salomon veröffentlicht 178 Holzschnitte (Lyon 1577). Kupferstiche zu den *Metamorphosen* erscheinen erstmals bei Bernardo Giunta in Venedig 1584; wichtig sind später die 150 Stiche von Antonio Tempesta (gest. 1630); unter seinem Einfluß z. B. Hendrik Goltzius. Seine 52 Zeichnungen (aus den Jahren 1585, 1590 und 1615) wurden vielfach in Kupfer gestochen. Zu seinen Nachahmern zählt Crispijn De Passe (Passaeus, gest. 1637), in dessen Schaffen sich vielseitige Einflüsse (u. a. von Martin De Vos, gest. 1603) kreuzen.

51 Vgl. L. Finscher, in: OWW, S. 1169 f.

52 Siehe Granobs/Otto (2001).

53 Siehe Álvarez/Iglesias (1995) S. 133 f. (Lit.).

54 Zu den aufgezählten Mythen siehe in der Bibliographie: Anton, Dinter, Schmitt von Mühlenfels u. a.

55 E. Leuschner, »Cephalus gibt sich Procris zu erkennen. Zu einer Radierung des Johann Liss«, in: OWW, S. 1123–33 (mit Lit.).

56 J. F. Miller, »Ovid's Liberalia«, in: G. Herbert-Brown (Hrsg.), *Ovid's Fasti. Historical Readings at its Bimillennium*, Oxford 2002, S. 199–224, bes. 213 f. (zu Piero di Cosimo mit Lit.). Zum verbannten Ovid s. Anm. 77.

57 Zum Beispiel: *P. Ouidij Nasonis poete ingeniosissimi Metamorphoseos Libri xv et eosdem libros Raphaelis Regii luculentissime enarrationes. Neque non Lactantii et Petri Launinii commentarii non ante impressi*, Venedig 1527 (die Abbildungen stehen noch stark in mittelalterlicher Tradition).
58 M. D. Henkel, »Illustrierte Ausgaben von Ovids *Metamorphosen* im 15., 16. und 17. Jh.«, in: *Vorträge der Bibliothek Warburg 1926–1927*, Leipzig/Berlin 1930, S. 58–144. Ein wenig bekanntes (obwohl durch Nachdruck und Kommentare erschlossenes) Beispiel: Publius Ovidius Naso: *Metamorphosen*, hrsg. von J. Weichard Valvasor, Komm. von B. Reisp, K. Gantar und Emiljan Cevc, Wagensperg in Krain 1680. Faksimileausgabe Ljubljana 1984 (zahlr. Abb.).
59 Siehe z. B.: *Pub. Ovidii Nasonis Operum*, Tom. 2: *Metamorphoseon Libri XV. Cum notis selectissimis Variorum*, studio B. Cnippingii, Amstelodami 1683 (mit Frontispiz und 15 Übersichts-Illustrationen zu den Büchern).
60 Illustrationen und Interpretation in: Verf., *Verwandlungen* (2000).
61 Verf., *Rom* (^{2}1998), S. 517–568.
62 Ovid, *Metamorphosen. Buch 10. Mythen um Orpheus*, übers. von E. Zinn, illustriert von M. Henninger, mit einer Einleitung von K. Kerényi, Heidenheim 1969.
63 *Verwandlungen des Zeus. Erotische Miniaturen*, Stuttgart 1970.
64 Mac Zimmermann, *Ölbilder, Zeichnungen, Graphik*, Katalog zur Ausstellung im Kulturhaus, Wiesloch 1980.
65 Sachlich und methodisch hilfreich: Reinhardt (2001) mit 92 Abb.
66 Vgl. L. Finscher, »Ovid in Oberschlesien: Anmerkungen zu den ›Metamorphosen‹-Symphonien von Karl Ditters von Dittersdorf«, in: OWW, S. 1163–76.
67 Vgl. E. Antokoletz, »Metamorphosis and Identity in the Music of Georg von Albrecht«, in: OWW, S. 1193–1216.
68 Vgl. Draheim (1981) S. 211–214, 259–261. Opern scheint Draheim nicht zu berücksichtigen; vgl. aber Wilkinson (1955) S. 405; Schmitt von Mühlenfels (1972); W. Schubert, »Musik und Dichtung: Richard Strauss / Joseph Gregor: ›Daphne‹«, in: M. v. Albrecht / W. Schubert (Hrsg.), *Musik und Dichtung*, Festschrift V. Pöschl, Frankfurt a. M. 1990, S. 375–403.
69 W. Osthoff, »Glucks *Paride ed Elena* und Ovid«, in: OWW, S. 1177–92 (auch allg. zu Briefvertonungen).

70 *Orfeo* (1607), *Arianna* (1608; das erhaltene Lamento berührt sich von der Sprecherhaltung her mit Ovids *Frauenbrief*).

71 *Acis und Galatea* (1720, umgearb. 1732 und 1740). Zu den späteren Bearbeitern von Händels Werk zählen Mozart und Mendelssohn: H. Jung, »Musikalische Arbeit am Mythos. Ovids *Acis und Galatea* in Kompositionen des 18. Jh.«, in: OWW, S. 1135–52 (dort auch zu weiteren musikalischen Bearbeitungen dieses Mythos).

72 Außer *Orfeo ed Euridice* (1762) noch *Écho et Narcisse* (1779).

73 W. Schubert, »Musik und Dichtung: Richard Strauss / Joseph Gregor: ›Daphne‹«, in: v. Albrecht / Schubert (s. Anm. 68), S. 409–441.

74 J. Draheim, »*Gutta cavat lapidem* – ein Ovid-Zitat in der Musik«, in: OWW, S. 1153–62.

75 Man denke an Ermoldus Nigellus (bald nach dem Tode Karls des Großen). Der verbannte Theodulf wird von Modoin unter anderem unter Hinweis auf Ovids Schicksal getröstet (M. Manitius, *Geschichte der lateinischen Literatur des Mittelalters*, Bd. 1, München 1911 (1959), S. 551. Bei Du Bellay (*Les Regrets*) liegt keine Verbannung vor, doch ist die Sehnsucht ebenfalls biographisch fundiert.

76 Verf., *Rom* (^{2}1998), S. 433–469.

77 In derselben Epoche malt Delacroix (gest. 1863) *Ovid in der Verbannung am Schwarzen Meer* und *Ovid bei den Barbaren*.

78 A. Podossinov, »Die Exilmuse Ovids in russischer Dichtung des 20. Jh.«, in: OWW, S. 1061–77. Wie Puschkin, Mandelstam und Brodskij wandte sich auch Grillparzer den Verbannungsdichtungen Ovids in jungen Jahren zu (Verf., *Rom*, ^{2}1998, S. 433–445).

79 *Nach den Satiren*, Frankfurt a. M. 1999, S. 152; vgl. D. Grünbein, »Zwischen Antike und X«, in: B. Seidensticker / M. Vöhler (Hrsg.), *Mythen in nachmythischer Zeit. Die Antike in der deutschsprachigen Literatur der Gegenwart*, Berlin / New York 2002, S. 97f.

80 *Dieu est né en exil. Journal d'Ovide a Tomes*, Paris 1960.

81 *Liebe war sein Schicksal. Roman um Ovid*, Hamburg 1958.

82 *Nazo poeta*, Warszawa 1974.

83 *Die letzte Welt*, Nördlingen 1988; dazu Verf., *Rom* (^{2}1998), S. 696–721; H. A. Koch, »Die autistische Psyche im Spiegel der Landschaft. Zu Chr. Ransmayrs Romanen«, in: OWW, 1107–21; weitere Lit. bei: U. Schmitzer, »Tomi, das Kaff, Echo, die Hure –

Ovid und Christoph Ransmayrs *Die letzte Welt*«, in: Seidenstiker/Vöhler (s. Anm. 79), S. 276–297 (Lit.). Ebd. ein die Erfindung des Romans erhellender Entwurf Ransmayrs (S. 273–275).

84 *Het volgende verhaal* (1991). Dazu G. W. Most, »The Following Article«, in: OWW, S. 1079–95.

85 *Lemprières Wörterbuch* (1991).

86 *Athena* (1995).

Rückblick

1 Chronologisch fortlaufende Erzählung ist in den *Frauenbriefen* nicht ausgeschlossen, aber keineswegs die Regel (auch die Anordnung nach Verfasserinnen ist dort nicht chronologisch).

2 Unterschiede zum Christentum sind evident: Liebe ist für Ovid überwiegend Eros, buchstäblicher Glaube wird durchaus nicht verlangt (Mythos und Ritus stehen in unaufgelöster Spannung zur Wissenschaft); das Prinzip Hoffnung dagegen und das »schlechthinnige Abhängigsein« vom Herrscher und seiner Gnade (ohne Pochen auf eigenes Verdienst) sind in der Tat zukunftweisende Aspekte der religiösen Sprache Ovids.

3 Figuren wie Germanicus und Cotys verkörpern den milden, musischen Herrscher. Bei Augustus geht Ovid nach Art eines Fürstenspiegels vor. Er versucht, den Herrscher auf mildes Verhalten festzulegen, indem er ihn als lebensrettenden »Gott« stilisiert, der kraft seiner hohen Stellung zur Milde verpflichtet ist.

Literaturhinweise

Das Schwergewicht der Auswahl liegt auf den letzten Jahrzehnten. Älteres bei Kraus (1942) und Martini (1933). Folgende Abkürzungen werden verwendet:

T Text
K Kommentar
Ü Übersetzung

Allgemein zu Ovid

Forschungsberichte, Bibliographien

Albrecht, M. v.: Forschungsbericht zu Ovid 1–3. In: Anzeiger für die Altertumswissenschaft 25 (1972) S. 55–76; 267–290. – 26 (1973) S. 129–150.

Myers, S.: The Metamorphosis of a Poet. Recent Work on Ovid. In: Journal of Roman Studies 89 (1999) S. 190–204.

Schmitzer, U.: Neue Forschungen zu Ovid. In: Gymnasium 109 (2002) S. 143–166.

Sekundärliteratur

Albrecht, M. v.: *s. unter* Verf.

Albrecht, M. v.: *s. auch* Metamorphosen *unter* Verf.

Binns, J. (Hrsg.): Ovid. London 1973.

Boyd, B. W. (Hrsg.): Brill's Companion to Ovid. Leiden 2002.

Döpp, S.: Werke Ovids. Eine Einführung. München 1992.

Fränkel, H.: Ovid. A Poet Between Two Worlds. Berkeley 1945. [Dt. u. d. T.: Ovid. Darmstadt 1970.]

Francese, C.: Parthenius of Nicaea and Roman Poetry. Frankfurt a. M. 2001.

Frécaut, J. M. / D. Porte (Hrsg.): Journées ovidiennes de Parménie. Actes du colloque sur Ovide. Brüssel 1985.

Gallo, I. / L. Nicastri (Hrsg.): Cultura, poesia, ideologia nell'opera di Ovidio. Neapel 1991.

Giebel, M.: Ovid. Reinbek 1991.

Hardie, P. (Hrsg.): The Cambridge Companion to Ovid. Cambridge 2002. [Zit. als: 2002a.]

Hardie, P.: Ovid's Poetics of Illusion. Cambridge 2002. [Zit. als: 2002b.]

Heinze, R.: Ovids elegische Erzählung. Leipzig 1919. (Berichte über die Verhandlungen der Sächsischen Akademie der Wissenschaften zu Leipzig. Philologisch-historische Klasse. 71,7.) – Wiederabdr. in: R. H.: Vom Geist des Römertums. 3. Aufl. Darmstadt 1960. S. 308–403.

Holzberg, N.: Ovid. Dichter und Werk. München 1997.

Jacobson, H.: Ovid's Heroides. Princeton 1974.

Kenney, E. J.: Ovid's Language and Style. In: Boyd (2002) S. 27–89.

Kraus, W.: P. Ovidius Naso. In: Paulys Realencyclopädie der classischen Altertumswissenschaft. Bd. 18,2. Stuttgart 1942. Sp. 1910–86. – Ergänzt in: M. v. Albrecht / Zinn (1968) S. 67–166. [Grundlegend.]

Martini, E.: Einleitung zu Ovid. Prag 1933. [Sehr gehaltvoll.]

Pianezzola, E.: Ovidio. Modelli retorici e forma narrativa. Bologna 1999.

Rosati, G.: L'esistenza letteraria. Ovidio e l'autocoscienza della poesia. In: Materiali e discussioni per l'analisi dei testi classici 2 (1979) S. 101–136.

Schmitzer, U.: Ovid. Hildesheim 2001.

Schubert, W.: Die Mythologie in den nichtmythologischen Dichtungen Ovids. Frankfurt a. M. 1992.

– (Hrsg.): Ovid. Werk und Wirkung. 2 Bde. Frankfurt a. M. 1999. [Zit. als: OWW.]

Stroh, W.: Ein mißbrauchtes Distichon Ovids. In: M. v. Albrecht / Zinn (1968) S. 567–580.

– Die Ursprünge der römischen Liebeselegie. In: Poetica 15 (1983) S. 205–246.

Thibault, J. C.: The Mystery of Ovid's Exile. Berkeley 1964.

Syme, R.: History in Ovid. Oxford 1978.

Verf. / E. Zinn (Hrsg.): Ovid. Darmstadt 1968.

White, P.: Ovid and the Augustan Milieu. In: Boyd (2002) S. 1–25.

Wilamowitz, U. v.: Lesefrüchte. In: Hermes 61 (1926) S. 277–303. [Zu Ovid: S. 298–302.]

Wilkinson, L. P.: Ovid Recalled. Cambridge 1955.

Wimmel, W.: Kallimachos in Rom. Die Nachfolge seines apologetischen Dichtens in der Augusteerzeit. Wiesbaden 1960.

Liebeselegien

Ausgaben, Kommentare

Albrecht, M. v.: Amores / Liebesgedichte. Lat./Dt. Stuttgart 1997. [T, Ü.]
Booth, J.: The Second Book of Amores. Warminster 1991. [T, K.]
Holzberg, N.: Liebesgedichte. Lat./Dt. Düsseldorf 1999. [T, Ü.]
McKeown, J. C.: Amores. Text, Prolegomena and Commentary. Bd. 1. Text and Prolegomena. Liverpool 1987. Bd. 2: A Commentary on Book One. Leeds 1989. Bd. 3: A Commentary on Book Two. Leeds 1998. [T, K.]
Ramírez de Verger, A. / F. Socas: Amores. Madrid 1991. [T, Ü.]

Sekundärliteratur

Albrecht, M. v.: *s. unter* Verf.
Albrecht, M. v.: *s. auch* Metamorphosen *unter* Verf.
Arcaz, J. L. / G. Laguna Mariscal / A. Ramírez de Verger (Hrsg.): La obra amatoria de Ovidio. Aspectos textuales, interpretación literaria y pervivencia. Madrid 1996.
Boyd, B. W.: Ovid's Literary Loves. Influence and Innovation in the Amores. Ann Arbor 1997.
Boyd, B. W.: The *Amores*. The Invention of Ovid. In: Boyd (2002) S. 91–116.
Bretzigheimer, G.: Ovids Amores. Poetik in der Erotik. Tübingen 2001.
Davis, J. T.: *Fictus Adulter*. The Poet as Actor in the *Amores*. Amsterdam 1989.
Dimundo, R.: L'elegia allo specchio. Studi sul 1. libro degli *Amores* di Ovidio. Bari 2000.
Gauly, B. M.: Liebeserfahrungen. Zur Rolle des elegischen Ich in Ovids *Amores*. Frankfurt a. M. 1990.
Keul, M.: Liebe im Widerstreit. Interpretationen zu Ovids *Amores* und ihrem literarischen Hintergrund. Frankfurt a. M. 1989.
Kraus, W.: Zur Idealität des ›Ich‹ und der Situation in der römischen Elegie. In: Ideen und Formen. Festschrift Hugo Friedrich. Frankfurt a. M. 1965. S. 153–163.

Labate, M.: L'arte di farsi amare. Modelli culturali e progetto didascalico nell'elegia ovidiana. Pisa 1984.
Neumeister, K.: Die Überwindung der elegischen Liebe bei Properz. Frankfurt a. M. 1983.
Verf., *Umgangssprachliches* (1998): M. v. Albrecht: Umgangssprachliche Elemente in Ovids *Amores*. In: M. Baumbach / H. Köhler / A. M. Ritter (Hrsg.): Mousopolos stephanos. Festschrift H. Görgemanns. Heidelberg 1998. S. 20–42.
Weinlich, B.: Ovids *Amores*. Gedichtfolge und Handlungsablauf. Stuttgart 1999.
Stroh, W.: Die römische Liebeselegie als werbende Dichtung. Amsterdam 1971.

Liebeskunst, Schönheitspflege, Heilmittel gegen die Liebe

Ausgaben, Kommentare

Albrecht, M. v.: Ars amatoria / Liebeskunst. Lat./Dt. Stuttgart 1992 [u. ö.]. [T, Ü.]
Brandt, P.: De arte amatoria libri tres. Leipzig 1902. [K.]
Hollis, A. S.: Ars amatoria Book 1. Oxford 1977. [T, K.]
Holzberg, N.: Liebeskunst / Ars amatoria. Heilmittel gegen die Liebe / Remedia amoris. 4. Aufl. Düsseldorf 1999. [T, Ü.]
Janka, M.: Ars amatoria. Buch 2. Heidelberg 1997. [K.]
Lucke, C.: Remedia amoris. Kommentar zu Vers 397–814. Bonn 1982. [K.]
Marnitz, V. v.: Die erotischen Dichtungen. Mit einer Einführung von W. Stroh. 3. Aufl. Stuttgart 2001. [Ü.]
Pinotti, P.: Remedia amoris. 2. Aufl. Bologna 1993. [T, K.]
Rosati, G.: Ovidio: I cosmetici delle donne. Venezia 1985. [Ü, K.]

Sekundärliteratur

Albrecht, M. v.: *s.* Metamorphosen *unter* Verf.
Allen, P. L.: The Art of Love. Amatory Fiction from Ovid to the *Romance of the Rose*. Philadelphia 1992.

Ariemma, E. M.: Il punto sull'*Ars amatoria* di Ovidio (1991–2000). In: Bolletino de Studi Latini 31 (2001) S. 579–599.

Conte, G. B.: Love Without Elegy: The *Remedia amoris* and the Logic of Genre. In: Poetics Today 10 (1989) S. 441–469.

Dimundo, R.: L'arte della seduzione e il *doctus amator* ovidiano (Ov., *Ars* 1,1–34). In: Bollettino di Studi Latini 30 (2000) S. 19–36.

Gibson, R.: *Meretrix* or *Matrona*? Stereotypes in Ovid, *Ars Amatoria* 3. In: Papers of the Leeds Latin Seminar 10 (1998) S. 295–312.

Giebel, M.: Wer denkt an die Wolle? Adressatenvielfalt in Ovids *Ars amatoria*. In: OWW, S. 245–254.

Häußler, R.: Rund ums Dreieck. Ovid über Mars, Venus und Vulcanus. In: OWW, S. 205–236.

Hardie, P.: Ovid's Poetics of Illusion. Cambridge 2002.

Heldmann, K.: Dichtkunst oder Liebeskunst? Die mythologischen Erzählungen in Ovids *Ars amatoria*. Göttingen 2001.

Jones, D.: Enjoinder and Argument in Ovid's *Remedia amoris*. Stuttgart 1997.

Kennedy, D. E.: The Arts of Love. Five Studies in the Discourse of Roman Love Elegy. Cambridge 1993.

Kettemann, U.: Interpretationen zu Satz und Vers in Ovids erotischem Lehrgedicht. Frankfurt a. M. 1979.

Küppers, E.: Ovids *Ars amatoria* und *Remedia amoris* als Lehrdichtungen. In: Aufstieg und Niedergang der römischen Welt II, 31, 4 (1981) S. 2507–51.

Labate: *s. unter* Liebeselegien

Martin, R.: Sensualité, sentiment et intelligence dans l'*Ars amatoria*. In: OWW, S. 197–204.

Myerowitz, M.: Ovid's Games of Love. Detroit 1985.

Parker, H. N.: Love's Body Anatomized: The Ancient Erotic Handbooks and the Rhetoric of Sexuality. In: Richlin, A. (Hrsg.): Pornography and Representation in Greece and Rome. New York 1992. S. 90–111.

Ramírez de Verger, A.: Figurae Veneris (Ov., ars 3,769–788). In: OWW, S. 237–243.

Sharrock, A. R.: Seduction and Repetition in Ovid's *Ars amatoria* 2. Oxford 1994.

Starr, R. J.: Swimming in the Current. Ovid, *Ars amatoria* 181f. and *Remedia amoris* 121f. In: Hermes 129 (2001) S. 564f.

Steudel, M.: Die Literaturparodie in Ovids *Ars amatoria*. Hildesheim 1992.
Stroh, W.: Ovids *Liebeskunst* und die Ehegesetze des Augustus. Gymnasium 86 (1979) S. 323–352. [Zit. als: 1979a.]
– Rhetorik und Erotik. Eine Studie zu Ovids liebesdidaktischen Gedichten. Würzburger Jahrbücher N.F. 5 (1979) S. 117–132. [Zit. als: 1979b.]
Watson, P.: Ovid and Cultus. *Ars Amatoria* 3, 113–128. In: Transactions and Proceedings of the American Philological Association 112 (1982) S. 237–244.
– *Praecepta Amoris*. Ovid's Didactic Elegy. In: Boyd (2002) S. 141–165.
Weber, M.: Die mythologische Erzählung in Ovids Liebeskunst. Verankerung, Struktur und Funktion. Frankfurt a. M. 1983.
Wellmann-Bretzigheimer, G.: Ovids *ars amatoria*. In: Rötzer, H. G. / H. Walz (Hrsg.): Europäische Lehrdichtung. Festschrift W. Naumann. Darmstadt 1981. S. 1–32.
Wildberger, J.: Ovids Schule der elegischen Liebe. Erotodidaxe und Psychagogie in der *Ars amatoria*. Frankfurt a. M. 1998.
Zinn, E. (Hrsg.): Ovids *Ars amatoria* und *Remedia amoris*. Untersuchungen zum Aufbau. Stuttgart 1970.

Frauenbriefe

Ausgaben, Kommentare

Barchiesi, A.: Epistulae Heroidum I–III. Florenz 1992. [T, K.]
Casali, S.: Heroidum Epistula IX. Deianira Herculi. Firenze 1995. [T, K.]
Fornaro, P.: Heroides. Alessandria 1999. [T.]
Heinze, T.: Der XII. Heroidenbrief. Leiden 1997. [K.]
Kenney, E. J.: Heroides XVI–XXI. Cambridge 1996. [K.]
Knox, P. E.: Heroides. Select Epistles. Cambridge 1995. [K. – Dazu: G. Rosati. In: Gnomon 71, 1999, 402–409.]
Reeson, J.: Heroides XI, XIII, and XIV. Leiden 2001. [K.]
Rosati, G.: Heroidum Epistulae XVIII–XIX. Florenz 1996. [K.]

Sekundärliteratur

Albrecht, M. v.: *s.* Metamorphosen *unter* Verf.
Auhagen, U.: Der Monolog bei Ovid. Tübingen 1999.
Barchiesi, A.: Narratività e convenzione nelle *Heroides*. In: Materiali e discussioni per l'analisi dei testi classici 19 (1987) S. 63–90.
– Future Reflexive. Two Modes of Allusion and Ovid's *Heroides*. In: Harvard Studies in Classical Philology 95 (1993) S. 333–365.
Beck, M.: Die *Epistulae Heroidum* XVIII und XIX des Corpus Ovidianum. Echtheitskritische Untersuchungen. Paderborn 1996. [Als Kommentar wertvoll.]
Casali, S.: Ovidio e la preconoscenza della critica. Qualche generalizzazione a partire da *Heroides* 14. In: Philologus 142 (1998) S. 94–113.
Courtney, E.: Echtheitskritik: Ovidian and Non-Ovidian *Heroides* Again. Classical Journal 93, 1997–1998, S. 162–163.
Dörrie: *s. unter* Fortwirken
Fabre-Serris, J. / A. Deremetz (Hrsg.): Élégie et épopée dans la poésie ovidienne (*Héroïdes* et *Amours*) en honneur de Simone Viarre. Lille 1999.
Hintermeier, C. M.: Die Briefpaare in Ovids *Heroides*. Stuttgart 1993.
Jacobson, H.: Ovid's *Heroides*. Princeton 1974.
Knox, P. E.: The *Heroides*. Elegiac Voices. In: Boyd (2002) S. 117–139.
Maurer, J.: Untersuchungen zur poetischen Technik und den Vorbildern der Ariadne-Epistel Ovids. Frankfurt a. M. 1990.
Rosati, G.: Protesilao, Paride e l'amante elegiaco: un modello omerico in Ovidio. Maia N. S. 43 (1991) S. 103–114.
Spoth, F.: Ovids *Heroides* als Elegien. München 1992.
Stroh, W.: Heroides Ovidianae cur epistulas scribant. In: Ovidio poeta della memoria. Atti del convegno internazionale di studi ovidiani (Sulmona 1989). Roma 1991. S. 201–244.
Verducci, F.: Ovid's Toyshop of the Heart. *Epistulae Heroidum*. Princeton 1985.
Walde, C.: Literatur als Experiment? Zur Erzähltechnik in Ovids *Heroides*. In: Antike und Abendland 46 (2000) S. 124–138.

Metamorphosen

Ausgaben, Kommentare

Albrecht, M. v.: Metamorphosen. Stuttgart 1994 [u. ö.]. [T, Ü.]
Anderson, W. S.: Metamorphoses. 8. Aufl. Stuttgart/Leipzig 1998. [T.]
– Metamorphoses. Bd. 1: Books I–V. Norman 1996. Bd. 2: Books VI–X. Norman 1989. [T, K.]
Bömer, F.: Metamorphosen. 7 Bde. Heidelberg 1969–86. [K.]
Hill, D. E.: Metamorphoses. 4 Bde. Warminster 1985–2000. [T, Ü, K.]
Hopkinson, N.: Metamorphoses. Book XIII. Cambridge 2000. [T, K.]
Tsitsiou, C.: In nova corpora mutatae formae. Struktur und Funktion der Erzählung im achten Buch der Metamorphosen Ovids. Frankfurt a. M. 2002. [Mit K zu Buch 8.]

Sekundärliteratur

Ahl, F.: Metaformations. Soundplay and Wordplay in Ovid and Other Classical Poets. Ithaca 1985.
Albrecht, M. v.: *s. unter* Verf.
Baldo, G.: Dall'*Eneide* alle *Metamorfosi.* Il codice epico di Ovidio. Padova 1995.
Barchiesi, A.: Voci e instanze narrative nelle Metamorfosi di Ovidio. In: Materiali e discussioni per l'analisi dei testi classici 23 (1989) S. 55–97.
– / P. Hardie (Hrsg.): Perspectives on Ovid's *Metamorphoses.* Cambridge 1999.
Bartenbach, A.: Motiv- und Erzählstruktur in Ovids *Metamorphosen.* Das Verhältnis von Rahmen- und Binnenerzählungen im 5., 10. und 15. Buch von Ovids *Metamorphosen.* Frankfurt a. M. 1990.
Bernsdorff, H.: Kunstwerke und Verwandlungen. Vier Studien zu ihrer Darstellung im Werk Ovids. Frankfurt a. M. 2000.
Crabbe, A.: Structure and Content in Ovid's *Metamorphoses.* In: Aufstieg und Niedergang der römischen Welt. Hrsg. von H. Temporini und W. Haase. II 31,4. Berlin / New York 1981. S. 2274–2327.

Dörrie, H.: Wandlung und Dauer. Ovids *Metamorphosen* und Poseidonios' Lehre von der Substanz. In: Der altsprachliche Unterricht 4 (1959) Heft 2. S. 95–116.

Eggers, T.: Die Darstellung von Naturgottheiten bei Ovid und früheren Dichtern. Paderborn 1984.

Esposito, P.: La narrazione inverosimile. Aspetti dell'epica ovidiana. Napoli 1994.

Fabre-Serris, J.: Mythe et poésie dans les *Métamorphoses* d'Ovide. Paris 1995.

Galinsky, K.: Ovid's *Metamorphoses*. An Introduction to the Basic Aspects. Oxford 1975.

Glenn, E. M.: The *Metamorphoses*. Ovid's Roman Games. New York 1986.

Gordesiani, R.: Zu den Prinzipien der kompositionellen Organisation in Ovids *Metamorphosen*. In: Klio 67 (1985) S. 198–204.

Haege, H.: Terminologie und Typologie des Verwandlungsvorgangs in den *Metamorphosen* Ovids. Göppingen 1976.

Hinds, S.: The Metamorphosis of Persephone. Ovid's Self-Conscious Muse. Cambridge 1987.

Keith, A.: Sources and Genres in Ovid's *Metamorphoses*. In: Boyd (2002) S. 235–269.

Knox, P. E.: Ovid's *Metamorphoses* and the Traditions of Augustan Poetry. Cambridge 1986.

Lafaye, G.: Les *Métamorphoses* d'Ovide et leurs modèles grecs. Paris 1904. [Wertvoll. – Bibliographisch erg. Nachdr. Hildesheim 1971.]

Ludwig, W.: Struktur und Einheit der *Metamorphosen* Ovids. Berlin 1965.

Michalopoulos, A.: Ancient Etymologies in Ovid's *Metamorphoses*. A Commented Lexicon. Leeds 2001.

Otis, B.: Ovid as an Epic Poet. 2., überarb. Aufl. Cambridge 1970.

Papponetti, G. (Hrsg.): *Metamorfosi*. Atti del Convegno Internazionale di Studi Sulmona (1994). Sulmona 1997.

Pianezzola, E.: La metamorfosi ovidiana come metafora narrativa. In: Retorica e Poetica. Atti del III Convegno italo-tedesco (Bressanone 1975). Padova 1979. S. 77–91.

Rieks, R.: Zum Aufbau von Ovids *Metamorphosen*. In: Würzburger Jahrbücher 6b (1980) S. 85–103.

Rosati, G.: Metafora e poetica nelle *Metamorfosi* di Ovidio. In:

Tar, I. (Hrsg.): Epik durch die Jahrhunderte. Acta Universitatis de Attila József nominatae. Szeged 1998. S. 121–142.
– Narrative Techniques and Narrative Structures in the *Metamorphoses*. In: Boyd (2002) S. 271–304.
Schade, G.: Ovids *Aeneis*. In: Hermes 129 (2001) S. 525–532.
Schmidt, E. A.: Ovids poetische Menschenwelt. Die *Metamorphosen* als Metapher und Symphonie. Heidelberg 1991.
Schmitzer, U.: Zeitgeschichte in Ovids *Metamorphosen*. Mythologische Dichtung unter politischem Anspruch. Stuttgart 1990.
Segal, C.: Landscape in Ovid's *Metamorphoses*. Wiesbaden 1969.
– Ovid's Meleager and the Greeks: Trials of Gender and Genre. In: Harvard Studies in Classical Philology 99 (1999) S. 301–340.
Solodow, J. B.: The World of Ovid's *Metamorphoses*. Chapel Hill 1988.
Spahlinger, L.: Ars latet arte sua. Untersuchungen zur Poetologie in den *Metamorphosen* Ovids. Stuttgart 1996.
Tissol, G.: The Face of Nature. Wit, Narrative, and Cosmic Origins in Ovid's *Metamorphoses*. Princeton 1997.
– The House of Fame: Roman History and Augustan Politics in *Metamorphoses* 11–15. In: Boyd (2002) S. 305–335.
Tronchet, G.: La métamorphose à l'œuvre. Recherches sur la poétique d'Ovide dans les Métamorphoses. Louvain 1998.
Tsitsiou, C.: *In nova corpora mutatae formae*. Struktur und Funktion der Erzählung im achten Buch der *Metamorphosen* Ovids. Frankfurt a. M. 2002.
Verf., *Apotheosenberichte* (2002): M. v. Albrecht: Verwandlungs- und Apotheosenberichte in Ich-Form und die Geburt der poetischen Autobiographie bei Ovid. In: D. Walz (Hrsg.): Scripturus vitam. Lateinische Biographie von der Antike bis in die Gegenwart. Festgabe für W. Berschin. Heidelberg 2002. S. 627–636.
– *Epic* (1999): M. v. A.: Roman Epic. Leiden [u. a.] 1999.
– *Geschichte* (²1994): M. v. A.: Geschichte der römischen Literatur. 2 Bde. München 1992. 2. Aufl. 1994.
– *Interpretationen* (³2002): M. v. A.: Interpretationen und Unterrichtsvorschläge zu Ovids *Metamorphosen*. 3. Aufl. Göttingen 2002.
– *Parenthese* (²1994): M. v. A.: Die Parenthese in Ovids *Metamorphosen* und ihre dichterische Funktion. 2. Aufl. Hildesheim 1994.
– *Poesie* (²1995): M. v. A.: Römische Poesie. Texte und Interpretationen. 2. Aufl. Tübingen 1995.

Verf., *Rom* (²1998): M. v. A.: Rom: Spiegel Europas. Das Fortwirken antiker Texte und Themen in Europa. 2., berichtigte und erw. Aufl. Tübingen 1998. [Zu Ovid: S. 147–203; 453–568; 645–659; 696–721.]
– *Umgangssprachliches* (1998): s. unter Liebeselegien
– *Verwandlungen* (2000): M. v. A.: Das Buch der Verwandlungen. Ovid-Interpretationen. Düsseldorf/Zürich 2000.
Viarre, S.: L'image et la pensée dans les *Métamorphoses* d'Ovide. Paris 1964.
Wheeler, S. M.: A Discourse of Wonders. Audiences and Performances in Ovid's *Metamorphoses*. Philadelphia 1999.
– Narrative Dynamics in Ovid's Metamorphoses. Tübingen 2000.

Festkalender

Ausgaben, Kommentare

Alton, E. H. / D. E. W. Wormell / E. Courtney: Fastorum libri sex. 4. Aufl. Stuttgart/Leipzig 1997. [T.]
Bömer, F.: Die Fasten. 2 Bde. Heidelberg 1957–58. [T, Ü, K.]
Fantham, E.: Fasti. Book IV. Cambridge 1998. [K.]
Frazer, J. G.: Publii Ovidii Fastorum libri sex. The Fasti of Ovid. 5 Bde. London 1929. [Ü, K.]
Holzberg, N.: Fasti / Festkalender. Lat./Dt. 2. Aufl. München [u. a.] 2001. [T, Ü.]
Pighi, I. B.: Fastorum libri. 2 Bde. Turin 1973. [T, K.]

Sekundärliteratur

Albrecht, M. v.: *s.* Metamorphosen *unter* Verf.
Barchiesi, A.: The Poet and the Prince. Ovid and Augustan Discourse. Berkeley 1997. [Zit. als: 1997a.]
– Endgames. Ovid's *Metamorphoses* 15 and *Fasti* 6. In: Classical Closure. Reading the End in Greek and Latin Literature. Hrsg. von D. H. Roberts / F. M. Dunns / D. Fowler. Princeton 1997. S. 181–208. [Zit. als: 1997b.]
Boyd, B. W.: *Celabitur auctor*: The Crisis of Authority and Narrative Patterning in Ovid, *Fasti* 5. In: Phoenix 54 (2000) S. 64–98.
Braun, L.: Kompositionskunst in Ovids *Fasti*. In: Aufstieg und Niedergang der römischen Welt. Hrsg. von H. Tempo-

rini und W. Haase. II 31,4. Berlin / New York 1981. S. 2344–2383.
Brugnoli, G. / F. Stok: Ovidius παρῳδήσας. Pisa 1992.
Dumézil, G.: Mythe et épopée. Bd. 3: Histoires romaines. Paris 1973. [Bes. S. 116–130; 305–337.]
Fantham, E.: Recent Readings of Ovid's *Fasti*. In: Classical Philology 90 (1995) S. 367–378. [Zit. als: 1995a.]
– Rewriting and Rereading the *Fasti*: Augustus, Ovid, and Recent Classical Scholarship. In: Antichthon 29 (1995) S. 42–59. [Zit. als: 1995b.]
– Ovid's *Fasti*: Politics, History, and Religion. In: Boyd (2002) S. 197–233.
Fauth, W.: Römische Religion im Spiegel der *Fasti* des Ovid. In: Aufstieg und Niedergang der römischen Welt. Hrsg. von H. Temporini und W. Haase. II 16,1. Berlin / New York 1978. S. 104–186.
Gee, E.: Ovid, Aratus and Augustus. Astronomy in Ovid's *Fasti*. Cambridge 2000.
Herber, F. R.: Ovids elegische Erzählkunst in den *Fasten*. Diss. Saarbrücken 1994.
Herbert-Brown, G.: Ovid and the *Fasti*. An Historical Study. Oxford 1994.
– (Hrsg.): Ovid's *Fasti*: Historical Readings at Its Bimillennium. Oxford 2002.
Kötzle, M.: Weibliche Gottheiten in Ovids *Fasten*. Frankfurt a. M. 1991.
Korten, C.: Ovid, Augustus und der Kult der Vestalinnen. Eine religionspolitische These zur Verbannung Ovids. Frankfurt a. M. 1992.
Le Bonniec, H.: Etudes ovidiennes. Introduction aux *Fastes* d'Ovide. Frankfurt a. M. 1989.
Loehr, J.: Ovids Mehrfacherklärungen in der Tradition aitiologischen Dichtens. Leipzig 1996.
Merli, E.: *Arma canant alii*. Materia epica e narrazione elegiaca nei *Fasti* di Ovidio. Firenze 2000.
Miller, J. F.: Ovid's Elegiac Festivals. Studies in the *Fasti*. Frankfurt a. M. 1991. [Wichtig.]
– The *Fasti*. Style, Structure, and Time. In: Boyd (2002) S. 167–196.
Newlands, C. E.: Playing With Time. Ovid and the *Fasti*. Ithaca 1995.

Porte, D.: L'étiologie religieuse dans les *Fastes* d'Ovide. Paris 1985.
Prescendi, F.: Frühzeit und Gegenwart. Eine Studie zur Auffassung und Gestaltung der Vergangenheit in Ovids *Fastorum libri*. Frankfurt a. M. 2000.
Riedl, R.: Mars Ultor in Ovids *Fasten*. Amsterdam 1989.
Rüpke, J.: Ovids Kalenderkommentar. Zur Gattung der *libri fastorum*. In: Antike und Abendland 40 (1994) S. 125–136.

Verbannungsdichtungen

Ausgaben, Kommentare

Galasso, L.: Epistularum ex Ponto Liber 2. Florenz 1995. [T, K. – Maßgebende Ausg.]
Hall, J. B.: Tristia. Stuttgart/Leipzig 1995. [T.]
Helzle, M.: Epistularum ex Ponto liber IV. A Commentary on Poems 1 to 7 and 16. Hildesheim 1989. [K.]
Luck, G.: Tristia. 2 Bde. Heidelberg 1967–77. [T, Ü, K.]
Pérez Vega, A.: Cartas desde el Ponto Libro II. Sevilla 1989. [T, Ü, K.]
– / F. Socas Gavilàn: Cartas desde el Ponto Libros I, III y IV. Madrid 2000. [T, Ü.]
Richmond, J. A.: Ex Ponto libri quattuor. Leipzig 1990. [T.]
Willige, W.: Briefe aus der Verbannung. Einl. von N. Holzberg. Frankfurt a. M. 1993. [Ü.]

Sekundärliteratur

Albrecht, M. v.: *s.* Metamorphosen *unter* Verf.
Baeza Angulo, E. F.: La lengua y el estilo de las *Epistulae ex Ponto* de Ovidio. Sevilla 1993.
Barchiesi, A.: Insegnare ad Augusto: Orazio, *Epistole* 2,1 e Ovidio, Tristia II. In: Materiali e discussioni per l'analisi dei testi classici 31 (1993) S. 149–184.
– Il poeta e il principe. Ovidio e il discorso augusteo. Rom 1994.
Bernhardt, U.: Die Funktion der Kataloge in Ovids Exilpoesie. Hildesheim 1986.
Bonvicini, M.: Le forme del pianto. Catullo nei *Tristia* di Ovidio. Bologna 2000.

Chwalek, B.: Die Verwandlung des Exils in die elegische Welt. Studien zu den *Tristia* und *Epistulae ex Ponto*. Frankfurt a. M. 1996.
Claassen, J.-M.: Displaced Persons. The Literature of Exile from Cicero to Boethius. London 1999.
– The Vocabulary of Exile in Ovid's *Tristia* and *Epistulae ex Ponto*. In: Glotta 75 (1999) S. 134–171.
Doblhofer, E.: Exil und Emigration. Das Erlebnis der Heimatferne in der römischen Literatur. Darmstadt 1987.
Gibson, B.: Ovid on Reading: Reading Ovid. Reception in Ovid, *Tristia* II. In: Journal of Roman Studies 89 (1999) S. 19–37.
Hinds, S.: First Among Women. Ovid, *Tristia* 1,6 and the Traditions of ›Exemplary‹ Catalogue. In: S. M. Braund / R. Mayer (Hrsg.): Amor: Roma. Love and Latin Literature. Festschrift E. J. Kenney. Cambridge 1999. S. 123–142.
Hofmann, H: The Unreality of Ovid's Exile. In: Liverpool Classical Monthly 12 (1987) S. 23.
– Ovid im Exil? In: Latein und Griechisch in Baden-Württemberg 29 (2001) Heft 2. S. 8–19. [Nicht überzeugend.]
Knox, P.: Il poeta e il ›secondo‹ principe: Ovidio e la politica all'epoca di Tiberio. In: Maecenas 1 (2001) S. 151–181.
Korten, C.: Ovid, Augustus und der Kult der Vestalinnen. Eine religionspolitische These zur Verbannung Ovids. Frankfurt a. M. 1992.
Labate, M.: Elegia triste ed elegia lieta. In: Materiali e discussioni per l'analisi dei testi classici 19 (1987) S. 91–129.
Nagle, B. R.: The Poetics of Exile. Brüssel 1980.
Podossinov, A.: Ovids Dichtung als Quelle für die Geschichte des Schwarzmeergebiets. Konstanz 1987.
Posch, S.: P. Ovidius Naso, *Tristia* I. Interpretationen. Die Elegien 1–4. Innsbruck 1983.
Puccini-Delbey, G.: L'amour conjugal à l'épreuve de l'exil dans l'œuvre d'Ovide. In: Bulletin de l'Association Guillaume Budé 2000, 4, S. 329–352.
Stroh, W.: Tröstende Musen. Zur literarhistorischen Stellung und Bedeutung von Ovids Exilgedichten. In: Aufstieg und Niedergang der römischen Welt. Hrsg. von H. Temporini und W. Haase. II 31,4. Berlin / New York 1981. S. 2638–84.
Tola, E.: El imaginario de las lágrimas y del cuerpo: *Tristia* y *Epistulae ex Ponto* o la última metamorfosis de Ovidio. In: Argos 24 (2000) S. 157–183.

Videau-Delibes, A.: Les *Tristes* d'Ovide et l'élégie romaine. Une poétique de la rupture. Paris 1991.
Williams, G. D.: Banished Voices. Readings in Ovid's Exile Poetry. Cambridge 1994.
– Ovid's Exilic Poetry: Worlds Apart. In: Boyd (2002) S. 337–381.

Ibis, Fragmente, Unechtes

Ausgaben, Kommentare

Guarino Ortega, R.: El Ibis. Murcia 2000. [T, Ü, K.]
Häuptli, B. W.: Ibis. Fragmente. Ovidiana. Lat./Dt. Zürich [u. a.] 1996. [T, Ü, K.]
Schoonhoven, H.: The Pseudo-Ovidian *Ad Liviam de morte Drusi*. A Critical Text With Introduction and Commentary. Groningen 1992. [T, K.]
Goldberg, C.: Carmina Priapea. Heidelberg 1992. S. 65–72. [K.]

Sekundärliteratur

Siehe auch Fortwirken
Buchheit, V.: Priapeum 3 und Ovid. In: Rheinisches Museum 131 (1988) S. 157–161.
Kißel, W.: Ovid und das Corpus Priapeum. In: Rheinisches Museum 137 (1994) S. 299–311.
Guarino Ortega, R.: Los comentarios al *Ibis* de Ovidio. El largo recorrido de una exégesis. Frankfurt a. M. 1999.
Williams, G. D.: The Curse of Exile. A Study of Ovid's *Ibis*. Cambridge 1996.

Fortwirken

Albrecht, M. v.: *s. unter* Verf.
Álvarez, C. / Iglesias, R. M.: Fortuna de las *Metamorfosis*. In: C. Á. / R. M. I.: Ovidio. *Metamorfosis.* Madrid 1995. S. 107–134. [Reichhaltig.]
Anton, H.: Der Raub der Proserpina. Literarische Traditionen eines erotischen Sinnbildes und mythischen Symbols. Heidelberg 1967.

Beller, M.: Philemon und Baucis in der europäischen Literatur. Stoffgeschichte und Analyse. Heidelberg 1967.

Bickendorf, G.: Eigensinn der Illustration. Ovids *Metamorphosen* in Druckgraphiken des 17. Jh. In: Der verblümte Sinn. Illustrationen zu den *Metamorphosen* des Ovid. Galerie der Stadt Kornwestheim. Ausstellung 1997–1998. S. 13–82.

Brewer, W.: Ovid's *Metamorphoses* in European Culture. Boston 1933.

Brown, S. A.: The Metamorphosis of Ovid. From Chaucer to Hughes. London 1999.

Buonocore, M.: *Aetas Ovidiana.* La fortuna di Ovidio nei codici della Biblioteca Apostolica Vaticana. Sulmona 1994.

Calvino, I.: Lezioni americane. Milano 1993. [Zu Ovid: S. 7–35.]

Cohen, G. (Hrsg.): La »comédie« latine en France au XIIe siècle. 2 Bde. Paris 1931.

Dewar, M.: *Siquid habent veri vatum praesagia*: Ovid in the 1st–5th Centuries A. D. In: Boyd (2002) S. 383–412.

Dinter, A.: Der Pygmalion-Stoff in der europäischen Literatur. Rezeptionsgeschichte einer Ovid-Fabel. Heidelberg 1979.

Dörrie, H.: Der heroische Brief. Bestandsaufnahme, Geschichte, Kritik einer humanistisch-barocken Literaturgattung. Berlin 1968. [Zit. als: 1968a.]

– Die schöne Galatea. München 1968. [Zit. als: 1968b.]

Draheim, J.: Vertonungen antiker Texte vom Barock bis zur Gegenwart. Amsterdam 1981.

Enterline, L.: The Rhetoric of the Body from Ovid to Shakespeare. Cambridge 2000.

Gallo, I. / L. Nicastri (Hrsg.): Aetates Ovidianae. Lettori di Ovidio dall'antichità al rinascimento. Napoli 1995.

– / P. Esposito (Hrsg.): Ovidio: da Roma all'Europa. Napoli 1998.

Glauche, G.: Schullektüre im Mittelalter. Entstehung und Wandlungen des Lektürekanons bis 1200 nach den Quellen dargestellt. München 1970.

Glier, I.: *Artes amandi.* Untersuchungen zu Geschichte, Überlieferung und Typologie der deutschen Minnereden. München 1971.

Glowiczki, Z.: Icarus. In: Acta Antiqua Hungarica 42 (2002) S. 147–156.

Granobs, R. / S. Otto (Hrsg.): Antiker Mythos in Text und Bild

von Aeneas bis Vertumnus. Antikenrezeption auf Werken der Gemäldegalerie Berlin. Berlin 2001.
Guarino Ortega *s. unter* Ibis
Hardie, P. / A. Barchiesi / S. Hinds (Hrsg.): Ovidian Transformations. Essays on Ovid's *Metamorphoses* and Its Reception. Cambridge 1999.
Harzer, F.: Erzählte Verwandlung. Eine Poetik epischer Metamorphosen (Ovid – Kafka – Ransmayr). Tübingen 2000.
Heselhaus, C.: Metamorphose-Dichtungen und Metamorphosen-Anschauungen. In: Euphorion 47 (1953) S. 121–146.
Hexter, R. J.: Ovid and Medieval Schooling. Studies in Medieval School Commentaries on Ovid's *Ars amatoria*, *Epistulae ex Ponto*, and *Epistulae Heroidum*. München 1986.
– Ovid in the Middle Ages: Exile, Mythographer, and Lover. In: Boyd (2002) S. 413–442.
Highet, G.: The Classical Tradition. Oxford 1949.
Hofmann, M. / J. Lasdun (Hrsg.): After Ovid. New Metamorphoses. London 1994.
Huber-Rebenich, G.: Metamorphosen der *Metamorphosen*. Ovids Verwandlungssagen in der textbegleitenden Druckgraphik. Rudolstadt 1999.
Huygens, R. B. C.: Accessus ad auctores. Leiden 1970.
Jakobi, R.: Der Einfluß Ovids auf den Tragiker Seneca. Berlin 1988.
Jünger, E.: Zahlen und Götter. Philemon und Baucis. Zwei Essays. Stuttgart 1974.
Lamarque, H. / G. Soubeille (Hrsg.): Ovide en France dans la Renaissance. Toulouse 1981.
Lo Monaco, F. (Hrsg.): Angelo Poliziano. Commento inedito ai *Fasti* di Ovidio. Florenz 1991.
Martindale, C.: Ovid Renewed. Ovidian Influences on Literature and Art, from the Middle Ages to the Twentieth Century. Cambridge 1988.
May, G.: D'Ovide à Racine. Paris 1949.
McKinley, K. L.: Reading the Ovidian Heroine. *Metamorphoses* Commentaries 1100–1618. Leiden 2001.
Moog-Grünewald, M.: Metamorphosen der *Metamorphosen*. Rezeptionsarten der ovidischen Verwandlungsgeschichten in Italien und Frankreich im 16. und 17. Jh. Heidelberg 1979.
Müller, B.: Metamorphosis. Vom Gräzismus Ovids zum Eurogrä-

zismus (neue Hinweise zu Ovid im Mittelalter und moderne Bibliographie). In: OWW, S. 1021–34.

Müller, H.: Liebesbeziehungen in Ovids *Metamorphosen* und ihr Einfluß auf den Roman des Apuleius. Göttingen 1998. – 2., verb. Aufl. 2001 [unter dem Namen: H. Müller-Reineke].

Munari, F.: Ovid im Mittelalter. Zürich 1960.

Picone, M. / B. Zimmermann (Hrsg.): *Ovidius redivivus.* Von Ovid zu Dante. Stuttgart 1994.

Ramírez de Verger, A. (Hrsg.): P. Ovidio Nasón. Obra amatoria. Bd. 1: Amores. Madrid 1991. S. LVI–LXXIV. [Material zum Fortwirken, besonders im Mittelalter und in Spanien, mit Lit.]

Rand, E. K.: Ovid and his Influence. Boston 1925. – Nachdr. New York 1963.

Reinhardt, U.: Ovids *Metamorphosen* in der modernen Kunst. Bamberg 2001.

Renger, A.-B. (Hrsg.): Narcissus. Ein Mythos von der Antike bis zum Cyberspace. Stuttgart 2002.

Richmond, J.: Manuscript Tradition and the Transmission of Ovid's Works. In: Boyd (2002) S. 443–483.

Schmitt-von Mühlenfels, F.: Pyramus und Thisbe. Rezeptionstypen eines Ovidischen Stoffes in Literatur, Kunst und Musik. Heidelberg 1972.

Schubert, W. (Hrsg.): Ovid. Werk und Wirkung. Festschrift M. v. Albrecht. Frankfurt a. M. 1999. [Zit. als: OWW. Zum Fortwirken s. S. 805–1216.]

Smolak, K.: *Consule Nasonem.* Pyramus und Thisbe in mittellateinischen Dichtungen. In: Wiener Studien 105 (1992) S. 233–246.

Stackmann, K.: Ovid im deutschen Mittelalter. In: Arcadia 1 (1966) S. 231–254.

Stroh, W.: Ovid im Urteil der Nachwelt. Darmstadt 1969. [Vorzügliche Textsammlung mit Bibliographie.]

Taylor, A. B. (Hrsg.): Shakespeare's Ovid. The *Metamorphoses* in the Plays and Poems. Cambridge 2000. [Enthält S. 181–197 einen kritischen Forschungsbericht von J. W. Velz.]

Tissol, G. / S. M. Wheeler (Hrsg.): The Reception of Ovid in Antiquity. Baltimore 2002. (Arethusa 35, 2002. Heft 3.)

Tschiedel, H. J.: Ovid und Vergil in Eichstätt. Zur bildnerischen Rezeption antiker Mythendichtung in Residenz und Hofgarten. Sammelblatt des Historischen Vereins Eichstätt 80 (1987) S. 68–99.

Viarre, S.: La survie d'Ovide dans la littérature scientifique des XIIe et XIIIe siècles. Poitiers 1966.

Walter, H. / H.-J. Horn (Hrsg.): Die Rezeption der *Metamorphosen* des Ovid in der Neuzeit. Der antike Mythos in Text und Bild. Berlin 1995.

Zinn, E.: Viva Vox. Römische Klassik und deutsche Dichtung. Frankfurt a. M. 1994.

Register

Für größere Themenkomplexe siehe auch das ausführliche Inhaltsverzeichnis.

Zum Autor

MICHAEL VON ALBRECHT, geboren 1933, studierte in Stuttgart, Tübingen und Paris Musik, Klassische Philologie und Indologie. Nach der Promotion 1959 und der Habilitation 1963 lehrte er in Heidelberg als Ordinarius für Klassische Philologie (1964–1998) und als Gastprofessor in Amsterdam und USA. Ehrendoktor der Aristoteles-Universität Thessaloniki (1998), Rußlanddeutscher Kulturpreis (1991), Praemium Classicum Clavarense 2000. Mitglied mehrerer Akademien und Fachzeitschriftenredaktionen. Herausgeber philologischer und musikgeschichtlicher Schriftenreihen und der Georg-von-Albrecht-Gesamtausgabe.

Er veröffentlichte u. a.: *Die Parenthese in Ovids Metamorphosen* (1963), *Silius Italicus* (1964), *Goethe und das Volkslied* (^{2}1986), *Scripta Latina* (1989), *Das Märchen vom Heidelberger Affen* (1991), *Meister römischer Prosa* (^{3}1995, engl. 1998), *Römische Poesie* (^{2}1995), *Rom: Spiegel Europas* (^{2}1998), *Geschichte der römischen Literatur* (^{2}1994, übers. in 5 Sprachen), *Roman Epic* (1999), *Das Buch der Verwandlungen* (2000, Ovid-Interpretationen), *Iamblichos, Pythagoras* (^{2}2001), *Cicero's Style* (2003), *Literatur als Brücke* (2003). Übersetzungen: Ovid, Vergil, Catull (in Reclams Universal-Bibliothek).

Römische Literatur

IN RECLAMS UNIVERSAL-BIBLIOTHEK

Dichtung

Ausonius, *Mosella.* 111 S. UB 18027

Catull, *Gedichte.* 133 S. UB 6638 – *Sämtliche Gedichte.* Lat./dt. 246 S. UB 9395

Horaz, *Ars poetica / Die Dichtkunst.* Lat./dt. 70 S. UB 9421 – *Epistulae / Briefe.* Lat./dt. 70 S. UB 432 – *Gedichte.* 80 S. UB 7708 – *Oden und Epoden.* Lat./dt. 328 S. UB 9905 – *Sermones / Satiren.* Lat./dt. 232 S. UB 431 – *Sämtliche Gedichte.* Lat./dt. 828 S. Gebunden

Juvenal, *Satiren.* 253 S. UB 8598

Lukrez, *De rerum natura / Welt aus Atomen.* Lat./dt. 637 S. UB 4257

Martial, *Epigramme.* 166 S. UB 1611

Ovid, *Amores/Liebesgedichte.* Lat./dt. 263 S. UB 1361 – *Ars amatoria / Liebeskunst.* Lat./dt. 232 S. UB 357 – *Gedichte aus der Verbannung* (*Tristia, Epistulae ex Ponto*). Lat./dt. 191 S. UB 18151 – *Heroides / Briefe der Heroinen.* Lat./dt. 430 S. UB 1359 – *Metamorphosen.* Epos in 15 Büchern. 792 S. UB 356 – *Metamorphosen.* Lat./dt. 997 S. UB 1360 – *Verwandlungen.* Auswahl. 93 S. UB 7711

Phaedrus, *Liber Fabularum / Fabelbuch.* Lat./dt. 240 S. UB 1144

Plautus, *Amphitruo.* Lat./dt. 160 S. UB 9931 – *Aulularia / Goldtopfkomödie.* Lat./dt. 112 S. UB 9898 – *Miles gloriosus / Der ruhmreiche Hauptmann.* Lat./dt. 183 S. UB 8031

Properz, *Sämtliche Gedichte.* Lat./dt. 419 S. UB 1728

Römische Lyrik. Lat./dt. 514 S. UB 8995

Seneca, *Medea.* Lat./dt. 167 S. UB 8882 – *Oedipus.* Lat./dt. 141 S. UB 9717

Terenz, *Adelphoe / Die Brüder.* Lat./dt. 128 S. UB 9848 – *Der Eunuch.* 77 S. UB 1868 – *Phormio.* Lat./dt. 147 S. UB 1869

Tibull, *Elegische Gedichte.* Lat./dt. 167 S. UB 18131

Vergil, *Aeneis.* 421 S. UB 221 – *Aeneis.* 1. und 2. Buch. Lat./dt. 202 S. UB 9680 – *Aeneis.* 3. und 4. Buch. Lat./dt. 221 S. UB 9681 – *Aeneis.* 5. und 6. Buch. Lat./dt. 295 S. UB 9682 – 7. und 8. Buch. Lat./dt. 251 S. UB 9683 – *Bucolica / Hirtengedichte.* Lat./dt. 280 S. UB 18133 – *Georgica / Vom Landbau.* Lat./dt. 123 S. UB 638

Philipp Reclam jun. Stuttgart